OEUVRES COMPLÈTES
DE
A. F. OZANAM
AVEC

UNE PRÉFACE PAR M. AMPÈRE
de l'Académie française

TROISIÈME ÉDITION

TOME QUATRIÈME

ÉTUDES GERMANIQUES
II
LA CIVILISATION CHRÉTIENNE CHEZ LES FRANCS

PARIS. — IMP. SIMON RAÇON ET COMP., RUE D'ERFURTH, 1.

LA
CIVILISATION
CHRÉTIENNE
CHEZ LES FRANCS

RECHERCHES
SUR L'HISTOIRE ECCLÉSIASTIQUE, POLITIQUE ET LITTÉRAIRE
DES TEMPS MÉROVINGIENS
ET SUR LE RÈGNE DE CHARLEMAGNE

PAR

A. F. OZANAM
PROFESSEUR DE LITTÉRATURE ÉTRANGÈRE A LA FACULTÉ DES LETTRES DE PARIS

QUATRIÈME ÉDITION

PARIS
LIBRAIRIE JACQUES LECOFFRE
ANCIENNE MAISON PERISSE FRÈRES DE PARIS
LECOFFRE FILS ET Cie, SUCCESSEURS
RUE BONAPARTE, 90

1872

LA CIVILISATION CHRÉTIENNE

CHEZ LES FRANCS

CHAPITRE PREMIER

LA GERMANIE CHRÉTIENNE CHEZ LES ROMAINS.

Les commencements du christianisme en Germanie sont couverts d'une obscurité au milieu de laquelle on voit poindre, vers la fin du second siècle, une faible lumière. On a cru reconnaître les tribus nomades du Rhin et du Danube dans un passage de la dispute de saint Justin contre le Juif Tryphon, où l'apologiste, faisant appel à tout l'univers, déclare « qu'il n'est pas une race de Grecs, « de barbares, ou quelque soit le nom qu'on puisse « leur donner, qu'ils vivent sur des chariots, qu'ils « habitent des tentes, qu'ils dorment sans toit sous « les cieux, chez qui des supplications ne s'élèvent

Premiers témoignages des Pères.

« vers le Père de toutes choses au nom du Seigneur
« Jésus. » Toutefois une telle désignation serait
bien incertaine, si Tertullien ne prenait soin de la
préciser, quand, revenant sur cette universalité
dont le christianisme faisait gloire, il s'écriait :
« Et en qui donc ont cru tant de peuples, Parthes,
« Mèdes, Élamites, ceux qui habitent l'Égypte et
« l'Afrique au delà de Cyrène, Romains et étran-
« gers ; ceux qui vivent sur les vastes frontières de
« la Mauritanie, en Espagne, dans les cités des
« Gaules, au fond de la Bretagne où les armes ro-
« maines ne pénètrent pas ; Sarmates et Daces,
« Scythes et Germains (1) ? »

S'il faut encore se défier de l'exagération oratoire de l'apologiste africain, tous les doutes se dissipent devant le témoignage de saint Irénée, qui
écrivait à Lyon dans le voisinage des chrétientés
germaniques, et qui n'hésitait pas à recueillir leur
suffrage avec celui des plus illustres Églises de la
terre. « Si les langues diffèrent, dit-il, la tradition

---

(1) S. Just. *Dialog. cum Tryph.*, § 117 : Οὐδὲ ἐν γὰρ ὅλως ἐστὶ
τὸ γένος ἀνθρώπων, εἴτε βαρβάρων εἴτε Ἑλλήνων, εἴτε ἁπλῶς ᾧτινι οὖν
ὀνόματι προσαγορευομένων, ἢ ἁμαξοβίων ἢ ἀοίκων καλουμένων, ἢ ἐν
σκηναῖς κτηνοτρόφων οἰκούντων, ἐν οἷς μὴ διὰ τοῦ ὀνόματος τοῦ σταυρω-
θέντος Ἰησοῦ εὐχαὶ καὶ εὐχαριστίαι τῷ Πατρὶ καὶ ποιητῇ τῶν ὅλων
γίνονται.

Tertullian., *adv. Judæos*, 7 : « Etiam Gætulorum varietates et
Maurorum multi fines, Hispaniarum omnes termini, et Galliarum
diversæ nationes, et Britannorum inaccessa Romanis loca, Christo
vero subdita, et Sarmatarum, et Dacorum, et Germanorum, et Scy-
tharum... in quibus omnibus locis Christi nomen, qui jam venit,
regnet. »

« ne varie point, et les Églises fondées en Ger-
« manie n'ont pas d'autre loi ni d'autre enseigne-
« ment que celles des Ibères et des Celtes, celles
« d'Orient et d'Asie, et les autres qui ont été éta-
« blies au centre du monde. Mais comme le soleil,
« créature de Dieu, est le même pour tout l'univers,
« ainsi le flambeau de la prédication luit pour tous
« les hommes qui veulent arriver à la connaissance
« de la vérité. » Ce texte est considérable : il donne
au christianisme des Germains une date certaine,
antérieure à l'an 200. Il lui donne aussi le caractère, non d'une croyance sans règle et flottante
dans les esprits, mais d'un dogme immuable, d'un
enseignement discipliné, d'une Église enfin qui a
ses évêques, puisque ses traditions font autorité :
c'est plus qu'une doctrine, c'est une société qui
commence (1).

(1) Irenæus, adv. Hær., 1, 10 : Καὶ οὔτε αἱ ἐν Γερμανίαις ἱδρυμέναι ἐκκλησίαι ἄλλως πεπιστεύκασιν, ἢ ἄλλως παραδιδόασιν, οὔτε ἐν ταῖς Ἰβηρίαις, οὔτε ἐν Κελτοῖς, οὔτε κατὰ τὰς ἀνατολὰς, οὔτε ἐν Αἰγύπτῳ, οὔτε ἐν Λιβύῃ, οὔτε αἱ κατὰ μέσα τοῦ κόσμου ἱδρυμέναι.
Arnob., adv. Gent., lib. I : « Si Alamannos, Persas, Scythas idcirco voluerunt devinci quod habitarent in eorum finibus Christiani. » S. Chrysostome semble compter les Germains sous le nom de Scythes, parmi les barbares convertis à la foi : *Quod Christus sit Deus*, serm. 71 ; et Théodoret nomme les Germains avec les peuples que les apôtres rangèrent sous la loi du Christ. *Græcar. affect. curat.*, disput. IX. Sur l'introduction du christianisme en Allemagne, Binterim, *Geschichte der deutschen Concilien*; Hefele, *Geschichte der Einführung des Christenthums im südwestlichen Deutschlande*; Rudhart, *Ælteste Geschichte Bayerns*; Werner, *der Dom zu Mainz*. Nous avons contrôlé ces écrivains catholiques par la critique d'un savant professeur protestant, Rettberg, *Kirchengeschichte Deutschlands*.

Le christianisme à la suite] des armées romaines.

Il reste à savoir d'où vint pour les peuples du Nord cette prédication dont saint Irénée constate l'orthodoxie et l'uniformité. En présence du grand spectacle de la conquête qui porta, non-seulement les armes des Romains, mais leurs lois, leurs mœurs et leurs écoles, sur les bords du Rhin et du Danube, on ne s'étonne pas que ces contrées aient reçu du même lieu la foi et la civilisation, et que les évêques de Rome y aient envoyé des missionnaires, quand les légions mêlées de chrétiens y amenaient des croyants et des martyrs. Dès le commencement du cinquième siècle, dans un temps où les souvenirs étaient encore si récents et si sacrés, le pape Innocent Ier affirmait « qu'il n'y avait pas d'Église, en Italie et dans les Gaules, qui n'eût pour fondateur un évêque institué par saint Pierre ou par ses successeurs; » on comprenait alors dans les provinces d'Italie la Rhétie et le Norique, et dans celles de la Gaule les deux Germanies. Mais l'épiscopat, qui imitait les circonscriptions de l'empire, qui en emprunta les divisions par provinces et par diocèses, en franchit bientôt les frontières. L'historien Sozomène, frappé de la prompte conversion de plusieurs peuples germaniques, l'explique par le sort de la guerre, qui fit tomber dans leurs mains des évêques, des prêtres captifs. Il montre ces serviteurs de Dieu étonnant leurs maîtres par une vie sainte, guérissant les malades, enchaînant à leurs discours les tribus entières, qui venaient leur demander ce qu'il fallait croire et comment il fallait vivre. On aimerait à suivre de près les premiers pas d'un apostolat si beau, à se représenter les hymnes de la Rédemption troublant le silence des forêts païennes, et les barbares baptisés aux fontaines qu'adoraient leurs pères. Mais ces temps, plus occupés de faire de grandes choses que de les écrire, n'ont pas même sauvé les noms de ceux qui fondèrent les premières chrétientés (1).

Les progrès du prosélytisme étaient favorisés par les mouvements des armées romaines à une époque où les chrétiens remplissaient déjà les camps. Si l'histoire de la légion Fulminante ne résiste pas à la critique dans tous ses détails, elle atteste du moins le grand nombre des néophytes parmi les combattants que Marc-Aurèle conduisit en Germanie. Plus tard et sous Maximien, la légion Thébéenne meurt au pied des Alpes, et donne à la Suisse ses premiers patrons. Grégoire de Tours ajoute

---

(1) Innocent. I. *Ep. ad Decentium Eugubinum*, apud Mansi, III, p. 1028 : « In omnem Italiam, Gallias, Hispaniam, Africam atque Siciliam, et insulas interjacentes, nullum instituisse ecclesias, nisi eos quos venerabilis apostolus Petrus aut ejus successores constituerint sacerdotes. »

Sozomène, *Hist. eccles.*, lib. II, cap. VI : Ἤδη γὰρ τά τε ἀμφὶ τὸν Ῥῆνον φῦλα ἐχριστιάνιζον... πᾶσι δὲ βαρβάροις σχεδὸν πρόφασις συνέβη πρεσβεύειν τὸ δόγμα τῶν χριστιανῶν οἱ γενόμενοι κατὰ καιρὸν πόλεμοι... πολλοὶ τῶν ἱερέων τοῦ Χριστοῦ αἰχμάλωτοι γενόμενοι, σὺν αὐτοῖς ἦσαν· ὡς δὲ τοὺς αὐτόθι νοσοῦντας ἰῶντο, ... προσέτι δὲ καὶ πολιτείαν ἄμεμπτον ἐφιλοσόφουν... θαυμάσαντες οἱ βάρβαροι τοὺς ἄνδρας τοῦ βίου καὶ τῶν παραδόξων ἔργων εὐφρονεῖν συνεῖδον... προβαλλόμενοι οὖν αὐτοὺς τοῦ πρακτέου καθηγητάς, ἐδιδάσκοντο καὶ ἐβαπτίζοντο, καὶ ἀκολούθως ἐκκλησίαζον.

qu'un détachement de ce corps, composé de cinquante hommes, souffrit le martyre à Cologne. Il cite la basilique élevée en leur honneur, et qui témoignait déjà de l'antiquité de leur culte : tel était l'éclat des mosaïques à fond d'or qui en revêtaient les murailles, que le peuple l'appelait « l'église des Saints dorés. » L'Allemagne chevaleresque aima ces premières gloires militaires du christianisme; et l'église des Saints dorés, aujourd'hui Saint-Géréon, plusieurs fois reconstruite, porte encore sa coupole byzantine au-dessus des innombrables clochers qui firent nommer Cologne la Rome du Nord. A l'autre frontière de la Germanie romaine, à Lauriacum sur le Danube, un officier appelé Florianus, apprenant que le gouverneur de la province venait de mettre en vigueur les édits de Dioclétien par le supplice de quarante fidèles, se rendit au tribunal, se déclara chrétien, refusa de brûler l'encens devant les idoles, et fut précipité dans l'Enns. Les actes de ce martyre ajoutent que le fleuve rejeta le corps sur un rocher, et qu'un aigle le couvrit de ses ailes étendues jusqu'à ce qu'une femme chrétienne vînt lui donner la sépulture. Le temps approchait, en effet, où les aigles de l'empire devaient étendre leur protection sur la foi persécutée (1).

---

(1) Sur la légion Fulminante, Tertullien, *Apologetic*. Pour la légion Thébéenne, les premiers témoignages sont : 1° une vie de saint Romain, abbé, rédigée avant la fin du cinquième siècle (Bol-

Constantin rendit la paix à l'Église en 312, et, l'année suivante, il introduisait l'épiscopat germanique dans les conciles, en appelant à Rome Maternus, évêque de Cologne, pour y siéger, sous la pré-

<small>Les évêques de Germanie aux conciles.</small>

land. *Acta SS., Febr.* 28) ; 2° une homélie de S. Avitus de Vienne (Sirmond, *Opp.* II, p. 93) ; 3° les actes rédigés par saint Eucher, et qu'il faut attribuer ou à saint Eucher, premier évêque de Lyon, mort en 454, ou à saint Eucher, deuxième du nom, qui se trouva au second concile d'Orange en 529. — Gregor. Turonensis, *Miraculor.* I, 62 : « Est apud Agrippinensem urbem basilica in qua dicuntur L viri ex illa legione sacra Thebæorum pro Christi nomine martyrium consummasse. Et quia admirabili opere ex musivo quodammodo deaurata resplendet, Sanctos aureos ipsam basilicam incolæ vocitare voluerunt. » Saint Géréon est nommé pour la première fois dans un martyrologe germanique de la seconde moitié du huitième siècle. V. Rettberg, t. I, 103. Depuis cette époque, on le trouve toujours nommé avec les martyrs de la légion Thébéenne qui souffrirent à Cologne. Adon, *Martyrol.* : « Apud Coloniam Agrippinam natale SS. martyrum Gereonis et aliorum CCCXVIII quos ferunt Thebæos fuisse. » — Trèves comptait aussi parmi ses patrons saint Tyrsus et ses compagnons, martyrs de la même légion : mais on ne connaît pas de preuve plus ancienne de leur existence que leurs noms gravés sur une plaque de plomb découverte avec leurs reliques en 1071. Bolland. *Acta SS., Sept.* 14.

Augsbourg honorait sainte Afra, martyre, dont les actes, publiés par Ruinart (*Acta martyrum sincera*, p. 400), présentent bien des caractères d'authenticité. Cependant Rettberg, *Kirchengeschichte*, p. 146, leur oppose deux vers de Fortunat, qui représentent Afra comme une vierge, au lieu d'une courtisane pénitente et martyre, telle qu'elle paraît dans ses actes. Ces vers prouvent au moins l'antiquité de son culte :

<small>Pergis ad Augustam quam Virdo Lycusque fluentant :
Illic ossa sacræ venerabere virginis Afræ.</small>

Venant. Fortunatus, *de Vita sancti Martini*, lib. IV.

Les actes de saint Florianus sont absolument incontestés. Pez, *Script. rer. Austriæ*, I, p. 1, 36. Bolland. *Acta SS., Maii* d. 4. Rettberg, 157. Muchar, *Noricum.* Rudhart, *Ælteste Geschichte Bayerns*, p. 207. Si l'on n'a point parlé ici du martyre de Quirinus, évêque de Siscia, célébré par Prudence (*Peristephanon*, VII), c'est que Siscia, ville de la Pannonie, ne se trouvait pas sur le territoire de l'Allemagne moderne.

sidence du pape Melchiade, au tribunal qui devait juger la cause des donatistes. Les donatistes condamnés réclament un concile plus nombreux ; trente évêques se réunissent dans la ville d'Arles, en 314, et Maternus de Cologne y reparaît avec Agritius de Trèves, le diacre Macrinus et l'exorciste Félix. Les Pères de cette assemblée déclarent qu'ils ont été convoqués par la volonté de l'empereur. Et en effet, quand on considère le fréquent séjour de Constantin à Trèves, et ses campagnes au bord du Rhin, on a lieu de croire qu'il avait éprouvé la sagesse des évêques de cette province, qu'il choisissait pour juges des querelles religieuses de son temps : peut-être leurs entretiens, fixant ses doutes, décidèrent la détermination qui tira le christianisme des catacombes (1).

La querelle des donatistes n'était que le prélude de cette fameuse controverse de l'arianisme qui allait mettre en feu le monde chrétien. Toute la question se réduisait à un mot : « Le Fils est-il consubstantiel au Père, ou n'est-il que semblable? » Mais ce mot contenait toute une théologie, et la théologie toute l'économie de la société nouvelle. Les contemporains ne s'y trompèrent pas, et la

---

(1) Eusèbe, *Hist. eccles.*, l. X, cap. v. Optat. Milevit. lib. I, *contr. Parmenion.*, cap. xxiii : « Dati sunt judices Maternus ex Agrippina civitate, Reticius ab Augustoduno civitate, Marinus Arelatensis. » Hontheim, *Historia Trevirensis diplomatica*, t. I. Binterim, *Geschischte d. d. Concilien*, t. I, p. 345. Mansi, *Concil.*, II, p. 456, 476.

grandeur des intérêts qu'ils voyaient engagés ne leur laissa plus de repos. L'esprit humain, qu'on pouvait croire épuisé, retrouva ses forces dans les disputes du quatrième siècle, qui donnèrent à la littérature sacrée ses plus beaux génies et ses plus grands caractères. Les conciles où s'agitèrent tant de questions de métaphysique, d'exégèse, de droit canonique, furent autant d'écoles destinées à commencer l'éducation publique des peuples modernes. Les Églises de Germanie n'y manquèrent point. Théophile, métropolitain des Goths, siégeait à Nicée. Plus tard, quand la foi de Nicée sembla périr par une conjuration d'eunuques et de sophistes, Maximin de Trèves pressa la convocation du concile de Sardiques (347), qui la sauva : plusieurs évêques des provinces du Danube y parurent, et Euphratas de Cologne fut l'un des deux députés chargés de porter à l'empereur Constance les décrets de l'assemblée. Servatius de Tongres soutint le courage des orthodoxes à Rimini (359). Maxime de Laybach (Æmona) et Marcus de Pettau souscrivirent aux actes d'Aquilée (381). Un peu auparavant, Paulin de Trèves, successeur de Maximin, refusait de signer la condamnation de saint Athanase au conciliabule d'Arles (353), et allait mourir banni au fond de la Phrygie. Mais ces glorieux exils trompaient les espérances de l'hérésie et la politique des empereurs ; les plus lointaines chrétientés se visitaient par leurs confesseurs, et s'animaient à persévérer jusqu'au moment où, les empereurs finissant, la vérité restait (1).

<small>L'Église germanique au quatrième siècle. Trèves.</small>

On s'étonne moins, en effet, de trouver ces évêques du Nord si éclairés et si fermes dans des questions qui troublaient les flambeaux mêmes de l'Église, quand on voit saint Athanase exilé dans Trèves pendant deux ans, et embrasant de son feu tout le clergé des Gaules. Lui-même fait gloire des amitiés qu'il y forma ; il rend témoignage à la piété de cette grande ville : il y avait vu, dit-il, construire les premières basiliques, et la foule impatiente se presser sous leurs voûtes avant que les ouvriers en eussent posé la dernière pierre. Ses écrits y avaient popularisé la vie monastique, comme on s'en assure par un récit que saint Augustin tenait de la bouche d'un officier du palais impérial. Pendant que la cour séjournait à Trèves, et un jour que l'empereur y assistait aux jeux publics, cet officier visitait avec trois amis les jardins qui entouraient la ville. Deux d'entre eux, se détachant des autres, arrivèrent à une masure habitée par des cénobites ; et, s'y étant arrêtés, ils y trouvèrent une copie de l'histoire de saint Antoine.

<small>(1) Athanas., *Hist. Arianor. ad monachos*, p. 329, 360, 363. Id., *Ad episc. Ægypt.*, p. 278. Id., *Apolog. ad imp. Constant.*, ad Benedict., t. I, p. 297. Théodoret, *Hist. Eccles.*, lib. II, cap. VIII. Nicephor. Callist., *Hist. eccles.*, lib. IX, cap. XXIII. Mansi, III, p. 51, 38 ; ibid., 600, 617. Sulpic. Sever., *Sacr. hist.*, II. — On n'a point tenu compte ici du prétendu concile de Cologne (346), cité dans la vie de saint Servatius de Tongres, mais dont l'authenticité est universellement rejetée. Voy. Binterim et Rettberg.</small>

par Athanase. La première lecture de cet écrit les toucha si fort, qu'ils renoncèrent à la cour et se vouèrent à la profession monastique en ce même lieu : leurs fiancées prirent le voile des vierges. Ainsi cette cité impériale, dont Ausone célébrait les larges remparts et les écoles florissantes, voyait se multiplier les sanctuaires dans ses murs et à ses portes, et commençait à compter parmi les métropoles religieuses de l'Occident. Trèves avait donné asile à saint Athanase ; saint Jérôme y vint chercher la science, et y fit un séjour assez long pour transcrire de sa main les écrits de saint Hilaire. Saint Ambroise y naquit ; et c'est là qu'il dormait enfant dans la cour du prétoire, quand un essaim d'abeilles, renouvelant ce qu'on raconte du berceau de Platon, vint se poser sur ses lèvres. C'est là qu'enfin saint Martin de Tours protesta contre le supplice de l'hérétique Priscillien et de ses complices. L'erreur des priscillianistes était condamnable ; elle renouvelait l'enseignement des manichéens, avec tous les périls qu'il fit courir encore moins à la foi qu'aux mœurs des peuples. Mais quand les coupables, amenés à Trèves, traduits par deux évêques au tribunal de l'usurpateur Maxime, eurent subi la peine capitale, l'Église apprit avec horreur une nouveauté si contraire à la douceur de ses doctrines, et saint Martin refusa de communiquer avec ceux qui avaient mis le dogme sous la protection des bourreaux. Ce n'était pas trop de ces grands exemples et de ces grands hommes pour fonder l'orthodoxie dans les provinces destinées à devenir le royaume des Francs, et pour les sauver de l'arianisme, qui devait faire la perte des Goths et des Vandales (1).

<small>Nombre des évêchés. Discipline.</small> Au cinquième siècle, la foi semble maîtresse des provinces germaniques. En même temps que le paganisme se retire et que chaque année voit fermer quelque temple, les siéges épiscopaux se multiplient, et fixent autour d'eux le réseau mobile des communautés chrétiennes. En s'attachant aux seuls témoignages que la critique ne conteste pas, on trouve au nord les Églises de Trèves, de Cologne, de Tongres, de Metz et de Toul; au midi, celles de Coire, de Laybach et de Pettau, de Lauriacum et de Tiburnia; on connaît enfin des évêques de Rhétie et de Norique, sans désignation de siége. Saint Valentin, l'un d'eux, avait sa sépulture à Maïs, au bord de l'Inn, où de nombreux pèlerins venaient vénérer en lui le père des pauvres et le rédempteur des captifs. La discipline de ces églises est écrite dans les actes des conciles où parurent leurs représentants, surtout dans les canons d'Arles et de Sardiques, qui pourvoient à la police du clergé,

---

(1) Théodoret, *Hist. eccles.*, I, 32. Athanas., *ad ep. Ægypt.; Apolog.*, t. I, p. 682. Augustin, *Confess.*, VIII, 6. Hieronym., *Epist.* vi *ad Florentium; Proœm. libri* II *commentar. in Epist. ad Galatas*, où l'on voit qu'il connaissait la langue celtique, encore parlée à Trèves pendant le séjour qu'il y fit. *Epist.* iii. Paulin., *de Vita Ambrosii.* Sulpic. Sever., *Dialog.* III, cap. xv. Ambros., *Epist. ad Valentin.*, lib. V, ep. 27.

qui distinguent les fonctions des diacres et des prêtres, règlent l'élection, la résidence et la juridiction des évêques, et couronnent toute la hiérarchie sacrée par l'autorité du pontife romain. Les Pères du concile d'Arles adressent leurs décisions à saint Sylvestre, « croyant que c'est à lui de les notifier « aux autres, puisqu'il a plus grande part dans le « gouvernement de l'Église. » Et l'assemblée de Sardiques se propose « d'honorer la mémoire de « l'apôtre Pierre, en déclarant que si un évêque « déposé par ceux de sa province veut en appeler « de leur sentence, l'évêque de Rome sera prié de « lui donner des juges. » Tels étaient les étroits liens qui rattachaient au saint-siége les provinces du Nord, longtemps avant les pontificats de saint Léon et de saint Grégoire le Grand. Si l'on veut achever de connaître les mœurs religieuses de ces contrées par un document sur lequel nous aurons lieu de revenir, la *Vie de saint Severin*, apôtre du Norique, on y voit figurer tous les ordres du clergé, jusqu'aux portiers et aux chantres, les ermites, les moines et les vierges sacrées ; on y trouve le culte des reliques, les dîmes levées pour les pauvres, le rituel des funérailles, les prêtres veillant auprès de la dépouille des morts ; et enfin, avant les barbares, toutes les formes liturgiques, toutes les observances qu'on avait voulu faire dater de la barbarie (1).

(1) Sur le nombre des évêques authentiques de l'ancienne Ger-

Théologie.

Mais l'esprit vivait sous les formes : il éclate dans le petit nombre de monuments littéraires, d'inspirations poétiques qui nous restent de ces chrétientés mal connues. L'Église de Germanie avait eu de bonne heure son premier docteur en la personne de saint Victorin, évêque de Pettau, sur les frontières du Norique et de la Pannonie, mis à mort pour la foi au temps de Dioclétien. Rhéteur avant sa conversion, et versé dans les lettres grecques plus que dans la langue latine, il s'était attaché à traduire ou plutôt à s'approprier les commentaires d'Origène sur l'Écriture sainte, et à combattre les

---

manie, voy. Rettberg, I, 238. Binterim, I, 8 et sqq. Sur saint Valentin, Fortunat, *de Vita S. Martini*, lib. IV.

Ingrediens rapido quo gurgite volvitur Œnus,
Inde Valentini benedicti templa require.

Cf. l'inscription donnée dans le *Corpus poetarum* de Pesaro, t. VI, p. 280 :

Hic jacet in tumulo quem flevit Rhetica tellus,
   Maxima summorum gloria pontificum :
Abjectis qui fudit opes nudataque texit
   Agmina, captivis præmia larga ferens.
Est pietas vicina polo, nec funeris ictum
   Sentit ovans, meritis qui petit astra bonis.
His pollens titulis Valentiniane sacerdos
   Crederis a cunctis non potuisse mori.

— Sur les conciles d'Arles et de Sardiques, Mansi, *Concil.*, t. II, t. III, Fleury, *Hist. eccles.*, t. III. — *Vita S. Severini*, ap. Bolland, *Acta SS.*, *Januarii* 8. Aucun doute ne s'élève sur l'authenticité de cette vie de saint Severin, écrite à la fin du cinquième siècle par son disciple Eugippius. — Si je n'ai pas tenu compte de la suscription souvent citée d'une lettre de saint Hilaire de Poitiers : « Episcopis Germaniæ primæ et Germaniæ secundæ, » etc. (*Opera S. Hilarii*, t. II, p. 457), c'est que cette suscription manque dans plusieurs manuscrits.

hérétiques de toutes les sectes. Saint Jérôme, qui le compte parmi les colonnes de l'Église, loue la grandeur de ses pensées, malheureusement trahie par l'incorrection de son langage. C'est en effet le caractère d'un fragment sur la création, conservé sous le nom de Victorin, où l'on reconnaît aussi cette théologie symbolique dont l'école d'Origène poussa trop loin la subtilité. Tout s'y réduit aux harmonies des nombres sacrés : on y voit tous les rapprochements auxquels les mystiques se sont attachés : les quatre fleuves du paradis terrestre et les quatre animaux, symboles des évangiles ; les sept chandeliers devant le trône de l'Agneau et les sept dons de l'Esprit ; les vingt-quatre vieillards qui se tiennent en présence de Dieu, considérés comme les anges des douze heures du jour et des douze heures de la nuit, comme autant de figures du temps rendant hommage à l'immobile éternité. Il y a quelque intérêt à trouver ainsi dans les écrits d'un évêque du troisième siècle, perdu sur les bords de la Drave, la clef des allégories qui remplissent les éclatantes mosaïques des églises de Rome et de Ravenne. Et si Victorin a multiplié jusqu'à l'excès les explications mystiques, si sa doctrine des nombres rappelle trop souvent les vaines spéculations des néopythagoriciens, s'il finit par tomber dans l'erreur de ceux qui attendaient l'avénement temporel du Christ et le règne de mille ans, on l'excuse d'une illusion qui fut celle de plusieurs grands esprits, et on aime à reconnaître je ne sais quoi d'oriental, de hardi, de grandiose chez ce théologien, dont la pensée a déjà l'essor de l'esprit allemand, en même temps qu'elle en a les dangers (1).

<small>Inscriptions chrétiennes.</small>

Nous trouverions sans doute une doctrine plus sûre dans les écrits de Maximin de Trèves, dont la parole puissante allait troubler jusqu'au fond de l'Orient les conciliabules des ariens, et rétablir sur le siége de Constantinople le patriarche Paul, dépossédé par leurs violences. Mais le temps n'a épargné de ces anciennes Églises de Trèves et de Cologne, ni les écrits de leurs évêques, ni les murs de leurs basiliques, mais seulement un petit nombre d'inscriptions sépulcrales, où l'on surprend la foi du peuple sous la forme la plus naïve et la plus touchante. Rien n'est plus instructif, rien ne fait mieux ressortir l'unité du monde chrétien, que ces pierres tumulaires trouvées au bord de la Moselle où du Rhin, avec tous les symboles des catacombes romaines : la colombe portant le rameau d'olivier,

---

(1) Hieronym., *Catalog.*, cap. xxiv : « Victorinus Pitabionensis episcopus, non æque latine ut græce noverat, unde ejus opera, grandia sensibus, viliora videntur compositione verborum. » Id., *ad Pammachium* Id. *Epist.* LXXV, *advers. Vigilantium.* Id. ad Paulin., *de Institut. monach.* Cassiodor., *de Instit. divin. litt.*, cap. VII. Tillemont, *Mémoires.* V, p. 133. Le traité *de Fabrica mundi* a été donné par Cave, *Script. eccles.*, I, p. 148. Le commentaire sur l'Apocalypse, attribué à Victorin (*Biblioth. Patr. maxim.*, t. III, p. 414), ne peut pas être de lui, mais d'un écrivain du cinquième siècle. On croit reconnaître plus sûrement son style et ses opinions dans des scolies sur l'Apocalypse, publiées par Millani, Bologne, 1558, et par Galland.

le labarum, le monogramme du Christ entre l'alpha et l'oméga. Quelquefois une inscription grecque marque la sépulture d'un chrétien d'Orient, mort sous un ciel si différent du sien. Ailleurs, c'est un enfant enseveli dans les blancs vêtements du baptême, un centurion des colonies militaires, qui, après vingt-cinq ans de combats, a voulu qu'on mît sur sa tombe le signe pacifique du Christ. Ces inscriptions prodiguent déjà les termes les plus tendres de la langue religieuse, mais dans un latin dégénéré, où l'on n'entend que le cri d'une douleur plébéienne, trop pauvre pour acheter de quelque rhéteur une épitaphe correcte. C'est là qu'on voit des barbarismes, des solécismes opiniâtres, qui attestent la décomposition de la langue classique, et des vers étranges qui violent toutes les lois du rhythme, mais qui donnent l'exemple d'une prosodie nouvelle. Les lettrés païens devaient fouler aux pieds avec bien du mépris ces premières fleurs de poésie que nous aimons à cueillir parmi les tombeaux de nos pères. Tels sont ces quatre vers qu'on lit sur un marbre enchâssé dans le mur du vestibule de Saint-Géréon : « Ci-gît Artémia, doux et « bel enfant, — charmante à voir, et très-aimable « en toutes ses paroles. — La mort, à cinq ans, « l'emporta vers le Christ. — Innocente, elle a « passé tout d'un coup aux célestes royaumes (1). »

(1) Saint Athanase fait allusion aux écrits de saint Maximin contre les ariens, *Ad episcop. Ægypt. contr. Arian.*, p. 278. Sozomène,

Traditions et légendes.

Mais la véritable poésie de cet âge n'est pas encore celle qui se laisse emprisonner sous la règle et graver sur la pierre : on la trouve bien plus libre et plus inspirée dans les traditions qui s'attachent dès lors comme une auréole à la mémoire des saints du pays. La vénération du peuple pour ces évêques dont ils avaient reçu la foi les accompagnait dans la mort. Peu à peu la postérité, qui aime à reculer les figures héroïques pour leur ajouter le prestige du temps, transporta ces pontifes du quatrième siècle au premier ; on en fit les disciples des apôtres ; et la légende, remplissant les lacunes de l'histoire, rattacha les Églises germaniques aux origines du christianisme. C'est ainsi que la tradition populaire s'est emparée de Maternus de Cologne, le même que nous avons vu siéger aux conciles de Rome et d'Arles, et qu'elle l'a

---

Hist. eccles., II, c. xi. Lersch, *Central-Museum rheinländischer Inschriften*, III, 29 : Ἐνθάδε κεῖται ἄζιζος Ἀγρίπα Σύρος Κωκαπροζαβαδαίων ὀρῶν Ἀπαμέων. Id., I, 67 : Hic jacet puer *nomene Valentiniano* qui vixit anno III et *meses* et dies xvi, et in albis cum pace recessit. » Ibid., 66 : « Hic *jacit* Emeturius cnt. (centurio) ex numer. Gentil., qui vixit ann. quinquaginta, militavit p. m. xxv, d. d. d. » Suit le monogramme du Christ. Lersch et Rettberg, après lui, ont le tort de traduire *numerus Gentilium*, par une cohorte de païens. Les *Gentiles* étaient les mêmes que les *Læti*, c'est-à-dire les colons militaires des frontières de l'empire. V. *Cod. Theodos.*, VII, 15, 1. — Lersch, *Central-Museum*, III, 31 ; I, 65, inscription de Saint-Géréon :

Hic jacet Artemia, dulcis aptissimus infans,
Et visu grata, et verbis dulcissima cunctis.
. . . . . in quinto ad Christum detulit anno.
Innocens subito ad cœlestia regna transivit.

pris pour le fils ressuscité de la veuve de Naïm, que saint Pierre aurait envoyé avec deux autres, Eucharius et Valérius, porter la foi aux peuples du Nord. Les trois missionnaires avaient descendu le Rhin jusqu'à une bourgade d'Alsace, quand Maternus mourut. Ses compagnons reprirent tristement le chemin de Rome; ils en revinrent quarante jours après avec le bâton de saint Pierre; et, lorsqu'ils l'eurent posé sur le tombeau du mort, le mort se leva. Ce miracle commença la conversion des peuples : les trois saints l'achevèrent en bâtissant plusieurs églises, et continuèrent d'évangéliser la contrée jusqu'à Trèves, où ils arrivèrent l'an 54 de l'Incarnation. Ils y occupèrent l'un après l'autre le siége épiscopal. Maternus poussa plus loin ses prédications, et fut le premier évêque de Cologne et de Tongres. Après autant d'années de pontificat qu'il avait passé de jours dans le tombeau, comme il lisait l'évangile du fils de la veuve de Naïm, c'est-à-dire celui de sa propre résurrection, il mourut une troisième fois, pour ne plus ressusciter qu'au dernier jour. Il y avait assurément une poésie singulière dans ce récit, selon lequel toutes les nations germaniques devaient la foi aux larmes d'une veuve. Mais j'y trouve aussi une lumière historique, et une preuve de plus de l'antique attachement des Églises du Nord au siége de saint Pierre, puisqu'elles veulent tenir de lui le bâton pastoral, ce bâton du pêcheur qui deviendra plus tard une crosse d'or redoutée des rois (1).

Ainsi tout est plein du souvenir de Rome dans ces commencements. Il avait fallu les légions pour construire les voies qui percèrent les forêts germaniques, et pour y amener, cachés dans leurs rangs, les premiers propagateurs de l'Évangile. Il avait fallu les colonies, les municipes, les métropoles, pour mettre toutes les ressources de la civilisation au service de ces Églises conquérantes qui se formaient sur les confins de la barbarie. Il avait fallu que le génie latin, exercé depuis quatre cents ans au gouvernement du monde, respirât dans les sénats d'évêques qui constituèrent l'unité de croyance et de discipline. On reconnaît, dans tout ce qu'ils fondèrent, la main d'un peuple accoutumé à ne pas bâtir pour un jour. Cette première période est comme ces ruines romaines sur lesquelles les siècles suivants ont construit, sans crainte pour les monuments qu'on leur faisait porter.

(1) Mayence nomme pour premier évêque Crescens, disciple de saint Paul; Metz, saint Clément, disciple de saint Pierre, et saint Patient, disciple de saint Jean; Toul, saint Mansuetus, disciple de saint Pierre : la Rhétie croyait avoir été évangélisée par saint Pierre, saint Paul et saint Barnabé. Cf. Tillemont, *Mémoires*, I; Calmet, *Histoire ecclésiastique et civile de Lorraine*; Murerus, *Helvetia sancta*. Sur la légende de saint Maternus : *Gesta Trevirorum*, apud d'Achery, *Spicilegium*, II, 207; Jacques de Königshoven, *Chronik*, c. v, ap. Schilter, *Supplément*, p. 431; Reins, *Chronik der Stadt Cöln* :

    Das wart sente Maternus zo Agrippinam gesant,
    Die nannte sy Cœlne algehant, etc.

Cf. Tillemont, *Mémoires*, IV, p. 499 ; VI, p. 26. Schöpflin, *Alsacia illustrata*, I, 333. Hontheim, *Historia Trevirensis diplomatica*, I, p. xxxiii.

CHAPITRE II

LE CHRISTIANISME DEVANT LES INVASIONS.

Les invasions pouvaient venir : l'Église était en mesure de les recevoir. Elle avait des évêques à toutes les portes de l'empire, et des prêtres sur le chemin de tous les barbares. Ses basiliques étaient ouvertes, ses baptistères préparés ; elle n'avait plus qu'à attendre que les chefs lui amenassent leurs peuples. Il semble que les plus farouches devaient se rendre à la majesté de ses institutions ; et c'est l'opinion commune, que la conversion des Germains fut prompte et facile. Elle coûta cependant plus qu'on ne pense. L'Église allait être en présence d'une nouvelle race : elle y trouvait deux périls. D'un côté c'était la barbarie, le goût du sang et de la destruction, la haine du nom romain, et en même temps un paganisme nouveau, fort de sa grossièreté même, qui semblait ne pas laisser de jour à la raison ni d'ouverture à la controverse. D'un autre côté, et surtout parmi les chefs, parmi les mercenaires engagés à la solde des Césars, il y avait l'attrait prématuré d'une civilisation trop sa-

Espérances et dangers du christianisme.

vante pour eux, et dont ils comprenaient les désordres mieux que les bienfaits : il était aisé de prévoir qu'ils partageraient les vices et les erreurs de la société ancienne aussi bien que ses dépouilles ; en sorte qu'on avait autant à craindre de leur corruption que de leur violence.

Il y avait longtemps que ces deux passions contraires, celle de jouir et celle de détruire, poussaient les peuples du Nord vers les provinces romaines, quand, la garde des frontières fléchissant, trois routes s'ouvrirent devant eux. A l'orient, les Goths trouvaient la vallée du Danube, par où ils se jetèrent sur la Thrace et l'Asie Mineure. Au midi, la vallée de l'Inn livrait aux Hérules et aux Lombards les gorges des Alpes et l'entrée de l'Italie. A l'occident, la vallée du Rhin frayait aux Bourguignons, aux Alemans, aux Francs, le chemin des Gaules. Il faut voir comment le christianisme pénétra chez les barbares par tous les passages qui les vomissaient sur l'empire.

Le christianisme chez les Germains orientaux. Les Goths. Les Goths étaient les plus puissants des Germains par l'autorité de leurs traditions, par la vigueur de leur constitution civile, religieuse, militaire, par l'étendue de leur territoire et le grand nombre de peuples qu'ils avaient rangés sous leurs lois. Des rivages de la Scandinavie, où les navigateurs grecs les trouvaient quatre siècles avant notre ère, ils s'étaient avancés jusqu'au Danube, soumettant les Vandales, les Marcomans et les Quades, et réduisant l'empire à les traiter comme les nations qu'il craignait, c'est-à-dire à les prendre à son service. Ils avaient le titre et la solde d'alliés lorsque, l'empereur Philippe ayant refusé de subir plus longtemps l'affront du tribut annuel qu'ils exigeaient sous ce nom, ils forcèrent la ligne romaine et envahirent la Mésie. Bientôt après, on voit leurs bandes couvrir les plaines de la Thrace : les cent mille habitants de Philippopolis meurent sous les ruines de leur ville. Dèce périt en voulant les venger (252). Durant vingt ans les Goths ravagèrent la Grèce, l'Illyrie, la Troade, la Cappadoce ; ils brûlèrent le temple d'Éphèse, saccagèrent Trébisonde, Nicée, Athènes, ramenant leurs chariots chargés de butin, et laissant derrière eux la peste et la famine. Rien n'égale l'horreur de ces temps désastreux : les lettres mêmes semblent s'éteindre, et il y a une interruption de vingt années dans les historiographes des empereurs (1).

Mais, parmi les captifs que les vainqueurs chassaient devant eux, plusieurs portèrent le christianisme aux foyers de leurs maîtres. D'ailleurs, comment les Goths, enrôlés sous les aigles de l'empire, auraient-ils résisté aux progrès d'une doctrine qui avait gagné les légions, surtout quand ils virent la croix sur les drapeaux, quand enfin quarante mille d'entre eux combattirent pour Constantin dans la

Ulphilas.

(1) Jornandès, *de Rebus Geticis*, 16, 17, 18, 20.

fameuse journée qui renversa tout ensemble la fortune de Licinius et le règne du paganisme? L'Église des Goths grandit dans l'ombre; on l'a vue déjà représentée par l'évêque Théophile au concile de Nicée. Bientôt après paraît Ulphilas, qui tient un moment dans ses mains toutes les destinées religieuses de son peuple. On ne sait rien des commencements de cet homme extraordinaire, sinon qu'il descendait d'un famille chrétienne enlevée de la petite ville de Sadagolthina en Cappadoce par les Goths, qui la saccagèrent en 266, et que ce fils adoptif des barbares, le *fils de la louve* (Wulfilas), comme ils l'appelaient, était compatriote et peut-être parent de l'historien grec Philostorge. Il évangélisait les Visigoths de la Mésie, de la Dacie et de la Thrace, quand il devint leur évêque vers 348, et se rendit en cette qualité au concile tenu en 360 à Constantinople par les ariens, qui surprirent son adhésion, sans le détacher néanmoins de l'orthodoxie (1). C'est alors que, frappé de la majesté des Césars, il put concevoir le dessein de donner à son apostolat le dangereux appui de leur épée. Deux partis divisaient les Visigoths. L'un obéissait à Athanaric, l'autre à Fritigern. Après une lutte inégale, Fritigern invoqua l'intervention de l'empire; Ulphilas semble en avoir négocié les conditions. Les

---

(1) Sozomène. VI, 37 : Ἀπερισκέπτως οἶμαι μετασχὼν τοῖς ἀμφὶ Εὐδόξιον καὶ Ἀκάκιον τῆς ἐν Κωνσταντινουπόλει συνόδου, διέμεινε κοινωνῶν τοῖς ἱερεῦσι τῶν ἐν Νικαίᾳ συνελθόντων.

tribus menacées se soumirent au baptême, reçurent des secours, marchèrent contre Athanaric et furent victorieuses. Depuis ce jour, rien ne résista plus à la prédication d'Ulphilas. Il acheva son œuvre par la traduction des saintes Écritures, monument célèbre et resté jusqu'à nous. C'était fixer le christianisme dans la nation, que de le fixer dans la langue. L'évêque s'en rendit maître, et la força d'obéir à la pensée chrétienne ; il contraignit cette parole sanguinaire à répéter les psaumes de David, les paraboles évangéliques, la théologie de saint Paul. Mais il ne traduisit point les livres des Rois, de peur que, la lettre tuant l'esprit, les récits sacrés ne servissent qu'à réveiller les passions guerrières de ses barbares. L'alphabet runique, usité chez les Goths, avait suffi à tracer des présages sur des baguettes superstitieuses ou des inscriptions sur les sépultures : il fallut le compléter pour un usage plus savant, et le nombre des lettres fut porté de seize à vingt-quatre. La langue gothique, façonnée de la sorte, prit un singulier caractère de douceur et de majesté. On put voir que les grandes qualités des idiomes classiques ne périraient pas avec eux ; et la traduction de la Bible, ce livre éternel, commença la première des littératures modernes. Quand Ulphilas parut, peut-être après une longue retraite, radieux de sainteté, apportant l'Ancien et le Nouveau Testament au peuple campé dans les plaines de la Mésie, on crut qu'il descendait du Sinaï ; les

Grecs l'appelèrent le Moïse de son temps, et c'était l'opinion des barbares « que le *fils de la louve* ne pouvait faire mal (1). »

(1) Philostorge, II, 5. Socrate, lib. II, cap. xli. Sozomène, lib. VI. Métaphraste, ad diem 15 Sept. Jornandès, *de Rebus Geticis*, cap. li. Cf. Baronius, ad ann. 370. Bolland., *Act. SS. Septembr.* 15. Ulphilas, herausgegeben von J. Ch. Zühn (Weissenfels, 1805). M. Waitz (*Ueber das Leben und die Lehre des Ulfila*) a publié les fragments inédits d'un discours prononcé au concile d'Aquilée, en 384, par Auxentius, arien, et disciple d'Ulphilas. Auxentius y loue son maître dans les termes les plus magnifiques, le comparant à tout ce que l'Ancien Testament a de plus grand, à Joseph, à Moïse, à David, au prophète Élisée. Il le vante d'avoir prêché la doctrine d'Arius dans toute sa rigueur, en repoussant également ceux qui font le Fils consubstantiel au Père, et ceux qui le font semblable. Selon lui, Ulphilas, après être resté lecteur jusqu'à l'âge de trente ans, aurait été ordonné évêque en 348 ; sept ans après, une persécution violente l'aurait contraint de se réfugier avec son peuple sur le territoire de l'empire, où l'empereur Constance leur assigna des terres. Il y serait demeuré trente-trois ans, c'est-à-dire jusqu'à sa mort. Auxentius ajoute qu'Ulphilas écrivit et prêcha dans les trois langues des Goths, des Grecs et des Latins. — M. Waitz, dans la savante dissertation qui accompagne ces fragments, ne peut dissimuler combien le témoignage d'Auxentius est suspect en ce qui touche aux intérêts de l'arianisme. Sozomène et Théodoret s'accordent complètement à représenter Ulphilas attaché premièrement à la foi de Nicée, et plus tard entraîné à l'hérésie par les évêques ariens. La difficulté est plus grande en ce qui touche l'époque de sa chute. Si l'on s'attache à Auxentius, il semble qu'Ulphilas dut embrasser la communion de Constance en 355, quand il se serait réfugié sur les terres de l'empire : mais aucun autre historien n'a mentionné un établissement des Goths dans l'empire d'Orient à cette époque. Selon Socrate, les Goths de Fritigern seraient devenus ariens quand ils reçurent les secours de Valens; et Tillemont, VI, 798, démontre que cette guerre civile des Goths et l'intervention des Romains précédèrent l'invasion des Huns, qui rejeta définitivement une partie de la nation gothique au delà du Danube, en 376. Enfin, c'est à cette dernière époque que Sozomène et Théodoret placent l'apostasie d'Ulphilas, avec les circonstances qu'on verra plus bas, et qui prêtent une extrême vraisemblance à leurs récits. Du reste, M. Waitz reconnaît avec nous que les Goths professèrent d'abord l'orthodoxie.

Cependant Athanaric vaincu s'était vengé sur ceux de ses sujets qui faisaient profession de christianisme. L'idole nationale fut conduite sur un char de triomphe parmi les tribus établies au bord du Dniester ; des sacrifices et des banquets célébrèrent son passage, et l'on ordonna que tous participassent aux viandes immolées. Ceux qui s'y refusèrent furent brûlés dans leurs tentes. Plusieurs, dont on a conservé les noms, périrent par les flammes, avec le pavillon qui leur servait d'oratoire. Toute la foi et toute la magnanimité des anciens martyrs revivaient chez ces barbares, qui commençaient à fixer sur eux l'attention du monde. L'Église des Goths adressa à celle de Cappadoce, qu'elle honorait comme sa métropole, une lettre comparable à celle des chrétiens de Lyon aux chrétiens de Smyrne :

« L'Église de Dieu qui est chez les Goths, à l'Église
« de Dieu qui est en Cappadoce, et à tous les chré-
« tiens en quelque lieu qu'ils habitent. Que la paix,
« la miséricorde et la charité de Dieu le Père et
« de Jésus-Christ Notre-Seigneur abondent en vous !

« — Cette parole du bienheureux Pierre n'a pas
« cessé d'être vraie, que dans toute nation Dieu a
« pour agréables ceux qui le craignent et qui pra-
« tiquent la justice. C'est ce qui vient d'éclater en
« la personne du bienheureux Sabas, martyr de
« Dieu, qui, étant Goth de naissance et vivant au
« milieu d'une race perverse, a imité les saints de
« telle sorte qu'il a brillé comme une étoile nou-

« velle levée sur le monde. » Sabas avait soutenu de sa parole et de ses exemples les chrétiens persécutés. Il venait de célébrer la fête de Pâques auprès du prêtre Sansala, quand les hommes d'un chef de guerre nommé Atharid l'arrêtèrent pendant la nuit ; et, lui présentant des viandes immolées : « Voici, lui dirent-ils, ce que vous envoie Atharid « votre seigneur. » Sabas répondit : « Il n'y a qu'un « Seigneur, qui est au ciel. » Et comme il refusait de toucher aux viandes idolâtriques, après qu'on l'eut traîné sur les pierres et les épines, on le conduisit sur le bord du fleuve pour y être précipité. Mais lui, levant les yeux, déclarait qu'il voyait sur l'autre bord les anges venus pour le recevoir. Le récit de cette mort héroïque a toute la simplicité des actes authentiques des martyrs, et la lettre s'achève par ces courts et fraternels adieux qui terminent les épîtres des premiers chrétiens : « Saluez « tous les saints. Ceux qui souffrent la persécution « avec nous vous saluent encore. » Les Grecs inscrivent dans leurs ménologes les noms de Sabas et de ses compagnons. L'Asie admira que le Christ se fût choisi des confesseurs parmi ces peuples dont elle avait éprouvé la férocité. L'Occident les connut, et des témoins oculaires de leur supplice en firent le récit aux chrétiens de Carthage (1).

(1) Métaphraste, ad d. 15 Sept. Bolland., Acta SS. Martii 26. Parmi les noms des martyrs de ce jour que les ménées grecques ont conservés et défigurés, il en est plusieurs dont il est facile de

Une chrétienté fondée sur de si glorieux souvenirs ne pouvait tomber. Tandis que plus tard les Goths de l'invasion se laissaient gagner par l'arianisme, on voit une autre partie de ce peuple, restée sédentaire au nord de la mer Noire, persévérer dans l'orthodoxie. Deux de ses prêtres, Sounia et Fretila, écrivent à saint Jérôme, et le consultent sur les variantes de la Vulgate et de la version alexandrine. Le solitaire de Bethléem admire ce zèle des Écritures : il ne voit pas sans émotion les blondes armées des Gètes portant avec elles leurs sanctuaires mobiles, et les dressant comme le tabernacle au milieu du camp d'Israël. Saint Jean Chrysostome pressait de ses efforts le grand ouvrage de la conversion des barbares, dont le spectacle le ravissait : il y voyait les prophéties accomplies, et, selon la parole d'Isaïe, les loups devenus dociles et les lions domptés. Par ses soins, les Goths eurent à Constantinople leur Église nationale, et les saints mystères y furent célébrés en leur langue. Ceux qui campaient au nord de l'empire lui envoyaient un diacre chargé des lettres de leur chef, et vou-

reconnaître l'étymologie toute germanique : Bathusis, Verkas, Sigitzat, Sverilas, Svimblas. — *Acta S. Nicetæ*, ap. Bolland., *Septembr.* 15. *Acta S. Sabæ*, Bolland., *April.* 12. Sozomène, lib. VI, cap. xxxvii. Saint Épiphane, *Hæres.*, 70. S. Ambroise, *in Lucam*, 2. Saint Augustin, *de Civitate Dei*, lib. XVIII, 52. « Rex Gothorum in ipsa Gothia persecutus est Christianos crudelitate mirabili, cum ibi non essent nisi catholici, quorum plurimi martyrio coronati sunt, sicut a quibusdam fratribus qui hinc ibi fuerant et se vidisse incunctanter recordabantur, audivimus. »

laient recevoir un évêque de ses mains. C'est vers le même temps qu'il faut placer l'apostolat de saint Nicétas. Il était venu du fond de la Dacie visiter à Nole le tombeau de saint Félix ; il avait trouvé l'hospitalité auprès de saint Paulin, autrefois sénateur et poëte, maintenant retiré dans la solitude et voué au service de Dieu. Au moment du départ, Paulin adresse à son hôte des adieux poétiques, où l'on voit retracée avec complaisance l'image des Églises naissantes du Nord. « Tu traverseras sans « effort les mers soumises : la croix du salut ar- « mant l'antenne de ton navire, tu défieras les « vents et les flots. — Les joyeux matelots change- « ront en hymnes leurs chants accoutumés, et leurs « voix pieuses entraîneront les brises favorables à « leur suite. — Avant tous, Nicétas entonnera le « cantique du Christ avec l'éclat de la trompette, « et David, psalmodié à deux chœurs, retentira « d'un bout à l'autre des mers. — Les bêtes des « eaux tressailliront à l'*amen* des chrétiens, et les « monstres, attentifs au chant du prêtre, se joue- « ront autour du navire. — Oh ! qui me donnera « les ailes de la colombe pour me mêler aux chœurs « que tu formes à célébrer mon Dieu d'une voix qui « va jusqu'au ciel ? — Les plages hyperboréennes « te nomment leur père, le Scythe s'apaise à tes « accents, et, infidèle à lui-même, il apprend de toi « à dépouiller son humeur farouche. — Les Gètes « accourent, et avec eux les deux peuples des Da-

« ces, celui qui habite l'intérieur des terres, et ce-
« lui des frontières, fier de se montrer couvert du
« cuir de ses nombreux troupeaux.—Dans ces con-
« trées silencieuses de l'univers, les barbares ont
« appris à louer le Christ avec la fidélité d'un cœur
« romain, et à mener en paix une chaste vie (1). »

Ainsi le christianisme aima de bonne heure les barbares, et les servit avant qu'ils fussent devenus maîtres du monde. Ils s'en souvinrent dans leur victoire. Quand Alaric, en 410, saccagea Rome, un de ses guerriers qui avait forcé la demeure d'une vierge avancée en âge y trouva des vases d'or et d'argent. Mais la chrétienne lui déclara qu'ils appartenaient au trésor de l'apôtre saint Pierre ; et le barbare, retirant la main, envoya demander au roi ce qu'il devait faire de cet argent et de cet or. Alaric commanda que les vases fussent reconduits avec respect dans la basilique du Vatican. Les barbares les portèrent un à un sur leurs têtes, tandis que d'autres les environnaient l'épée nue. La trompette pacifique retentit ; les Romains sortirent ras-

---

(1) S. Hieronym., *Quæst. hebraic. in Genes.*, et *Epist.* 3 :
« Getarum rutilus et flavus exercitus ecclesiarum circumfert tentoria. » S. J. Chrysost., *Epist.* 69. Saint Paulin, *carmen* 30 :

> Ibis illabens pelago jacenti,
> Et rate armata titulo salutis,
> Victor antenna crucis ibis, undis
>   Tutus et austris.
> Navitæ læti solitum celeusma
> Concinent versis modulis in hymnos,
> Et piis ducent comites in æquor
>   Vocibus auras, etc...

surés des retraites où ils n'attendaient plus que la mort ou la servitude; les vainqueurs et les vaincus se mêlèrent, et leurs voix se confondirent dans les mêmes cantiques. C'est alors que saint Augustin croyait voir les barbares entrer à flots précipités dans cette cité mystique de l'Église dont il traçait le dessin, et qu'il s'écriait : « La dernière table de « la proscription de Sylla fit périr plus de sénateurs « que les Goths n'en dépouillèrent. Tout ce qui « s'est vu de meurtres, d'incendies et de pillage « dans ce récent désastre de Rome est arrivé selon « la loi ordinaire des combats. Mais ce qui est nou « veau et sans exemple, c'est que la férocité bar- « bare se soit adoucie jusqu'à ce point, que nos « basiliques soient devenues des asiles où nul n'a « été frappé, d'où nul n'a été enlevé, où l'on a « conduit tout ce qu'épargnait la fureur de l'en- « nemi... Celui-là est aveugle qui ne reconnaît « point ici la puissance du Christ et le bienfait « des temps chrétiens (1) ! »

Les Goths passent à l'arianisme.

Mais déjà la mobilité des barbares avait détruit ces espérances. Parmi le grand nombre d'aventuriers, de transfuges et de proscrits que le hasard des événements poussait chez les peuples du Nord,

---

(1) Paul Orose, VII, 28... « Hymnus Romanis barbarisque concinentibus publice canitur. Personat late, in excidio urbis, salutis tuba, omnesque etiam in abditis latentes invitat ac pulsat. Concurrunt ad vasa Petri vasa Christi. Plurimi pagani christianis, professione, si non fide, admiscentur, et per hoc tamen ad tempus, quo magis confundantur, evadunt. » Cf. saint Augustin, *de Civit. Dei,* I, 7; IV, 29.

les hérésies dont le christianisme était déchiré trouvaient des propagateurs. Dès le règne de Constantin, un évêque syrien nommé Audæus, qui enseignait les erreurs des quatuordécimans et des anthropomorphites, exilé pour sa résistance au concile de Nicée, s'était enfoncé dans le pays des Goths, où il avait fondé des églises et des monastères. On louait la piété et l'innocence de ses disciples ; mais, en prêchant un Dieu corporel et semblable à l'homme, il flattait la grossièreté des barbares ; et si son enseignement se perpétua, il ne faut pas s'étonner de voir plus tard des prêtres qui sacrifient à Odin et baptisent au nom du Christ. Toutefois les erreurs d'Audæus ne firent que des prosélytes obscurs : une chute plus éclatante devait entraîner toute la nation (1).

En 376, les Huns, traversant les Palus-Méotides, s'étaient précipités sur l'empire, et refoulaient devant eux les flots pressés des peuples germaniques. Les Visigoths de Fritigern, qui avaient éprouvé la puissance de l'empire d'Orient, lui demandèrent un asile. Ulphilas fut leur médiateur, et, accompagné des principaux d'entre eux, se rendit à Constantinople. Il y trouva les ariens tout-puissants, et leur évêque Eudoxius d'Antioche gouvernant le faible esprit de l'empereur Valens. Valens accorda aux Goths une avare hospitalité sur la rive romaine du

---

(1) Épiphan., *Hæres.*, 70.

Danube, à condition de livrer leurs armes en gage de paix éternelle, et leurs enfants pour recruter les légions. Eudoxius proposa d'ajouter qu'ils embrasseraient la communion de l'empereur. Les députés barbares répondaient que rien ne les détacherait de la foi qu'ils avaient reçue. Mais Ulphilas, circonvenu par les ariens, touché de la douceur de leurs paroles et de la richesse de leurs présents, se laissa persuader que la querelle, indifférente au dogme, n'intéressait que l'orgueil des Latins et des Grecs. Ce grand homme fléchit ; et les Goths, qui tenaient sa parole pour la loi de Dieu, passèrent à l'hérésie (1).

Ainsi les Visigoths devinrent ariens par la défection de leur maître dans la foi. Pendant quarante ans de dévastations, les soldats d'Alaric et d'Astaulfe traînèrent l'erreur avec eux, et l'établirent enfin dans le royaume qu'ils fondèrent au pied des Pyrénées. En même temps ils la communiquaient aux Ostrogoths, demeurés en arrière, et réservés pour d'autres conquêtes. Ceux-ci la portèrent en Italie, et jusqu'au cœur même de la chrétienté, quand ils y pénétrèrent à la suite de Théodoric. Jamais à la cour de Byzance l'arianisme n'avait paru plus puissant que sous le patronage de ce grand

---

(1) Théodoret, IV, 37 : Τοῦτον καὶ λόγοις κατακηλήσας Εὐδόξιος καὶ χρήμασι δελεάσας πεῖσαι παρεσκεύασε τοὺς βαρβάρους τὴν βασιλέως κοινωνίαν ἀσπάσασθαι... καὶ γὰρ Οὐλφίλας Εὐδοξίῳ καὶ Οὐάλεντι κοινωνῆσαι πείθων αὐτοὺς, οὐκ εἶναι δογμάτων ἔφη διαφορὰν, ἀλλὰ ματαίαν, ἔριν ἐργάσασθαι τὴν διάστασιν. Cf. Sozomène, VI, 37.

prince, en qui Rome saluait le réparateur du vieil empire, et les barbares le fondateur d'un empire nouveau. En même temps qu'il rendait au sénat ses prérogatives, aux magistratures leurs pouvoirs, aux écoles leurs dotations, on le vit donner des lois à ses barbares, faire entrer dans son alliance et sous sa tutelle les rois des Visigoths, des Thuringiens, des Burgondes ; et, devançant de trois cents ans l'œuvre de Charlemagne, réunir les nations germaniques en une seule famille, pour les faire entrer dans l'héritage de la civilisation romaine. Les soins du gouvernement n'étouffaient point en lui le zèle de la secte. A côté de son palais de Ravenne, il avait élevé à son culte la basilique de Saint-Apollinaire le Neuf et le baptistère de Sainte-Marie in Cosmedin, enrichi de mosaïques dont le temps n'a pas effacé l'éclat. La tolérance qu'il avait montrée d'abord à toutes les communions fit place à un prosélytisme persécuteur, aussitôt qu'il eut donné à l'arien Eutharic la main de sa fille et le premier rang dans ses conseils. Ce fut le signal d'une persécution qui se déclara en interdisant aux Romains de porter les armes, en renversant à Vérone l'oratoire de Saint-Étienne, et plus tard en ordonnant le supplice de Boëce et de Symmaque. Le jour était déjà fixé où les églises des orthodoxes devaient être livrées aux sectaires ; et il parut un moment que les invasions s'étaient faites pour remettre à l'arianisme les destinées du genre humain (1).

L'avenir n'en décida pas ainsi. La foi seule, fausse ou vraie, fait les sociétés durables. Les peuples ne restent pas longtemps au service des systèmes où ils ne voient que l'autorité des hommes. Or l'arianisme était ude doctrine déiste, qui n'avait pas le courage de s'enfoncer dans les obscurités fécondes du dogme; c'était une transaction misérable de la théologie avec la philosophie païenne : la Trinité d'Arius renouvelait celle de Platon. En niant la divinité du Christ, il ôtait le mystère, il diminuait la foi. Du même coup, il détruisait toute la grandeur du sacrifice de la Rédemption, et, en ne mettant plus qu'un homme sur la croix, il diminuait l'amour. C'était pourtant de la foi et de l'amour, c'était de ce dogme de l'Homme-Dieu que

(1) Parmi les admirables églises de Ravenne, il y en a trois qu'on croit bâties par les ariens : Saint-Apollinaire le Neuf, Saint-Esprit et le baptistère de Sainte-Marie in Cosmedin, dont on attribue les mosaïques à l'archevêque saint Agnellus, après qu'il eut rendu cet édifice au culte catholique. Mais les catholiques avaient déjà un baptistère, le même qu'on admire aujourd'hui auprès de la cathédrale; et la discipline de ce temps ne permettait pas de baptiser en deux endroits. Les mosaïques de Sainte-Marie in Cosmedin se rapportant toutes à l'idée du baptême, il faut donc les reconnaître pour l'œuvre des ariens, qui seuls y ont administré le sacrement. Au sommet de la voûte on a représenté le baptême du Sauveur dans le Jourdain. Le fleuve y est figuré à la manière des anciens, par un vieillard versant une urne. Au-dessous, les douze apôtres, séparés par des palmiers, et tenant des couronnes, à l'exception de saint Pierre et de saint Paul, dont le premier porte des clefs, et le second des livres. Entre ces deux apôtres, la croix est placée sur un trône couvert de tapis précieux.

devaient sortir la science sacrée, la société catholique et tout ce qu'elle fit de grand. Les nations naissantes avaient besoin d'une éducation qui les rendît fortes, d'une tutelle qui les protégeât contre leurs princes. Mais le clergé arien, nourri dans les palais, dans la faveur des eunuques et des impératrices, n'était pas en mesure de former les hommes. On trouve des évêques à la suite des rois, jamais en lutte avec eux. Au milieu des grands événements dont ils sont témoins, ils n'entrent que trois fois en scène dans les conférences de Vienne, de Carthage, de Tolède, contre les catholiques; ils y donnent toujours le spectacle de leur impuissance. Il fallait d'autres mains pour conduire les siècles violents du moyen âge. Enfin, les doctrines se perdent aussi par leurs fautes. Celle-ci, dont on a vanté la douceur, mit en feu tout l'Occident. Il ne faut pas, comme on a coutume de le faire, justifier la persécution de Théodoric comme une représaille de l'édit de l'empereur Justin contre l'arianisme; elle le précéda, et rien n'absoudra jamais le supplice de Boëce (1). Les Ostrogoths d'Italie

(1) En ce qui touche les véritables causes de la persécution de Théodoric, il faut consulter l'Anonyme de Valois : « Qui Eutharicus nimis asper fuit, et contra fidem catholicam inimicus... Ex eo enim invenit diabolus locum, quemadmodum hominem, bene rempublicam sine querela gubernantem, subreperet. Nam mox jussit ad fonticulos in proastio civitatis Veronensis oratorium S. Stephani, idem situm altarium subverti. Item ut nullus Romanus arma usque ad cultellum uteretur vetuit. »

« Symmachus, scholasticus Judæus, jubente non rege sed ty-

avaient l'exemple des Visigoths, leurs aînés dans l'arianisme, dont les violences désolèrent la Gaule et l'Espagne. Sidoine Apollinaire décrit les emportements du roi Euric à Toulouse, les édits de proscription, les évêques chassés, et l'herbe croissant dans les églises désertes. La fille de Clovis, devenue l'épouse d'Amalaric, envoie à ses frères ses vêtements trempés du sang que les mauvais traitements de son mari lui ont fait verser. Léovigild n'épargne pas Herménégild son fils, et le fait décapiter pour avoir refusé la communion des ariens. Cette succession de crimes est le signe des puissances qui finissent; et l'empire des Goths périt pour avoir refusé de la société romaine ce qui en faisait la force morale, je veux dire l'orthodoxie.

Le christianisme au midi de la Germanie. Les Alemans et les Hérules. En même temps que le christianisme entrait en Germanie par l'orient avec les premiers apôtres des Goths, il s'y introduisait au midi par les riches provinces de la Rhétie et du Norique, qui s'étendaient du pied des Alpes au Danube, et qui formaient comme le boulevard de l'Italie. La vallée de l'Inn s'ouvrait au milieu, et deux routes militaires, celle de Vérone et celle d'Aquilée, conduisaient aux portes de Rome. C'était le chemin le plus court des invasions; ce fut celui de Radagaise et d'Attila. Après eux, une partie des peuples qui les

ranno, dictavit præcepta die iv⁰ feria sept. kalend. Septembr. indict. iv, ut die dominica adveniente, ariani basilicas catholicas invaderent. »

suivaient s'établit dans ce beau pays. Nulle part la conquête du sol ne fut plus complète ; les bandes germaniques y effacèrent jusqu'au souvenir des populations primitives si difficilement soumises par les Romains, et en firent deux provinces allemandes, l'Autriche et la Bavière. Nulle part la conquête des âmes ne fut plus laborieuse, ni la lutte plus soutenue entre l'orthodoxie, maîtresse des villes romaines, et les croyances des barbares attachés au paganisme de leurs pères, ou gagnés par l'arianisme de leurs voisins. Un seul document contemporain éclaire l'histoire de la Germanie méridionale à une époque si décisive : c'est la vie de saint Severin par son disciple Eugippius, à laquelle il faut s'arrêter, à cause du jour inattendu qu'elle jette sur les peuples et les chefs barbares qui précipitèrent la chute du dernier empereur d'Occident (1).

La mort d'Attila avait laissé le désordre parmi les nations qu'entraînait sa fortune. Des restes de cette formidable armée, trois corps principaux occupaient le Norique : les Rugiens sur le Danube, entre Lauriacum (Lorch) et Faviana, qui fut Vienne ;

---

(1) Bolland., *Acta SS.*, 8 *Januar.* Pez, *Script. rer. Austr.*, I, p. 96. Hansitz, *Germ. sacr.*, I, 69. Aucun doute ne peut s'élever sur l'authenticité de cette Vie, dont l'auteur est connu et cité par Isidore de Séville, *de Vir. illustr.*, c. XIII. Honor. Augustodun., *de Luminar. eccles.*, 13. L'un des traits les plus frappants de la vie de saint Severin, son entrevue avec Odoacre, se trouve aussi dans l'Anonyme de Valois. Cf. Rettberg, *Kirchengeschichte*, I, 227. Muchar, *Noricum*, II.

les Alemans au confluent du fleuve avec l'Inn, où un ancien camp (Batava Castra) marquait la place de Passau ; les Hérules à Juvava, aujourd'hui Salzbourg, sur la route de l'Italie, ouverte à leurs armes. Les habitants des villes, décimés par la guerre et la famine, suivaient du haut de leurs murailles les rapides chevauchées de ces barbares qu'ils voyaient enlevant les moissons, et chassant devant eux des troupeaux de captifs. Les garnisons délaissées, sans solde et souvent sans armes, finissaient par abandonner leurs postes. Le clergé même n'était plus maître des esprits effrayés ; et beaucoup de chrétiens, ne sachant plus de quels dieux conjurer la colère, allaient prier à l'église et ensuite sacrifier aux idoles (1).

S. Severin, apôtre du Norique.

C'est au milieu de l'épouvante universelle que parut un anachorète nommé Severin, dont personne ne connut jamais ni la naissance ni la première vie. Son langage était celui d'un latin ; mais ses habitudes et ses discours trahissaient un long séjour en Orient, où il avait cherché la perfection chrétienne chez les saints des déserts. Du monastère qu'il s'était bâti aux portes de Vienne, le bruit

(1) *Vita* ap. Bolland., cap. i : « Tempore quo Attila, rex Hunnorum, defunctus est, utraque Pannonia et cetera Danubii confinia rebus turbabantur ambiguis. Cf. cap. ii, vi, vii. — Les Rugiens étaient inquiétés par les incursions des Thuringiens et par les Goths, qui leur fermaient l'entrée de l'Italie : cap. ii et vi. Sur l'abandon des garnisons, cap. ii et vii. Sur l'opiniâtreté des pratiques païennes, cap. iv.

de ses vertus n'avait pas tardé à se répandre dans tout le Norique ; et les villes les plus menacées l'appelaient dans leurs murs. A la vue de cet homme sans patrie, supérieur aux faiblesses de la terre, qui venait pieds nus par des chemins glacés, jeûnant jusqu'au coucher du soleil, et dormant sur un cilice, les peuples commençaient à se croire visités de Dieu. Pour lui, il leur prêchait la pénitence, ordonnait des prières et des aumônes, raffermissait les liens relâchés de la foi et de la discipline, et s'attachait à vaincre d'abord le désordre des consciences, premier péril d'une société qui se dissout. Mais sous le zèle du moine éclatait l'habileté de l'homme public : les dîmes levées par ses soins pourvoyaient au rachat des captifs, à l'entretien des pauvres, à l'insuffisance du commerce qui enrichissait autrefois les deux rives du Danube, et dont les rares transports ne se faisaient plus maintenant qu'avec le sauf-conduit des barbares. Il s'occupait enfin de la défense militaire avec le calme d'un vieux capitaine, organisant l'attaque et la retraite, recueillant d'abord les populations des campagnes dans les villes avec leurs troupeaux et leurs récoltes, abandonnant ensuite les villes mal fermées, pour réunir ses forces derrière des remparts plus sûrs. Les soldats sans ordres reprenaient les armes sur sa parole, et les cités sans magistrats obéissaient avec joie à ce prophète, dont les avertissements ne les avaient jamais trompées. Les habitants de Salzbourg et de Passau, qu'il pressait inutilement de quitter leurs demeures, étaient tombés au pouvoir des ennemis. Le reste des Romains, rassemblé par ses soins dans Lauriacum, fit une longue résistance. Severin lui-même les exhortait à veiller, à entretenir les feux sur les tours, jusqu'à ce qu'enfin, le roi des Rugiens s'étant approché avec une armée nombreuse, toute défense parut inutile, et les assiégés n'eurent plus à choisir qu'entre la mort et l'esclavage. Alors le serviteur de Dieu se rendit au camp, et, au nom du Christ son maître, il stipula que le roi retirerait ses troupes; que les Romains réfugiés dans Lauriacum en sortiraient libres, respectés désormais dans leurs personnes et dans leurs biens. Et sur sa foi les réfugiés sortirent; ils commencèrent à repeupler les campagnes, à rebâtir les cités, et à vivre en paix avec les conquérants. C'est par là que les mœurs, les institutions, les souvenirs d'une société policée, se conservèrent dans les provinces du Danube. Passau, Salzbourg, Vienne, sortirent de leurs ruines : ces villes restèrent comme autant de forteresses du christianisme au milieu des peuples barbares qui se succédèrent pendant deux cents ans autour d'elles, qui les soumirent à leurs lois, mais qu'elles soumirent à leurs lumières (1).

(1) Sur la naissance et la patrie de saint Severin, voyez les doutes de son disciple Eugippius, dans l'épitre dédicatoire qui précède la Vie. Sa prédication, ses austérités, ses miracles, cap. I, II, IV, VII,

C'est ce que Severin avait prévu ; et cet homme si occupé de sauver les villes romaines ne l'était pas moins de gagner les âmes des Germains. Les plus farouches, les plus gâtés par l'arianisme ou par l'idolâtrie, ne pouvaient s'empêcher d'honorer un vieillard pauvre comme eux, exempt des délicatesses et des vices qui leur rendaient la civilisation méprisable. Comment eussent-ils considéré comme un ennemi celui qui bénissait leurs enfants, guérissait leurs malades, se faisait livrer ceux d'entre eux qu'on amenait prisonniers, leur servait à manger et à boire, et les renvoyait libres? Eux aussi recherchaient ses entretiens comme ceux d'un prophète, et visitaient sa solitude comme un lieu de pèlerinage. Une troupe de ceux qu'on recrutait pour la garde des empereurs se pressait un jour à sa porte; et, parmi eux, un jeune homme d'une haute stature baissait la tête pour entrer : « Va, lui dit Se« verin, tu n'es vêtu que de misérables peaux ; « mais le temps vient où tu feras de grandes lar« gesses. » Ce jeune homme fut Odoacre : devenu maître de l'Italie, il se souvint du présage de l'anachorète, et lui accorda la grâce d'un condamné. Une autre fois, comme les Alemans ravageaient le territoire de Passau, où il se trouvait alors, Gibold, leur roi, souhaita de le voir. L'homme

VIII, X. — Levée des dîmes, organisation des secours publics, cap. VI et VIII. — Actions militaires, cap. II, VIII, IX. — Traité avec le roi des Rugiens, cap. IX.

de Dieu alla donc trouver le roi, et lui tint un langage si ferme, que le barbare, troublé, promit de rendre ses captifs et d'épargner le pays : on l'entendit ensuite déclarer à ses compagnons que jamais, en aucun péril de guerre, il n'avait tremblé si fort. Mais c'est surtout du fond de son monastère de Vienne qu'on voit Severin exercer son apostolat parmi les Rugiens, attirer leurs chefs dans sa cellule, s'appliquant à les détacher de l'hérésie, s'occupant aussi de leurs intérêts et de leurs dangers, leur conseillant d'aimer la paix et de ménager les faibles. Rien n'est plus beau que le récit de ses derniers moments, quand, averti de sa fin prochaine, il mande auprès de lui le roi Fléthée et la reine Gisa, fougueuse arienne dont il avait plus d'une fois combattu les violences. Après avoir exhorté le roi à se souvenir de Dieu et à traiter doucement ses sujets, il mit la main sur le cœur du barbare, et se tournant vers la reine : « Gisa, lui dit-il, aimes-
« tu cette âme plus que l'or et l'argent ? » Et comme Gisa protestait qu'elle préférait son époux à tous les trésors : « Eh bien donc, reprit-il, cesse d'op-
« primer les justes, de peur que leur oppression
« ne soit votre ruine. Je vous supplie tous deux, en
« ce moment où je retourne à mon maître, de vous
« abstenir du mal, et d'honorer votre vie par des
« actions bienfaisantes. » L'histoire des invasions a bien des scènes pathétiques. Je n'en connais pas de plus instructive que l'agonie de ce vieux Romain

expirant entre deux barbares, et moins touché de
la ruine de l'empire que du péril de leurs âmes (1).

L'anachorète qui défendit le Norique veillait en
même temps dans l'intérêt de toute la chrétienté.
Si le débordement des invasions se fût précipité
d'un seul coup, il aurait submergé la civilisation.
L'empire était ouvert, mais les peuples n'y devaient entrer qu'un à un ; et le sacerdoce chrétien
se mit sur la brèche, afin de les retenir jusqu'au
moment marqué, et, pour ainsi dire, jusqu'à l'appel de leur nom. Attila trouva saint Léon au passage du Mincio, comme saint Aignan sur les murs
d'Orléans, et saint Loup aux portes de Troyes. Saint
Germain d'Auxerre arrêta Eocharich, roi des Alemans au cœur de la Gaule, comme saint Severin
avait contenu leurs bandes sur les chemins de
l'Italie. La postérité ne sait pas assez ce qu'elle doit
à ces grands serviteurs de la Providence, qui eurent
la gloire peu commune, non de presser leur siècle,
mais de le retarder. En des temps si désastreux, dix
ans de délai pouvaient être le salut du monde.
Peut-être si Odoacre, maître de Rome, usa de clémence ; s'il épargna les monuments, les lois, les
écoles, et ne détruisit que le vain nom de l'empire,
c'est qu'il se souvint, comme on l'a vu, du moine romain qui avait prédit sa victoire et béni sa jeunesse.

(1) Sur les rapports de saint Severin avec les barbares, cap. II,
et *passim*. Odoacre, cap. II, IX. Gibold, cap. VI. Fléthée et Gisa,
cap. III, XI.

L'arianisme chez les Lombards.

Cependant ces grands effets de l'apostolat de Severin ne parurent pas d'abord. Six ans après sa mort, en 488, ses disciples persécutés chargèrent son corps sur leurs épaules, et allèrent chercher la paix au delà des Alpes. Les Hérules et les Rugiens demeurèrent hérétiques, et les Alemans païens. Quatre-vingts ans plus tard, quand les Lombards traversèrent ces contrées pour se jeter sur l'Italie, tel était leur attachement au paganisme, qu'ils se vantaient encore de vaincre par la protection de Freia et de Woden. Les premiers pas de leur conquête furent marqués par le pillage des églises, le massacre des prêtres, et le martyre d'un grand nombre de chrétiens qui refusèrent d'adorer une tête de chèvre ou de manger des viandes immolées. A la fin du septième siècle, les Lombards de Bénévent honoraient encore un dragon doré; et, plus tard, le clergé de Milan ne put corriger le peuple du culte de la vipère, qu'en transportant l'image dans l'église, où elle représenta le serpent d'airain des Hébreux. Cependant les rois faisaient profession d'arianisme; les lois d'Autharis défendaient de donner aux Lombards le baptême des catholiques; les évêques de l'hérésie envahissaient à main armée les basiliques des orthodoxes; et si le zèle de saint Grégoire, la piété de Théodelinde et la sagesse du roi Aripert achevèrent la conversion des Lombards, cette nation ne se défit jamais d'un vieux levain de barbarie. Elle continua de trahir le vice de son origine par sa haine des Francs et sa haine des papes : c'est ainsi qu'elle devait arriver à cette inévitable ruine réservée aux peuples qui furent les obstacles de la civilisation, au lieu d'en être les instruments (1).

La prédication chrétienne n'avait plus qu'à tenter un dernier effort du côté de l'Occident : c'était par là, par ces Églises du Rhin, si inférieures à celles de Grèce et d'Italie en lumières, en richesse, en puissance, que la foi devait pousser ses entreprises les plus hardies, pénétrer au delà des fleuves qui avaient arrêté les Romains, cerner la Germanie, et n'y plus laisser une forêt où le paganisme pût cacher ses mystères.

Le christianisme chez les Germains d'Occident

Là aussi, l'apostolat n'avait pas attendu la victoire des barbares pour aller au-devant d'eux. Dès l'an 396, Victricius, évêque de Rouen, prêchait sur les bords de l'Escaut, dans le voisinage de ces farouches tribus des Frisons qui, trois siècles plus tard, devaient faire encore des martyrs. Saint Paulin de Nole écrit à Victricius ; il le félicite d'avoir ouvert au Christ la terre des Morini, reléguée aux dernières extrémités de l'univers, battue des flots d'un océan barbare. Au lieu des bandes ennemies qui infestaient les forêts et les plages désertes,

(1) Le Norique après la mort de saint Severin, translation de ses reliques, *Vit.* ap. Bolland., cap. xii. — Les Lombards, Paul diacre, I. Saint Grégoire, *Dialog.*, III, 22, 27, *Acta SS.*, *Febr.* 3. *Vita S. Barbati.*

maintenant des chœurs d'hommes angéliques peuplaient d'églises et de monastères les villes et les bourgades, et faisaient retentir de pieux concerts les îles et les profondeurs des bois. Vers le même temps, les Marcomans, ces vieux ennemis de l'empire, établis dans le pays qui fut la Souabe, embrassèrent le christianisme. Frigitil, leur reine, entendit raconter par un chrétien d'Italie les actions de saint Ambroise, et elle voulut connaître le Dieu qui avait de si grands serviteurs. Elle envoya donc au saint des messagers et des présents, afin qu'il lui fît savoir comment elle devait croire et prier. Il répondit par une lettre admirable, où il résumait tous les dogmes et toutes les preuves de la foi. La reine, reconnaissante, persuada son époux et son peuple; et les Marcomans convertis ne troublèrent plus le repos du monde. Tel était le pouvoir d'un nom dans un siècle où tous les pouvoirs humains périssaient. Arbogaste, ce Franc mercenaire qui fit un empereur, mangeant un jour avec plusieurs chefs de sa nation, ils lui demandèrent s'il connaissait Ambroise; et comme il répondit qu'il en était aimé, et que souvent ils s'asseyaient tous deux à la même table : « Nous ne nous étonnons plus, « s'écrièrent-ils, que tu battes tes ennemis, si tu es « l'ami d'un homme qui dit au soleil : Arrête-toi ! « et le soleil s'arrête. » La foi pure et forte de l'Église des Gaules pénétrait peu à peu parmi ce grand nombre de barbares auxiliaires qui remplissaient les terres, les légions, les dignités de l'empire. Il semble que le christianisme, en s'assurant ainsi des héritiers présomptifs de la puissance romaine, avait pris enfin des garanties suffisantes, et que l'avenir ne pouvait lui échapper. Mais l'erreur devait encore le lui disputer longtemps (1).

Quand Radagaise, en 406, se précipita sur l'Italie à la tête d'une multitude innombrable qui alla périr misérablement dans les montagnes de la Toscane, ce ne fut pas, comme on l'a cru, l'emportement furieux d'un barbare, ce fut la résolution concertée de plusieurs peuples : toute la Germanie était derrière lui, et pensait à ce coup en finir avec Rome. A la nouvelle du désastre de leur chef, les Suèves, les Alains et les Vandales, qui les suivaient de loin, tournèrent vers le Rhin, forcèrent le passage, et se répandirent sur la rive gauche, brûlant les villes, réduisant les citoyens en esclavage : au pillage des basiliques on reconnaît encore le plus grand nombre des conquérants pour des idolâtres. Une bande s'empara de Mayence, surprit les chrétiens rassemblés dans l'église au nombre de plusieurs milliers, et les passa au fil de l'épée. Jamais peut-être le paganisme ne parut plus près de venger ses

Ravages de l'invasion. Légende de sainte Ursule.

---

(1) Baronius, ad ann. 396. Saint Paulin, *epist.* 28, *ad Victricium Rothomagensem. Vita S. Ambrosii*, auctore Paulino. Arbogastes... cum in convivio a regibus gentis suæ interrogaretur utrum sciret Ambrosium, et respondisset nosse se virum et diligi ab eo, atque frequentare cum illo convivari solitum, audivit : « Inde hoc vincis omnes, quia ab illo viro diligeris qui dicit soli : *Sta*, et stat. »

humiliations qu'au moment où les Huns vinrent s'abattre sur les villes chrétiennes de la Gaule. A l'aspect de ces fils du désert conçus, disait-on, dans les embrassements des sorcières et des mauvais génies, à qui l'on ne connaissait pas d'autre dieu qu'une épée plantée en terre ni d'autre culte que l'effusion du sang, les cœurs les plus fermes purent regretter les temps de Dèce et de Dioclétien. Les églises disparaissaient, et les dernières traces de culture s'effaçaient comme l'herbe sous les pieds des trois cent mille hommes qu'Attila traînait après lui. Besançon, Strasbourg, Worms, Mayence, Langres, Reims, Cambrai, Toul et Trèves, furent emportés : il ne resta de Metz qu'une chapelle dédiée à saint Étienne; les prêtres périrent au pied des autels qu'ils paraient ce jour-là pour célébrer la fête de Pâques (1). Les Huns succombèrent dans les plaines de Châlons, mais cette lutte sanglante prolongea la terreur de leur passage. C'est au milieu de ces redoutables spectacles que la postérité encore émue plaça la belle légende de sainte Ursule. Ursule, fille d'un roi chrétien de la Grande-Bretagne, est demandée en mariage par un prince idolâtre ; elle donne son consentement afin de sauver son père, mais on lui accordera trois ans pour jouir de sa virginité, et, pour présent de fiançailles, dix jeunes

---

(1) Fauriel, *Histoire de la Gaule méridionale*, I. Paul Orose, VII, 26. Cf. Prosper. Aquit. *Chronic.*, Nicolai Serarii, *Rerum Moguntinensium*, lib. V. Werner, *der Dom von Mainz*. Gregor. Turonens., lib. II, 6.

filles de la plus plus pure noblesse des deux royaumes : chacune de ces dix sera, comme elle, suivie de mille compagnes. Alors elle fait équiper onze galères, et chaque jour elle exerce sa jeune troupe à déployer les voiles, à soulever les rames. Les courses de la flotte virginale charment la multitude rassemblée sur le rivage : ce sont les derniers jeux de ces filles de navigateurs. Un soir, le vent du nord s'élève; les onze galères fuient sur l'Océan, arrivent aux bouches du Rhin, et le remontent jusqu'à Bâle. Là, averties par un ange, les voyageuses prennent terre, et passent les Alpes pour accomplir le pèlerinage de Rome. Elles revenaient joyeuses et redescendaient le Rhin sur leurs navires; déjà elles reconnaissaient les clochers de Cologne quand elles aperçurent les tentes des Huns campés autour de la ville. Enveloppées de toutes parts, brebis parmi les loups, entre le déshonneur et la mort, elles moururent jusqu'à la dernière. Ursule, menée aux pieds d'Attila, refusa de partager son trône; et, percée d'un trait, la reine de cette blanche armée rejoignit ses compagnes dans le ciel. Voilà le poétique récit du moyen âge. Ces légions de vierges entourées par les païens, et tombant sous les flèches, n'étaient-elles pas l'image des jeunes chrétientés de Germanie étouffées dans leur fleur par l'invasion (1)?

---

(1) J'ai suivi l'une des plus anciennes versions de la légende, celle de Sigebert de Gembloux (Chronic. ad ann. 453). On la trou-

CHAPITRE II.

L'arianisme des Visigoths et des Vandales.

Le même flot de barbares qui ramenait le paganisme en Occident y portait aussi l'hérésie. Ces fidèles Églises qui avaient persévéré dans la foi de Nicée, malgré les anathèmes des faux conciles et les édits des empereurs, virent reparaître l'arianisme plus menaçant que jamais, avec les bandes des Visigoths et des Vandales. Nous connaissons déjà les violences des Visigoths, et comment Euric leur roi poussa l'emportement jusqu'à ce point qu'il semblait, selon la parole de Sidoine, plutôt le chef d'une secte que celui d'un grand peuple. Mais aucune persécution n'égala celle des Vandales, quand Genseric, maître de Carthage, commença à

---

vera plus développée et sous les plus vives couleurs poétiques dans le récit recueilli par Surius. La première trace de cette tradition, inconnue aux martyrologes d'Adon, de Rhabanus Maurus, et de Notker, se trouve dans celui de Wandelberg au neuvième siècle, apud d'Achery, *Spicilegium*, II, 54.

> Tum numerosa simul Rheni per littora fulgent
> Christo virgineis erecta tropæa maniplis,
> Agrippinæ urbi, quarum furor impius olim
> Millia mactavit ductricibus inclyta sanctis.

Ce n'est pas ici le lieu de chercher le fondement historique de cette légende. Elle pourrait trouver son explication dans cette mention d'un ancien missel cité par Grandidier, *Histoire de l'Église de Strasbourg*, I, p. 147 : « Ursulæ et Undecimillæ, et sociarum virginum et martyrum. » — Mais j'inclinerais plutôt à y reconnaître la fausse interprétation de ces initiales latines XI. M. V. « Undecim Martyres Virgines. » Je trouve en effet dans un calendrier de l'église de Cologne au neuvième siècle, publié par Binterim (*Colon.*, 1824), les noms d'Ursule et de dix compagnes, Ursula, Sancia, Gregoria, Pinosa, Martha, Saula, Britula, Santina, Rabacia, Saturia, Palladia, Cf. Bolland., *Acta SS.*, *Junii*, t. VI, p. 22. *Cœlnische Rheim Chronik*, V, 152 et suiv. Rettberg, *Kirchengeschichte*, t. I, p. iij. Binterim, *Erzdiocese Cœln.* I, 66.

bannir les évêques ; quand Huneric son fils fit enlever, en une seule fois, quatre mille neuf cents prêtres et laïques pour les jeter dans les déserts, et qu'enfin l'Église africaine compta quarante mille martyrs. Du reste, les Vandales comme les Goths et les Lombards éprouvèrent les effets de cette hérésie, fatale à la durée des nations. Leur empire périt au bout de quatre-vingts ans, sans laisser d'autres vestiges que le désordre des croyances, le relâchement des liens politiques, la diminution du peuple, et tous les maux qui livrèrent l'Afrique sans défense à l'épée des Sarrasins (1).

Les premiers conquérants des Gaules n'avaient passé le Rhin que pour s'enfoncer vers le midi. Les Bourguignons s'établirent au bord du fleuve et dans le pays de Worms, où le poëme national des Nibelungen place le séjour de leurs rois. Il semble que l'Église avait droit d'espérer mieux de ces vieux alliés de l'empire, qui faisaient gloire de se dire issus du sang romain. Dès l'an 417, le gros de la nation avait reçu des prêtres catholiques ; et les Gaulois vantaient la douceur de ces nouveaux maîtres, qui vivaient avec eux comme des frères. Quelque temps après, une dernière bande, encore païenne, franchit la frontière à son tour, se présenta devant l'évêque de la cité la plus proche, et, après sept jours de jeûne, reçut le baptême (430).

Les Bourguignons.

(1) Sidon. Apollinar., *Epist.* Victor Vitensis, *Hist. persec. Vandal.* Vita S. *Fulgentii apud Biblioth. Patr. Max.*, t. IX.

Mais la joie de ces conversions fut courte : sous le règne de Gondebaud (490), les Bourguignons devinrent ariens. Tel fut durant longtemps le pouvoir de l'erreur dans la Gaule orientale, qu'en 452, s'il en faut croire les plus anciennes traditions de Mayence, les hérétiques égorgèrent Aureus, évêque de cette ville, pendant qu'il célébrait les saints mystères ; et qu'au sixième siècle, Catulinus d'Embrun, chassé de son siége par les sectaires, se réfugiait à Vienne (1).

Impuissance apparente du christianisme.

Au milieu du cinquième siècle, Salvien achevait d'écrire son livre *du Gouvernement de Dieu*. Il regardait autour de lui, et, parmi tant de nations qui couvraient le territoire de l'empire, il n'apercevait que des païens et des hérétiques. Du côté de l'idolâtrie, il voyait les Saxons, les Francs, les Gépides, les Alains ; le reste, Visigoths, Ostrogoths, Hérules, Rugiens, Suèves et Vandales, appartenaient ou allaient appartenir à l'arianisme (2). C'était donc vainement que l'Église avait compté sur les Germains. Elle s'était beaucoup promis de la simplicité de ces peuples, qui n'avaient encore abusé ni des

---

(1) Oros., lib. VII, c. xxxii. Socrat., *Hist. eccles.*, VII, 30. Ammian., XXVIII, 5 : « Jam inde temporibus priscis sobolem se esse Romanam Burgundii sciunt. » Aviti Viennensis *Epist.* — Saint Aureus est mentionné au martyrologe de Rhabanus Maurus, ap. Canisii *Lectiones antiq.*, II, 2, p. 531. Cf. Serarius, *Rerum Moguntin.*, II. Werner, *der Dom von Mainz*.

(2) Salvien, *de Gubernatione Dei*, lib. IV : « Duo enim genera in omni gente barbarorum sunt, id est aut hæreticorum aut paganorum. »

lois, ni des arts, ni de la science, ni d'aucune des ressources de la nature humaine. Elle s'était efforcée de leur faire oublier par des bienfaits les exactions des proconsuls, les conquêtes meurtrières des empereurs, et tout ce qui avait rendu haïssable le nom romain. Dans ses conciles, elle avait résolu d'avance les difficultés du dogme, et réglé la discipline des mœurs, comme pour épargner à ces esprits inexpérimentés les dangers du doute. Elle avait pourvu à leur tutelle et à leur éducation, en recueillant les traditions politiques et littéraires de l'antiquité. Enfin, le moment venu, elle les pressait par l'Orient et l'Occident, elle les visitait par ses évêques, ses moines, ses vierges sacrées. Et cependant elle n'avait réussi qu'à sauver les misérables ruines de l'antiquité. La civilisation lui restait; mais elle voyait échapper l'une après l'autre les races qu'elle y devait faire entrer : le christianisme se conservait encore, mais la chrétienté ne se constituait pas.

Tant d'impuissance après tant d'efforts accusait la politique de l'Église, et les païens lui reprochèrent d'avoir appelé les invasions. Les sages purent blâmer l'opiniâtreté de ce dogme qui ne savait pas céder aux exigences des temps : les Ariens se seraient chargés de sauver le monde. D'autres s'en prenaient à la Providence ; et, dans ce grand désordre où tombèrent les choses humaines, quand Rome eut cessé d'en être maîtresse, on put douter qu'une

Pressentiments de Salvien et de Paul Orose.

autre sagesse les gouvernât. Le christianisme ne douta point ; il ne désespéra pas des barbares, il ne se repentit point d'avoir pris leur parti dès le commencement, lorsqu'ils ne servaient encore qu'à pourvoir les marchés d'esclaves et les tueries de gladiateurs. Saint Paul les avait déclarés égaux aux Grecs ; Salvien les mit au-dessus des Romains de son temps : « Vous pensez être meilleurs que les « barbares ; ils sont hérétiques, dites-vous, et vous « êtes orthodoxes... Je réponds que par la foi nous « sommes meilleurs ; mais par notre vie, je dis avec « larmes que nous sommes pires. Vous connaissez « la loi, et vous la violez ; ils sont hérétiques, et « ne le savent pas. Les Goths sont perfides, mais « pudiques ; les Alains, voluptueux, mais fidèles ; « les Francs, menteurs, mais hospitaliers ; la « cruauté des Saxons fait horreur, mais on loue « leur chasteté... Et nous nous étonnons que Dieu « ait livré nos provinces aux barbares, quand leur « pudeur purifie la terre encore toute souillée des « débauches romaines (1) ! » En même temps Paul Orose, disciple de saint Augustin, tout pénétré des rassurantes doctrines de la Cité de Dieu, écrivait ces paroles prophétiques : « Si les con- « quêtes d'Alexandre vous semblent glorieuses à

---

(1) Salvien, *de Gubernatione Dei*, lib. IV. « Certe, inquit aliquis peccator et malignissimus, meliores barbaris sumus ; et hoc utique manifestum est quod non respicit res humanas Deus... An meliores barbaris simus jam videbimus. » *Ibid.*, V, VII. Cf. saint Augustin, *de Civitate Dei*, 1, 7 ; IV, 29.

« cause de cet héroïsme qui lui soumit tant de con-
« trées ; si vous ne détestez point en lui le pertur-
« bateur des nations, plusieurs loueront aussi le
« temps présent, vanteront les vainqueurs, et tien-
« dront nos malheurs pour des bienfaits. Mais on
« dira : « Les barbares sont les ennemis de l'État. »
« Je répondrai que tout l'Orient pensait de même
« d'Alexandre ; et les Romains ne parurent pas
« meilleurs aux peuples ignorés dont ils allèrent
« troubler le repos. « Mais, dites-vous, les Grecs
« établissaient des empires ; les Germains les ren-
« versent. » Autres sont les ravages de la guerre,
« autres les conseils qui suivent la victoire. Les Ma-
« cédoniens commencèrent par dompter les peuples
« qu'ils policèrent ensuite. Les Germains boule-
« versent maintenant toute la terre ; mais si (ce
« qu'à Dieu ne plaise !) ils finissaient par en de-
« meurer maîtres et par la gouverner selon leurs
« mœurs, peut-être un jour la postérité saluerait-
« elle du titre de grands rois ceux en qui nous ne
« savons encore voir que des ennemis (1). » Tout
le génie chrétien est dans ce passage ; et la res-
triction même qu'on y surprend est admirable
comme le dernier cri du patriotisme antique qui
ne peut se contenir, mais qui ne se refuse pas aux
nouveaux desseins de Dieu sur l'univers. La lumière
se fait, et, du milieu des invasions, on voit sortir

---

(1) Paul Orose, lib. III. Cf. lib. VII.

un monde qui s'achèvera quand il aura trouvé ses maîtres. Mais il fallait les trouver.

Vocation des Francs. Baptême de Clovis.

Le jour de Noël 496, l'évêque Remi attendait sur la porte de la cathédrale de Reims. Des voiles peints, suspendus aux maisons voisines, ombrageaient le parvis. Les portiques étaient tendus de blanches draperies. Les fonts étaient préparés et les baumes versés sur le marbre. Les cierges odorants étincelaient de toutes parts ; et tel fut le sentiment de piété qui se répandit dans le saint lieu, que les barbares se crurent au milieu des parfums du paradis. Le chef d'une tribu guerrière descendit dans le bassin baptismal : trois mille compagnons l'y suivirent. Et quand ils en sortirent chrétiens, on aurait pu voir en sortir avec eux quatorze siècles d'empire, toute la chevalerie, les croisades, la scolastique, c'est-à-dire tout l'héroïsme, la liberté, les lumières modernes. Une grande nation commençait dans le monde : c'étaient les Francs (1).

L'Église le comprit. Ces illustres évêques des Gaules, qui veillaient depuis cent cinquante ans, pour attendre l'heure de Dieu, sentirent qu'elle était venue. Saint Remi reconnut dans son néophyte un nouveau Constantin. Saint Avitus de Vienne écrivit : « L'Occident a trouvé sa lumière. »

(1) *Gregor. Turon.*, II. «... Talemque ibi gratiam astantibus Deus tribuit, ut æstimarent se paradisi odoribus collocari. » Grégoire de Tours réduit le nombre des Francs baptisés à trois mille ; Frédégaire les porte à six mille. Hincmar les concilie en comptant trois mille guerriers, leurs femmes et leurs enfants.

Le pape Anastase, peu de jours après son élection, adressa une lettre à Clovis : « Nous nous félicitons, « ô notre glorieux fils! de votre avénement à la « foi chrétienne, qui s'est rencontré avec le nôtre « au souverain pontificat; car le siége de Pierre, « en une si grande occasion, ne peut point ne pas « tressaillir de joie quand il voit la plénitude des « nations accourir à lui à pas pressés, et se remplir, « dans l'espace des temps, le filet mystérieux que « le pêcheur d'hommes a jeté en pleine eau, sur la « parole du Christ (1). »

(1) *Epist.* 41 Aviti Viennensis. « Vestra fides nostra victoria est... Gaudeat quidem Græcia habere se principem legis nostræ... Siquidem et in Occidentis partibus in rege non novo, novi jubaris lumen effulgurat. » *Greg. Tur.*, II, 31. — *Epist. Anastasii papæ*, apud d'Achery, *Spicil.*, III, 304.

CHAPITRE III

LES FRANCS

Jugements des historiens sur la conversion des Francs.

I. Nous nous sommes arrêtés à la conversion des Francs comme au terme où les invasions viennent aboutir, et laissent enfin apercevoir le dessein qu'elles accomplissent. Toutefois, les historiens ont diversement jugé ce grand événement. Les écrivains français ont souvent déploré l'inefficacité du baptême de Clovis, la condescendance de l'Église pour ses farouches néophytes, et l'impatience du clergé gaulois, si pressé de secouer le joug des Bourguignons et des Visigoths en faveur de ces nouveaux venus, qui n'avaient du catholicisme que le nom. On n'aime pas à voir les saints, les évêques, les moines, hanter le palais de ces Mérovingiens tout couverts de crimes, et Grégoire de Tours leur prodiguer les louanges que l'Écriture sainte réserve aux bons rois. Les Allemands vont plus loin : ils accusent le christianisme et la civilisation même d'avoir gâté ce noble peuple des Francs, le plus pur du sang germanique; de l'avoir initié à toute la cruauté des mœurs romaines, à toutes les perfidies de la politique byzantine. Ils oublient que l'histoire des fils de Mérovée n'a pas un trait odieux ou sanglant qui ne se retrouve plus barbare encore dans les chants de l'Edda, dans les fables des dieux dont les rois se disaient issus. En effet, tous les Germains se montrent les mêmes par quelque porte de l'empire qu'ils entrent, Francs et Visigoths, Vandales et Lombards, ariens ou idolâtres. On ne voit pas que la famille de Clovis soit ensanglantée de plus de meurtres que celle du grand Théodoric, ni que les fureurs de Frédégonde dépassent en horreur Alboin forçant Rosemonde à boire dans le crâne de son père (1).

Il faut bien reconnaître en effet que les Francs, au sortir de la basilique de Reims, ne se trouvèrent point magiquement transformés en d'autres hommes. Le doux Sicambre ne renonça ni au meurtre des chefs de sa famille, ni au pillage des villes d'Aquitaine. Il laissa après lui deux cents ans de fratricides et de guerres impies. La Gaule vit avec effroi des princes qui égorgeaient les fils de leurs frères ; les rois et les enfants des rois périssaient

(1) Rettberg, *Kirchengeschichte*, p. 284. Cet historien, qui corrige et tempère en plusieurs points le système des écrivains allemands, a cependant le tort de croire les Francs seuls atteints de ces vices qui firent la perte des Goths, des Vandales et des Lombards. Voyez, dans l'Edda, Gudruna faisant manger ses deux fils à Attila, qu'elle égorge ensuite ; Wéland tuant les enfants de Nidur, pour faire des coupes de leurs crânes ; et, dans les Nibelungen, les guerriers s'abreuvant du sang humain.

par le poignard d'une concubine couronnée ; des leudes ingrats attachaient leur vieille reine à la queue de leurs chevaux. En même temps, des bandes armées descendaient en Bourgogne et en Auvergne, brûlant et rasant les villes, les monuments, les églises ; ne laissant que la terre qu'elles ne pouvaient emporter, et s'en retournant avec de longues files de prisonniers enchaînés, pour être vendus sur les marchés du Nord (1).

Rien donc ne paraissait changé. Ces désordres continuaient ceux des siècles précédents : il n'y avait dans les Gaules que six mille chrétiens de plus. Mais les moments qui décident du sort des nations se cachent dans le cours ordinaire du temps : le propre du génie est de les saisir, et ce fut le mérite du clergé gallo-romain. Il ne méconnut point les vices des Francs, il en fit la dure expérience ; mais il connut aussi leur mission. Il ne s'effraya pas de ce qu'il lui en coûterait de travaux et d'humiliations pour aider à ce grand ouvrage, et pour tirer d'un peuple si grossier tout ce que la Providence en voulait faire. Dès lors on voit commencer cette politique savante des évêques, qui éclaire les sanglantes ténèbres des temps mérovingiens. Elle paraît tout entière dans la pensée de saint Remi, si l'on en croit l'écrivain de sa vie. La nuit qui précéda le baptême de Clovis, comme il était seul avec la reine

---

(1) *Vita S. Austremonii; Vita S. Fidoli.*

dans un lieu retiré, Remi vint les trouver en secret; et, après les avoir longuement exhortés, il finit en les assurant que si leur postérité demeurait fidèle aux lois de Dieu, elle régnerait avec gloire, exalterait la sainte Église, hériterait de la puissance romaine, et contiendrait par ses victoires les incursions des autres peuples (1). Nous verrons en effet que toute la destinée des Francs était renfermée dans ces termes : commencer la grandeur temporelle de l'Église, continuer les Romains, et finir les invasions.

Depuis l'avénement de Constantin, la religion avait eu la liberté plutôt que l'empire. Les traditions, les institutions, les habitudes du gouvernement romain, étaient restées païennes, et l'Évangile, déjà maître des mœurs, pénétrait difficilement dans les lois. Les Francs, au contraire, formaient un peuple nouveau, qui n'était point engagé par douze siècles d'histoire, par des lois écrites, par l'éclat d'une littérature savante. Ils pouvaient disposer librement d'eux-mêmes, et Clovis eut la gloire de fixer leurs incertitudes et les siennes. Dans cette conversion, dont on a contesté la sincérité, il y eut autre chose qu'un calcul politique, autre chose qu'une inspiration du désespoir

Motifs de la conversion de Clovis. Mission des Francs

(1) *Vita S. Remigii*, Hincmaro auctore : « Qualiter scilicet successura eorum posteritas, regnum esset nobilissime propagatura atque gubernatura, et sanctam Ecclesiam sublimatura, omnique romana dignitate regnoque potitura, et victoriam contra aliarum gentium incursus adeptura. »

sur le champ de bataille de Tolbiac. En y regardant de près, on voit un grand combat dans l'âme de ce barbare retenu par toutes les passions du paganisme, mais attiré par les lumières de la civilisation chrétienne. Les dieux dont il se croit descendu l'épouvantent; il leur attribue la mort de son premier-né; il hésite à les abandonner pour ce Dieu nouveau, « pour ce Dieu désarmé, dit-il, et « qui n'est pas de la race de Thor et d'Odin. » Il craint aussi son peuple, dont il veut s'assurer le consentement. Sans doute la soumission des Gaules, promise comme le prix de son abjuration, le touche, et le péril de Tolbiac le décide. Cependant, il ne faut pas oublier ces entretiens avec Clotilde, ces controverses théologiques dont Grégoire de Tours altère probablement les termes, mais dont il atteste l'opiniâtreté. Il faut tenir compte du témoignage de Nicétius de Trèves, lorsque, s'adressant à une petite-fille de Clovis, il lui écrit : « Vous avez ap-
« pris de votre aïeule Clotilde, d'heureuse mé-
« moire, comment elle attira à la foi le seigneur
« son époux, et comment celui-ci, qui était un
« homme très-habile (*homo astutissimus*), ne vou-
« lut pas se rendre avant de s'être convaincu de la
« vérité. » Les Francs se rendirent, comme lui, à

<small>Les Francs entrent au service du christianisme.</small> la persuasion, à la parole. Le christianisme, maître de leurs convictions, trouva de longues résistances dans leurs mœurs; mais il devint le principe bien ou mal compris de leur droit public. Ils mi-

rent les évêques dans les conseils, et le nom de la sainte Trinité à la tête des capitulaires. Les guerres prirent un caractère nouveau, et devinrent des guerres de religion. Ne nous effrayons pas de ce mot comme d'une autre sorte de barbarie réservée aux nations chrétiennes : au contraire, il marque le commencement d'un état meilleur, où la pensée disposera de la force. Lorsque, rassemblant ses soldats, Clovis leur déclare qu'il supporte avec chagrin que les ariens possèdent la moitié des Gaules, et qu'ensuite, fondant sur les Visigoths, il réduit leurs provinces en sa puissance, alors, assurément, il est permis de révoquer en doute le désintéressement du roi ; mais on reconnaît la foi de la multitude et le premier réveil de la conscience chez ce peuple, à qui il ne suffit plus de promettre le prix ordinaire des combats, l'or, la terre et les belles captives. Toute cette conquête de l'Aquitaine s'annonce comme une guerre sainte. Les envoyés du roi, venus au tombeau de saint Martin de Tours pour y recueillir quelque présage de la victoire, entendent chanter, à leur entrée dans la basilique, ce psaume de David : « Seigneur, vous m'avez ceint « de courage pour les batailles : vous avez mis mes « ennemis sous mes pieds. » Une biche merveilleuse montre aux Francs le gué du fleuve, et, Clovis étant campé devant Poitiers, un météore flamboyant se balance sur le pavillon royal. Plus tard, l'invasion de la Bourgogne se colore des mêmes motifs religieux. Il s'agissait d'étendre le seul royaume catholique de l'univers, d'agrandir l'héritage du Christ, d'humilier les mécréants. Vous reconnaissez les motifs, les signes, les prodiges ordinaires des croisades; ou plutôt la croisade est ouverte : elle se continuera contre les Saxons, contre les Slaves, contre tous les païens du Nord, jusqu'à ce qu'elle tourne vers l'Orient. Quand les Francs mirent le pouvoir séculier au service du christianisme, ils posèrent le principe d'où sortit toute la politique du moyen âge (1).

<small>Les Francs succèdent aux Romains.</small>

En même temps qu'ils venaient prendre un rôle nouveau dans l'histoire, les Francs y devaient succéder aux fonctions d'un peuple plus ancien; ils allaient remplacer ces mêmes Romains dont ils se vantaient d'avoir précipité la chute. Rome, pour qui travaillaient toutes les nations policées de la Grèce et de l'Orient, avait recueilli l'héritage de la civilisation antique pour le conserver, et afin de le transmettre aux peuples modernes. Elle était allée chercher les barbares ; elle avait voulu les dompter

---

(1) Grégoire de Tours, lib. II, 29, dicebat : « Deus vester nihil « posse manifestatur; et quod magis est, nec de deorum genere « esse probatur... Si in nomine deorum meorum puer fuisset di- « catus, vixisset utique... » *Id.*, cap. xxxi : « Restat unum quod « populos qui me sequitur non patitur relinquere deos suos; sed « vado, et loquar illis juxta verbum tuum. » *Id.*, cap. xcvii : « Valde « modeste fero quod hi ariani partem tenent Galliarum : eamus « cum Dei adjutorio, et, superatis, redigamus terram in ditionem « nostram... » Nicetii *Epistola ad Chlodoswing*, apud Bouquet, t. IV : « Et cum esset homo astutissimus, noluit acquiescere ante- « quam vera agnosceret. »

et les discipliner chez eux, les naturaliser chez elle. Séduits par le spectacle d'une société plus heureuse, ils en avaient convoité d'abord les richesses, ensuite les honneurs et les lumières. Ils s'introduisirent dans les camps, dans les charges, dans toutes les parties de l'État. Nous savons comment un envahissement pacifique et sans résistance, qui s'accomplit en même temps que les irruptions armées, mit peu à peu les Germains en possession du pouvoir aussi bien que du sol. Il y eut donc entre la civilisation et la barbarie un rapprochement volontaire, et, pour ainsi dire, un contrat. L'Église en dressa l'acte, et ce fut sur ce contrat et non sur la conquête violente, ce fut sur un droit et non sur un fait, que reposa la société nouvelle. Mais, entre toutes les races germaniques, nulle ne se prêta mieux que les Francs à cette alliance qui devait renouer la suite des temps. Devenus les hôtes de l'empire et ses auxiliaires, ils défendent le passage du Rhin contre les Alains, les Suèves, les Vandales, et se font exterminer au poste qu'ils ne peuvent plus couvrir. Plus tard on les trouve à Châlons sous les drapeaux d'Aétius, pour écraser Attila. On voit leurs chefs, pliés sans peine aux mœurs latines, élevés au commandement des légions, faire porter devant eux les faisceaux consulaires, et donner leurs filles aux empereurs. Les Francs Magnence et Silvanus avaient disputé la pourpre aux fils de Constantin. Le Franc Arbogaste gouverne sous le nom de Valentinien II ; et Bauto, élevé à la dignité de consul, est harangué à Milan, le 1er janvier 385, par un jeune rhéteur qui sera un jour saint Augustin. Nous connaissons déjà Mérobaudes, consul sous Valentinien III, poëte, honoré d'une statue dans le forum de Trajan ; nous avons trouvé un autre Arbogaste qui commandait à Trèves en 472, et à qui Sidoine Apollinaire écrivait : « Vous buvez les eaux de la Moselle, mais celles du « Tibre coulent dans vos discours. » Enfin, quand la dernière ombre de la puissance romaine fut évanouie, elle sembla reparaître, dans la personne de Clovis, le jour où, vainqueur des Visigoths, il reçut des ambassadeurs d'Anastase le titre et les ornements de patrice. Dans la basilique de Tours, devant le tombeau de saint Martin, en présence des guerriers et des prêtres, le roi chevelu revêtit la tunique de pourpre et la chlamyde, plaça la couronne sur son front, et, montant à cheval, jeta de l'or et de l'argent au peuple qui se pressait sur le chemin. Depuis ce temps, les siens le saluèrent du nom de consul et d'Auguste, ses petits-fils furent appelés par les empereurs Justinien et Maurice au secours de l'Italie, en qualité de magistrats de cette vieille Rome dont ils gardaient la pompe, les titres, les traditions. Il parut que le génie civilisateur des Grecs pourrait bien revivre chez les princes des Francs ; et, dans la cérémonie racontée par Grégoire de Tours, on entrevoit d'avance le couronnement de Charlemagne et la restauration de l'empire (1).

Les Francs se firent donc les défenseurs de l'Occident civilisé. Ils prirent, sur les périlleuses frontières de la Gaule, la place des légions dans les rangs desquelles ils avaient combattu. Ils ne permirent pas que d'autres vinssent partager leurs conquêtes : ils se trouvèrent donc les ennemis naturels des invasions. Le reste des barbares, qu'entraînait encore l'impulsion du siècle passé, vint échouer contre cet obstacle. Les uns reconnurent, de gré ou de force, la supériorité d'une race plus puissante et plus éclairée qu'eux. Les Alemans ne se relevèrent pas de la défaite de Tolbiac. Leur roi ayant péri dans le combat, les principaux allèrent trouver Clovis, et lui dirent : « Nous vous prions de ne pas « exterminer ce peuple; dès ce jour, nous sommes « à vous. » Clovis reçut leurs soumissions; et ces bandes que l'épée de Julien avait décimées sans les dompter, vaincues par le Dieu de Clotilde, abandonnèrent le pays de Mayence, et se retirèrent vers le sud-est. Les Thuringiens soutinrent une guerre plus opiniâtre. Mais un jour que Hermanfried, leur roi, traitait de la paix avec Thierry

Les Francs arrêtent les invasions.

(1) Grégoire de Tours, *Hist.*, II, 38. « Igitur ab Anastasio imperatore codicillos de consulatu accepit, et in basilica beati Martini tunica blathea indutus est et chlamyde, imponens vertici diadema. Tunc, ascenso equo, aurum argentumque præsentibus populis propria manu spargens, voluntate benignissima erogavit, et ab ea die tanquam consul et Augustus est vocitatus. »

d'Austrasie, et que tous deux se promenaient sur les murs de la ville, Hermanfried, poussé « on ne sait par qui, » tomba dans le fossé, et ses sujets découragés passèrent sous la loi des vainqueurs. Les Bavarois subirent tôt ou tard le même joug. Ces trois peuples finirent par s'attacher aux lieux où le sort des combats les avait arrêtés. D'autres s'épuisèrent dans une lutte impuissante, dernier effort de la barbarie qui devait périr. Les courses des Saxons désolèrent durant trois cents ans les provinces du Nord. Les Slaves commençaient à se montrer, mais ce ne fut que pour fuir devant des armes plus fortes que les leurs. Un marchand nommé Samo, dont ils avaient fait leur roi, ayant ravagé le territoire des Francs, un envoyé de Dagobert vint enjoindre à ces barbares de respecter la paix des serviteurs de Dieu : « Si vous êtes les serviteurs de Dieu, répondit Samo, nous sommes les chiens de Dieu, pour mordre aux jambes les mauvais serviteurs. » Il semble, en effet, que les irruptions qui se répétèrent dans la suite ne servirent plus qu'à tenir les chrétiens en éveil. On vit se succéder les Normands, les Hongrois, les Sarrasins, jusqu'aux Mongols, qui furent l'épouvante du treizième siècle. Mais de ces nations guerrières, les deux premières ne se maintinrent qu'en venant se confondre dans la société chrétienne, qu'elles avaient fait trembler; les autres passèrent comme des fléaux, afin d'apprendre au monde que la violence ne fonde rien de durable (1).

Telles furent les conséquences de la conversion des Francs. En donnant des bornes à la barbarie, en établissant un pouvoir gardien de la civilisation antique, en plaçant le pouvoir sous la loi de l'Évangile, cet acte mémorable constitua définitivement la chrétienté, à laquelle il ne resta plus que de s'affermir et de s'étendre. Dès lors on s'étonne moins de la condescendance de l'épiscopat. On comprend cette réponse de saint Remi aux détracteurs de Clovis : « Il faut pardonner beaucoup à celui qui s'est fait le propagateur de la foi et le sauveur des provinces. » Le christianisme n'exigea point, de ces populations encore toutes frémissantes de fureurs et de voluptés, tout ce qu'il devait demander à des temps meilleurs. Sans faire fléchir ses règles, il mesura ses jugements. Quand l'Église recevait au baptême ces turbulents catéchumènes, quand elle rangeait au nombre des saints Clotilde, le roi Sigismond, le roi Gontran, elle savait mieux que nous ce qu'ils avaient étouffé d'instincts pervers pour devenir tels qu'elle les voyait.

La mission de ce grand peuple ne se déclara pas en un jour : elle demeura comme enveloppée dans

---

(1) Grégoire de Tours, *Hist. Franc.*, II, 30; III, 8. « Factum est autem, dum quadam die per murum civitatis Tulbiacencis confabularentur, *a nescio quo* impulsus, de altitudine muri ad terram corruit. » Frédég. 48.

les vicissitudes de l'époque Mérovingienne, et n'éclata qu'à la fin. On la perd de vue au milieu des partages perpétuels de territoire entre les princes, et au milieu des rivalités sanglantes des tribus saliennes et ripuaires, qui formèrent les deux royaumes d'Austrasie et de Neustrie. Il faut cependant s'enfoncer dans ces temps orageux, et, traversant leurs obscurités, reconnaître les progrès de la foi, d'abord chez la nation franque, et à sa suite chez les peuples qui lui furent soumis.

La civilisation chrétienne chez les Francs de Neustrie.

Les Francs de Neustrie, disséminés entre la Somme et la Loire, parmi des populations nombreuses et que les invasions précédentes avaient épargnées, ne résistèrent pas aux séductions du premier repos qui suit la victoire. Ils se laissèrent captiver par la fécondité du sol et par la facilité de la vie. Les vainqueurs se firent colons, les vaincus commencèrent à se mêler parmi les guerriers. Les sénateurs des villes occupèrent les offices de la domesticité royale; les pratiques d'étiquette et de chancellerie s'introduisirent dans les cours barbares de Soissons, d'Orléans et de Paris. Les rois aimèrent cette ville à demi romaine; ils y habitaient le vieux palais de Julien, trônaient sur une chaise curule, s'entouraient de référendaires, de comtes, de clarissimes. Chilpéric dictait des vers comme Néron, ajoutait des lettres à l'alphabet comme Claude, composait des symboles de foi comme Léon et Anastase, bâtissait des cirques, donnait des jeux, dressait des cadastres comme tous les Césars. La société ancienne sortait de ses ruines, et prenait possession des belles provinces de la Gaule. Les contemporains eux-mêmes s'y trompèrent. Le poëte Fortunat, retenu à Poitiers par la pieuse amitié de sainte Radegonde, charmé des soins qu'il en reçoit, des corbeilles de fruits dont on charge sa table et des roses dont elle est jonchée, finit par se croire au siècle de Tibulle et d'Horace. Dans les jeux d'esprit des poëtes comme dans les conseils des rois, on reconnaît en Neustrie l'ascendant de ce génie latin qui dompta sans l'étouffer le sang germanique, se rendit maître de la langue, des mœurs, de la législation, et qui devait finir par constituer l'unité de la France au dedans, sa puissance au dehors.

Le christianisme semblait s'enraciner plus facilement dans un sol préparé de longue main. Les commencements, il est vrai, avaient été laborieux. On avait vu les satellites de Frédégonde massacrer l'évêque Prétextat au pied de l'autel ; deux filles de rois, Chrodielde et Basine, troubler de leurs emportements le monastère de Sainte-Radegonde, et faire chasser à coups de bâton les évêques assemblés dans la basilique pour les juger. Mais peu à peu les gens de guerre apprirent à laisser leurs armes à la porte de l'église, à recevoir la parole des chaires et les lois des conciles. Une lettre de Childebert Ier, adressée en 554 au clergé et au peuple, ordonne

Le christianisme dans les lois.

la destruction des idoles érigées sur les domaines des particuliers : « Et parce que les paroles de « l'Évangile, des prophètes ou des apôtres, lues « par le prêtre à l'autel, énoncent la loi de Dieu « qui veut être appuyée de la puissance des rois, « défenses sont faites de passer les nuits dans « l'ivresse, avec des chants voluptueux et des dan- « ses de femmes, selon la coutume des païens (1).» Bientôt après, Clotaire Ier sanctionne, non-seulement les commandements de Dieu, non-seulement l'indépendance de l'Église, mais la tutelle qu'elle devait exercer dans l'intérêt des faibles. Il ordonne que les évêques surveilleront la justice qui doit être rendue aux Romains selon le droit romain, aux barbares selon les coutumes barbares; et qu'en l'absence du prince, ils corrigeront les erreurs des juges. Cette autorité nouvelle de l'épiscopat se fait sentir dans les canons du concile de Paris, où soixante-dix-neuf évêques assemblés en 614, après avoir revendiqué les immunités ecclésiastiques, portent une main hardie et bienfaisante sur le temporel, en condamnant les guerres privées, en défendant aux juges de punir aucun accusé sans l'entendre, et d'obéir aux volontés du prince contre la

---

(1) Gregor. Turon., VIII, IX, X. Epistola *Childeberti I*, ap. Pertz, *Monumenta*, t. III. « Ut quicumque admoniti de agro suo ubicumque fuerint simulacra constructa, vel idola dæmoni dedicata ab hominibus, non statim abjecerint, vel sacerdotibus hæc destruentibus prohibuerint, datis fidejussoribus non aliter discedant, nisi nostris obtutibus præsentatur. »

disposition des lois. Des règles si nouvelles pour les vainqueurs, si oubliées chez les vaincus, annonçaient une ère de justice et de sécurité qui sembla s'ouvrir avec le règne de Dagobert Ier. Ses armes étaient victorieuses : les coutumes diverses des peuples qu'il gouvernait, traduites en langue latine et corrigées par ses ordres, fondaient les premières législations modernes; et quand les ambassadeurs étrangers l'avaient admiré dans la splendeur de sa cour, que Pepin de Landen, saint Arnoul, saint Ouen, éclairaient de leurs conseils et que saint Éloi ornait de ses ouvrages, ils publiaient qu'ils avaient vu le Salomon du Nord (1).

Jamais le clergé des Gaules ne fut plus près de réaliser cet idéal d'une royauté religieuse et biblique qu'il s'était proposé de mettre sur le trône des Francs. C'est la pensée commune de tous ceux qui continuent la politique d'Avitus et de saint Remi, de tous ces courageux évêques du sixième siècle, Injuriosus et Grégoire de Tours, Prétextat de Rouen, Germain de Paris; c'est le dessein qui les attire au palais de Neustrie, comme autrefois les prophètes chez les rois d'Israël. Tous les historiens l'ont remarqué, mais nulle part ce dessein ne se montre avec plus de sincérité et de grandeur que dans un document récemment découvert, et qui semble une instruction rédigée pour le fils de Dagobert, pour

Espérances de l'église.

(1) Mansi *Concilia*, X, 543. Pertz, III, 14. — *Gesta Dagoberti*. Fredegar. *Chronic.*, 56.

le jeune roi Clovis II. « J'avertis votre sublimité,
« très-noble roi, d'accueillir avec indulgence ce
« que j'ai la présomption d'écrire. Vous devez donc
« premièrement, ô roi très-pieux, repasser fré-
« quemment les saintes Écritures pour y apprendre
« l'histoire des anciens rois qui furent agréables
« au Seigneur, assuré qu'en suivant leurs traces
« vous obtiendrez une gloire durable dans le
« royaume présent, et de plus une éternelle vie.
« Les rois dont nous parlons prêtèrent toujours un
« cœur attentif aux avertissements des prophètes.
« C'est pourquoi, très-glorieux seigneur, il faut que
« vous écoutiez aussi les évêques, et que vous aimiez
« vos plus anciens conseillers. Mais n'accueillez
« qu'avec circonspection les paroles des jeunes gens
« qui vous entourent ; et quand vous conversez avec
« les sages, ou que vous avez de bons entretiens
« avec vos officiers, faites taire les jongleurs et les
« bouffons. — Clovis, l'auteur de votre race, eut
« trois fils, Childebert, Clotaire et Clodomir. Dans
« Childebert, la sagesse et la condescendance fu-
« rent poussées à ce point, qu'il aima d'un amour
« paternel, non-seulement les anciens, mais aussi
« les jeunes ; et quiconque prononce encore son
« nom, prêtre ou laïque, lève les mains au ciel en
« recommandant son âme, d'autant qu'il fut tou-
« jours généreux et prodigue de largesses pour les
« églises des saints et pour ses compagnons de
« guerre. Clotaire l'ancien, qui eut cinq fils, et de

« la lignée duquel vous descendez, fut puissant en
« paroles ; il conquit la terre, il gouverna les fidè-
« les. Telle était sa bénignité selon Dieu, que non-
« seulement il paraissait juste dans ses œuvres,
« mais qu'il vivait comme un pontife dans le
« siècle : il donna des lois au Francs et bâtit des
« églises. Vous donc, mon très-doux seigneur,
« puisque vos pères ont eu tant de sagesse et de doc-
« trine, conduisez-vous en toutes choses comme il
« convient à un roi. Que jamais la colère ne soit
« maîtresse de votre âme ; et si quelque chose est
« arrivé qui émeuve votre cœur, qu'il se hâte de
« s'ouvrir à la paix ! — En tout temps, ô roi très-
« illustre des Francs et mon doux fils, aimez Dieu,
« craignez-le ; croyez-le toujours présent, quoique
« invisible aux regards humains. Gardez-vous des
« flatteurs, mais attachez-vous à qui vous dit la vé-
« rité. Apaisez doucement les clameurs du peuple,
« et corrigez sévèrement les mauvais juges. Gardez
« à une seule épouse la foi du lit nuptial. Pronon-
« cez avec sagesse, interrogez avec prudence ;
« n'ayez pas honte de demander ce que vous ne
« savez pas. Que votre intention soit toujours droite,
« votre parole inviolable. Sachez que nul ne peut
« être fidèle au roi dont la parole n'est pas sûre.
« Gouvernez ce qui reste de la race des Francs, je
« veux dire leurs fils, non pas avec la dureté d'un
« tyran, mais avec l'affection d'un père. — Ce peu
« de mots que je viens d'écrire excédait de beau-

« coup mes forces ; c'est l'amour de tous les Francs
« qui me l'arrache. Je demande humblement au
« Seigneur le salut éternel pour vous et les vôtres,
« ô roi très-aimé (1) ! »

Assurément on ne peut s'empêcher d'écouter avec émotion le prêtre inconnu qui tenait ce langage au dernier rejeton de tant de rois homicides ; mais, en même temps, il faut admirer l'illusion du patriotisme religieux, quand il loue la douceur de Childebert et de Clotaire, tous deux meurtriers de leurs neveux, et quand il se croit à la veille d'inaugurer la monarchie de David chez un peuple où vont commencer les rois fainéants.

Décadence des Francs neustriens. Les vices de la barbarie ne peuvent rien trouver qui leur soit plus semblable, qui les flatte et les développe plus sûrement que les vices d'une civilisation en décadence. Ces rois neustriens, que nous avons vus si zélés pour les traditions romaines, avaient toutes les passions du Bas-Empire : l'ambition de gouverner les consciences, le génie de la fiscalité et le goût des plaisirs qui énervent les esprits. On sait comment Chilpéric, ayant dressé

---

(1) *Exhortatio ad Francorum regem*, tirée d'un ms. du Vatican, et publiée en 1831 par Angelo Maï, *Nova Scrip. rer. coll.*, t. VI, part. II, p. 3 ; reproduite et traduite en partie par le P. Pitra, *Vie de saint Léger*, p. 121 et 457. Je n'ai donné qu'un petit nombre de passages de cette longue instruction ; mais je me suis permis une correction nécessaire, et déjà indiquée par le P. Pitra, à l'endroit du texte où on lit : « *Klotavius* atavus tuus tres filios habuit : Hildebertum, *Klodoveum* et Klodomirum. » Il ne faut pas beaucoup de hardiesse pour relever l'erreur du copiste, et lire : « *Klodoveus* atavus tuus tres filios habuit : Hildebertum, *Klotarium* et Klodomirum. »

une confession où il supprimait la distinction de
trois personnes en Dieu, la fit lire à Grégoire de
Tours : « Je veux, ajouta-t-il, que toi et les autres
« docteurs des églises vous croyiez ainsi. » Les docteurs résistèrent, et le roi renonça à la théologie.
Mais ni lui, ni ces princes imprudemment loués
d'avoir vécu comme des pontifes, ne renoncèrent
à faire des évêques, à les déposer, à convoquer les
conciles, à corriger les saints canons. Si l'assemblée de Paris, en 614, avait ordonné l'élection des
évêques par le clergé et le peuple sans intervention
des rois, une constitution de Clotaire II, portant publication des actes du concile, en tempérait la discipline par cette clause, que « l'élu serait agréé du
« prince, ou même que le prince pourrait désigner
« un des clercs du palais, en ayant égard au mérite
« et à la doctrine. » Des souverains si occupés du
gouvernement des âmes ne méprisaient cependant
pas les soins temporels. Les publicains de Rome
n'avaient pas connu d'exactions que les officiers
mérovingiens ne fissent revivre. On revit tous les
excès qui avaient ruiné les curies et dépeuplé les
provinces. L'impôt territorial et personnel s'éleva
jusqu'à ce point que beaucoup abandonnèrent
leurs terres, et que plusieurs aimèrent mieux laisser mourir leurs enfants que de supporter les charges croissantes de la capitation. C'est en vain que
les cris des opprimés troublaient le repos des princes, et que Frédégonde, touchée de repentir à la

mort de ses deux fils, avait fait brûler les registres des taxes. Il ne fallait pas moins que ces trésors, « pleins de rapines et de malédictions, » pour soutenir l'éclat d'une cour où le roi siégeait sur un trône d'or massif, pour suffire aux largesses que ses leudes attendaient de lui, et à l'entretien de ses concubines. La coutume barbare qui permettait la polygamie aux chefs résistait à la sévérité de la loi chrétienne. Ce même Dagobert, trop comparable à Salomon, finit comme lui : trois reines en titre partageaient sa couche ; et tel était le nombre de ses concubines, que l'historien de sa vie n'en donne pas les noms. Après lui, les rois fainéants commencent. Le chariot à quatre bœufs qui les promenait dans Paris n'était qu'un reste et une image de ce luxe gaulois où s'enfoncèrent les Francs dégénérés. L'exemple de la royauté gagnait peu à peu les leudes, qui échangeaient une vie de hasards et de fatigues contre les paisibles ombrages, les salles de mosaïque et les festins des villas romaines. Les conquérants, tombés aussi bas que leurs sujets, furent conquis à leur tour, et, en 687, la bataille de Testry livra la Neustrie aux Austrasiens (1).

(1) Gregor. Turon., V, 45. « Per idem tempus Chilpericus rex scripsit indiculum, ut sancta Trinitas non in personarum distinctione, sed tantum Deus nominaretur... quumque hæc mihi recitari jussisset : Sic, inquit, volo ut tu et ceteri doctores ecclesiarum credatis. » Idem, IV. 26. — *Constit. Chlotarii*, ap. Pertz, *Monum.* III, p. 14 : « Vel certe si de palatio eligitur, per meritum personæ et doctrinæ ordinetur. » — Gregor. Turon., V, 29. *Vita S. Bathildis*, n° 5. Pitra, *Histoire de saint Léger*, p. 154. — *Vita Da-*

Les tribus austrasiennes étaient restées entre la Somme et le Rhin, sur un territoire sillonné par les invasions, dans le voisinage de la Germanie, où elles se recrutaient : là se conservaient les habitudes militaires de la conquête, et le souvenir des forêts natales. Il ne faut pas croire que tous les Francs eussent accompagné Clovis au baptême : longtemps encore on vit à sa table les adorateurs d'Odin s'asseoir à côté des évêques et des moines. Un jour que saint Waast accompagnait Clotaire au banquet qu'un de ses leudes lui avait préparé, en entrant dans la salle il remarqua, d'un côté, les vases de bière et d'hydromel bénits pour les convives chrétiens ; de l'autre, ceux qu'on avait réservés aux libations des infidèles. Le plus grand nombre de ces opiniâtres qui repoussaient l'Évangile n'entrèrent pas en Neustrie, et, se détachant de leurs compagnons, ils demeurèrent dans les provinces orientales avec leurs dieux. Les bords de la Meuse et de l'Escaut devinrent le refuge d'un paganisme qui s'attachait aux arbres des forêts, aux eaux des fontaines, souvent aux idoles délaissées des Romains. L'anachorète Wulfilaich jeûnait et priait pour décider les infidèles du pays de Trèves à renverser la statue de Diane. Tel était à Cologne le nombre de Francs faisant profession d'idolâtrie,

Paganisme et barbarie des Austrasiens.

goberti. — Thierry, *Lettre X sur l'Histoire de France,* reconnaît dans le char à quatre bœufs des rois fainéants le luxe ordinaire de la noblesse gauloise. Grimm, *Deutsche Rechtsalterthümer,* p. 262, y voit au contraire un trait de mœurs germaniques.

que le diacre Gallus ayant mis le feu au sanctuaire où ils célébraient leurs orgies, ils le poursuivirent, l'épée à la main, jusque auprès du roi Thierry, et que celui-ci, au lieu de les punir, réussit à peine à les apaiser par la douceur de ses discours. Souvent, après que le prêtre avait usé une longue vie à la conversion de ces barbares, touchés de quelque présage inattendu, d'un cri de guerre, d'une terreur panique, ils le laissaient tout à coup seul dans son oratoire, et retournaient aux superstitions de leurs pères. Les bandes qui descendirent en Italie, sous la conduite de Théodebert, pour vendre leurs services aux Goths et aux Grecs, et les trahir tour à tour, offraient encore des sacrifices humains. Au moment de passer le Pô, on y jeta, comme prémices de la guerre, des femmes et des enfants égorgés (1).

Ceux même qui faisaient profession publique

---

(1) *Vita S. Remigii :* « Multi denique c Francorum exercitu, necdum ad fidem conversi, cum regis parente Raganario ultra Summam fluvium aliquandiu degerunt. » — *Vita S. Fridolini. Vita S. Vedasti :* « Advenit ut quidam vir Francus, nomine Hozinus, regem Clotarium ad prandium vocaret... Cumque ergo beatus ad prandium venisset, domum introiens conspicit gentili ritu vasa plena cervisiæ domi adstare. Responsum est alia christianis, alia vero paganis obposita ac gentili ritu sacraficata. » — Gregor. Turon., VIII, 15. Id., *Vitæ Patrum*, cap. VI. *Vita Radegundis* apud Mabillon, *Acta SS. O. S. B.*, I, 327. *Vita S. Amandi :* « Ejus loci habitatores iniquitas diaboli adeo inretivit, ut, relicto Deo, fana vel idola adorarent. » Procope, *de Bello Gothico*, lib. II, 25. Οἱ Φράγγοι, παῖδάς τε καὶ γυναῖκας τῶν Γότθων, ὥσπερ ἐνταῦθα εὗρον, ἱερεῖον τε καὶ αὐτῶν τὰ σώματα ἐς τὸν ποταμὸν, ἀκροθίνια τοῦ πολέμου, ἐρριπτοῦν. Cf. Thierry, *Lettres sur l'Histoire de France*. Rettberg, *Kirchengeschichte*, t. I, p. 286. Grimm, *Mythologie*, 39.

du christianisme portaient en secret des amulettes, prenaient les augures, sacrifiaient au bord des fontaines, et allumaient le feu sacré au frottement de deux morceaux de bois. Si la lune s'éclipsait, la foule assemblée sur les places poussait des cris terribles, pour délivrer l'astre des deux loups dont on le croyait poursuivi. De longues processions d'hommes couverts de vêtements en lambeaux promenaient dans les campagnes les images des anciennes divinités. Les mœurs étaient encore moins chrétiennes que les croyances. L'esclavage et la polygamie régnaient dans les manoirs des grands; l'incendie et le pillage faisaient l'occupation de leurs journées, et l'orgie le repos de leurs nuits. Il fallut qu'une constitution de Childebert II, publiée au champ de mars d'Attigny (595), punît de mort les noces incestueuses, inutilement poursuivies par les canons des conciles. La personne des prêtres n'était guère plus respectée que l'asile des lieux saints et que les terres ecclésiastiques. Les satellites du même Childebert poursuivaient un accusé jusque dans la maison d'Agéric, évêque de Verdun, découvraient le toit de l'oratoire où le proscrit s'était caché, et le massacraient au pied de l'autel, sous les yeux du pontife, qui en mourut de douleur. Et cependant les prédilections de l'Église s'arrêtèrent sur cette seconde branche de la race franque. A la mollesse des Neustriens elle préféra les courages indociles de ces barbares qui lui faisaient la tâche plus rude, comme on aime chez les enfants ces caractères fougueux dont on connaît les ressources. Dans la résistance elle sentit la force; elle comprit que cette énergie, domptée par une savante discipline, mais non pas éteinte, deviendrait capable de tout ce qui est grand. Dès lors ce fut sur les Francs d'Austrasie qu'elle compta pour la défense et l'accroissement de la société chrétienne. Mais il fallait d'abord les y faire entrer (1).

Une tâche si difficile voulait le concours de deux puissances, l'épiscopat et le monachisme.

L'épiscopat d'Austrasie. La conversion de l'empire romain avait été l'ouvrage de l'épiscopat. Les évêques, ces magistrats religieux, attachés aux villes où ils avaient leur siége, leur tribunal, et au-dessous d'eux les sept ordres de la hiérarchie ecclésiastique, convenaient en effet à une société régulière qui finit par les recevoir dans ses rangs, par leur donner une autorité civile, et par les entourer d'un appareil semblable à celui des préteurs et des proconsuls. Après la chute de l'empire, l'épiscopat conserva le caractère officiel qu'il tenait des lois impériales : il traita de puissance à puissance avec les chefs barbares : c'est le rôle de saint Remy auprès de Clovis, de saint Avitus auprès de Gondebaut. C'est surtout celui des évêques de Neustrie; ils trouvent des appuis dans les cités dont ils sont les défenseurs, dans la

(1) *Indiculus superstitionum ad concilium Liptinense.* Pertz, *Monument.*, III, p. 9. Gregor. Turon., IX, 12, 25.

population gallo-romaine qui enveloppe et contient les Francs. Mais l'épiscopat devait rencontrer plus de résistance en Austrasie : disséminé dans des villes moins nombreuses, moins latines, il avait aussi moins d'action sur les bandes errantes d'une population toute germanique. Cependant l'Austrasie, au sixième siècle, compta de grands évêques : Sidonius de Mayence, Carentinus de Cologne, Agricole de Châlons, Égidius de Reims, Villicus de Metz, Agéric de Verdun. On les voit appliqués à réparer les désastres des invasions, à racheter les captifs, à nourrir les pauvres, à relever les esprits de leur abattement et les églises de leurs ruines. Aux descriptions qui nous en restent, ces églises avec leur nef portée sur deux rangs de colonnes superposées, avec leur abside resplendissante d'or et de mosaïques, semblent reproduire le type consacré des basiliques romaines ; comme les pontifes qui les bâtissaient, presque tous fils de sénateurs, élevés à l'école des rhéteurs et des grammairiens, semblent plus occupés de sauver les restes de la civilisation que d'aller au-devant de la barbarie (1).

(1) Gregor. Turonensis, III, 35 ; V, 46 ; VIII, 5. Fortunat., lib. II, 10 ; lib. III, 9, 10, 11, 16, 17, 26 :

> Aurea templa novas pretioso fulta decore
> Tu nites : unde Dei fulget honore domus
> Majoris numeri quo templa capacia constent.
> Alter in excelso pendulus ordo datur.

Les deux ordres de colonnes superposées se voient encore aujourd'hui dans les basiliques romaines de Sainte-Agnès et des Quatre-Saints-Couronnés.

Nicetius de Trèves.

Cette dernière génération de l'ancienne Église des Gaules n'a pas de représentant plus illustre que saint Nicetius de Trèves, élevé au siége épiscopal en 527. Ce qui éclate en lui, c'est d'abord l'horreur de la violence dans un siècle si violent. Le jour où il allait prendre possession de son siége, dit Grégoire de Tours, comme il arrivait près des portes de Trèves au coucher du soleil, ceux de sa suite dressèrent les tentes, et lâchèrent les chevaux pour les faire paître dans les champs des pauvres. Ce que voyant Nicetius, touché de pitié, il s'écria : « Hâtez-vous de retirer vos bêtes des moissons des « pauvres; sinon je vous retranche de ma commu- « nion. » Et parce qu'ils tardaient à obéir, lui-même se mit à la poursuite des chevaux, les chassa des champs, et il fit ensuite son entrée au milieu de l'admiration du peuple. Dans cette ville quatre fois ruinée, il apportait la passion de construire, qui est un des caractères du génie romain. Les architectes qu'il appela d'Italie ne relevèrent pas seulement les églises, ils couronnèrent de tours les hauteurs voisines, les munirent de machines de guerre ; et Trèves, rassurée contre les incursions de l'ennemi, remise en possession de ses palais de marbre et de ses basiliques dorées, put se croire revenue au temps des Césars. Nicetius lui-même ne pouvait se détacher des traditions de l'empire, dont le déclin était pour lui le présage de la fin des temps. Les yeux fixés sur l'Orient, il y suivait avec inquiétude

la décadence de la monarchie de Constantin et de Théodose. Il écrivait à Justinien, tombé dans l'hérésie : « Vous étiez le soleil du monde, et les pas-
« teurs dès églises se réjouissaient de votre éclat. O
« notre bien-aimé Justinien, qui donc vous a
« trompé? qui vous a réduit à la part de Judas?...
« Sachez que toute l'Italie, l'Afrique et l'Espagne,
» de concert avec la Gaule, anathématisent votre
« nom en même temps qu'elles déplorent votre
« perte. » Cet esprit si passionné pour la gloire de l'empire n'oublie pourtant point le salut des barbares; mais il y travaille à la manière des évêques du siècle précédent, par les mains des princesses dont il éclaire le zèle, et des princes dont il maîtrise la fougue. Il écrit à Golosuinde, petite-fille de Clotilde, devenue l'épouse d'Alboin, roi des Lombards; il l'invite à se souvenir de son aïeule, à détacher de l'arianisme le roi son époux; il n'épargne ni les arguments tirés de l'Écriture, ni les souvenirs de Tolbiac et de Vouillé, ni les termes capables de flatter l'oreille de cette fille des Mérovingiens, qu'il appelle l'étoile et la perle de la chrétienté. En même temps, il portait une censure vigilante dans le palais des rois d'Austrasie. Comme Théodebert entrait un jour à l'église, entouré de ses leudes, dont il négligeait de réprimer les injustices, Nicetius interrompit les mystères : « Le sacrifice, dit-il, ne sera
« point achevé, si les excommuniés ne sortent d'a-
« bord. » Les excommuniés sortirent. Bientôt après,

ils eurent leurs représailles, quand le roi Clotaire exila Nicetius. Mais lui, s'en allant en exil, consolait le seul diacre qui l'eût accompagné, et l'assurait que le jour de la justice était proche. Sigebert, en effet, le rappela, et les Francs entourèrent de leurs respects les dernières années de ce vieil évêque, qui passait pour avoir connu les desseins de Dieu sur la race de leurs rois. On disait qu'il avait vu en songe une haute tour dont les créneaux touchaient au ciel. Le Sauveur était debout sur le faîte, et les anges se tenaient aux fenêtres. Or l'un d'eux avait dans les mains un grand livre, où il lisait l'un après l'autre les noms de tous les rois qui avaient été ou qui seraient un jour, en marquant le caractère de leur règne et la durée de leur vie; et après chaque nom tous les anges répondaient *Amen*. Grégoire de Tours rapporte ce rêve, et le trouve prophétique; rien ne peint mieux en effet la mission des Francs que cette intervention de Dieu même, faisant lire aux anges les commencements d'une histoire qui devait être pour ainsi dire la sienne : *Gesta Dei per Francos* (1).

Toutefois, Grégoire de Tours, l'historien de ces grands évêques, et Fortunat leur poëte, qui les poursuivit de ses épîtres, de ses éloges, de ses épitaphes, s'accordent à les louer d'avoir soutenu les

---

(1) Fortunat, *Carmin*. III, 9, 10. Gregorius Turonens., *Historia*, lib. X, cap. xxix. *De Vitis Patrum*, cap. xvii. *Epistolæ S. Nicetii* apud Duchesne, t. I, p. 852.

fidèles, convaincu les hérétiques, jamais d'avoir évangélisé les païens. Il semble qu'attachés par leur ministère au séjour des cités, ils s'en éloignaient peu, et s'efforçaient d'y attirer le peuple des campagnes, pour le fixer autant que pour l'instruire. C'est du moins le sens des canons, qui exigent que tous les chrétiens viennent célébrer les fêtes solennelles dans les villes, sans qu'il soit permis, ces jours-là, aux prêtres des campagnes d'y offrir les saints mystères. Quarante évêques parurent au concile de Reims, tenu en 625. Ils s'appliquèrent à vaincre l'opiniâtreté des mœurs barbares par une suite de dispositions qui excommunient les homicides, qui défendent de réduire en captivité les hommes libres, qui soumettent à la pénitence publique les fidèles coupables d'avoir observé les augures ou mangé des viandes immolées. Toutefois ces défenses n'atteignaient encore que les chrétiens. Parmi ceux qui souscrivirent aux actes du concile, on trouve saint Cunibert de Cologne et saint Arnulf, homme de guerre, porté par la voix du clergé et du peuple sur le siége épiscopal de Metz, tous deux conseillers des rois d'Austrasie, tous deux Francs d'origine, et qui montrèrent, par la sainteté de leur vie comme par la sagesse de leur gouvernement, ce que pourrait le christianisme pour corriger l'âpreté du sang germanique. Arnulf figure parmi les ancêtres de Pepin le Bref et de Charlemagne, ces belliqueux propagateurs de la foi. Cunibert obtient la concession du château d'Utrecht pour les missionnaires qu'il entretient en Frise; mais on ne voit point qu'il y ait prêché. Ces deux évêques annoncent une époque de prosélytisme : ils ne l'ouvrent pas encore (1).

Cependant l'esprit des apôtres venait de pousser chez les infidèles Lupus de Sens (613), violemment chassé de son siége par les leudes et la complicité du clergé. Ce proscrit inaugurait obscurément la mission qui devait être poursuivie avec tant d'éclat, sur les bords de l'Escaut et de la Meuse, par saint Éloi et saint Amand (2).

S. Éloi. On connaît assez les commencements de saint Éloi, et comment cet ouvrier ciseleur, appelé au conseil des rois, compta parmi les grands hommes de son temps. On sait moins que, devenu évêque de Noyon en 640, il s'arracha à ces habitudes sédentaires qui faisaient l'impuissance de l'épiscopat austrasien; il commença à s'enfoncer dans les campagnes et à visiter les tribus des Suèves, des Frisons et des autres barbares campés dans les plaines de la Flandre, depuis Courtray jusqu'à Anvers. Ces peuples, perdus aux dernières extrémités du monde, n'avaient pas connu le Christ; et, quand Éloi parut au milieu d'eux, ils se jetèrent sur lui

---

(1) *Epist. Bonifacii*, édit. Wurdtwein, p. 279. Rettberg, *Kirchengeschichte*, 488, 537. Guizot, *Histoire de la civilisation en France*, dix-neuvième leçon.

(2) *Vita S. Lupi*, apud Surium, 1 sept.

comme des bêtes féroces. Mais la majesté de sa personne, la douceur de ses discours, le charme de ses vertus, finissaient par désarmer toutes les résistances. Peu à peu il attirait, il réunissait dans les oratoires, il courbait sous la discipline du catéchuménat ces hommes passionnés pour la solitude et pour l'indépendance. Chaque année, au temps de Pâques, il en baptisait un grand nombre ; et des vieillards tout blanchis venaient recevoir l'eau sainte de ses mains. Saint Ouen, son ami et son contemporain, a recueilli le souvenir d'une prédication qui faisait des conquêtes si rapides. On aime à y surprendre le secret de la parole chrétienne au moment de sa plus grande puissance, à entendre ce langage sensé que l'Église tenait à des peuples bercés de fables, qui allait, pour ainsi dire, réveiller les consciences, et y substituer aux vaines terreurs de la superstition la crainte de Dieu et le respect des hommes. « N'adorez point le ciel, disait-il, ni les
« astres, ni la terre, ni rien autre que Dieu ; car,
« seul, il a tout créé et tout ordonné. Sans doute
« le ciel est haut, la terre grande, la mer immense,
« les étoiles sont belles ; mais il est plus grand et
« plus beau, celui qui les a faits. Je vous déclare
« donc que vous ne devez pratiquer aucune des sa-
« criléges coutumes des païens... Que nul n'ob-
« serve quel jour il quitte sa maison et quel jour il
« y rentre ; car Dieu a fait tous les jours. Il ne faut
« pas craindre non plus de commencer un travail à

« la nouvelle lune; car Dieu a fait la lune afin
« qu'elle servît à marquer les temps, à tempérer
« les ténèbres, et non pour qu'elle suspendît les
« travaux et qu'elle troublât les esprits. Que nul ne
« se croie soumis à un destin, à un sort, à un ho-
« roscope, comme on a coutume de dire « que cha-
« cun sera ce que sa naissance l'a fait ; » car Dieu
« veut que tous les hommes se sauvent, et arrivent
« à la connaissance de la vérité. Mais, chaque
« jour de dimanche, rendez-vous à l'église ; et, là,
« ne vous occupez ni d'affaires, ni de querelles, ni
« de récits frivoles ; mais écoutez en silence les di-
« vines leçons. Il ne vous suffit pas, mes bien-
« aimés, d'avoir reçu le nom de chrétiens, si vous
« ne faites des œuvres chrétiennes. Celui-là porte
« utilement le nom de chrétien, qui garde les pré-
« ceptes du Christ, qui ne dérobe point, qui ne
« fait pas de faux témoignage, qui ne ment point,
« qui ne commet point d'adultères, qui ne hait
« aucun homme, qui ne rend point le mal pour le
« mal. Celui-là est vrai chrétien, qui ne croit
« point aux phylactères ni aux autres superstitions
« du diable, mais qui met dans le Christ seul son
« espérance ; qui reçoit les voyageurs avec joie
« comme le Christ lui-même, parce qu'il est dit :
« J'ai été voyageur et vous m'avez reçu. » Celui-
« là, dis-je, est chrétien, qui lave les pieds de ses
« hôtes et les aime comme des parents très-chers,
« qui donne l'aumône aux pauvres selon ce qu'il

« possède, qui ne touche pas à ses fruits sans en
« avoir offert quelque chose au Seigneur, qui ne
« connaît ni les balances trompeuses ni les fausses
« mesures, qui vit chastement, et qui apprend à
« ses voisins à vivre dans la chasteté et dans la
« crainte de Dieu; qui enfin, retenant de mémoire
« le symbole et l'oraison dominicale, s'applique à
« les enseigner à ses enfants et à ceux de sa mai-
« son. » Quoi de plus simple que ces paroles? Et
cependant quoi de plus nouveau pour des hommes
de sang, habitués à honorer leurs dieux par des
victimes humaines, qui ne connaissaient pas de
devoir plus sacré que la vengeance, ni de précepte
plus sage que cette maxime de l'Edda : « Qu'il se
« lève matin celui qui en veut à la vie et aux riches-
« ses d'autrui. Rarement le loup, s'il reste couché,
« trouve une proie (1)! »

Les instructions de saint Éloi sont tirées en partie des homélies de saint Césaire, qui faisaient depuis longtemps le fond de la prédication dans
l'Église des Gaules. Et, en effet, saint Éloi, Gallo-
Romain d'origine, habile dans l'art de ciseler l'or
et de frapper les monnaies, appelé du rang des
laïques au siége épiscopal, appartient encore, par
la gravité de son caractère, par la régularité, par
la mansuétude, aux mœurs de l'antiquité chré-

---

(1) D'Achery, *Spicilegium*, t. II, *Vita S. Eligii*. Nous avons déjà
donné un extrait considérable des instructions de saint Éloi, dans
les Germains avant le christianisme, t. III des *OEuvres complètes*.

tienne. Au contraire l'esprit impétueux du moyen âge éclate déjà dans la vie de saint Amand.

S. Amand. Amandus, Aquitain de naissance et formé à la discipline monastique dans une île de l'Océan, après avoir passé quinze ans de sa vie dans une cellule auprès de l'église de Bourges, se lassa tout à coup de la solitude, et se sentit inspiré d'aller visiter Rome. Là, comme il demandait à veiller une nuit devant le tombeau des saints apôtres, les gardiens le chassèrent honteusement. Il restait donc assis sur l'escalier de la basilique, lorsqu'il crut voir devant lui l'apôtre saint Pierre qui lui montrait le chemin des Gaules, et lui ordonnait d'y porter l'Évangile aux païens. Il obéit donc ; et, ayant reçu en 626 la consécration épiscopale sans résidence déterminée, il prêcha d'abord dans le pays de Gand et de Tournay. Il y trouvait un ciel rigoureux, une terre stérile, un peuple qui, après avoir connu le christianisme, était retourné aux faux dieux, et si farouche, que les prêtres refusaient de l'évangéliser. La terreur que répandaient ces barbares sembla d'abord troubler le cœur du jeune missionnaire ; et, oubliant cette maxime de saint Grégoire, « que les conversions doivent être volontaires, » il sollicita l'ordre de Dagobert, que si quelqu'un refusait le baptême, « il y fût contraint par l'autorité royale. » Il ne tarda pas à connaître que la conquête des âmes voulait une autre puissance que celle des rois. Longtemps il erra sans asile, abandonné des siens, poursuivi d'injures par les femmes, battu par les hommes, jeté dans les rivières. Enfin ces peuples, que la foi ne touchait point, furent vaincus par la charité. Un des leurs ayant été condamné à mort, Amandus sollicita la grâce du coupable et ne l'obtint pas. Mais, quand les bourreaux se furent retirés, il fit détacher le corps du gibet, s'enferma avec lui dans le lieu où il avait coutume de prier, et, le lendemain, ceux qui venaient ensevelir le supplicié trouvèrent que l'évêque l'avait rappelé à la vie, et s'occupait de laver ses plaies. Le bruit de cette action émut tout le pays; et les habitants, renversant leurs temples, demandèrent le baptême. Mais Amandus affermissait son ouvrage en prenant possession du sol par la fondation de plusieurs monastères. Il les peuplait de ses néophytes, de captifs rachetés par ses soins, de courageux disciples comme saint Bavon, saint Florbert, saint Humbert, qu'attirait autour de lui le prestige de l'exemple et du péril. En 647, le vœu des évêques et du peuple l'éleva au siége de Maëstricht; mais cette grande âme, qui avait résisté à tous les périls de l'apostolat, ne résista pas au spectacle des déréglements du clergé. Au bout de peu d'années, et malgré les instances du pape Martin Ier, Amandus reprit son bâton de missionnaire, et quitta Maëstricht pour aller vieillir chez les païens (1).

(1) *Vita S. Amandi*, ap. Mabillon, *Acta SS. O. S. B.*, t. II, p. 715.

Insuffisance de l'épiscopat.

Ces heures de découragement, ces abdications volontaires, sont fréquentes dans la vie des saints évêques austrasiens : Remacle, successeur de saint Amand, Arnulf de Metz, Hidulf de Trèves, finirent par chercher dans le cloître une paix que la corruption du siècle ne leur laissait plus. L'entrée des barbares dans l'Église avait été une invasion : ils portaient le trouble dans les habitudes des vieux chrétiens, ils envahissaient le sacerdoce, ils s'emparaient de l'épiscopat. Les noms germaniques qu'on lit au septième siècle dans les catalogues d'évêques égalent déjà le nombre des noms romains. Les hommes de sang s'assirent sur la chaire des confesseurs et des martyrs. Sous ces prélats belliqueux qui vivaient entourés de piqueurs, de chiens et de dresseurs de faucons, souvent le clergé fut sans règle et sans doctrine; le sanctuaire devint un manoir, et la crèche de Bethléem une écurie de chevaux de guerre. Le sixième siècle n'avait eu que sept conciles nationaux ou provinciaux ; le septième n'en compta que cinq; et dans ces assemblées peu nombreuses on ne retrouve pas les questions mémorables qui agitaient l'Italie et l'Orient. Saint Grégoire le Grand écrivait aux rois austrasiens pour leur reprocher les honneurs ecclésiastiques vendus à l'encan, l'élévation subite des laïques puissants aux siéges épiscopaux; « d'où il arrive que ceux qui « aspirent aux saints ordres ne songent point à « corriger leurs mœurs, mais à ramasser les ri-

« chesses dont il faut acheter les dignités sacrées;
« tandis que les hommes pieux, auxquels la pau-
« vreté ferme la porte, renoncent au ministère des
« autels (1). » Ainsi commençait cette usurpation de
l'aristocratie militaire, qui, soutenue par la simonie,
perpétuée par le concubinat, aurait fait du sacerdoce une caste, et de l'Église un fief, sans l'infatigable résistance des papes. Aux mauvaises habitudes du passé, se joignaient déjà les mauvais
penchants de l'avenir. L'épiscopat ne suffisait plus
à l'éducation des barbares : ces disciples récalcitrants demandaient d'autres maîtres : les moines
se présentèrent.

Dès le troisième siècle, et quand le premier effort des grandes invasions menaçait les provinces sep- tentrionales, on avait vu à l'autre extrémité de l'empire, dans les solitudes de l'Égypte et de la Pa- lestine, le christianisme rassembler ces armées de cénobites destinées à former la réserve de la civili- sation. Les âmes généreuses s'échappaient des rui- nes de ce monde romain, qui périssait par l'égoïsme; elles se réfugiaient au désert, et il ne faut pas les

<small>Le monachisme. Ses progrès dans les Gaules et ses services.</small>

---

(1) Grégoire de Tours (IV, 43) cite les évêques Salonius, d'Embrun, et Sagittarius, de Gap, qui, armés du casque et du bouclier,
combattaient dans les batailles, et s'abandonnaient aux vices les
plus honteux. — *Epist.* S. Gregorii Magni Theodeberto et Theodo-
rico regibus. « Simoniacam hæresim quæ prima contra Ecclesiam
diabolica plantatione surrepsit... Ut ipsi qui sacros ordines appetunt
non mores corrigere studeant, sed divitias quibus sacer honor emi-
tur satagant congregare. Hinc etiam fit ut insontes et pauperes a
sacris ordinibus prohibiti resiliant. »

accuser d'avoir abandonné la société en péril : elles emportaient avec elles la société même, ou du moins l'esprit de sacrifice qui la fonde et la soutient. Les milices monastiques successivement ralliées par les règles de saint Pacôme, de saint Antoine et de saint Basile, se trouvèrent en mesure de passer en Occident au moment où l'invasion en forçait les frontières, de reprendre pied à pied le terrain conquis par la barbarie, et de pousser peu à peu leurs lignes victorieuses jusqu'aux derniers rivages du Nord. Pendant que les empereurs fixaient leur séjour à Trèves pour surveiller de plus près les irruptions des Alemans et des Francs, les disciples de saint Athanase ouvraient dans la même ville le premier monastère des Gaules. Avant la fin du quatrième siècle, saint Martin fondait près de Poitiers l'abbaye de Ligugé, celle de Marmoutiers près de Tours. En même temps les cénobites de Lyon bâtissaient le sanctuaire de l'île Barbe, et Victricius de Rouen jetait des colonies de moines sur les côtes de Flandre. Au siècle suivant, saint Honorat et Cassien, tout pénétrés des traditions de la Thébaïde, les faisaient revivre à Saint-Victor de Marseille et à Lérins. Des deux grandes écoles de Lérins et de Marmoutiers, la vie cénobitique se répandit dans les vallées du Rhône et de la Loire; le monachisme couvrait déjà l'Aquitaine, la Neustrie et la Bourgogne de ses légions, quand la règle bénédictine acheva de les discipliner. Vers 542, un diacre italien, nommé Maurus, s'établit à Glanfeuil, au diocèse d'Angers : il venait de cette célèbre abbaye du mont Cassin, vers laquelle commençait à se tourner l'admiration de l'Occident; saint Benoît, en l'envoyant au pays des Francs avec quatre disciples, lui avait remis le livre de la règle, le poids du pain qu'on distribuait chaque jour aux moines et la mesure du vin. C'était bien peu pour la conquête du monde barbare. Mais la règle de saint Benoît régularisait la pratique des trois conseils évangéliques : la pauvreté, la chasteté, l'obéissance. La pauvreté volontaire devait produire le travail libre, qui succéda à l'esclavage, qui fit du défrichement des terres une œuvre de piété et de miséricorde ; et ces hommes sans possessions, en réhabilitant la culture, commencèrent à reconstituer la propriété. La chasteté n'étouffait pas l'amour, elle l'affranchissait des liens étroits du sang. Les moines avaient un père et des frères dans les murs du cloître, la parole leur donnait des enfants au dehors, l'esprit prévalut sur la chair; et ces hommes sans famille ramenèrent dans le monde une pureté de mœurs qui devait régénérer la famille. Enfin, l'obéissance avait ses garanties raisonnables dans la liberté des vœux, dans les épreuves du noviciat, dans l'élection des supérieurs. Mais, à ces conditions, l'obéissance devenait absolue; elle ne connaissait rien d'impossible; elle supposait le plus difficile des sacrifices, celui de la volonté. Ainsi, quand la force était maîtresse du monde, les moines inauguraient le règne de la conscience; quand la barbarie n'avait pas de caractère plus déclaré que l'horreur de toute dépendance, ils donnaient le spectacle de la vie commune, c'est-à-dire d'une vie de subordination continuelle. Les hommes de la solitude reconstruisaient la société (1).

<small>Quelles résistances le monachisme rencontra chez les Francs.</small>
Mais ces bienfaits n'étaient pas l'ouvrage d'un jour. Le grand nombre des règles et des réformes monastiques faisait assez voir tout ce que cet idéal chrétien de la communauté rencontrait de résistances dans la nature humaine, tout ce qu'il fallait de génie et de sainteté pour réunir sans péril sous un même toit des hommes déjà croyants, déjà résolus à tous les genres d'humiliations et d'austérités. Les monastères n'avaient pas de murs si hauts, ni de portes gardées si fidèlement, que les désordres du siècle n'en forçassent l'entrée. Nous avons trouvé l'abbaye de Sainte-Croix de Poitiers profanée par les fureurs de deux princesses. L'archevêque Lupus, de Sens, avait dû fuir devant les persécutions de Médégisille, abbé de Saint-Remi. La passion du gain pénétrait avec celle du pouvoir dans les cloîtres les plus réguliers; et Grégoire de Tours rapporte comme un châtiment de Dieu la mort de trente moines ensevelis par l'éboulement d'une colline où

---

(1) Saint Augustin, *Confessions*, VIII, 6. Mabillon, *Annales O. S. Benedicti*. Mignet, *Mémoire sur l'introduction de l'ancienne Germanie dans la société civilisée de l'Europe occidentale*.

ils cherchaient de l'airain et du fer. D'ailleurs, les colonies de cénobites, déjà nombreuses dans les contrées de la Gaule qui avaient conservé plus de traces de l'ancienne culture, ne s'aventuraient que lentement sous le ciel froid, dans les forêts stériles, parmi les populations violentes de l'Austrasie. Au sixième siècle, on compte deux cent quatorze établissements religieux des Pyrénées à la Loire, et des bouches du Rhône aux Vosges : on n'en connaît que dix des Vosges au Rhin. Ce n'était pas assez qu'il y eût une législation monastique : il fallait un peuple monastique pour la pratiquer (1).

Cette vocation ne fut pas celle des Francs. Sans doute la France devait compter d'illustres moines, puisqu'elle fut la patrie de saint Bruno et de saint Bernard. Elle introduisit dans les règles monastiques des réformes que toute l'Église honora : celles de saint Benoît d'Aniane, celles de Cluny, de Cîteaux, de Clairvaux. Pendant quatorze cents ans elle se couvrit d'abbayes, de prieurés, de couvents, n'épargnant, pour les doter, ni la terre, ni les priviléges des rois, ni l'art des architectes et des sculpteurs. Cependant la France ne produisit aucune des grandes règles qui se partagèrent la chrétienté : elle laissa aux Orientaux saint Basile, à l'Italie saint Benoît et saint François d'Assise, à l'Espagne saint Dominique et saint Ignace. Il semble qu'elle fut

---

(1) Gregor. Turonensis, *Hist.*, IX, 39; IV, 51. *Vita S. Lupi*, apud Surium, 1 sept. Mabillon, *Annales*.

douée moins libéralement du génie contemplatif qui fait le fond de la vie religieuse : elle n'a rien à comparer aux ravissements de sainte Catherine de Sienne et de sainte Thérèse. Son partage est l'action. Ce qui lui appartient dans l'histoire du monachisme, ce sont les ordres militaires du Temple et de l'Hôpital. La mission qui lui plaît, c'est de servir Dieu par l'épée. Toute l'inspiration du moyen âge français est déjà dans ce passage du prologue de la loi salique, où l'on entend bien plus le cri de la guerre sainte que la psalmodie du cloître : « Vive le « Christ, qui aime les Francs ! Qu'il garde leur « royaume, et remplisse leurs chefs de la lumière « de sa grâce ! qu'il protége l'armée, qu'il leur ac- « corde des signes qui attestent leur foi, la joie, la « paix, la félicité ! Que le Seigneur Jésus-Christ « dirige dans le chemin de la piété ceux qui gou- « vernent ! Car cette nation est celle qui, petite en « nombre, mais brave et forte, secoua de sa tête le « dur joug des Romains, et qui, après avoir re- « connu la sainteté du baptême, orna somptueuse- « ment d'or et de pierres précieuses les corps des « saints martyrs que les Romains avaient consumés « par le feu, mutilés par le fer, ou fait déchirer par « les bêtes (1). »

(1) *Prologus ad legem salicam*, traduction de M. Guizot, *Hist. de la civilisation*, I, leçon 9ᵉ.

CHAPITRE IV

LA PRÉDICATION DES IRLANDAIS.

Le peuple monastique des temps barbares, le peuple missionnaire, et destiné à porter la lumière de la foi et de la science dans les ténèbres croissantes de l'Occident, c'est le peuple irlandais, dont on connaît mieux les malheurs que les services, et dont on n'a pas assez étudié l'étonnante vocation.

<small>Destinées des peuples celtiques. Les Irlandais.</small>

Les historiens de la civilisation moderne ont coutume de la faire sortir tout entière de la décadence romaine et des invasions germaniques. Ils ne remarquent pas assez que les Romains finissaient quand les Germains commençaient à peine, que la première de ces deux races était trop vieille pour achever l'éducation de la seconde, et qu'entre elles il avait fallu pour ainsi dire une autre génération pour soutenir la chaîne et former le nœud. C'est la fonction de la race celtique, qu'on voit de bonne heure couvrir, comme d'une couche féconde, une partie de la Germanie, de l'Italie et de l'Espagne, la Gaule, la Bretagne et l'Irlande. La culture latine se propagea bientôt chez ces peuples dociles. La moitié des grands écrivains de Rome sortent des provinces celtiques, de la Tarragonaise, de la Narbonnaise, de la Cisalpine; et, dès la fin du premier siècle, les rhéteurs gaulois tiennent école d'éloquence chez les Bretons. Nulle part, le christianisme ne trouva des cœurs plus inclinés et des communications plus rapides. L'Église des Gaules enveloppa bientôt dans son prosélytisme le reste des nations celtiques; et pendant qu'elle envoyait, en 429, saint Loup de Troyes et saint Germain d'Auxerre pacifier les troubles que l'hérésie pélagienne excitait chez les Bretons, un Gallo-Romain appelé Patricius, formé à la vie religieuse dans les monastères de Marmoutiers et de Lérins, avait entrepris et presque achevé en trente-trois ans la conversion de l'Irlande (1).

Cette île vierge, où jamais un proconsul n'avait mis le pied, qui n'avait connu ni les exactions de Rome, ni ses orgies, était aussi le seul lieu du monde dont l'Évangile eût pris possession pour ainsi dire sans résistance et sans effusion de sang.

---

(1) Strabon, IV et VII. Diodore de Sicile, 32. Plutarque, *in Mario*, XI. Tacite, *Agricola*. Juvénal :

Gallia causidicos docuit facunda Britannos.

Martial :

Dicitur et nostros cantare Britannia versus.

Diefenbach, *Celtica*, II et III. Moore, *History of Ireland*, chap. x. — *Confessio S. Patricii.*

La première ardeur de la foi, qui partout ailleurs conduisait les chrétiens au martyre, poussait les néophytes irlandais au monastère ; et saint Patrice se félicitait déjà de voir les fils et les filles des chefs des clans se ranger sous la loi du cloître en si grand nombre, que lui-même ne pouvait plus les compter. L'Occident n'avait rien vu de comparable à ces grandes fondations, à ces villes cénobitiques de Bangor, de Clonfert, de Clonard, dont chacune rassembla plus de trois mille hommes. Sans doute les institutions de la Thébaïde, portées sous un ciel si différent, n'y étouffèrent point le caractère national. Le christianisme a toujours traité avec respect les nations converties : il avait épargné les temples de l'Italie et de la Grèce, il ne porta pas la cognée dans les bois sacrés des Irlandais. Le grave génie des druides, leur science, leurs traditions, passèrent d'abord chez les moines pour s'y purifier. Les religieuses de Kildare entretenaient auprès de l'église de Sainte-Brigite un feu bénit qui y brûlait encore au bout de six cents ans. Les plus austères anachorètes ne se défendaient pas de ce respect de la nature qui avait fait le fond du culte de leurs pères. Saint Colomba, sur un rocher des Hébrides, vivait dans un commerce familier avec les bêtes du désert ; et quand saint Keivin priait les mains étendues, on rapporte que les oiseaux venaient y pondre leurs œufs. Les bardes entraient au monastère, mais en y portant la harpe nationale, les chants, les souvenirs du pays; on voit les saints se délasser en écoutant les joueurs de luth; la poésie nationale fait irruption dans la légende; et, pendant que le moine est enfermé entre les murs étroits de sa cellule, son imagination erre sur les mers avec saint Brendan, ou parcourt le monde invisible à la suite de saint Patrice (1).

L'Église d'Irlande. Il ne faut cependant pas répéter, comme on l'a trop dit, que l'Église d'Irlande, nourrie des doctrines de l'Asie, repoussait l'autorité des papes; et que ses moines, de concert avec les Culdées de Bretagne, sauvèrent l'indépendance religieuse au milieu de la servitude universelle du moyen âge. Si les fondateurs des monastères irlandais rappellent souvent, par les dispositions et par les termes de leurs règles, les institutions de l'Orient, c'est à Lérins et dans les écrits de Cassien qu'ils les connurent; c'est de Rome que Patrice tient sa mission; c'est d'elle qu'il a reçu la langue de sa liturgie, les dogmes qu'il enseigne, et les observances qu'il répand. Parcourez ce qui reste de ces premiers siècles, les décrets des conciles nationaux, les pénitentiels, les légendes; vous y retrouverez tout ce que les ennemis de Rome ont rejeté : le sacrifice eucharistique, l'invocation des saints, la prière pour les

---

(1) *Confessio S. Patricii,* Giraldus Cambrensis, *Topographia Hiberniæ, distinctio* 2, cap. XXVIII; cap. XXXIV. *Vita S. Columbæ,* apud Mabillon, *Acta SS. O. S. B.,* t. I, p. 361. *Vita S. Brigitæ,* apud Basnage, *Thesaurus monumentorum,* t. I. Thomas Moore, *History of Ireland,* t. I.

morts, la confession, le jeûne et l'abstinence. Les dissidences se réduisent à trois points : la forme de la tonsure, les cérémonies accessoires du baptême, et l'époque où il fallait célébrer la fête de Pâques ; ces dissentiments si faibles s'effacent quand les Pères du concile de Lene, tenu en 630, « ayant recouru, disent-ils, à la capitale des villes chrétiennes comme des fils à leur mère, » se conforment à l'usage universel de la chrétienté (1). Les communautés religieuses d'Irlande n'étaient donc pas les gardiennes jalouses de je ne sais quel christia-

(1) Le principal auteur de l'hypothèse d'une ancienne Église protestante chez les Celtes est Usher, *on Religion of ancient Ir. and Brit.* Reprise par Hugues, *Horæ britannicæ*, elle a passé chez plusieurs écrivains français et allemands, notamment M. Augustin Thierry, *Histoire de la conquête d'Angleterre*, et M. Rettberg, *Kirchengeschichte*, t. I, p. 317. Elle est complétement détruite par Lanigan, *Ecclesiastical History*, t. III ; Moore, *History of Ireland*, chap. xi, et par un savant travail de M. Varin, publié dans le *Journal général de l'instruction publique* du 25 mars 1846. Les preuves innombrables de l'orthodoxie des Irlandais sur tous les points contestés sont dans les Vies des Saints, surtout dans celle de S. Colomba, apud Basnage, *Thesaurus monument.*, t. I, où l'on trouve l'autorité des évêques et la distinction des ordres, la présence réelle, l'intercession des saints, la prière pour les morts. Colomba, abbé de Hy, est précisément le patriarche de ces Culdées dont on a célébré si fort l'indépendance et l'aversion pour les innovations romaines. Ajoutez le traité de S. Cummian sur la célébration de la Pâque, et la lettre des Pères du concile de Lene, apud Usher, *Epistol. Hibernic.*, *Sylloge* n° 11. Un missel irlandais trouvé à Bobbio, et mentionné par O'Connor dans les *Rerum hibernic. Scrip.*, epist. nuncup. cxxxviii, contient une messe *pro defunctis*. Un seul point reste acquis à nos adversaires : c'est que l'Église romaine toléra quelque temps chez les Bretons et les Irlandais l'ordination des hommes mariés, comme elle la tolère encore chez les catholiques des rites orientaux. Milner, *Inquiry into certain vulgar opinions*, letter 14. Synodus Patricii, can. 6, ap. Wilkins, *Concil. brit.*, 1, 2.

nisme hétérodoxe ; c'étaient les colonies et comme les postes avancés de la civilisation latine. Elles en conservaient la science en même temps que la foi, et leurs écoles imitaient ces écoles romaines de la Gaule, d'où étaient sortis tant de flambeaux de l'Église : Honorat, Cassien, Salvien, Sulpice Sévère. Elles perpétuaient l'enseignement des sept arts libéraux de l'antiquité ; et la grammaire, avec l'étendue que les anciens donnaient à ce mot, y comprenait l'étude des deux littératures grecque et latine. Des maîtres blanchis dans les exercices de la méditation et de la pénitence y expliquaient Ovide, et formaient les novices à écrire dans le rhythme de Virgile. Cette vie austère, mais pacifique et studieuse, avait sa douceur en des temps si durs. Il semble qu'on en ressente le charme quand on relit le chant que voici, écrit en vers latins rimés à la manière de nos séquences, et qui fut longtemps populaire parmi les religieux de Bangor : « La
« règle de Bangor est bonne : elle est droite et di-
« vine, sévère, sainte et exacte, souverainement
« juste et digne d'admiration. — C'est la nef bat-
« tue des flots, mais dont rien ne trouble la paix ;
« c'est une heureuse demeure fondée sur la pierre ;
« c'est vraiment la vigne transplantée d'Égypte.
« C'est la bergerie où le Sauveur garde le troupeau
« de son père. — Épouse et reine digne du Christ,
« la lumière du soleil fait son vêtement : elle est
« simple, elle est savante et invincible, à tous les

« assauts. — Aux fils qui naîtront d'elle, Dieu le
« Père prépare une vie bienheureuse en la compa-
« gnie des saints, une vie qui ne finira pas. La règle
« de Bangor est bonne (1). »

Toutefois, le recueillement des moines d'Irlande était troublé par la passion des pèlerinages et de la prédication. Ces hommes, qui avaient cherché la paix dans la solitude, ne l'y trouvaient pas ; ils se sentaient pressés d'en sortir, de répandre ce feu de la science sacrée qui les brûlait, d'évangéliser les infidèles et les chrétiens dégénérés. Dans leurs songes, dans leurs extases, les anges les appelaient pour leur montrer des peuples assis à l'ombre de la mort ; ils voyaient la mer s'ouvrir devant eux, ou se changer sous leurs pas en une prairie émaillée de fleurs. Ils franchirent le détroit et se répandirent sur les rochers des Hébrides, sur les hautes terres de l'Écosse et dans le Northumberland ; ils passèrent en Neustrie et en Flandre, traversèrent le

Les missions irlandaises.

(1) *Vita S. Columbæ* : Aldhelm, *Epist.* apud Usher *Sylloge*. O'Connor, *Annales ultonenses ad ann.* 777. Antiphonarium vetustissimum monasterii Benchorensis, ap. Muratori, *Anecdota latina*, t. IV :

> Benchuir bona regula,
> Recta atque divina...
> Navis nunquam turbata,
> Quamvis fluctibus tonsa...
> Necnon vinea vera
> Ex Ægypto transducta...
> Christo regina apta,
> Solis luce amicta,
> Simplex simul atque docta,
> Undecumque invicta...
> Benchuir bona regula.

continent, pénétrèrent jusqu'au fond de l'Espagne et de l'Italie, où plusieurs d'entre eux occupèrent des siéges épiscopaux. Du dixième siècle au onzième, c'est-à-dire précisément quand toute science et toute piété menaçaient de s'éteindre, ces maîtres infatigables ne cessaient de sillonner l'Europe, ouvrant des écoles monastiques, enseignant dans celles qu'ils trouvaient ouvertes; et, si les auditeurs leur manquaient, se tournant vers le peuple et criant sur les places publiques : « Qui veut acheter la sagesse? » Mais une sorte de piété filiale les poussait de préférence vers ces Églises des Gaules, d'où ils avaient reçu l'Évangile. Ils y rapportaient la vigueur d'une race dont le sang n'était pas mêlé, et qui ne connaissait pas les mœurs relâchés du Midi. Ils renouvelèrent les rangs du clergé, qui s'employait à la conversion des païens, et, dès ce moment, on y trouva rassemblés des hommes de trois nations : d'abord les Gallo-Romains, qui formèrent longtemps comme le noyau du sacerdoce; ensuite les Francs, qui n'y étaient pas tous attirés par l'ambition et par la simonie; enfin les Irlandais, qui corrigèrent la mollesse des premiers et l'ignorance des seconds, les rallièrent ensemble et les menèrent en avant. Sous leur conduite, nous verrons la conquête chrétienne s'affermir en Neustrie, passer le Rhin, et s'étendre dans l'Alémannie et la Bavière (1).

(1) *Vita S. Livini, Vita S. Fursæi.* Monachus Sangallensis, *de*

LA PRÉDICATION DES IRLANDAIS.

Les premières missions des Irlandais n'ont laissé que des traces incertaines ; leur caractère ne se déclare, et leur efficacité ne se fait sentir, qu'au moment de l'apostolat de saint Colomban.

En 590, et lorsque les mœurs chrétiennes semblaient périr chez les Francs par les désordres de la guerre et par la négligence des prélats, on vit paraître à la cour du roi Gontran un moine étranger. C'était un homme d'environ trente ans, d'une beauté qui attirait tous les regards. Nourri de bonne heure aux lettres divines et humaines, versé dans la grammaire, la rhétorique, la géométrie et les saintes Écritures, son savoir et sa piété avaient fait l'admiration des religieux de Bangor, parmi lesquels il avait passé sa jeunesse. Après de longues épreuves, il s'était cru inspiré d'aller, comme Abraham, servir Dieu sur une terre lointaine. Douze moines l'accompagnaient. Le roi, touché de l'austérité de ces pèlerins, leur permit de se choisir une demeure dans ses États. Ils s'enfoncèrent donc dans les Vosges, et, à l'endroit le plus âpre et le plus désolé, sur les ruines de deux bourgades romaines, au milieu desquelles les idoles des païens étaient encore debout, ils fondèrent successivement

Apostolat de s. Colomban.

Rebus gestis Caroli Magni. — Au neuvième siècle, l'Irlandais Sédulius, élevé par le pape à l'évêché d'Oreto, en Espagne, écrit un traité *de Concordantia Hispaniæ et Hiberniæ.* En Italie, trois grands évêques irlandais : S. Frigidien (S. Frediano) à Lucques, S. Cataldus à Tarente, S. Donatus à Fiesole. Une Vie inédite de ce dernier, conservée à la Bibliothèque Laurentienne, le montre restaurant l'étude des lettres en même temps que la discipline de l'Église.

les trois monastères d'Anegrai, de Luxeuil et de Fontaines. En effet, ces colons du désert avaient attiré un grand nombre de disciples par le spectacle de leurs vertus, par le triomphe du travail et de la prière sur la stérilité du sol et les terreurs de la solitude. On croyait que toute la nature était soumise à des hommes qui avaient chassé les ours et fécondé les rochers; lorsque saint Colomban traversait les forêts voisines, on disait que les oiseaux venaient se jouer autour de lui, et que les écureuils descendaient des arbres pour se poser sur sa main. Il ne faut pas s'étonner si les cœurs ne résistaient pas à une parole qui touchait les bêtes sauvages, si de tous côtés les nobles amenaient leurs fils, et si, la communauté s'accroissant chaque jour, au bout de vingt ans ce foyer commença à percer de ses clartés les ténèbres de l'Église franque et à troubler le sommeil du clergé. C'est ce qui paraît par une lettre où Colomban repousse les accusations portées contre lui touchant sa manière de célébrer la Pâque, et, félicitant les évêques de s'être assemblés en synode, les exhorte à se réunir plus souvent, à convoquer chaque année les conciles prescrits par les canons, à tenir enfin les fervents en haleine et les tièdes dans la crainte (1).

(1) *Vita S. Columbani*, auctore Joan. Bobbiensi, ap. Mabillon, *Acta SS. O. S. B.*, t. II. — S. Columbani *Epislola* 2, apud Biblioth. Patr. Max., XII.

En même temps que la réforme de saint Colomban inquiétait la faiblesse des gens d'Église, elle n'épargnait pas les vices des hommes de guerre. Thierry II avait hérité du royaume de Bourgogne : il vivait dans ces habitudes de polygamie que la loi barbare autorisait, et dont le christianisme ne corrigea que lentement les rois mérovingiens. Colomban le pressait de chercher les douceurs d'un mariage légitime (ce sont les expressions de la légende), afin que la race royale sortît d'une reine respectée et non pas d'un lieu de prostitution. Mais Brunehaut, l'aïeule du roi, comme une autre Jézabel, s'opposait aux exhortations du saint ; car si les concubines étaient chassées et qu'une reine fût mise à la tête de la cour, elle craignait de perdre une partie de sa dignité et de ses honneurs. Il arriva donc qu'un jour le bienheureux Colomban vint trouver Brunehaut, comme elle séjournait au manoir de Bourcheresse. Et, l'ayant vu dans la cour, elle lui conduisit les fils, que Thierry avait eus de ses adultères : « Voici, dit-elle, les fils du roi ; fortifie-les de ta bénédiction. » Le saint répondit : « Sache que ceux-ci ne porteront jamais le sceptre royal, car ils sortent d'un mauvais lieu. » Et Brunehaut furieuse ordonna aux enfants de se retirer. Mais les fureurs de Brunehaut ne pardonnaient pas. Elle souleva les colères des grands et du clergé contre cet étranger, qui s'écartait des coutumes reçues. Le roi Thierry se rendit à Luxeuil; il voulut forcer la clôture, pénétrer dans les lieux réguliers du monastère; et comme le serviteur de Dieu l'accablait de reproches : « Je ne suis pas assez fou, s'écria-t-il, pour te donner la couronne du martyre ; » et l'ayant d'abord exilé à Besançon, il le fit ensuite conduire à Nantes, pour le renvoyer en Irlande. Mais la mer repoussa le navire; et le saint, abandonné par ses gardes, traversa la Neustrie et passa auprès du roi Théodebert d'Austrasie, qui le pressa d'évangéliser les païens des frontières (1).

Colomban, rejeté par les chrétiens, avait une autre mission chez les infidèles. Le souvenir des peuples qui ne connaissaient pas le Christ le poursuivait dans le sommeil : il hésitait entre les Germains et les Slaves, lorsqu'un ange lui apparut en songe, et, traçant un cercle : « Voici le monde devant toi, dit-il ; prends à droite ou à gauche, mais ne t'écarte pas de ta route, si tu veux manger le fruit de tes sueurs. » Le saint, accompagné d'un petit nombre de disciples, se dirigea donc vers le pays des Alemans; il remonta le Rhin, suivit le cours de l'Aar et de la Limnat jusqu'au delà de Zurich, et s'arrêta enfin près du lac de Constance, dans un endroit fertile couronné de montagnes, au milieu des ruines de la ville ro-

(1) Fredegar. *Chronicon. Vita S. Columbæ :* « Cui Brunechildis : « Regis sunt filii : hos tu benedictione robora. » At ille : « Nequa- « quam, inquit, istos regalia et sceptra suscepturos scias, qui de « lupanaribus emerserunt. » Illa furens parvulos abire jubet. »

maine de Brigantium. C'est dans ce voyage que la légende recueille deux traits qui rattachent étroitement le paganisme des Germains aux traditions scandinaves. Un jour, Colomban rencontra sur son chemin une troupe de barbares, occupés autour d'une chaudière immense où bouillonnait la cervoise; et, l'homme de Dieu leur ayant demandé ce qu'ils se proposaient de faire, ils répondirent qu'ils sacrifiaient à leur dieu Woden. Cette chaudière rappelait les tonneaux de bière réservés aux libations des convives païens chez les rois francs, et la coupe que les héros de l'Edda vidaient en l'honneur d'Odin. Plus loin, les missionnaires, étant entrés dans un ancien oratoire dédié à sainte Aurélie et profané par les barbares, y trouvèrent trois images dorées attachées à la muraille, que le peuple des environs adorait, en disant : « Ce sont là les anciens dieux du pays, dont la protection nous a conservés nous et nos biens jusqu'à ce jour (1). » La légende ajoute que l'un des trois dieux était celui du tonnerre; et tout semble indiquer la trinité germanique, Donar, Woden et Saxnot, honorés dans le sanctuaire en ruines, comme Odin, Thor et

---

(1) Fredegar. *Chronicon*. *Vita S. Columbæ*. *Vita S. Galli*, apud Pertz *Monumenta*. *Vita S. Galli*, apud *Acta SS. O. S. B.*, sect. II, p. 233 : « Repererunt autem in templo tres imagines æreas deauratas, parieti affixas, quas populus dimisso altaris sacri cultu adorabat, et, oblatis sacrificiis, dicere consuevit : « Isti sunt dii veteres « et antiqui hujus loci tutores, quorum solatio et nos et nostra per-« durant usque ad præsens. »

Freyr, dans le temple doré d'Upsal. L'opiniâtreté d'une religion qui avait des racines si profondes n'effraya pas le zèle de Colomban : il renversa la coupe des libations, brisa les idoles et en jeta les débris dans le lac. En même temps, il exhortait le peuple à quitter des dieux impuissants, purifiait l'autel de sainte Aurélie, et, y célébrant les saints mystères, reprenait possession du pays au nom du Christ. La colonie monastique se reposa trois ans à Brigantium, les uns s'employant à la culture des terres, les autres à faire des filets, plusieurs au ministère de la parole. Mais, comme on les accusait auprès du duc des Alemans d'effaroucher le gibier de ses chasses, et deux des moines ayant péri par les mains des voleurs, Colomban rassembla ses frères et leur dit : « Nous avions trouvé une conque d'or ; mais elle était pleine de serpents. » Il secoua donc la poussière de ses souliers, passa les Alpes, et descendit en Italie : c'est là qu'il fonda chez d'autres Germains, chez les Lombards, le monastère de Bobbio, troisième et dernière station de ce pèlerinage, dont il faut étudier les bienfaits.

Les modernes ont admiré la mission de saint Colomban. Ils ont loué les traits pittoresques, les vives couleurs de sa légende, et comme ce parfum sauvage du désert qui s'en exhale. Ils finissent par aimer le caractère impétueux de ce moine, qui les scandalise un peu de la violence de son zèle et de l'âpreté de ses discours. Plusieurs ont vanté sa fidélité aux traditions de l'indépendance irlandaise, et sa résistance à l'autorité des évêques de Rome. Quelques-uns pensent, au contraire, que l'isolement jaloux où Colomban s'enferma borna ses conquêtes, et que le prosélytisme irlandais, plus occupé d'étonner les hommes par des vertus inimitables que de les toucher par la parole et par les œuvres, dut abandonner enfin la conversion de la Germanie à des esprits moins fiers et à des mains plus actives (1).

Tout n'est pas sans fondement dans des jugements si divers : et la règle de saint Colomban, où éclate surtout son génie, eut en effet de quoi effrayer les délicats. Au fond, on n'y trouve que les conditions ordinaires de l'état monastique, mais toutes poussées à une perfection capable de désespérer la nature : l'obéissance, mais jusqu'à la mort; la pauvreté, mais jusqu'à l'oubli des choses terrestres; la pureté, mais jusqu'à ce point que le péché de la chair n'est pas plus prévu dans la règle que le parricide dans la loi de Solon. Voici en quels termes le législateur trace la vie de ce peuple, auquel il a ouvert ses cloîtres : « Que le moine vive dans le « monastère sous la loi d'un seul et dans la compa- « gnie de plusieurs, pour apprendre de l'un l'hu-

Règle de S. Colomban.

---

(1) M. Ampère a publié une savante et ingénieuse leçon sur S. Colomban dans l'*Histoire littéraire de France*, t. II, chap. xvii. Cf. Guizot, *Hist. de la civilisation*, t. II, leçon XVI. Rettberg, *Kirchengeschichte*, t. II, p. 35. Hefele, *Geschichte der Einführung des Cristenthums im Sudwestlichen Deutschland*.

« milité, des autres la patience. Qu'il ne fasse
« point ce qu'il veut. Il doit manger ce qu'on lui
« commande, ne posséder qu'autant qu'il reçoit,
« obéir à qui lui déplaît. Il n'ira chercher son lit
« qu'épuisé de fatigue; il faut qu'il s'endorme en
« s'y rendant, qu'il en sorte avant d'avoir achevé
« son sommeil. S'il a souffert une injure, qu'il se
« taise; qu'il craigne son supérieur comme Dieu,
« et qu'il l'aime comme un père. Il ne jugera pas la
« décision des plus anciens : son devoir est d'obéir
« et d'accomplir les commandements, selon cette
« parole de Moïse : « Écoute, Israël, et tais-toi. »
« Comme il faut toujours avancer, il faut toujours
« prier, toujours travailler, étudier toujours. »
Telle était pourtant la loi qui peuplait la solitude
de Luxeuil, qui devait en sortir pour former ou réformer un nombre infini de communautés; tant
cet âge de fer voulait une verge de fer, tant la société en désordre avait besoin d'être ramenée à
l'école des privations et de l'obéissance ! Toutefois
la règle de saint Colomban, par une rédaction vague et plus prodigue de maximes générales que de
pratiques; par cette dureté même qui ne pouvait
avoir qu'un temps, par ces dispositions pénitentiaires qui châtiaient du fouet les moindres négligences, le cédait incontestablement à la règle de
saint Benoît, dont on a toujours admiré la précision et la mesure, dont les soixante-treize articles
suivent le moine à toutes les heures du jour et de

la nuit; le contiennent sans l'étouffer, et l'humilient sans l'avilir. Voilà pourquoi la règle bénédictine devait prévaloir sur celle de saint Colomban, et la remplacer, dès la fin du huitième siècle, jusque dans les colonies religieuses de l'Irlande (1).

Toutefois, Colomban n'avait pas si sévèrement *Ses poésies.* banni de ses cloîtres les consolations de la terre, qu'il n'y eût laissé place aux lettres. Cet esprit austère était aussi un esprit orné. A l'âge de soixante-huit ans, le fondateur de tant de monastères adresse à un ami une épître en vers adoniques, tout embaumée, pour ainsi dire, de poétiques réminiscences. Il le prie de ne point mépriser ces petits vers, ces courtes mesures « sous lesquels Sapho, la « grande muse des Lesbiens, aimait à enchaîner de « mélodieux accents. » Il compare les joies de l'amitié aux vains trésors qui font périr avec eux les empires : « La toison d'or fut la cause de beaucoup « de maux : une pomme d'or troubla le banquet « des dieux, et arma la jeunesse dorienne contre « l'opulent royaume des Troyens. La pluie d'or « pénétra la tour de Danaé. Pour un collier d'or, « Amphiaraüs fut vendu par une perfide épouse. « C'est au poids de l'or qu'Achille vendit à Priam « le corps de son fils. Et l'on assure que les portes « de Pluton s'ouvrent devant un rameau d'or... Je

---

(1) Regula S. Columbani, *Biblioth. Patr. Max.*, XII. Fleury, *Hist. ecclés.*, t. VIII, livre XXXV. Mabillon, *Annales Ord. S. B.*, t. I. Rettberg, t. II, p. 678.

« vous conseille donc, ô noble frère ! de renoncer
« aux vaines sollicitudes. Que sert d'engraisser de
« farine et de son des coursiers généreux ? Que sert
« d'ajouter le gain au gain, et de mettre denier sur
« denier ? Pourquoi vous rendre le complice des
« pervers dont vous recevez les présents ? Le Christ
« a horreur des présents de l'iniquité... Je dictais
« ainsi, accablé de maux cruels que souffre mon
« corps fragile, brisé par l'âge. Car tandis que les
« temps précipitent leur cours, j'atteins la dix-hui-
« tième olympiade de ma vie. Tout passe, et les
« jours irréparables s'enfuient. Vivez, soyez fort,
« soyez heureux, et souvenez-vous de la triste
« Vieillesse ! » En perpétuant ainsi le culte de l'antiquité, en ordonnant d'étudier toujours, Colomban faisait de ses monastères autant d'écoles ; il tirait ses disciples de la spéculation et de l'isolement, pour les jeter dans la pratique, pour leur donner prise sur la société. Sa sollicitude était si loin de s'enfermer dans les murs de l'abbaye, que nous avons de lui trois pénitentiels, c'est-à-dire trois traités de pénitence ecclésiastique, l'un pour les moines, le second pour les clercs, le dernier pour les laïques. C'est là qu'il faut chercher cette distinction profonde du précepte et du conseil, des devoirs et de la perfection, qui fait la grandeur et la solidité de la morale chrétienne. Pendant que le moine est punissable de la plus faible infraction à la règle qu'il a volontairement acceptée, et qu'il y a des

LA PRÉDICATION DES IRLANDAIS.   121

expiations pour le murmure, pour la violation du silence, pour l'oubli d'un signe de croix, les crimes des laïques sont l'idolâtrie, l'homicide, l'adultère, l'inceste, la fornication, le vol, le parjure et l'ivresse. Le clerc qui frappe un homme jusqu'à effusion de sang fera pénitence pendant un an; le laïque, quarante jours. Ce maître si dur pour les forts, pour ceux qui ont la science, qui ont la paix du désert, devient tout à coup condescendant pour ceux qui vivent dans les tentations d'un siècle violent, pour les ignorants et les faibles (1).

Enfin, s'il est vrai, que saint Colomban défendit avec opiniâtreté, quelquefois avec emportement, l'usage de l'Irlande en ce qui touchait la célébration de la Pâque; si, dans ses lettres, il exhorte sévèrement Boniface IV à faire son devoir de pape, et à prendre garde que le juge des pasteurs ne le trouve endormi, cette hardiesse n'a rien qui puisse étonner, quand on connaît la liberté du langage des saints, l'éloquence désordonnée du septième siècle

Ses rapports avec Rome.

(1) Opera S. Columbani, *Bibl. Patr. Max.*, XII. Ibid., *Epistola ad Fedolium* :

> Accipe, quæso,
> Nunc bipedali
> Condita versu
> Carminulorum
> Munera parva...
> Inclyta vates,
> Nomine Sappho,
> Versibus istis
> Dulce solebat
> Edere carmen...

Vive, vale lætus, tristisque memento senectæ.

et le zèle amer des hommes du Nord. Ce temps était de ceux où la pensée, cessant d'être maîtresse de la parole, se laisse trahir par l'excès comme par l'insuffisance de l'expression ; où l'écrivain dit moins qu'il ne veut, plus qu'il ne veut, rarement ce qu'il veut. Saint Colomban reproche à Boniface IV ce je ne sais quoi d'orgueilleux qui le pousse à réclamer plus d'autorité que les autres dans les choses divines. Il faut bien croire qu'il le blâme seulement de s'élever au-dessus des papes ses prédécesseurs, et qu'en attaquant la personne, il respecte le siége, puisqu'il ajoute aussitôt : « Nous tous, Hiber-
« nois, qui habitons les extrémités du monde ;
« nous sommes les disciples de saint Pierre,
« de saint Paul, des apôtres, qui ont écrit sous
« la dictée de l'Esprit-Saint : nous ne recevons
« rien de plus que la doctrine apostolique, telle que
« Rome nous l'a transmise... Nous sommes liés à
« la chaire de saint Pierre ; et, quoique Rome soit
« grande et célèbre, c'est à cause de cette chaire
« seulement qu'elle nous paraît célèbre et grande...
« Depuis que l'Esprit de Dieu, entraîné vers
« l'Océan par ces deux nobles coursiers dont
« Rome est si heureuse de posséder les reliques,
« par les apôtres Pierre et Paul, a passé le détroit,
« leurs successeurs sont à leurs yeux grands et
« illustres, et ils deviennent presque célestes pour
« nous. » De telles paroles sont décisives ; mais l'esprit de Colomban éclate moins encore dans ses pa-

roles que dans cette famille religieuse qui lui survit, qui se propage par tout l'Occident sans y porter ni la haine de Rome ni le goût de la révolte, et qui n'aurait jamais étendu si loin ses rameaux, si le schisme en eût desséché la racine (1).

L'école monastique de Luxeuil vient de s'ouvrir, et avant le milieu du septième siècle on en voit sortir les réformateurs du clergé austrasien. Ce sont d'abord des évêques : Ragnacaire de Bâle, Chagnoald de Laon, Achar de Noyon, Audomar de Thérouanne, tous barbares d'origine, mais dont la fougue, domptée, non pas éteinte, par l'éducation du cloître, devait ranimer le corps attiédi de l'épiscopat. Ce sont ensuite les fondateurs de monastères : le Franc Romaric, qui bâtit Remiremont; Théodefrid, premier abbé de Corbie ; l'Irlandais Dichuill, honoré sous le nom de saint Dié; l'Aquitain Remacle, appelé d'abord à gouverner l'abbaye de Solignac, et qui plus tard éleva celle de Stavelo et de Malmedy. En même temps que la règle de saint Colomban prenait possession de ces nouvelles colonies, son nom repassait la mer avec tout l'éclat de la sainteté, agitait les monastères d'Irlande, et y multipliait les vocations. Le nombre des Irlandais sur le continent devint tel, qu'en plusieurs lieux on éleva des hospices destinés aux pèlerins de leur nation. On ne recevait pas impunément des hôtes si élo-

Le monastère de Luxeuil. Les Irlandais en Austrasie.

(1) S. Columbani *Epist. ad Bonifacium Papam.*

quents et d'un si grand exemple : les nobles se dépossédaient pour les retenir, pour leur bâtir des cellules, quelquefois pour y aller vivre sous leurs lois. C'est ainsi que, les prêtres Caidoc et Fricor ayant converti un seigneur nommé Riquier, il embrassa la pénitence avec tant de ferveur, qu'il donna la liberté à ses esclaves, prit les ordres, et devint le fondateur de la fameuse abbaye de Centule. Vers le même temps, l'Irlandais Roding s'établissait à Beaulieu, au cœur de la forêt de l'Argonne. Sidonius, de la même nation, s'arrêtait à Calais ; les deux moines Ultan et Foillan obtenaient la terre de Fosse, au diocèse de Maëstricht. Saint Fursy, leur frère, avait pénétré jusqu'en Neustrie, où il fonda le monastère de Lagny : les peuples accouraient pour voir cet étranger mystérieux qui avait connu la mort. Car on disait que, détachée en songe de l'enveloppe terrestre, l'âme de Fursy, sous la conduite de trois anges, avait visité l'enfer et le ciel ; il y avait appris les malheurs qui menaçaient le monde, à cause des péchés des rois, des évêques et des moines. Mais aucun de ces pèlerins ne devait égaler la gloire de l'évêque Livin, qui, abandonnant son siége et sa patrie, était venu évangéliser les infidèles auprès de Gand, et périr par leurs mains. Toute l'Église des Gaules honora sa mort ; et nous-mêmes, nous nous émouvons encore à la lecture d'une épître que cet homme simple et bon écrivait, un peu avant son martyre, à Florbert, son

ami. Florbert lui avait envoyé des vivres, et lui demandait des vers. Livin s'excuse sur la tristesse du ciel et la dureté des hommes. « J'ai vu, dit-il, un
« soleil sans rayons, un jour sans lumière, et des
« nuits sans repos. Autour de moi s'ameute un peu-
« ple impie et qui demande mon sang. O peuple,
« quel mal t'ai-je fait? C'est la paix que je t'ap-
« porte : pourquoi me déclarer la guerre? Mais ta
« barbarie fera mon triomphe, et me donnera la
« palme du martyre; je sais en qui je me confie, et
« mon espoir ne sera pas trompé. Tandis que
« j'écris ces vers, l'âne des provisions m'arrive,
« pliant sous le fardeau; il m'apporte tout ce qui
« fait les délices des champs, et le lait, et le beurre,
« et les œufs; les fromages pressent les joncs des
« paniers trop étroits. Que tardes-tu, bonne ména-
« gère? Hâte le pas, et rassemble tes nouvelles ri-
« chesses, toi si pauvre ce matin! » Et le bon évêque finit par un touchant retour sur sa jeunesse, et sur ce nom de poëte que lui donnaient ses compagnons de noviciat. « Je ne suis plus ce que je fus,
« et j'ai perdu le don des vers joyeux (1). »

(1) Mabillon, *Annales*, I. *Acta SS. O. S. B.*, sæc. II. *Vita S. Eustasii, Vita S. Furscei, Vita S. Livini.* — *Concilium Meldense*, ann. 845, can. 40. Valois, *Notitia Galliarum*, p. 442. O'Connor, *Script. Rer. Hibern.*, epist. nuncupat. ccxxvi. Fleury. *Histoire ecclésiastique*, t. VIII, livre XXXVII. Rettberg, *Kirchengeschichte*, t. I. Epistola S. Livini *ad Florbertum abbatem*, apud Usher, *Epist. Hibern. Sylloge :*

Audeo mira loqui : solem sine lumine vidi;
Est sine luce dies, sic sine pace quies...

Les Irlandais étendent et régularisent les institutions monastiques.

La mission des Irlandais en Austrasie fut surtout d'étendre et de régulariser les institutions monastiques. L'exemple de Colomban et des siens plaisait aux âmes hardies, entraînait les timides, et tournait pour ainsi dire du même côté tout l'effort de la société chrétienne. L'esprit des solitaires de Luxeuil gagnait le monde, et se faisait sentir dans l'Église et dans l'État. Saint Éloi et saint Amand ne pensent pas avoir achevé la conversion de la Flandre, s'ils ne la couvrent de monastères. Leurs disciples peuplent les deux abbayes de Gand, celles de Tournai, de Saint-Ghislain et de Marchiennes, de Saint-Tron, de Lobes. La famille des Carlovingiens, de ces grands civilisateurs, s'illustre déjà par le nombre de ses fondations. La veuve et les filles de Pepin de Landen, Itta, Begga, Gertrude, prennent le voile, forment les communautés de Nivelles et d'Andane; et, pour instruire au chant des psaumes les vierges qu'elles rassemblent, elles appellent encore des maîtres irlandais. Plus tard, Pepin d'Héristal et Plectrude ouvrent à

Hæc quoque dum scribo, properans agitator aselli
Munere nos solito pondere lassus adit.
Ruris delicias affert, cum lacte butyrum,
Ovaque; caseoli plena canistra premunt.
Hospita, quid restas? Effer jam sedula gressum :
Collige divitias quæ modo pauper eras...
Non sum qui fueram festivo carmine lætus :
Qualiter esse queam, tela cruenta videns?

La Vie de S. Fridolin, ap. Bolland., *Acta SS. Mart.*, I, attribue aussi à cet Irlandais la fondation de Saint-Avold, au diocèse de Metz.

d'autres pèlerins d'Irlande le monastère de Saint-Martin de Cologne, fondent dans la même ville Sainte-Marie du Capitole, et Sustern au diocèse de Maëstricht. Dans ces institutions, il faut voir autre chose que la terreur d'un mourant ou d'un grand coupable qui cherche à pourvoir au salut de son âme par les prières d'autrui, autre chose surtout que des milliers de vies consumées dans l'oisiveté du cloître et dans l'ennui d'une psalmodie éternelle : il y faut reconnaître l'inspiration religieuse premièrement, mais aussi le dessein d'une sainte politique. Les abbayes du septième siècle, avec leurs populations de trois cents, de cinq cents moines, étaient comme autant de forteresses dont les murs arrêtaient les incursions des infidèles. Elles s'échelonnèrent des bords de la Somme à ceux du Rhin, cernant l'Austrasie par le Nord, la séparant des contrées païennes, et l'enfermant pour toujours dans les frontières agrandies de la chrétienté. Les abbayes étaient des colonies immobiles au milieu du peuple mobile des campagnes. Ces sociétés, qui ne mouraient pas, qui n'abdiquaient pas comme les évêques, qui ne se laissaient pas entraîner comme eux à la suite des rois, qui résistaient mieux qu'eux à la fraude et à la violence ; ces sociétés obéissantes, chastes, laborieuses, étonnaient les barbares, les retenaient par leurs bienfaits, et les fixaient enfin, ce qui était beaucoup pour les civiliser. Nous avons considéré les abbayes comme des écoles de science sacrée et profane; c'étaient en même temps des écoles d'industrie et d'agriculture, qui conservaient dans leurs ateliers tous les arts de l'antiquité, qui poussaient avec l'opiniâtreté des vieux Romains le défrichement des déserts. C'est là aussi qu'on voit commencer cette innovation des temps chrétiens, l'éducation des femmes. A l'exemple de la ville cénobitique de Kildare, fondée par sainte Brigite, où une abbesse et un évêque gouvernaient de concert deux grandes communautés de moines et de religieuses, les monastères doubles s'étaient propagés en Irlande, et plus tard, en Austrasie, où l'on connaît ceux de Nivelles, de Maubeuge et de Remiremont. Les hommes et les femmes y vivaient assurément séparés, mais sous une même loi. A Remiremont, l'abbé avait le gouvernement spirituel; l'abbesse semble l'avoir retenu à Nivelles et à Maubeuge. Cette discipline, qui convenait à l'admirable pureté des mœurs irlandaises, ne devait pas se soutenir chez les Francs. Mais les monastères de femmes se multiplièrent; la crosse de leurs abbesses se fit respecter des seigneurs voisins; leurs bibliothèques s'enrichirent des textes classiques, leurs religieuses prirent rang parmi les chroniqueurs et les poëtes. L'égalité des âmes, que la sagesse antique avait méconnue, devait reparaître dans les monastères pour rentrer dans la famille. Ces graves fondatrices du septième siècle, qui n'avaient songé qu'à l'éducation de quelques centaines de filles barbares, commencèrent celle du peuple le plus chevaleresque et le plus poli de la terre (1).

La conversion des Francs d'Austrasie entraînait celle de trois peuples rangés sous leur dépendance, je veux dire les Alemans, les Thuringiens et les Bavarois.

Les tribus qui avaient formé la puissante confédération des Alemans, chassées de la rive gauche du Rhin par les armées de Clovis, s'étaient rejetées dans les vallées de la Souabe et de la Suisse. Contenues dans la soumission par des officiers francs, elles conservèrent longtemps la liberté de leurs croyances et de leurs mœurs : elles avaient des temples connus et des sacrifices publics. Un petit nombre de prêtres dispersés dans les anciennes villes romaines suffisaient à peine à garder les ruines des églises, et ne pouvaient rien pour la conversion des conquérants. Quand les Alemans suivirent Théodebert en Italie, ils se distinguaient encore des Francs, leurs compagnons d'armes, par la grossièreté de leur idolâtrie et par leur fureur contre les lieux saints. C'est cependant vers ces peuples redoutés, vers les gorges des Alpes où les pèlerins les plus hardis ne se hasardaient qu'en

Les missions irlandaises en Alémannie.

---

(1) Mabillon, *Annales*, t. I. *Acta SS. O. S. B. sæc.* II et III. *Vita Romarici, Vita Gertrudis*. Martyrol. Roman., 30 januar. Fleury, *Hist. ecclésiast.*, liv. XXXVII, XXXVIII, XXXIX. Rettberg, *Kirchengeschichte*, t I. M. Varin a lu à l'Académie des inscriptions et belles-lettres un savant mémoire sur les monastères doubles.

tremblant, que se tourna d'abord le prosélytisme des Irlandais, si l'on peut ajouter foi à la légende de saint Fridolin, écrite au dixième siècle par un moine de Seckingen. Fridolin, d'une noble famille d'Irlande, venu dans les Gaules sous le règne de Clovis, après avoir visité le tombeau de saint Hilaire de Poitiers, avait traversé l'Austrasie et le pays des Alemans jusqu'à Coire, prêchant la foi et dédiant à saint Hilaire plusieurs oratoires, dont le plus célèbre devint le berceau de la ville de Glaris. On ajoutait qu'averti en songe de s'arrêter sur une terre déserte au milieu du Rhin, il avait pris possession de l'île de Seckingen, où il fonda un monastère double, selon l'usage de sa nation. Plus tard, deux autres Irlandais sont poussés vers les mêmes contrées. L'anachorète Trudpert bâtit dans la forêt Noire un ermitage autour duquel doit s'élever un jour Fribourg en Brisgau. Un jeune homme appelé Findan, enlevé par des pirates sur les côtes de sa patrie, s'arrache de leurs mains, se jette à la nage et aborde en Belgique, remonte le Rhin, et achève sa vie dans l'exercice de la pénitence à Rheinau, près de Schaffouse (1).

Il semble que les moines d'Irlande eurent comme

(1) Agathias. *Hist.* I, cap. vii. *Vita S. Columbani, Vita S. Galli, Vita S. Pirmini*, ap. *Acta SS. O. S. B.*, sæc. 2 et 3. *Vita S. Fridolini*, ap. Bolland., Mart. 1, p. 433. Lorentz, *Acta S. Trudperti martyris*; Argentorati 1774, *Vita S. Findani*, ap. Goldast., *Script. rerum Allemanicarum.*

un attrait plus vif pour ces lieux sauvages, pour ces vertes montagnes couronnées de glaciers, qui leur rappelaient les pâturages et les neiges de leur pays. Mais c'était peu d'avoir donné aux déserts le spectacle de l'ascétisme chrétien, il appartenait à l'apostolat de saint Colomban d'entraîner les peuples. Nous l'avons vu pendant trois ans s'attacher à la conversion des païens, troubler leurs orgies, briser leurs faux dieux, et s'éloigner enfin, comme il disait, de ce nid de vipères. Mais, tandis qu'il s'acheminait vers l'Italie, un de ses religieux appelé Gallus fut retenu par la fièvre, et resta chez les Alemans. C'était un homme éloquent, qui parlait la langue des Germains, et dont les discours avaient touché un grand nombre d'infidèles. Il ne faut donc pas s'étonner si la légende fait fuir les esprits mauvais, c'est-à-dire les anciens dieux, devant lui. Elle raconte qu'un soir, comme Gallus jetait ses filets dans le lac, il entendit le démon de la montagne appeler le démon des eaux : « Lève-toi, lui criait-il, et viens « à mon secours; car ces étrangers m'ont chassé « de mon temple. » Et le démon des eaux répondait : « Voici l'un d'entre eux, à qui je n'ai « jamais pu nuire. J'ai tenté de rompre ses filets, « mais je pleure ma défaite; car il est toujours « muni du signe de la prière, et le sommeil ne « le surprend jamais. » Mais le serviteur de Dieu, au nom du Christ, leur commanda de se retirer, et leurs derniers cris se perdirent dans le silence de la nuit (1).

Après le départ de ses compagnons, Gallus fut saisi d'une grande tristesse; et dès que la fièvre l'eut quitté, allant trouver le diacre Hiltibold, il lui demanda s'il connaissait dans le voisinage un lieu convenable pour y élever un oratoire et une cellule, « car, disait-il, mon âme a désiré d'un désir extrême finir ses jours terrestres dans la solitude. » Le diacre répondit : « Mon père, je connais un désert âpre et resserré entre de hautes montagnes, mais tout peuplé d'ours, de loups et de sangliers. » Le saint répliqua : « Si le Seigneur est avec nous, qui sera contre nous? » Et le lendemain, au point du jour, ils se mirent en chemin. A la neuvième heure, le diacre proposa de prendre le repas; mais le serviteur de Dieu déclara qu'il ne mangerait point avant que le Christ lui eût montré le lieu de sa demeure; et ils continuèrent de marcher jusqu'à l'endroit où la petite rivière de

---

(1) *Vita S. Galli*, apud Pertz, t. II, p. 5. On voit ici les traces de cette poésie rimée qui tendait à s'introduire dans la prose des légendes : peut-être faut-il y reconnaitre le reste d'un ancien chant populaire parmi les populations latines de la Suisse, recueilli plus tard par le biographe de Saint Gall.

> Ecce peregrini venerunt,
> Qui me de templo ejecerunt.
> — En unus illorum est in pelago,
> Cui nunquam nocere potero.
> Volui enim retia sua lædere;
> Sed me victum probo lugere.
> Signo orationis est semper clausus,
> Nec unquam somno oppressus.

Steinach, tombant de la montagne, se creuse un lit dans le rocher. Or, comme Gallus cheminait en priant, son pied s'embarrassa dans les broussailles, et il tomba. Le diacre voulait le relever ; mais lui s'écria : « Laissez-moi, ce lieu est celui de mon repos pour les siècles. C'est ici que j'aurai ma demeure, parce que je l'ai choisie. » Et, s'étant fait une croix d'une branche de coudrier, il la planta, y suspendit la petite châsse où il portait des reliques, et s'agenouilla pour demander à Dieu de rendre ce désert habitable. Ensuite les deux pèlerins prirent leur nourriture, et dormirent. Mais pendant la nuit le saint se leva pour prier encore ; et, pendant qu'il était en oraison, un ours descendu de la montagne vint dévorer les restes du repas. Gallus, sans se troubler, lui jeta un pain, et lui dit : « Au nom du « Christ, retire-toi de cette vallée, les montagnes et « les collines te seront communes avec nous, mais « à condition que tu ne feras de mal ni aux trou- « peaux ni aux hommes. » Le lendemain, le diacre alla pêcher à la cascade ; et, comme il lançait les filets, deux démons lui apparurent sous la figure de deux femmes nues qui lui jetaient des pierres, en l'accusant d'avoir amené dans la solitude cet homme sévère, l'implacable ennemi de leur race. Mais Gallus, étant survenu, exorcisa les fantômes ; on les vit fuir en remontant le cours de la cascade, et longtemps encore on entendit dans la montagne comme des voix de femmes qui pleuraient, et qui demandaient si le chrétien était toujours dans le désert. C'est le récit de la légende; elle fait admirablement ressortir tout ce qui restait encore du paganisme dans les imaginations; et le combat engagé entre le dieu nouveau et les anciennes divinités qui avaient pour ainsi dire toute la nature dans leur parti. Ces esprits des lacs et des glaciers, ces Ondines qui narguent le pêcheur, sont les souvenirs tout vivants de la mythologie germanique. S'ils fuient devant la parole du serviteur de Dieu, c'est pour se réfugier plus loin : et, cinq siècles après, quand le poëte des Nibelungen représente les guerriers bourguignons chevauchant à travers l'Allemagne et se rendant à la cour d'Attila, les Ondines les arrêtent au passage du Danube, pour leur prédire une mort violente au milieu des festins (1).

Cependant l'histoire se dégage de la légende, et l'accord des récits contemporains ne permet pas de révoquer en doute le séjour de Gallus dans ces montagnes auxquelles il devait donner son nom. Le saint avait trouvé entre deux ruisseaux un lieu aplani et couvert d'un bois très-agréable. C'est là qu'il bâtit sa cellule. Bientôt deux disciples vinrent la partager avec lui : peu à peu leur nombre s'éleva jusqu'à douze. La route qui conduisait à l'humble monastère se frayait sous les pas des pèlerins. La renommée de Gallus s'étendit à ce point,

---

(1) *Vita S. Galli.* Cf. *Nibelungen,* Aventure 25; Grimm, *Deutsche Mythologie,* 456.

que le choix du clergé et du peuple vint l'arracher de son désert pour le faire asseoir sur le siége épiscopal de Constance. Il descendit donc à Constance, et parut dans l'assemblée, mais pour y refuser l'épiscopat; et, ayant fait élire à sa place Jean son disciple, il prononça, en le présentant au peuple, un discours qui nous est resté. Il y embrasse tout l'ensemble de la doctrine chrétienne, partant de Dieu et de la création pour descendre le cours des temps, expliquant l'économie de la chute et de la rédemption, la mission des apôtres et la vocation des gentils, et faisant servir toute l'histoire de l'humanité comme d'introduction à son apostolat auprès de ces pauvres gens, de ces chasseurs et de ces pâtres, réunis, pour l'entendre, sur les ruines d'une bourgade romaine. « C'est pourquoi, dit-il, « nous vous supplions au nom du Christ de vivre « comme il convient à des chrétiens, évitant la con- « cupiscence, l'ivresse qui prive l'homme de sa « raison, la fornication qui le souille, l'avarice qui « est une idolâtrie, l'emportement de la colère, les « nuages de la mauvaise tristesse; mais soyez mi- « séricordieux les uns pour les autres, vous pardon- « nant comme Dieu vous a pardonné. Ayez soin de « racheter vos péchés passés par la pénitence et « par l'aumône, et de prévenir les péchés futurs « avec l'ordre de Dieu, sachant que le jour du juge- « ment approche, et que l'heure de la mort est in- « certaine. » On reconnaît dans le texte latin qui nous reste de ce discours, probablement prononcé en langue barbare, toutes les habitudes de la prédication irlandaise : une théologie savante, et qui ne se défend même pas des réminiscences de la littérature profane ; une exposition lumineuse du dogme, une interprétation charitable de la morale évangélique, et cette judicieuse distinction entre les conseils réservés au petit nombre et les lois faites pour tous, « si douces que nul, s'il n'est bien « ignorant et bien indigne, ne peut être exclu du « royaume de Dieu. » La cellule de ce prédicateur populaire, le lieu d'où il avait chassé les ours, fut le commencement de la grande abbaye de Saint-Gall, destinée à devenir la lumière de l'Allemagne méridionale, à ranger sous son autorité de nombreux vassaux dont elle polissait les mœurs, à ouvrir enfin ces écoles fameuses où le génie national fut nourri dans l'étude de l'antiquité, et d'où l'on verra sortir un jour, à la suite des théologiens et des chroniqueurs, les premiers poëtes populaires (1).

La fondation de Saint-Gall acheva de réduire le pays des Alemans en province chrétienne. Ces hommes farouches, qui ne croyaient qu'à leur épée, crurent à la puissance pacifique de la croix. Ils en mirent le signe sur leurs armes. Des fouilles récentes dans le pays de Vaud ont mis au jour des

---

(1) *Vita S. Galli, Sermo S. Galli*, apud Basnage, *Thesaurus*, t. I, p. 781.

sculptures barbares, et, parmi des ossements, des bracelets, des colliers, des fermoirs d'un grossier travail, mais chargés de symboles chrétiens. On y voit des croix, des hommes en prière, et sur une agrafe de baudrier un sujet souvent répété dans les peintures des catacombes : Daniel debout, les mains étendues entre deux lions. Une inscription en caractères latins nomme le guerrier qui porta ce riche ornement : NASUALDUS NANSA VIVAT : DEO UTERE FELIX DANIHIL (1).

Le christianisme devait trouver un accès plus difficile chez les Thuringiens, où la civilisation romaine ne lui avait pas frayé les voies, où la vieille religion du Nord était pour ainsi dire sur son terrain, retranchée derrière ses fleuves et ses bois sacrés. Dès le sixième siècle, la dernière héritière des rois de Thuringe, Radegonde, avait abjuré les erreurs de ses pères, et poussé le zèle jusqu'à ce point qu'en se rendant au pays des Francs elle brûla sur sa route un temple d'idoles. Mais la nation resta païenne ; et, lorsque Dagobert visita la Thuringe en 622, il y trouva toute la barbarie des mœurs antiques. Un noble du pays, nommé Odilon, qui avait dans son manoir un parent malade, ayant dû le quitter précipitamment pour suivre le roi, donna ordre, selon la coutume, de couper

Les Irlandais en Thuringe.

(1) Troyon, *Mémoires sur des bracelets et agrafes antiques trouvés dans le Pays de Vaux*, dans les Mémoires de la Société des antiquaires de Zurich. 1844, t. II. Hefele, *Geschichte*. Rettberg, t. II, p. 15.

la tête au mourant et de brûler son corps. La loi du Nord voulait en effet, et Odin l'avait ainsi ordonné, que les mourants fussent achevés à coups de lance : les portes de la Valhalla ne s'ouvraient qu'à ceux qui portaient la marque du fer. C'est seulement vers la fin du septième siècle qu'un évêque irlandais nommé Kilian, accompagné du prêtre Colman et du diacre Totnan, entreprit de porter la foi sur les bords du Mein, et pénétra jusqu'à Wurtzbourg. La légende ajoute que, le pays lui ayant plu, il se rendit à Rome, et sollicita du pape Conon la mission d'évangéliser les Thuringiens. Leur duc demanda le baptême ; mais, comme il avait pour épouse la femme de son frère, et que l'évêque exigeait la rupture de cette union incestueuse, la nouvelle Hérodiade fit assassiner le saint avec ses deux compagnons. On a contesté l'authenticité de cette tradition, qui n'a pourtant rien de suspect. Le paganisme, vaincu dans les esprits, se réfugiait dans les passions : c'était là qu'il devait faire une défense désespérée. Kilian paraissait à la cour de Thuringe, comme Colomban à celle d'Austrasie, pour commencer ce long combat de l'Église contre l'impudicité des grands, qui remplit tout le moyen âge, où l'on n'a vu que la rivalité de deux puissances, mais où il s'agissait de toute la société chrétienne, et de savoir qui resterait maître du monde, l'esprit ou la chair (1).

(1) *Vita Radegundis*, ap. *Act. SS. O. S. B.*, sæc. 2. *Vita Ar-*

S'il n'était pas réservé aux missions irlandaises d'achever la conversion de la Thuringe, elles trouvèrent chez les Bavarois une terre moins ingrate et mieux préparée. Cette puissante nation s'était établie dans la Rhétie et le Norique, aux mêmes lieux où nous avons vu l'invasion contenue par l'intrépidité de l'anachorète Severin. Libre sous des ducs de l'antique famille des Agilolf, ils avaient reconnu premièrement la souveraineté de Théodoric, roi d'Italie, plus tard celle des Francs austrasiens. Les villes du Danube, dernier asile de la civilisation chrétienne, commençaient à la répandre chez leurs nouveaux maîtres ; là foi s'y propageait déjà, mais combattue par l'hérésie, qui avait de vieilles racines dans le pays et un appui dans le voisinage des Goths et des Lombards, lorsque le roi Clotaire II et le clergé d'Austrasie chargèrent deux moines de Luxeuil, Eustasius et Agilus, de prêcher en Bavière. Leur parole ébranla les infidèles, ramena les ariens ; et les deux missionnaires ne quittèrent les bords du Danube qu'en y laissant des chrétientés florissantes, mais de peu de durée. En effet, quand l'évêque

Les missions de Bavière.

---

nulfi. Vita Kiliani, sæc. 2. Le biographe de S. Kilian le conduit à Rome pour y solliciter du pape la charge d'évangéliser les Bavarois. M. Rettberg (t. II, p. 305) n'admet pas ce voyage, parce qu'il ne s'accorde pas avec l'hostilité que cet écrivain suppose entre les missionnaires irlandais et l'Église romaine. Il nie, par le même motif, le voyage de S. Virgile, et ne s'occupe point de celui de S. Findan. Il oublie aussi le pèlerinage de S. Frigidien, de S. Cataldus et de S. Donatus, qu'on ne peut traiter comme des personnages apocryphes, puisqu'ils comptent parmi les évêques authentiques de trois villes d'Italie.

Emmeran, de Poitiers, vers la moitié du septième siècle, poussé par le désir d'évangéliser les païens, arriva à Ratisbonne, il trouva encore tous les vestiges de la grandeur romaine, une ville couverte de remparts, un palais, des églises, mais un peuple épris de superstitions et qui participait, le même jour, avec le même calice, au sang du Christ et aux libations des faux dieux. Les instances du duc des Bavarois le retinrent pendant trois ans, et le bienfait de sa prédication se faisait sentir dans toute la contrée, lorsqu'il mourut de mort violente. La tradition populaire entoura de circonstances merveilleuses le récit de son martyre; l'église de Ratisbonne recueillit ses restes, mais son œuvre interrompue ne devait s'achever qu'à la fin du siècle(1).

S. Rupert. C'est en 696, et la seconde année de Childebert III, que l'évêque Rupert de Worms, sollicité par un autre roi de Bavière, se rendit à Ratisbonne, baptisa le prince avec un grand nombre de ses nobles et de ses guerriers, et descendit le Danube jusqu'en Pannonie, pour annoncer la foi. Puis, revenant sur ses pas, il apprit qu'en s'avançant vers le midi, dans un pays de lacs et de montagnes, il trouverait les restes de l'antique cité de Juvava, où un petit nombre de serfs d'origine romaine dispu-

---

(1) Lex *Bajuvarior.*, 11, 20, 2. *Vita Eustasii. Vita Agili*, ap. Mabillon, *Acta SS. O. S. B.*, sæc. 2. *Vita S. Emmerani*, ap. Bolland., Sept. 6. Rudhart, *Ælteste Geschichte Bayerns*, p. 235, 245, 643. Eichhorn, *Deutsche Staats und Rechts Geschichte*, t. I, 92.

taient aux ronces et aux bêtes les ruines des habitations de leurs pères. Rupert visita ces lieux, il en aima la sauvage beauté ; et, ayant obtenu la concession du territoire, il y éleva une église et un cloître, rassembla les habitants dispersés, et fonda la ville nouvelle de Salzbourg. Ensuite, afin d'étendre et de perpétuer son apostolat, il retourna au pays des Francs et en amena deux colonies, l'une de moines, l'autre de femmes consacrées à Dieu. Car, dit la légende, comme il voyait le troupeau du Seigneur se perdre par les passions de la chair, il avait prié en disant : « Seigneur, si cette œuvre est bonne devant
« vos yeux, je me choisirai quelques personnes
« propres à votre service et à votre culte, et par les-
« quelles je puisse attirer, non-seulement les fem-
« mes, mais aussi les hommes, à l'exercice d'une
« sainte vie. » On reconnaît ici la tradition de Luxeuil, et cette pensée hardie des missionnaires d'Irlande, de dompter l'incontinence des mœurs par le spectacle de la virginité. Rupert bâtit donc un monastère, à la tête duquel il plaça une vierge appelée Ehrentrud, issue, comme lui, du sang royal des Mérovingiens. Les filles des Bavarois apprirent à servir Dieu, à porter dans leurs maisons la pureté, la douceur, la charité, la politesse des sociétés chrétiennes. La légende de saint Rupert s'achève par un récit qui rappelle les derniers entretiens de saint Augustin et de sainte Monique. Il arriva qu'un jour Rupert eut révélation

de sa mort prochaine ; et, allant trouver Ehrentrud, sa parente : « Ma sœur, lui dit-il, j'ai voulu vous « parler en secret. Voici que Dieu vient de m'avertir « de mon passage, et maintenant je vous demande, « ma sœur, de prier pour mon âme. » La vierge fondit en larmes et répondit : « Seigneur, s'il en est « comme vous le dites, il me vaut mieux mourir « avant vous. » L'évêque lui répondit : « Gardez-vous, « ma sœur bien-aimée, de désirer votre départ de « ce monde avant le temps ; car c'est un grand pé- « ché. » Alors Ehrentrud se jeta aux pieds de l'évêque : « Mon seigneur et mon père, dit-elle, sou- « venez-vous que vous m'avez fait sortir de ma « patrie, et que vous me laissez maintenant « seule et orpheline. Je ne vous demande qu'une « chose : c'est que si je ne puis m'en aller avant « vous, j'obtienne, par votre intercession, de vous « suivre de près. » Rupert le lui promit ; et, après s'être longtemps entretenus de la vie éternelle, ils se firent les derniers adieux avec beaucoup de douleur. Le jour de la Résurrection, après que Rupert eut célébré et béni le peuple, il se prosterna en oraison, et mourut. Quelque temps après, comme Ehrentrud avait beaucoup prié pour le repos de l'âme de son parent, elle entendit durant la nuit une voix qui l'appelait, et, étant tombée malade, elle passa au Seigneur (1).

(1) Mabillon, *Acta SS. O. S. B.*, sæc. 3. *Vita S. Ruperti*. Le biographe de S. Rupert ne donne pas d'autre date de son récit que

Ces mœurs chrétiennes, qu'on trouve admirables dans les Pères du cinquième siècle, au milieu de tout l'éclat des villes grecques et latines, ont de quoi toucher davantage chez des Francs, chez des barbares exilés au milieu d'un peuple plus barbare qu'eux, sous ce ciel du Nord, qui n'amollissait pas les cœurs. La prédication de saint Rupert avait fixé les volontés chancelantes. En 716, leur duc Théodo II voulut visiter les saints lieux de Rome; et le pape Grégoire II, touché de cet hommage, envoya en Bavière trois délégués, chargés de compléter l'organisation ecclésiastique du pays. Vers le même temps, un religieux gallo-romain, nommé Corbinien, ayant reçu la consécration épiscopale du même Grégoire II, fondait l'église de Frisingen. Mais le prosélytisme irlandais, qui avait commencé la conversion de ce peuple, y devait mettre la dernière main et ajouter le lustre de la science à celui de la foi. Vers le milieu du huitième siècle, trois pèlerins d'Irlande paraissent chez les Bavarois : l'ermite Alto, dont la cellule fut le berceau de l'abbaye d'Altenmunster, au diocèse de Freisingen ; l'évêque Dobda, surnommé le Grec, probablement à cause de son profond savoir dans cette langue; et le moine Virgile, destiné au siège de Salzbourg.

S. Virgile de Salzbourg.

le règne de Childebert, sans indiquer lequel il désigne des trois rois de ce nom. De là trois opinions qui se partagent entre les années 512, 576 et 696. La dernière est celle de Mabillon, que nous trouvons confirmée par une savante discussion de Rettberg, *Kirchengeschichte*, t. II, p. 193. Voyez aussi Rudhart, p. 250 et 653.

Virgile évangélisa les peuples de la Carinthie, et bâtit à Salzbourg la basilique de Saint-Rupert, qui fit l'admiration des contemporains. Mais ce qui a touché surtout les modernes, c'est que cet homme hardi, ayant conjecturé et soutenu l'existence des antipodes, fut dénoncé au saint-siège et condamné, dit-on, comme hérétique par le pape Zacharie. Il n'est pas de fait plus souvent allégué ; il n'en est pas de plus fabuleux. En parcourant la correspondance de saint Boniface, on voit en effet que ce grand missionnaire, qui nous occupera bientôt, gêné dans ses desseins par les résistances de Virgile, nourrissait contre lui une de ces préventions injustes dont les saints ne sont pas exempts. Il l'accuse donc, auprès du souverain pontife Zacharie, de plusieurs fautes, et particulièrement d'avoir professé qu'il y a sous la terre un autre monde, une autre race d'hommes, par conséquent des âmes qui n'ont participé ni au péché d'Adam, ni au sacrifice du Christ. Le pontife s'émeut d'une doctrine attentatoire à l'unité de la race humaine, aux dogmes de la chute et de la rédemption. Il ordonne l'enquête, et, si la faute est prouvée, la déposition du coupable par le concile provincial. La correspondance de saint Boniface n'apprend rien de plus. Mais on trouve l'accusé élevé, peu après, à l'archevêché de Salzbourg, et canonisé en 1233 par le pape Grégoire IX. Il est permis de conclure que l'enquête tourna à sa décharge, et que Virgile avait concilié le dogme catholique avec la conjecture des antipodes, proposée par plusieurs anciens. On ne s'étonne pas de la voir accueillie de bonne heure dans les écoles irlandaises, quand les navigateurs de cette nation poussaient déjà leurs courses jusqu'en Islande ; quand ses cloîtres n'avaient pas de légende plus populaire que celle de saint Brendan, qui avait trouvé le paradis terrestre dans une île lointaine de l'Occident, et qui mettait ainsi les imaginations sur le chemin du nouveau monde (1).

Voici ce que le christianisme avait obtenu de la Germanie à la fin du septième siècle. Trois peuples s'étaient rendus : les Francs, les Alemans et les Bavarois. La religion, maîtresse des hommes, commençait à s'emparer des institutions. Ce fut alors qu'on rédigea les coutumes nationales. En s'écrivant, elles se fixaient, elles se mettaient peu à peu en lumière et en ordre. Traduites par des hommes lettrés dans la langue latine, si bien faite pour les

Progrès du christianisme chez les Germains au septième siècle.

---

(1) Sur le voyage du duc Théodo, Anastase bibliothécaire, ap. Muratori, *Script. rer. Italic.*, t. III, 1, 154. Paul Diacon., *de Gestis Longob.*, VI, 44. — Sur la mission envoyée par Grégoire II, Hartzheim, *Concil. German.*, I, p. 35. *Vita S. Corbiniani*, ap. Mabillon, *Acta SS. O. S. B.*, sæc. 3.

Mabillon, *Annales*, II, p. 113. Canisius, *Lectiones antiquæ*, 111, 2. Bonifacii *Epistolæ*, edit. Wurdtwein, ep. 82, p. 238. La croyance aux antipodes est indiquée et combattue par Lactance, *Institut. divin.*, III, 24, et S. Augustin., *de Civit. Dei*, XVI, 9, et *Hæres.* 7 D'Alembert (*Discours préliminaire de l'Encyclopédie*) rapproche la prétendue condamnation de Virgile et celle de Galilée. Rettberg, p. 233 et suivantes, établit parfaitement l'identité de Virgile accusé d'avoir cru aux antipodes et de celui qui fut archevêque de Salzbourg. Voyez aussi Moore, *Hist. of Ireland*, chap. XIII.

besoins de la jurisprudence, elle prenait lentement la forme et l'esprit des législations savantes. On voit ce progrès dans un des prologues de la loi salique, dont on peut contester la date, mais où il faut au moins reconnaître la trace d'une tradition nationale : « Au temps où Thierri, roi des Francs, était
« à Châlons, il choisit dans son royaume des hom-
« mes sages, instruits des anciennes lois, et leur
« ordonna d'écrire sous sa dictée le droit des Francs
« (Ripuaires), des Alemans, des Bavarois et de toutes
« les nations qui étaient sous sa puissance, selon la
« coutume de chacune d'elles. Il ajouta ce qu'il
« fallait ajouter, retrancha ce qui était mal à propos;
« et ce qui était selon l'ancienne coutume païenne,
« il le changea selon la loi des chrétiens. Et tout
« ce que le roi Thierri ne put amender, à cause de
« la coutume enracinée des païens, fut corrigé
« après lui, d'abord par le roi Childebert, par le roi
« Clotaire ensuite. Le très-glorieux Dagobert renou-
« vela ces lois par le ministère des hommes illus-
« tres, Claudius, Chadoin, Magnus et Agilulf; les
« rendit meilleures et les donna par écrit à chaque
« nation. Or, les lois sont faites afin que leur pour-
« suite ne laisse pas de repos à la malice humaine;
« afin que l'innocence soit en sécurité parmi les
« méchants, que les méchants redoutent les suppli-
« ces et qu'ils mettent un frein à la passion de mal
faire. » Parcourez en effet les codes des trois peuples : le fond païen s'y fait toujours sentir, mais vous

y voyez s'introduire et se développer les principes bienfaisants du droit naturel, du droit canonique, du droit romain. Je ne me propose point ici l'étude comparée de ces coutumes, je me restreins à trois points de législation ecclésiastique qui leur sont communs, où l'Église saisit pour ainsi dire la barbarie par des mesures qui vont la dompter (1).

On trouve d'abord les biens du clergé placés sous la protection de la loi : les lois confirment et renouvellent les pieuses libéralités des empereurs; les donations des fidèles sont consacrées par un acte authentique déposé sur l'autel en présence de six témoins. Le rapt d'une chose appartenant au prêtre est puni d'une somme triple de celle qu'aurait encourue le même crime commis contre un séculier. Ainsi, dans un temps de conquête, au moment où la possession violemment acquise se conservait par la violence, où chaque manoir était un camp;

<small>Les lois barbares.</small>

(1) *Prologus ad legem salicam.* Eichhorn (*Deutsche Staats und Rechts Geschichte*, 1) pense que les lois alémanniques et bavaroises ne purent être rédigées sous Thierri Ier, fils de Clovis, mort en 534, l'Alémannie et la Bavière n'étant tombées sous la puissance des Francs que par le traité conclu avec les Ostrogoths d'Italie en 536. Mais les termes de ce traité, qui n'est connu que par le récit d'Agathias, écrivain éloigné des lieux, et plus habitué aux formes diplomatiques de la cour byzantine qu'aux relations tumultueuses des barbares, ne semblent pas assez prouvés pour infirmer un témoignage national. Cf. Guizot, *Leçons sur l'histoire de la civilisation en France*, t. I; Savigny, *Histoire du droit romain*, t. II; *Lex Ripuar.*, t. XI, 4; XVIII, 5; LX, 22, sqq. La loi des Alemans, promulguée en présence de trente-trois évêques, s'ouvre par vingt-trois articles du droit canonique. La loi bavaroise, en matière de prohibition de mariage, de secondes noces, de vente, de dépôt, de lèse-majesté, etc., conserve toujours l'esprit et quelquefois la lettre des lois romaines.

lorsque les guerres privées livraient toutes les fortunes aux chances incertaines de la victoire, les codes barbares reconnaissaient un domaine d'origine pacifique, pacifiquement conservé, immuable entre des mains faibles, sous la garde du droit. Ce sont les garanties qui caractérisent la propriété chez les peuples modernes (1).

En second lieu, il faut remarquer les dispositions qui assurent l'inviolabilité des personnes ecclésiastiques. On sait que l'homicide et la mutilation étaient soumis à une peine pécuniaire qui allait en s'élevant, selon le rang de l'offensé. La composition, fixée à trente-six pièces de monnaie pour le meurtre d'un esclave, à cent pour le meurtre d'un Romain, à deux cents pour celui d'un homme libre, monte à quatre cents quand il s'agit d'un diacre, à six cents pour un prêtre. Si quelqu'un a tué l'évêque établi par le roi ou élu par le peuple, il rachètera sa vie comme il suit : on fera une tunique de plomb de la taille du mort, et le meurtrier donnera autant d'or qu'elle en pèsera. La peine pécuniaire ainsi réglée n'établissait point une compensation sacrilége entre l'or et le sang : on l'offrait à la famille du mort comme une transaction qui éteignait le droit de représailles. Le coupable pouvait refuser la somme, la famille ne point s'en tenir satisfaite, l'un et l'autre s'en remettre au sort des armes. Mais,

(1) *Lex Bajuvariorum*, tit. II, 1, sqq.; *Lex Alamann.*, t. 1; *Ripuar.*, t. VI, 4.

en offrant, en acceptant la rançon, les parties renonçaient au combat, rentraient sous l'empire de la loi, qui s'emparait du litige et tarifait l'indemnité. Or, de ces deux sortes de réparation, l'Église ne pouvait réclamer que la seconde. Le meurtrier avait affaire, non plus à une parenté peu nombreuse qu'il pouvait défier à la guerre, mais à une société toute-puissante qui lui faisait subir l'humiliation forcée du châtiment. En protégeant donc, par une composition double, triple, quadruple, la vie de l'homme d'église, c'est-à-dire de l'homme sans épée, on remplaçait la crainte par le respect ; on faisait reposer sur ce principe nouveau la sécurité des personnes. Au lieu de la défense individuelle, ressource de l'état barbare, on instituait une police meilleure, qui devait armer la loi seule au milieu des citoyens volontairement désarmés(1).

Enfin le droit d'asile, qu'on a beaucoup décrié et peu compris, complétait le bienfait de cette législation. L'asile sauvait le coupable, non de la justice, mais de la vengeance. Au moment où il

---

(1) *Lex Ripuar.*, XXXVIII, 6, sqq. Aux termes de la loi ripuaire, la valeur de la pièce de monnaie appelée *solidus* est de deux bœufs. L'amende de 50 *solides* était donc d'une valeur de cent bœufs ; d'où il suit que la vie de l'esclave n'avait pas été mise à si vil prix qu'on a coutume de le penser.

Lex Bajuvar., 11. « Si quis episcopum, quem constituit rex vel populus elegit sibi pontificem, occiderit, solvat eum plebi vel regi, aut parentibus, secundum hoc editum : Fiat tunica plumbea secundum statum ejus ; et quod ipsa pensaverit, auri tantum donet qui eum occidit. »

avait touché le parvis sacré, les offensés ne pouvaient plus tirer le fer contre lui ; ils le laissaient à la garde du prêtre, qui en demeurait responsable. La composition pécuniaire devenait alors obligatoire ; elle expiait l'offense, compensait les représailles et rétablissait la paix. C'était un effet de cette bienfaisante doctrine, que « l'Église abhorre le sang. » Tandis que la puissance laïque, dans ses timides tentatives, offrait l'option entre la voie des armes et celle des tribunaux, l'intervention du pouvoir religieux arrachait la cause aux hasards du combat, et changeait la guerre en procès. L'enceinte du sanctuaire était le terrain du régime légal : c'était de là que ce régime devait s'étendre, couvrir successivement le reste du sol et constituer la société civile par toute l'Europe. Ainsi, en ce qui concerne les biens, les personnes, les voies judiciaires, sur tous ces points, qui sont les fondements du droit, l'Église semblait stipuler pour ses intérêts seulement : il se trouva qu'elle avait fait les affaires de la civilisation (1).

Quelles causes bornèrent le prosélytisme des Irlandais.

Nous avons reconnu quelle fut la part des Irlandais dans ce grand ouvrage ; comment leurs missions donnèrent à l'épiscopat compromis le secours du monachisme régénéré, et disciplinèrent, pour les mêmes combats, le zèle impétueux des Francs, et le prosélytisme savant, éloquent,

---

(1) *Lex Alamannorum*, 3. *Bajuvariorum*, 7. Pardessus, *Dissertations sur la loi salique.*

mesuré, des Gallo-Romains. Toutefois ces missionnaires, admirables dans la Gaule orientale, l'Alémannie et la Bavière, où ils trouvent à régénérer un vieux fonds de population celtique comme eux, à remplir la vocation particulière de leur race, à s'interposer entre les conquérants germains et les restes de la société romaine, semblent devenir impuissants dans les contrées toutes germaniques, dans la Thuringe, par exemple, où le fonds celtique et romain leur manque. Ils y mourront martyrs comme saint Kilian ; mais d'autres moissonneront ce que leur sang aura semé. Il se peut que les moines irlandais aient donné trop de place dans leurs règles aux traditions de l'Orient ; qu'en Irlande même, ils aient mieux réussi à sauver la civilisation derrière les murs de leurs couvents qu'à la répandre en dehors, qu'à mettre la paix entre les vingt-cinq rois et les clans ennemis qui se disputaient la souveraineté de l'île. On peut croire que leurs missionnaires ne renoncèrent pas assez aux contemplations des anachorètes, et qu'emportant pour ainsi dire avec eux la Thébaïde, ses austérités et ses extases, ils manquèrent, non pas de zèle pour le salut des barbares, mais de flexibilité pour se plier à leurs mœurs, et de condescendance pour leurs faiblesses. Mais c'est surtout le génie de leur nation qui ne les quitte pas, qui les soutient et les inspire tant qu'ils sont, pour ainsi dire, sur leur terrain, et qui semble les abandonner lorsqu'ils demeurent isolés parmi des peuples qui tiennent l'étranger pour ennemi. Voilà pourquoi leur apostolat eut à peu près les limites de la population gauloise et de la domination franque ; et si par eux le christianisme avait achevé de gagner des nations, on ne voit pas qu'il eût étendu son territoire.

En dénombrant les évêchés fondés à cette époque sur le territoire des Germains, on en trouve vingt : cinq au midi, chez les Bavarois, Salsbourg, Ratisbonne, Freisingen, Passau, Seven ; cinq au centre, dans la contrée habitée par les Alemans, Augsbourg, Coire, Constance, Bâle, Strasbourg ; dix au nord, chez les Francs orientaux, Mayence, Spire, Worms, Trèves, Metz, Toul et Verdun ; Cologne, Maëstricht, Cambrai. Maintenant, si l'on considère de plus près les situations géographiques, on reconnaîtra dans ces villes épiscopales les cités des huit provinces romaines, les deux Noriques, les deux Rhéties, la Grande Séquanaise, les deux Germanies et la première Belgique (1). C'était la frontière du Rhin et du Danube, telle que la politique d'Auguste la traça, celle qu'Adrien couvrit d'une ligne de fortifications. L'Évangile, au septième siècle, n'avait donc fait que reprendre un terrain perdu : il avait mis tout

---

(1) Pour l'énumération des évêchés d'Allemagne, Binterim, *Pragmatische Geschichte der Deutschen Concilien*, I, p. 282 et suiv. Rettberg, *Kirchengeschichte*. Je ne compte point Utrecht, dont l'évêché, fondé par S. Willibrord, appartient aux missions anglo-saxonnes, et j'ai dû omettre Sion, Lausanne et Genève, comme les autres églises des pays de langue romane.

ce temps à retrouver les limites que ses premières prédications atteignaient déjà, à reprendre les villes dont les Césars avaient bâti les basiliques, dont les évêques siégeaient aux conciles d'Arles, de Sardique et d'Aquilée. Tant de fatigues n'aboutissaient qu'à réparer l'œuvre détruite de la civilisation romaine. Il fallait maintenant la poursuivre, s'établir dans la Grande Germanie, où Drusus, Marc-Aurèle, Probus, avaient pénétré sans y laisser rien de durable, et que le sénat n'osa jamais réduire en province. Cet effort devenait nécessaire pour la sécurité même de la société chrétienne. Le voisinage des païens était en même temps un scandale, une tentation et une menace de guerre. Il fallait passer la frontière des Romains ou céder comme eux : car c'est le sort des conquêtes, de ne pouvoir s'arrêter sans que, tôt ou tard, elles reculent. Le christianisme sembla donc rassembler ses forces. A la prédication des Irlandais succéda celle d'un peuple pour qui la Germanie ne devait plus être une terre étrangère. Au concours de l'épiscopat et du monachisme s'ajouta une intervention plus active de la papauté, et un grand homme se rencontra pour être le lien de tant de puissances et l'instrument libre de leur dessein.

CHAPITRE V

LES ANGLO-SAXONS. — SAINT BONIFACE.

<small>Ce qu'avaient fait les papes pour les Germains.</small>

On a souvent répété que les Églises germaniques se suffirent à elles-mêmes, jusqu'à ce que la papauté, étrangère à leurs premiers travaux, en vînt recueillir les fruits, et s'occupât d'elles pour en tirer des hommages et des levées d'argent. Il semble cependant que des missions ouvertes sur tant de points, et par des hommes de tout pays, se fussent mal soutenues, sans une autorité qui mît des esprits si différents au service d'une seule pensée. Au contraire, les prêtres francs, irlandais, gaulois, parlant tous la langue latine, traités comme Romains par les lois barbares, formaient un peuple uni, qui reconnaissait pour premier magistrat le pontife de Rome. A leurs yeux, cette cité désarmée n'avait pas cessé d'être l'arbitre du monde. Le concours de toutes les nations, les conciles, les écoles, y entretenaient un mouvement d'idées et d'affaires qui attirait les hommes du Nord. Dès le commencement du sixième siècle, et quand Rome avait perdu le prestige de la majesté impériale, on ne cesse de voir les évêques et les moines passant les Alpes pour satisfaire leur piété en même temps que pour régler leurs intérêts. Gildas déplore déjà l'orgueil des prélats bretons, qui revenaient d'Italie chargés de brefs et de priviléges, l'œil hautain, dit-il, et le regard au niveau des montagnes (1). Saint Colomban, inquiété par le clergé gaulois dans l'observation des coutumes irlandaises, en référait au jugement du souverain pontife. C'est au tombeau de Saint-Pierre que saint Amand de Maëstricht, saint Kilian de Würtzbourg, saint Corbinien de Freisingen, reçurent leur mission. Les fondateurs d'églises, les colonies chrétiennes troublées par la crainte des infidèles, par l'indiscipline du clergé et l'ignorance des néophytes, se tournaient vers le saint-siége et lui demandaient des pouvoirs et des lumières.

Les papes n'étaient pas demeurés indifférents à tant de sollicitations. Dans le désordre des invasions, et parmi les nations destinées à la ruine et au partage de l'empire romain, leur sagacité avait su démêler la mission du petit peuple franc; et nous avons vu en quels termes le pape Anastase félicita Clovis, l'exhortant à devenir « la couronne de la papauté, et la colonne de fer qui soutiendrait l'Église. » Depuis ce jour, les pontifes romains savent où ils trouveront l'appui qui commence à leur

---

(1) Gildas, édition de Stevenson, 1838, p. 75.

manquer du côté de l'Orient. En 515, Hormisdas écrit à saint Avitus et à saint Césaire d'Arles, pour déplorer avec eux la résistance des Grecs au concile de Chalcédoine. En 552, quand le pape Vigile, retenu depuis six ans à Constantinople, s'y débat contre les artifices de la cour et les violences des sectaires, le clergé d'Italie a recours aux ambassadeurs envoyés à l'empereur par le roi des Francs; et c'est à une époque si reculée qu'il faut chercher la première intervention de la France pour la liberté du saint-siége. Pélage succède à Vigile; il écrit en 557 à Childebert pour l'assurer de son inébranlable fermeté dans la foi de Chalcédoine; et le pape ne dédaigne point de justifier sa doctrine, non plus devant les évêques, mais devant le roi de ces barbares, chrétiens d'hier. Ainsi commençaient à se former des liens qui devaient se serrer plus étroitement que jamais sous la main de saint Grégoire le Grand (1).

S. Grégoire le Grand.

Le grand missionnaire des nations germaniques, celui qui, sans sortir de Rome, eut la main sur tout le Nord, fixa les faibles dans la foi, y fit entrer les récalcitrants, et, se survivant par la sagesse de ses desseins, conserva pendant plusieurs siècles la conduite de la conquête chrétienne, ce fut saint

(1) Ep. Anastasii pp., ad. d. Bouquet, IV, 50 : « Et sis corona nostra, gaudeatque mater Ecclesia de tanti regis quem nuper Deo peperit profectu. Lætifica ergo, gloriose et illustris fili, matrem tuam et esto illi in columnam ferream. » — Sirmond, *Concilia Gall.*. t. I, p. 275, 287, 575, etc.

Grégoire. Cet homme, de famille sénatoriale, d'une éducation délicate, d'une âme si scrupuleuse, que les soins temporels de la papauté le désolaient, d'une santé si déplorable que durant plusieurs années il ne se leva qu'aux jours de fête pour célébrer les offices solennels, devait pourtant remuer toute la chrétienté, l'agrandir, et lui donner la forme que le moyen âge garda. Il voyait l'Orient travaillé par l'orgueil du schisme et par tous les vices de la décadence, l'Occident au pouvoir du paganisme et de l'hérésie : aux portes de Rome, en Italie et en Espagne, les Goths et les Lombards persévéraient dans l'erreur d'Arius ; les Saxons païens étaient maîtres de la Bretagne ; et, en Gaule, les Francs de Brunehaut et de Frédégonde ne valaient pas mieux que les infidèles. En présence de ces périls, et quand les plus fermes esprits croyaient toucher à la fin des temps, saint Grégoire avait eu le courage de renoncer au dangereux appui des empereurs byzantins, et de mettre toutes les espérances de la civilisation chrétienne dans les barbares. Comme ses prédécesseurs, mais d'une vue plus assurée, il reconnaissait le dessein de Dieu sur la race des Francs, et il écrivait à Childebert : « Au« tant la dignité royale est au-dessus de toutes les
« conditions humaines, autant votre royauté l'em« porte sur les autres royautés des nations. Car,
« ainsi qu'une grande lampe brille de tout l'éclat
« de sa lumière dans l'obscurité d'une profonde

« nuit, de même la splendeur de votre foi rayonne
« au milieu des ténèbres volontaires où vivent vos
« voisins. » Toute sa correspondance témoigne de
ses préférences et de ses sollicitudes pour ce peuple, dont il ne se dissimule pas les vices. On y
trouve deux lettres à Childebert II, une à Clotaire,
dix à Brunehaut, six à Théodebert et à Thierri,
plusieurs aux évêques des Gaules, toutes pour hâter
la correction des mœurs, pour réprimer les progrès de la simonie, pour déraciner l'opiniâtreté des
pratiques idolâtriques. En même temps qu'il rétablissait la discipline chez les catholiques, il ramenait l'orthodoxie chez les ariens : ses conseils
éclairaient le zèle de la reine Théodelinde, qui commença la conversion des Lombards ; ses encouragements affermissaient dans la foi le roi Reccared,
qui venait de décréter à Tolède le retour des Visigoths d'Espagne à l'unité de l'Église. Mais une
inspiration plus hardie avait tourné toutes les pensées de Grégoire le Grand vers un peuple moins
voisin de Rome et plus éloigné de la vérité (1).

Saint Grégoire entreprend la conversion des Anglo-Saxons. Plusieurs années avant son pontificat, et quand
il vivait sous la règle de saint Benoît, dans son palais du mont Aventin changé en monastère, un jour
qu'il passait sur le forum, il y vit en vente de jeunes esclaves étrangers, dont il admira le beau vi-

---

(1) S. Gregorii *Epistol.*, lib. V, epist. 5, 6, 10 ; VII, 5 : IX, 53,
54, 55, 56, 57, 64, etc. *Lettre à Théodelinde*, III, 33. Reccared,
VII, 127.

sage, le teint pur et les blonds cheveux. Et comme il s'informait de leur religion et de leur patrie, le marchand répondit que ces enfants étaient païens, et qu'ils appartenaient à la nation des Angles, en Grande-Bretagne. « Quel malheur, s'écria le servi-
« teur de Dieu, que la grâce n'habite pas encore
« sous de si beaux fronts! Car, ajouta-t-il, ces
« Angles sont des anges; et tels doivent être les
« frères des anges dans le ciel. » Devenu pape, Grégoire se souvint des barbares aux visages d'anges; et, par ses ordres, le moine Augustin, accompagné de quarante religieux, passa en Grande-Bretagne (1).

Le christianisme n'avait pas d'ennemis plus redoutés que les Anglo-Saxons. Depuis cent quarante ans qu'ils occupaient la Bretagne, le temps n'avait pas éteint la première fureur de la conquête; et telle était l'oppression où vivait le petit nombre de chrétiens bretons qui habitaient encore les villes romaines, qu'en 586 Théon, évêque de Londres, et Thadioc, évêque d'York, abandonnèrent leurs églises, et se réfugièrent avec les corps des saints dans les montagnes du pays de Galles. Jamais cependant le salut de l'Angleterre n'avait été plus proche. Dix ans après, quarante étrangers débarquaient dans l'île de Thanet, portant une croix d'argent avec une image peinte du Sauveur, chantant des litanies, et

---

(1) Johanes diaconus, *de Vita S. Gregorii Magni*, lib. II, cap. II.

annonçant qu'ils venaient de Rome, chargés des promesses de la vie éternelle. Le roi Éthelbert de Kent les reçut en plein air, pour éviter les sortiléges que ces prêtres d'un autre dieu auraient pu lui jeter, les écouta avec attention, et leur permit de prêcher à son peuple. Quelque temps après, le roi, touché de leur sainte vie, décidé d'ailleurs par la reine Berthe, chrétienne et fille du roi des Francs, se rendit, et demanda le baptême. Le jour de Noël de l'année 597, Augustin, sacré archevêque de Cantorbéry, baptisa dix mille infidèles. Il parcourut ensuite tout le pays, régénérant les païens dans l'eau des rivières, laissant des prêtres aux peuples convertis; et saint Grégoire le Grand, à la nouvelle de ce succès, put s'écrier : « Voici que la langue des « Bretons, qui n'avait que des frémissements bar-« bares, fait retentir les louanges du Seigneur, et « répète l'Alleluia des Hébreux. Voici que l'Océan « avec ses orages se courbe sous les pieds des saints, « et la parole du prêtre enchaîne les flots que l'épée « des empereurs n'avait pu dompter (1). »

Saint Augustin de Cantorbéry et les Bretons. Mais si les flots obéissaient, et si les rois barbares se laissaient fléchir, les missionnaires de Rome trouvèrent une résistance inattendue chez le clergé breton, refoulé par la conquête dans le pays de

---

(1) Bède, *Historia ecclesiastica*, I, 23 sqq. Johannes diaconus, l. II, 3, sqq. S. Gregor., *In Job* : « Ecce lingua Britanniæ, quæ nihil aliud noverat quam barbarum frendere, jamdudum in divinis laudibus hebræum cœpit Alleluia resonare. Ecce quondam tumidus plane substratus sanctorum pedibus servit Oceanus, » etc.

Galles. Des historiens d'une autorité considérable ont donné à la querelle d'Augustin et des Bretons l'éclat d'une grande controverse théologique. Ils représentent, d'une part, l'ancienne Église celtique, indépendante dans le dogme comme dans la discipline, professant avec le Breton Pélage un christianisme plus pur, rejetant le péché originel et la damnation; d'un autre côté, les prêtres romains moins occupés de prêcher la foi que d'étouffer une Église rivale. Quand Augustin convoque les députés des Gallois, et leur propose de reconnaître sa mission, on leur prête cette énergique réponse : « Qu'ils « ne devaient aucune obéissance à celui qui se fai- « sait appeler le pape et le père des pères. » On ajoute enfin que l'implacable étranger se vengea de leur refus en déchaînant contre eux le roi des Northumbres, qui tailla les Bretons en pièces à Caerléon, et noya l'Église galloise dans le sang de douze cents moines (1).

Toutefois, l'hypothèse d'une Église nationale des Celtes, sans liens avec le reste de l'occident, ne se soutient pas mieux en Bretagne qu'en Irlande. Le clergé breton avait siégé aux conciles d'Arles et de Sardique; il repoussait avec horreur les doctrines pélagiennes, condamnées au synode national de Vérulam. Gildas nous a montré les évêques de son pays

Si les Bretons méconnaissaient la suprématie de Rome.

(1) Hughes, *Horæ Britannicæ*, p. 264. Rettberg, t. I, p. 317. Augustin Thierry, *Conquête de l'Angleterre par les Normands*, t. I. M. Mignet, dans son excellent mémoire sur la conversion de la Germanie, a su éviter cette erreur.

sur le chemin de Rome, et les poétiques légendes des monastères gallois y font voir toutes les observances et toutes les croyances des peuples catholiques. La papauté se tenait si sûre de la foi des Bretons, que les instructions d'Augustin lui soumettaient, en sa qualité d'archevêque métropolitain, non-seulement les évêques qu'il instituerait, mais ceux qu'il trouverait en Bretagne. Les envoyés de Rome avaient dû compter là, comme ailleurs, sur le concours des vaincus pour civiliser les conquérants des vieux chrétiens, pour évangéliser les infidèles. Leur correspondance atteste la vénération qu'ils portaient d'avance à cette Église galloise, dont ils avaient entendu vanter la fidélité, dont les sept évêchés, les vingt-cinq abbayes, habitées, disait-on, par des peuples de saints, leur promettaient une armée de missionnaires (1).

(1) Varin, *de la Répugnance des Bretons à reconnaître la suprématie de Rome*. C'est un chapitre détaché des savantes études que M. Varin a communiquées à l'Académie des inscriptions, et dont la publication promet de jeter un jour nouveau sur les origines des Églises britanniques. — La lettre des trois compagnons d'Augustin sur les dispositions du clergé breton est rapportée dans Labbe, *Concil.*, edit. Venet., t. VI, et dans Userius, *de Primordiis*, etc., p. 486. Sur les croyances, et les pratiques de l'Église bretonne, le témoignage de Gildas est si formel, que M. Wright (*Biographia Britannica*, t. I) a cru devoir le décliner en niant l'existence de Gildas, et en regardant ses ouvrages comme l'œuvre de quelque moine anglo-saxon du septième siècle. Mais toute la saine critique est contraire à l'opinion de Wright, et le savant Lappenberg (*Geschichte der Angelsachsen*, XXXIII, 135) ne la partage pas. — Williams, *Ecclesiastical antiquites of the Cymry*, p. 127. Un poëme du barde Tyssilio, publié dans l'Archéologie de Myvyr, t. I, p. 162, prouve que les veilles sacrées, le chant des heures canoniales, la

Quand donc Augustin, avec une poignée de moines italiens, se trouva en présence de l'Angleterre païenne, il invita fraternellement les évêques et les docteurs des Bretons à s'entendre avec lui, afin de travailler ensemble à la conversion des gentils. Le vénérable Bède, historien de cette entrevue, atteste que les dissidences, loin de toucher au dogme ni au fond même de la discipline, se réduisirent à trois points : les cérémonies accessoires du baptême, la célébration de la fête de Pâques, et la prédication de l'Évangile aux barbares. Mais les Bretons refusèrent de recevoir Augustin pour archevêque, et ils en donnèrent cette raison, qu'il ne s'était point levé à leur entrée : « Or, disaient-ils,

confession, la pénitence, la fréquentation de la sainte eucharistie, entraient dans les coutumes et dans les règles des monastères bretons. Que la liturgie y fût célébrée en langue latine, c'est ce qui résulte du grand nombre de mots latins empruntés à la langue de l'Église, qu'on trouve dans les poëmes du barde Thaliesin. Je dois à l'obligeance et au savoir de M. de la Villemarqué la communication de plusieurs fragments de ce poëte, où je remarque, au milieu des souvenirs du druidisme, ces invocations chrétiennes : *Gloria in excelsis, Laudatum laudate Jesum, Miserere mei, Deus!* Voyez enfin le *Liber Landavensis*, recueil des légendes des saints gallois du cinquième et du sixième siècle, pages 65, 75 et suivantes, et *Regula S. Davidis, apud Bolland., Acta SS. Martii*, 1.

La dissidence capitale, qui portait sur la célébration de la fête de Pâques, venait précisément de l'attachement des Bretons à l'ancien usage romain. Rome elle-même leur avait appris à célébrer les solennités pascales à l'époque fixée par le concile de Nicée, et qu'elle observa jusqu'au temps de saint Léon le Grand. Alors seulement l'Occident adopta le cycle alexandrin de 19 ans. Mais l'invasion avait rompu toutes les relations avec la Bretagne ; et, quand Augustin y porta un comput ecclésiastique plus exact, on comprend que cette nouveauté fut repoussée, comme une dérogation aux premières traditions romaines.

« s'il nous méprise dès à présent, que sera-ce quand
« nous lui serons soumis? » Cependant Augustin
les pressait de se joindre aux siens pour annoncer
la foi aux Saxons, leur prédisant que, s'ils refusaient d'éclairer cette nation, elle les en punirait
un jour par les armes. Plus tard, en effet, Édelfrid,
roi des Northumbres, fit un grand carnage des Gallois et de leurs moines. Mais il y avait déjà longtemps
que le bienheureux Augustin avait passé à une
meilleure vie. C'est le récit de Bède : l'allocution
antipapale qu'on attribue aux députés du clergé
breton est produite pour la première fois au dix-septième siècle par le protestant Spelman, sur la
foi d'un manuscrit gallois sans date et sans auteur
connu. Une autre chronique galloise du dixième
siècle, postérieure de quatre cents ans, accuse des
massacres de Caerléon l'envoyé de Rome, oubliant
qu'il avait cessé de vivre, et qu'un roi païen, sourd
à la prédication des missionnaires, n'était pas l'exécuteur naturel de leurs vengeances. Ce qui souleva
les Bretons contre la mission d'Augustin, ce qui le
fit repousser par leurs évêques et calomnier par
leurs historiens, ce fut le ressentiment national,
ce fut l'irritation d'un peuple qui ne pouvait pardonner à ces Romains d'évangéliser ses oppresseurs,
par conséquent de les absoudre. Les mêmes chroniqueurs déclarent, en effet, que « les prêtres gal-
« lois ne pouvaient croire juste de prêcher la parole de Dieu à la nation saxonne, à cette race

« cruelle qui avait égorgé leurs aïeux et usurpé
« leur terre (1). »

Il se peut qu'Augustin et ses compagnons n'aient pas toujours assez ménagé l'orgueil des Bretons, exalté par une longue résistance militaire, par les traditions des moines et par les chants des bardes. Mais, derrière les missionnaires romains, il faut voir le grand esprit de saint Grégoire qui les a poussés, qui les soutient de ses exhortations, lorsque, arrivés dans les Gaules, ils s'effrayent de leur entreprise et demandent à retourner en arrière ; qui les appuie de ses lettres auprès du clergé gaulois et des rois francs ; qui ne les abandonne point dans cet isolement où ils se voient entre les Saxons

(1) Bède, *Hist. eccles.*, II, 2. Voici la proposition d'Augustin : « Si in tribus his mihi obtemperare vultis, ut Pascha suo tempore celebretis, ut ministerium baptizandi quo Deo renascimur, juxta morem S. Romanæ Ecclesiæ compleatis, ut genti Anglorum una nobiscum prædicetis verbum Domini, cætera quæ agitis, quanquam moribus nostris contraria, æquanimiter cuncta tolerabimus. At illi nihil horum se facturos respondebant, conferentes ad invicem quod si modo nobis adsurgere noluit, quanto magis si ei subditi cœperimus, jam nos pro nihilo contemnet. » La vie de saint Livin, attribuée à saint Boniface, mais qui est assurément très-ancienne, fait voir saint Augustin en rapport d'étroite amitié avec le clergé et les rois d'Irlande. Quel que soit le mérite de ce document, il vaut assurément la chronique galloise du dixième siècle alléguée par M. Thierry, et surtout le prétendu discours du clergé breton, produit pour la première fois par Spelman. *Concilia Britanniæ*, I. p. 108. L'*Archéologie de Myvyr* a recueilli les chroniques qui attribuent à Dunawd, abbé de Bangor Iscoed, cette déclaration : qu'il ne pouvait croire juste de prêcher l'Évangile aux barbares. Cf. Williams, *Ecclesiast. Antiquities.* p. 55 et suivantes. — Les écrivains auxquels nous répondons ont voulu que la phrase de Bède, qui déclare le massacre de Caerléon postérieur à la mort d'Augustin, fût interpolée. Mais on ne donne aucune preuve de cette interpolation.

païens et les Gallois indociles ; mais qui leur envoie de nouveaux auxiliaires, des livres, des ornements sacrés, des conseils enfin destinés à devenir pour les siècles suivants la règle et, pour ainsi dire, le code des missions chrétiennes (1).

<small>Politique de saint Grégoire. Point de conversions forcées.</small>

La première maxime de cette politique si différente de celle que l'ancienne Rome avait pratiquée, c'est d'abhorrer la conquête par les armes, et de ne rien devoir qu'au libre assentiment des esprits. Saint Grégoire, qui avait fait rendre aux juifs de Cagliari leur synagogue envahie à main armée par des chrétiens, qui ne souffrait pas qu'on fît violence à ce peuple, parce que Dieu demande « un sa- « crifice volontaire, » avait appris à ses disciples à détester les conversions forcées. Voilà pourquoi, les envoyant chez les païens, il demande pour eux au roi des Francs, non des gardes, mais des interprètes. Voilà pourquoi Éthelbert converti ne contraignait personne à professer le christianisme : « seulement il embrassait les chrétiens d'un amour plus étroit, comme ses citoyens du royaume céleste. Car, ajoute l'historien, il avait appris des auteurs de son salut que le service du Christ doit être libre et ne souffre pas de contrainte (2). » Ces mission-

---

(1) Bède, *Hist. eccles.*, lib. I et II. S. Gregorii *Epist.*, lib. VI, 58, 59 ; XI, 29, 64, 65, 66, 76. Saint Boniface, engagé dans ses missions de Thuringe, prie ses frères d'Angleterre de lui envoyer une copie des lettres de saint Grégoire à Augustin.

(2) S. Gregorii *Epist.*, VII, 5. Bède, *Hist. eccles.*, lib. I : « Didicerat enim a doctoribus auctoribusque suæ salutis servitium Christi voluntarium non coactitium debere esse. » -- Ibid. : « Pulchra

naires, si effrayés naguère de la férocité des Saxons, ne craignaient pas de leur proposer, comme à des intelligences exercées, des doctrines auxquelles tout l'effort de la philosophie antique n'avait pas atteint. Ils eurent cette confiance dans la rectitude naturelle de l'esprit humain. Ils voulurent tout attendre, non de la force ni de la surprise, mais de la discussion libre. Éthelbert avait pris son temps pour s'assurer de la doctrine qu'on lui prêchait, ne pouvant, disait-il, abjurer sans examen ce qu'il avait observé depuis si longtemps, à l'exemple de ses pères et avec le concours de tout son peuple. Plus tard, quand le roi des Northumbres, Edwy, ébranlé par l'évêque Paulin, penchait au christianisme, il convoqua les sages de son royaume, et, tenant conseil avec eux, il voulut savoir ce que chacun pensait d'un culte si nouveau. Il faut assister avec l'historien Bède à cette étrange conférence, il faut voir ces tueurs d'hommes tourmentés des problèmes de l'autre vie, et de l'incertitude où le paganisme, malgré toutes ses fables, laissait le dogme de l'immortalité. Le premier qui parla fut Coïffi, le grand prêtre des faux dieux: « O roi, dit-
« il, c'est à vous de juger ce qu'on nous prêche
« maintenant. Pour moi, je vous confesse sans dé-
« tour qu'il n'y a aucune sorte de vertu dans la

---

quidem sunt ea verba et promissa quæ affertis : sed quia nova sunt et incerta, non possum eis assensum tribuere, relictis eis quæ tanto tempore cum omni gente Anglorum servavi. »

« religion que nous avons gardée jusqu'ici ; car, de
« tous vos sujets, aucun ne s'est appliqué plus que
« moi au culte de nos dieux ; et cependant il en est
« plusieurs qui reçoivent de vous plus de bienfaits,
« plus de dignités, qui réussissent mieux dans
« leurs desseins et dans leurs espérances. C'est
« pourquoi, si la nouvelle doctrine vous paraît
« meilleure après un mûr examen, nous n'avons
« qu'à l'embrasser sans aucune hésitation. » Alors
un autre d'entre les grands prit la parole et dit :
« O roi, telle me paraît être la vie de l'homme sur
« la terre, en comparaison du temps qui la suit et
« dont nous ne savons rien. C'est comme en hiver,
« quand vous êtes assis au festin avec vos chefs et
« vos officiers, et qu'un grand feu allumé au milieu
« de la salle l'échauffe tout entière, pendant qu'au
« dehors tout est enveloppé d'un tourbillon de
« neige. Alors, s'il arrive qu'un passereau traverse
« la salle, entrant par une ouverture et sortant par
« l'autre, tant qu'il est dedans il n'est point battu
« par l'orage ; mais, après un court intervalle de
« sérénité, il disparaît, passant de la tempête à la
« tempête. Telle est la vie humaine, dont nous
« voyons un court moment ; mais nous ignorons ce
« qui la précède et ce qui la suit. C'est pourquoi,
« si cette doctrine nouvelle vient nous apprendre
« quelque chose de plus certain, il semble qu'il
« faudra la suivre. » Les autres conseillers du roi
et les vieillards tinrent des discours semblables.

LES ANGLO-SAXONS. — SAINT BONIFACE. 169

Ensuite l'évêque Paulin parla ; et, tous, ayant reconnu que la vérité éclatait dans sa doctrine, le roi demanda qui se chargerait de profaner les autels, le temple et l'enceinte qui les environnait. Aussitôt Coïffi, renonçant à toute superstition, se fit donner des armes et l'étalon que le roi montait ; et, violant ainsi la loi païenne qui défendait les armes aux prêtres des Saxons, il s'élança vers le temple et y jeta sa lance pour le profaner. Puis, tout joyeux d'avoir reconnu le vrai Dieu, il ordonna à ses compagnons de brûler le temple et d'en détruire l'enceinte (1).

Pendant que les convertis brûlaient leurs temples, c'était saint Grégoire qui ordonnait de les conserver. Comme il voulait les conversions sans contrainte, il les voulait aussi sans ruptures avec les habitudes légitimes de l'esprit et du cœur. Il pratiquait cette économie savante de l'Église, qui ne méprise aucune des facultés humaines, qui ménage les imaginations pour s'assurer des consciences. C'est la pensée d'une lettre du pontife au

<small>Conservation des temples et des fêtes nationales.</small>

---

(1) Bède, *Hist. eccles.*, lib. II, cap. XIII : Talis inquiens mihi videtur, rex, vita hominum præsens in terris, ad comparationem ejus quod nobis incertum est temporis, quale cum te residente ad cœnam cum ducibus ac ministris tuis tempore brumali accenso quidem foco in medio et calido effecto cœnaculo, furentibus etiam foris per omnia turbinibus... adveniensque unus passerum domum citissime pervolarit, qui cum per unum ostium ingrediens mox per aliud exierit... sed tamen minimo spatio serenitatis ad momentum excurso, mox de hieme in hiemem regrediens tuis oculis elabitur. Ita hæc vita hominum ad modicum apparet, quod autem sequatur quidve præcesserit, prorsus ignoramus. »

moine Mellitus, au moment où celui-ci venait de quitter Rome pour conduire à Augustin un renfort de missionnaires : « Après le départ de vos frères, « nous sommes restés dans une grande inquiétude, « car nous n'avons rien appris du succès de votre « voyage. Mais, quand le Dieu tout-puissant vous « aura conduit auprès de notre révérendissime « frère l'évêque Augustin, communiquez-lui ce que « j'ai résolu après avoir longuement réfléchi sur « l'affaire des Angles, c'est-à-dire que les temples « de leurs idoles ne doivent point être détruits, « mais seulement les idoles qui s'y trouvent. Qu'on « fasse de l'eau bénite, que les temples en soient « arrosés ; qu'on y élève des autels, et qu'on y place « des reliques. Car, si ces édifices sont bien con-« struits, il faut les faire passer du culte des idoles « au service du vrai Dieu, afin que ce peuple, ne « voyant pas abattre ses temples, se convertisse « plus aisément, et qu'après avoir confessé le vrai « Dieu, il s'assemble plus volontiers pour l'adorer « dans des lieux qu'il connaît déjà. Et comme ils « ont l'habitude, dans les fêtes des démons, d'im-« moler beaucoup de bœufs, il faut aussi instituer « quelque autre solennité à la place de celle-ci. Par « exemple, le jour de la Dédicace des églises, le « peuple pourra se faire des huttes de feuillage « autour de ces temples changés en sanctuaires du « Christ, et célébrer la fête par un banquet fra-« ternel. Alors ils n'immoleront plus les animaux

« au démon : ils les tueront seulement pour s'en
« nourrir en glorifiant Dieu, et ils rendront grâces
« au dispensateur de toutes choses; de sorte que,
« si on leur permet encore quelques joies extérieu-
« res, ils puissent goûter plus facilement les joies de
« l'esprit. Car il est impossible de tout retrancher
« d'un seul coup à des âmes sauvages ; et celui qui
« veut atteindre un lieu élevé n'y arrive que pas à
« pas, et non par élans. » On a blâmé la condescendance de saint Grégoire pour les Anglo-Saxons;
on lui reproche d'avoir corrompu la sévérité de la
loi chrétienne en l'accommodant à leurs superstitions, et d'avoir ouvert la porte du sanctuaire au
paganisme. L'Église romaine, en effet, s'était attachée à cette règle, de distinguer dans le paganisme
deux choses : l'erreur, qui est l'adoration de la
créature; et la vérité, qui est l'essence même de la
religion, telle que la nature humaine la conçoit et la
veut, avec les temples, les sacerdoces, les sacrifices. En respectant les habitudes religieuses des
peuples, l'Église faisait acte de sagesse premièrement, mais aussi de charité. Car s'il est quelque
chose à quoi les hommes tiennent plus qu'à la terre
qui les nourrit, plus qu'aux enfants qu'ils élèvent
sur leurs genoux, ce sont les traditions qui consacrent pour eux le sol du pays, et les fêtes qui les
arrachent un moment aux durs et monotones devoirs de la vie (1).

(1) S. Gregorii *Epist.*, lib. XI, 76 : « Nam duris mentibus simul

CHAPITRE V.

Questions de S. Augustin. Réponses de S. Grégoire.

C'était beaucoup de détacher du paganisme, sans violence, un peuple violent : ce qui voulait plus d'effort et plus de génie, c'était de l'introduire dans la société chrétienne, non pas homme par homme et famille par famille, mais d'un seul coup, avec ses rois, sa noblesse guerrière, ses institutions. En présence de tant de difficultés, on ne s'étonne pas si Augustin se troubla, si ses lettres portaient à saint Grégoire des questions et des doutes, et s'il fallait que les réponses du pontife prévissent tous les besoins d'une chrétienté naissante, l'organisation de l'Église, l'ordre des cérémonies, le temporel du clergé, la réforme de la famille. Augustin demandait pourquoi, s'il n'y a qu'une seule foi, tant de différence entre les liturgies? Saint Grégoire lui répond : « Votre Fraternité connaît l'usage de
« l'Église romaine, dans lequel vous ne sauriez ou-
« blier que vous fûtes nourri. Mais, soit que vous
« trouviez dans l'Église de Rome, ou dans celle des
« Gaules, ou dans toute autre, quelque usage que
« vous croirez plus agréable à Dieu, je veux que
« vous le recueilliez avec soin, et que vous l'établis-
« siez dans la nouvelle Église d'Angleterre. Car il
« ne faut pas aimer les institutions pour les lieux
« qui les observent, mais plutôt les lieux pour les

omnia abscidere impossibile esse non est dubium. » Hughes, *Horæ Britannicæ*, 270, dénonce la lettre de saint Grégoire à Mellitus comme le commencement des capitulations de conscience. M. Mignet, au contraire (*sur l'introduction de l'ancienne Germanie dans la Société civilisée*, p. 18), loue la profonde sagesse de cette conduite.

« bonnes institutions qui les honorent. » Augustin voulait savoir comment l'évêque devait vivre avec son clergé, quel partage il fallait faire des oblations des fidèles. Saint Grégoire lui rappelle que les canons font quatre parts des revenus ecclésiastiques : l'une pour l'évêque, sa maison et l'hospitalité qu'il doit exercer ; la seconde pour le clergé ; la troisième pour les pauvres, et la dernière pour l'entretien des églises. « Mais, puisque vous menez avec vos frères
« la vie cénobitique, pourquoi parler encore de
« partage, d'hospitalité, de miséricorde, quand il
« est d'obligation d'employer tout le superflu en
« œuvres pies, selon cette parole de notre Seigneur
« et maître à tous : « Donnez en aumône votre su-
« perflu, et pour vous tout deviendra pur ? » Augustin demandait à être éclairé sur les empêchements de mariage, sur les devoirs de la chasteté conjugale, et ce qu'il fallait conserver des purifications prescrites par la loi de Moïse. Saint Grégoire relâche en faveur des néophytes la rigueur de l'ancienne discipline, qui interdisait le mariage entre parents jusqu'au septième degré ; il le tolère au quatrième, traitant les Anglais, dit-il, comme saint Paul ses néophytes, qu'il nourrissait, non de viande solide, mais du lait des nouveaux-nés. Mais, en même temps, il donne au lit nuptial ces lois sévères qui font la sainteté et aussi la vigueur, la fécondité de la famille chrétienne. Il introduit dans la société domestique le respect des femmes, en les

relevant des humiliations de l'Ancien Testament; et, s'expliquant sur ce règlement de Moïse, qui écartait du temple la femme nouvellement délivrée : « Il faut savoir, dit-il, que ceci doit s'enten-
« dre au sens figuratif; car, lors même qu'une
« femme, au moment où elle vient d'enfanter, en-
« trerait à l'église, elle ne commettrait aucun
« péché. La tache est dans la volupté et non dans
« l'enfantement. Dans l'enfantement il n'y a que
« gémissement, selon ce qui fut dit à la première
« mère : « Tu enfanteras avec douleur. » Si donc
« nous écartons de l'église la femme qui vient d'en-
« fanter, nous lui faisons un crime de ce qui fut
« sa peine. » Telles étaient les maximes qu'il fallait faire pénétrer chez des barbares, dont les coutumes autorisaient la polygamie et soumettaient les femmes à une tutelle éternelle. Pendant que le prêtre expliquait à ses néophytes les instructions de saint Grégoire, le chanteur national, le Scop, comme on l'appelait, les attendait au sortir de l'église avec ses récits, qui ne célébraient que le sang versé, l'ivresse des festins et l'enlèvement des captives. Longtemps après l'introduction du christianisme, un chant populaire met encore la joie de l'homme dans trois choses : l'argent, la parenté nombreuse qui soutient ceux de son sang dans les querelles, et « l'arc utile au combat, léger en voyage, qui est le bon compagnon du guerrier (1). »

(1) S. Gregorii *Epist.*, lib. XI, 64. C'est dans la même lettre que

Cependant quatre-vingt-douze ans de prédication achevèrent la conversion de l'Angleterre. Un métropolitain résidant à Cantorbéry, et quatorze évêques dans les principales villes romaines, se partagèrent le gouvernement spirituel de la nation. Telle fut la vénération dont elle les environna, qu'elle voulut les voir non-seulement dans ses assemblées politiques, mais dans ses cours de justice, où l'évêque présidait de concert avec l'alderman, « afin de concilier la loi du siècle et la loi de Dieu. » Un clergé nombreux mettait au service de la société religieuse toute la liberté et toute l'autorité que lui donnait la discipline du célibat, introduite par saint Grégoire et maintenue par tous les conciles nationaux, jusqu'au moment où l'invasion danoise précipita la décadence de l'Église. Augustin avait ouvert à Cantorbéry deux monastères, dont les colonies se multiplièrent au point qu'en 679 l'évêque Wilfrid comptait sous sa conduite plusieurs

L'Église d'Angleterre. Âge d'or des Anglo-Saxons.

---

saint Grégoire range les évêques bretons sous la juridiction archiépiscopale d'Augustin, tant il est éloigné de les considérer comme schismatiques.

On voit dans la vie d'Aldhelm que ce saint homme composait des cantiques en langue vulgaire pour rivaliser avec les chants des Scops, et les récitait sur le pont où passait le peuple au sortir de l'office divin. Malmsbury, *Vita Aldhelmi*, apud Wharton, p. 4.

L'opiniâtreté du paganisme chez les poëtes anglo-saxons paraît assez dans l'épopée de Beowulf, bien qu'on y reconnaisse la trace d'une retouche chrétienne. Voyez aussi le chant sur la bataille de Finsburg, à la suite de *Beowulf* de Kemble, et le poëme alphabétique, publié par Grimm (*Deutsche Runen*), et traduit dans mon volume : *Les Germains avant le christianisme*. (*Œuvres complètes*, tome III, chap. IV.)

milliers de moines. Le christianisme descendait ainsi par les degrés de la hiérarchie ecclésiastique jusqu'au fond même de la nation, remaniant les cœurs, et y mettant la justice et la charité à la place des passions de la barbarie, dont le propre est d'opprimer et de détruire. Dans les pénitentiels de cette époque, parmi les œuvres satisfactoires imposées aux pécheurs repentants, on trouve celles-ci : Bâtir des ponts sur les fleuves, rétablir les routes, aider les étrangers, les veuves, les orphelins; affranchir ses esclaves et racheter ceux d'autrui ; nourrir les pauvres, les héberger, leur donner le feu, le bain, le vêtement. Des habitudes si nouvelles se propageaient avec une rapidité qui étonna les contemporains. Bède célèbre l'âge d'or des Anglo-Saxons, « quand ils avaient des rois chrétiens et guerriers qui faisaient la terreur des barbares ; quand tous les cœurs étaient encore tournés vers les joies du ciel, dont ils venaient de recevoir la promesse; quand ceux qui voulaient s'instruire dans les lettres sacrées trouvaient des maîtres savants, et que la beauté du chant ecclésiastique commençait à se répandre par toute l'Angleterre. » On peut douter de l'innocence parfaite de cet âge d'or, que Bède rejette en arrière, comme il arrive toujours, et dans un temps qu'il n'avait pas vu. Mais ce qu'il faut chercher dans son Histoire, c'est la naïveté quelquefois puérile, souvent touchante, des premières années d'une nation chrétienne ; c'est l'hor-

reur du sang chez ces petits-fils d'Hengist et d'Horsa. C'est le vieux roi Sigebert d'Estanglie, qui s'est enfermé dans un cloître pour y finir ses jours, et qui, à la nouvelle d'une invasion des païens, se laisse tirer du monastère pour rassurer les guerriers par sa présence, mais sans vouloir s'armer autrement que d'une baguette pour commander la bataille, jusqu'à ce qu'il tombe sous les coups des ennemis. C'est le roi Oswald de Northumberland, lavant les pieds à douze pauvres et les servant de ses propres mains chaque jour de carême, sans que nulle infirmité l'en empêchât. On raconte de son successeur Oswio qu'il donna à l'évêque Aidan un cheval de race ; mais Aidan, qui marchait toujours à pied, fit présent du cheval à un pauvre. Or le roi, l'ayant su, s'en affligea ; et, comme un jour il allait entrer avec l'évêque dans la salle du festin, il lui fit ses reproches : « N'avions-nous pas,
« ajouta-t-il, beaucoup d'autres chevaux de moin-
« dre valeur, et des biens de plusieurs sortes, dont
« nous pouvions faire l'aumône aux pauvres ? »
L'évêque répondit : « Que dites-vous, ô roi ? Le fils
« d'une jument vous est-il donc plus cher qu'un
« homme, fils de Dieu ? » Sur quoi ils entrèrent dans la salle ; et Oswio, qui revenait de la chasse, s'approcha du feu avec ses officiers. Or, tandis qu'il se chauffait, il se souvint de la parole de l'évêque ; et, allant à lui, il déceignit son épée, fléchit le genou et demanda pardon de son injustice. « Il

178 CHAPITRE V.

« ne m'arrivera plus, dit-il, de regretter ce que tu
« donneras de mon bien aux enfants de Dieu. »
Et, sentant sa conscience en paix, le roi se mit à
table tout joyeux ; mais, au contraire, l'évêque devint
triste. Et comme un de ses prêtres lui demandait la
cause de sa tristesse, il répondit en langue irlandaise, que ni Oswio ni les siens n'entendaient :
« Je connais maintenant que le roi vivra peu de
« temps ; car jusqu'ici je n'avais jamais vu un roi
« qui fût humble, et cette nation n'est pas digne
« d'un tel prince. » Oswio périt bientôt après dans
un combat, et l'évêque Aidan lui survécut seulement de douze jours (1).

Les missions anglo-saxonnes.

Ce petit récit forme un tableau achevé ; il montre en des temps si barbares une douceur de sentiments, une délicatesse de conscience, une politesse de mœurs qui, mieux encore que la science, est le signe de la civilisation chrétienne. Au bout d'un siècle, la Grande-Bretagne, cette île de pirates, était devenue l'île des Saints. Pendant que les Gallois persévérèrent jusqu'en 777 dans leur isole-

(1) Bède, *Hist. eccles.*, III, 14, 18 ; IV, 2 : « Nec unquam prorsus ex quo Britanniam petierunt Angli, feliciora fuere tempora, dum et fortissimos christianosque habentes reges cunctis nationibus essent terrori, et omnium vota ad nuper audita cœlestis regni gaudia penderent, et quicumque lectionibus sacris cuperent erudiri, haberent in promptu magistros qui docerent ; et sonos cantandi in ecclesia quos eatenus in Cantia tantum noverant, » Cf. Turner, *History of the Anglosax.*, liv. VII, VIII, IX. Lappenberg, *Geschichte*, p. 65-205. Lingard, *Antiquities of the Anglosaxon Church*, nouvelle édition. Wright, *Biographia*, I, 164 et suiv. *Vita Wilfridi*, ap. Mabillon, *A. O. S. B.*, III, 197 ; IV, 671.

ment, les Irlandais, Celtes comme eux, attachés aux mêmes usages, engagés dans les mêmes controverses, mais non pas dans la même haine nationale contre les Anglo-Saxons, étaient venus, dès 634, prêter un fraternel concours aux missionnaires romains. L'évêque Aidan, disciple de saint Colomba, avait fondé dans une île de Northumberland la colonie religieuse de Lindisfarne. A son exemple, beaucoup d'hommes pieux quittèrent l'Irlande pour évangéliser les barbares. Le savoir, l'austérité, la pauvreté volontaire de ces étrangers, entraînèrent la multitude. Des cloîtres nombreux s'élevèrent pour recevoir ceux qui voulurent vivre sous leur règle; les enfants y furent nourris dans la crainte de Dieu et dans l'étude des lettres; et afin que ce bienfait s'étendît aux femmes, les monastères doubles se multiplièrent. L'ascétisme des Irlandais passa chez les Anglo-Saxons. Il y porta l'élévation d'esprit, la pureté de cœur, la hardiesse d'imagination qui caractérisaient les grands hommes de cette Église, l'insatiable désir de savoir qui avait fait l'éclat de ses écoles, et cette passion des pèlerinages qui avait donné le premier essor à ses missions. Deux Northumbriens, Egbert et Wigbert, poussés par le zèle d'une perfection plus haute, étaient allés visiter l'Irlande, et s'instruire sous les maîtres les plus consommés de la vie cénobitique. Ils se laissèrent gagner par ce prosélytisme dont nous avons vu les milices passer la mer et courir les côtes du continent. Ils se tournèrent vers les tribus païennes de la Frise, où ils obtinrent peu de fruit. Ce peuple indomptable aux armes des Francs, avait déjà fatigué inutilement le zèle de Wilfrid, évêque d'York, qui en 677 séjourna quelques mois auprès du roi des Frisons. Un peu plus tard, la prédication de saint Wulfram, archevêque de Sens, n'y trouva que des âmes endurcies. Enfin, en 690, les moines anglo-saxons Willibrord, Adalbert et Suitbert, avec neuf compagnons, abordaient aux mêmes lieux, y portaient la foi depuis les bouches du Rhin jusqu'au nord de l'Eyder, fondaient l'évêché d'Utrecht, les abbayes d'Epternach, d'Egmont, de Keyserswerth; et par des succès durables, sur une terre jusque-là rebelle à tous les efforts de l'apostolat, ils firent connaître ce que le christianisme pouvait attendre de la nation anglo-saxonne (1).

Ce qui fit le succès des missions anglo-saxonnes.

Trois causes levaient devant les missionnaires anglo-saxons les obstacles qui avaient arrêté les

---

(1) Bède, *Hist. eccles.*, III, 3, 13, 27; V, 9. *Vita Wilfridi*, ap. Mabillon. *Vita Suitberti*, ap. Leibnitz, *Scriptores*, II, p. 225. *Vita Willibrordi*, ap. Mabillon, *A. O. S. B.*, III, 1ª pars, p. 601. *Vita Wulframi*, ap. Mabillon, ibid., 357. Rettberg, *Kirchengeschichte*, t. II, p. 496 et suiv. Lingard, *Antiquites*, t. II; Wright, t. I. — Je n'ai pas rapporté l'histoire du baptême de Ratbod, et comment le duc des Frisons, au moment de recevoir l'eau sainte, retira le pied du bassin baptismal, en déclarant qu'il aimait mieux passer l'éternité en enfer avec ses glorieux ancêtres, qu'au ciel avec une poignée de mendiants chrétiens. Rettberg, p. 515, a démontré qu'on ne peut accorder aucune valeur historique à la légende de saint Wulfram.

Irlandais. Premièrement, ils paraissaient en Germanie, non plus comme des étrangers, mais comme des frères, comme les fils d'une colonie puissante qui, en trois siècles, n'avait oublié ni la langue ni la tradition de ses ancêtres. En second lieu, l'Église anglo-saxonne tempéra les austérités de l'Irlande par les sages adoucissements de la règle bénédictine, qu'elle introduisit de bonne heure dans ses cloîtres. Elle ne permit pas à ses évêques et à ses moines la paix d'une solitude éternelle : nous avons vu qu'elle les poussait dans les assemblées, dans les tribunaux, dans les camps. Elle sortait de la spéculation où s'étaient complu les disciples de saint Colomban ; elle entrait dans la pratique, et se rompait à l'infinie variété des besoins et des mœurs. Troisièmement, l'éducation que Rome donnait aux peuples d'Occident avait pénétré bien moins profondément en Irlande qu'en Angleterre. L'esprit de saint Grégoire le Grand n'abandonna pas sa conquête. Tous les papes du septième siècle, Boniface IV, Honorius Ier, Jean IV, Vitalien, Agathon, tournèrent leurs soins vers cette chrétienté dont les progrès consolaient l'Église des ravages de l'islamisme. L'Italie ne s'était pas épuisée d'un seul effort. De nouvelles recrues soutinrent les quarante moines qui avaient suivi Augustin. Cinq Romains remplirent successivement le siége de Cantorbéry, et, en 668, c'est encore un envoyé de Rome qui va l'occuper : un moine de Tarse, appelé Théodore, formé à l'école d'Athènes, ordonné évêque par le pape Vitalien, passe en Angleterre, et y porte la réforme des abus, l'unité de discipline et la culture des lettres.

A leur tour, les Anglo-Saxons voulurent connaître la cité sainte d'où leur venait la lumière. Wilfrid, évêque d'York, déposé par une sentence inique, allait chercher la justice à Rome. Benoît Biscop y cherchait la science, faisait cinq fois le voyage d'Italie, revenait enrichi de manuscrits précieux, chargé d'images sacrées dont il couvrait les murs des églises, accompagné de l'archichantre de Saint-Pierre, qui introduisit parmi les Anglais l'ordre et la majesté des cérémonies romaines. Ceadwalla, roi de Wessex, Offra, roi d'Essex, et Coenred de Mercie, abandonnèrent le trône pour aller finir leurs jours au tombeau des saints apôtres. Un peu plus tard, le grand législateur Ina devait imiter leur exemple, et fonder l'hospice des pèlerins saxons sur la rive solitaire du Tibre, où s'élève le Vatican. C'est là qu'on leur donna une église et un cimetière, afin que ces étrangers venus de plus loin eussent le lieu de leur repos plus près du tombeau de l'apôtre, et comme à l'ombre de sa basilique. Pendant quatre cents ans, Rome fut vraiment l'école des Anglo-Saxons : elle eut le temps de leur communiquer cet esprit de conduite et de tolérance, cette fermeté qui sait fléchir à propos, et, pour tout dire en un mot, ce bon sens pratique par lequel les Anglais, comme les anciens Romains,

LES ANGLO-SAXONS. — SAINT BONIFACE. 183

devaient devenir les maîtres, non des idées, mais des affaires,

<blockquote>Romanos *rerum* dominos (1).</blockquote>

Ainsi, les Germains ne pouvaient se passer de Rome : il se trouva en même temps que Rome eut besoin des Germains. Depuis un siècle, l'Italie était fatiguée de la tyrannie théologique des empereurs grecs et de la rapacité de leurs exarques. Les peuples indignés renversaient les images des Césars hérétiques, et refusaient leurs monnaies. La persécution des iconoclastes allait éclater bientôt, et il devenait visible que l'empire d'Orient se détachait de la chrétienté. Il fallait donc qu'elle réparât ses pertes du côté de l'Occident. Les papes savaient qu'ils avaient là des fils turbulents, mais dont le bras était fort. Dans cette belle nation des Francs, parmi ces tribus austrasiennes qui en faisaient l'élite, on voyait régner, sous le nom de maires du palais, une famille héroïque. Pépin d'Héristal, par la puissance de ses armes, avait frayé le chemin à l'Évangile dans la Frise, et reculé la frontière chrétienne. Charles Martel, son fils, venait de

<small>Comment Rome eut besoin des Germains.</small>

---

(1) Bède, *Hist. eccles.*, *passim*, et surtout lib. IV, 1 et 2. Anastase bibliothécaire, *Vitæ pontificum*, in *Honorio, Vitaliano, Agathone*, etc. Bède, *Vitæ abbatum Wiremuth.*, Matthieu de Westminster, *ad ann.* 727. Une autre tradition, rapportée par Lappenberg (p. 199), attribue la fondation de l'hospice des Saxons au roi Offra, avec cette affectation qui en fait une école : « Ut ibidem peregrini linguas quas non noverant addiscerent. » Innocent III changea la destination primitive de cette maison, et en fit l'hôpital qui garde encore le nom de S. *Spirito in Sassia.*

repousser les païens de la Saxe jusqu'au Weser, et, de ce côté, tout annonçait de grands événements.

Grégoire II et S. Boniface. Dans ces circonstances, le siége apostolique fut occupé par saint Grégoire II. Issu d'un sang patricien, nourri des traditions de la politique romaine, il jugea les temps où il était venu, et ne les craignit pas. D'une part, il voulut demeurer jusqu'au bout fidèle au passé, et ne point trahir la vieillesse de l'empire. Il contint les Italiens dans le devoir, sans rien abandonner de leurs droits ; il ne rendit point les clefs de Rome aux Lombards. D'un autre côté, il ne renonça pas à l'avenir de la société chrétienne ; il y pourvut en assurant l'adoption des jeunes nations du Nord. Dès lors, deux soins le préoccupèrent : il fallait presser l'effort de l'apostolat dans la Germanie païenne ; il fallait affermir pour jamais les Églises fondées dans les provinces des Francs. Déjà, par ses ordres, trois légats avaient visité la Bavière, afin d'y rétablir la pureté du dogme et la sévérité de la discipline. Cette légation ne remplit pas tous les vœux du pontife : l'instrument de ses desseins n'était pas encore trouvé, lorsqu'à la fin de l'année 718, un moine anglo-saxon se présenta devant lui, et, tirant de son manteau une lettre de son évêque Daniel de Winchester, attendit humblement la réponse (1).

(1) Anastase bibliothécaire, *Vita Gregorii II*. Schannati, *Concilia German.*, *ad ann.* 716. Bonifacii *Vita, auctore Willibaldo :* « Sanctus itaque papa repente hilari vultu, arridentibusque oculis

Le nom du moine était Winfried, et il avait près de quarante ans. Né à Kirton, dans le royaume de Wessex, il s'était instruit aux lettres sacrées et profanes dans les monastères d'Excester et de Nutscell. La réputation de son savoir l'avait fait appeler dans les chaires des couvents et dans les conseils des prélats : aucun emploi ne paraissait trop grand pour lui. Au milieu de tant d'honneurs, il s'était senti pressé de cette passion de l'apostolat qui commençait à gagner les monastères anglo-saxons, et, se rendant en Frise, il avait voulu voir « de quel côté ce peuple donnerait accès à l'Évangile. » Mais,

Commencements de S. Boniface.

---

intuitus in eum, inquisivit an litteras ab episcopo suo commendatitias detulisset. At ille etiam concitus, exempto pallio chartam ex more involutam litterasque protulit. »

En écrivant la vie de saint Boniface, j'éprouve l'embarras de toucher à un sujet dont M. Mignet s'est rendu maître dans son beau mémoire *Sur l'introduction de la Germanie dans la société de l'Europe civilisée*. C'est là qu'il faut voir rassemblées dans le cadre d'une seule Vie, éclairées par des pièces concluantes, animées par de curieux récits, toutes les affaires du christianisme en Allemagne pendant le huitième siècle. Ce travail m'eût fait renoncer au mien, s'il ne l'avait au contraire encouragé, en plaçant sur le point principal une lumière qui m'aide à reconnaître les événements antérieurs ou subséquents, sur lesquels le savant historien n'avait pas porté ses recherches. M. Seiters, curé catholique de Gœttingue, a publié une excellente histoire de saint Boniface (*Bonifacius der Apostel der Deutschen*, Mainz, 1845). Rettberg a consacré un chapitre considérable de son premier volume (*Kirchengeschichte*, t. I, p. 309-419) à une appréciation de l'apôtre de l'Allemagne, où cet écrivain protestant, avec une loyauté qui l'honore, fait justice des accusations de l'ancien protestantisme. Un autre théologien protestant, mais de l'école puséiste d'Oxford, M. Gilles, a aussi voulu rendre hommage à la mémoire de saint Boniface par une publication complète de ses œuvres (*Sancti Bonifacii archiepiscopi et martyris Opera*; Londini, 1844, 2 vol. in-8°).

au moment où il commençait à parcourir le pays, la guerre qui éclata entre Ratbod, duc des Frisons, et Charles Martel, ayant dispersé pour quelque temps les chrétientés naissantes, Winfried s'était retiré en Grande-Bretagne. Il venait maintenant de la quitter une seconde fois pour visiter Rome et s'y confirmer dans sa vocation. Le pape l'accueillit et le retint, s'assura de sa doctrine et de sa piété, et, après de fréquents entretiens, il lui conféra les pleins pouvoirs dont la teneur suit : « Au prêtre
« Winfried, Grégoire, serviteur des serviteurs de
« Dieu. Les pieux desseins de votre zèle enflammé
« dans le Christ, et les preuves que vous nous avez
« données de votre foi, exigent que nous vous ap-
« pelions au partage de notre ministère pour la dis-
« pensation de la parole divine. Apprenant donc
« que dès l'enfance vous avez étudié les lettres sa-
« crées, et que, pressé par la crainte de Dieu de
« faire valoir le talent qui vous fut confié, vous êtes
« parti pour répandre chez les nations incrédules
« le mystère de la foi, nous vous félicitons de votre
« religion et nous voulons aider à la grâce. Puis
« donc que vous avez eu la modestie de soumettre
« votre désir à l'avis du siége apostolique, comme
« un membre qui attend son mouvement de la
« tête directrice de tout le corps ; au nom de l'in-
« divisible Trinité, par l'inébranlable autorité du
« bienheureux Pierre, prince des apôtres, dont
« nous occupons la chaire, nous ordonnons que

« vous portiez le royaume de Dieu à toutes les na-
« tions infidèles qu'il vous sera possible de visiter ;
« et que, par l'esprit de vertu, d'amour et de so-
« briété, vous versiez dans ces âmes incultes la
« prédication des deux Testaments. Enfin, nous
« voulons que vous veilliez à l'observation du rit
« du baptême, selon la formule qui sera rédigée
« pour votre usage par la chancellerie du saint-
« siége. Ce qui vous manquera une fois l'œuvre
« commencée, vous aurez soin de nous le faire sa-
« voir. Portez-vous bien. — Donné le jour des ides
« de mai, sous l'empire du très-pieux seigneur Léon
« Auguste, grand empereur couronné de Dieu, de
« son empire la 3ᵉ année, indiction deuxième (1). »

{Boniface en Frise et en Thuringe.} Winfried, muni de ces pouvoirs, revint par la Lombardie, la Bavière, la Thuringe et la France orientale. « Il allait, selon les instructions du saint-siége, observant les peuples, et comparable à l'abeille qui voltige autour des fleurs d'un jardin avant de se reposer sur le calice qu'elle a choisi. » C'est alors qu'il apprit la mort de Ratbod et la fin de la persécution qui avait désolé les chrétientés de Frise. Un attrait puissant le poussait vers cette contrée, par où son apostolat devait commencer et finir.

---

(1) Willibald, *Vita Bonifacii*, 1-5, édit. Giles. Othlo, *Vita Bonifacii*, lib. I, cap. I-VIII. Epist. Gregorii, inter *Bonifacii epist.*, édit. Giles, 2. L'édition de Giles, dont je me suis servi comme de la plus récente, a l'inconvénient de bouleverser l'ordre des lettres suivi par Wurdtweïn, qui lui-même n'avait pas adopté la classification de Serrarius.

Les païens se tournaient vers le Dieu des Francs, dont ils venaient d'éprouver les armes victorieuses ; et, le nombre croissant toujours de ceux qui demandaient à se faire instruire, les ouvriers manquaient à la moisson. Winfried s'offrit donc à l'évêque Willibrord, et le seconda pendant trois ans, détruisant les sanctuaires païens, élevant des églises, jusqu'à ce que le vieil évêque, surchargé d'années et de sollicitudes, lui proposât de l'associer à l'épiscopat. Mais lui, troublé de cette proposition, se déroba aux instances de Willibrord, et quitta la Frise pour chercher des travaux obscurs chez des nations plus abandonnées. Telle était déjà la puissance de sa parole, que, s'étant arrêté au monastère de Palatiolum, près de Trèves, comme il commentait devant la communauté un passage de l'Écriture sainte qu'on venait de lire durant le repas, un jeune homme de quinze ans, nommé Grégoire, d'extraction royale et de la plus haute espérance, ravi des discours du missionnaire, déclara qu'il ne le quitterait plus, s'attacha à lui et devint un de ses plus illustres disciples. Winfried s'enfonça donc dans la Thuringe. Il y trouvait un pays ravagé par des guerres éternelles, des populations appauvries, parmi lesquelles il était réduit à vivre du travail de ses mains ; un petit nombre de chrétiens dans des bourgades mal défendues contre les incursions des barbares. Au milieu de tant d'alarmes, il commença à réunir les restes des chrétientés fondées par saint Kilian, à corriger les mœurs des prêtres et les croyances des fidèles. Les païens eux-mêmes quittaient leurs huttes pour aller entendre l'étranger savant qui parlait leur langue, et qui bravait l'horreur de leurs forêts. Beaucoup devinrent chrétiens; d'autres, baptisés depuis longtemps, quittèrent les idoles auxquelles ils étaient retournés. Deux frères, Detdic et Deorwulf, qu'il avait arrachés aux pratiques du paganisme, lui donnèrent une terre de leurs possessions, appelée Amonaburg; il y éleva une église et un monastère. Ensuite, il s'avança dans le pays des Hessois et jusqu'aux frontières des Saxons, où il baptisa plusieurs milliers de barbares. Assuré dès lors de ne point compromettre par une prédication impuissante la gloire de l'Évangile, il envoya Binna, son disciple, au souverain pontife, pour rendre compte des fruits obtenus; lui-même le suivit de près (1).

Le second voyage de Winfried à Rome ouvre une nouvelle période de sa mission. Le pape Grégoire II le reçut dans la basilique du Vatican, l'entretint longuement, et lui demanda sa profession de foi, que le missionnaire écrivit, pour ne rien laisser au hasard du discours dans une matière si grave. Enfin, le jour de Saint-André de l'an 723, le pape le consacra évêque régionnaire, c'est-à-

Second voyage de Boniface à Rome.

---

(1) Willibald, 6, 7. Othlo, I, 12. Mignet, p. 46. Rettberg, I, 337. Seiters, 77.

dire sans limite de juridiction, et changea son nom barbare contre le nom prophétique de Bonifacius. L'élu prêta le serment épiscopal usité dès le temps du pape Gélase, et qu'il faut rapporter en entier, comme l'acte solennel qui fonda le droit ecclésiastique de l'Allemagne : « Au nom du Sei-
« gneur Dieu Jésus-Christ, qui nous a sauvés ; sous
« l'empire du seigneur Léon le Grand, empereur, la
« septième année après son consulat et la quatrième
« année de son fils Constantin le Grand, empe-
« reur; indiction sixième. — Moi, Boniface, par
« la grâce de Dieu, évêque, je promets à vous,
« bienheureux Pierre, prince des apôtres, et à
« votre vicaire, le bienheureux Grégoire, comme à
« ses successeurs, par la Trinité indivisible, Père,
« Fils et Saint-Esprit, et par votre corps très-sacré
« ici présent, de garder la fidélité et la pureté de
« la foi catholique, et de persévérer, avec l'aide de
« Dieu, dans l'unité de la même foi, d'où dépend,
« sans aucun doute, tout le salut des chrétiens. Je
« promets aussi de ne jamais consentir à aucune
« instigation contre l'union de l'Église commune
« et universelle ; mais de prêter en toutes choses,
« comme je l'ai dit, ma fidélité, ma sincérité et
« mon concours, à vous et aux intérêts de votre
« Église, à qui le Seigneur Dieu a donné le pou-
« voir de lier et de délier, ainsi qu'à votre vicaire
« et à ceux qui lui succéderont. Si je viens à con-
« naître des prélats qui vivent contrairement aux

« règles anciennes des saints Pères, je m'engage à
« n'avoir avec eux ni communion ni commerce ;
« mais, au contraire, à les réprimer si je puis; sinon,
« j'en ferai aussitôt un rapport fidèle à mon sei-
« gneur le successeur de l'apôtre. Que si (ce qu'à
« Dieu ne plaise !) je tente d'agir contre les termes
« de la présente déclaration, en quelque manière
« ou dans quelque occasion que ce soit, je veux
« être trouvé coupable au jugement éternel, et en-
« courir le châtiment d'Ananie et de Sapphire,
« qui osèrent vous tromper en vous cachant leurs
« biens. — Moi, Boniface, humble évêque, j'ai
« écrit de ma propre main ce texte de mon ser-
« ment, et, le déposant sur le corps très-sacré de
« saint Pierre, j'ai fait devant Dieu, pris pour té-
« moin et pour juge, le serment que je promets
« d'observer. » En renvoyant Boniface aux nations
du Nord, le souverain pontife lui remit le livre des
saints canons ; il y joignit des lettres pour Charles
Martel, pour les évêques, pour le peuple chrétien,
qu'il exhortait à protéger le délégué du saint-
siége, à le seconder, à le secourir ; enfin pour les
idolâtres thuringiens et saxons, auprès desquels il
l'accréditait comme l'envoyé de Dieu dans l'intérêt
de leurs âmes (1).

(1) Othlo, I, 14. La formule de serment est à peu près la même
que pour les évêques suburbicaires. Cf. *Liber diurnus Romanorum
pontificum.* Epist. Gregorii *Carolo, universis Germ. episc., populo
Thuringorum, optimatibus Thuringorum, populo Altsaxonum,*
inter Bonifacii epist., 5-9.

Boniface évêque en Germanie.

Saint Boniface quitta Rome, et se rendit premièrement auprès de Charles Martel, qui lui fit délivrer une charte de sauvegarde, souscrite de sa main et revêtue de son sceau. Il y était ordonné aux évêques, ducs, comtes, et officiers de tout rang, de respecter l'homme apostolique, le maire du palais l'ayant pris sous sa protection (Mundiburdium), et lui prêtant main forte pour aller et venir comme il lui plairait, de façon qu'il trouvât partout justice. Charles Martel devait assurément ce bon procédé au missionnaire, cette réponse à un pape qui le louait de sa piété, à des avances qui lui laissaient déjà pressentir ce que Rome pourrait un jour pour la grandeur de sa maison. Mais on a lieu de douter que le maire du palais, distrait par les soins de la guerre et du gouvernement, circonvenu par des prêtres relâchés, aussi peu favorables au prosélytisme des Anglo-Saxons qu'aux austérités des Irlandais, s'occupât d'entourer Boniface de cette protection vigilante que demandait son ministère en des circonstances si difficiles. Au moment de rentrer dans ses missions de Hesse et de Thuringe, on voit le grand évêque s'effrayer de son isolement. Il croit encore, et peut-être plus qu'il ne faut, à la nécessité de l'intervention séculière pour contenir les mauvais chrétiens, et pour commencer la conversion des païens, non par la violence, mais par le respect. D'un autre côté, il trouve le prince entouré de prélats courtisans, d'adultères et d'homicides élevés aux saints ordres, de faux docteurs qui, à l'exemple des manichéens, défendent les viandes permises. Alors il se souvient des monastères de Bretagne, de ce peuple de saints, où sa jeunesse trouvait tant de lumières et de consolations. Il écrit à son ancien évêque Daniel, « selon cette habitude des hommes quand ils sont dans la peine, de chercher des adoucissements et des conseils auprès de ceux dont ils connaissent la sagesse et l'amitié. » Daniel lui répond ; il l'encourage par le souvenir des apôtres et des martyrs ; il l'engage à chercher au-dessus des princes de la terre le seul appui qui ne le trahira point. Surtout il lui prodigue les conseils de sa vieille expérience pour la conversion des païens, dans une lettre qu'il faut citer pour y voir la suite de cette politique de saint Grégoire, dont l'Église anglo-saxonne avait conservé la tradition (1).

« Vous ne devez point, écrivait-il, vous élever
« contre les généalogies de leurs faux dieux. Laissez-les répéter devant vous que leurs dieux naquirent les uns des autres, par l'embrassement

La controverse chrétienne avec les païens.

---

(1) Willibald, 8. Othlon, I, 23. — Carolus *episcopis, ducibus,* etc. Bonifacius Danieli : « Nam sine patrocinio principis Francorum, nec populum regere, nec presbyteros vel diaconos, monachos vel ancillas Dei, defendere possum, nec ipsos paganorum ritus et sacrilegia idolorum in Germania, sine illius mandato et timore prohibere valeo. » Rettberg, p. 343, a fait remarquer combien Boniface trouva peu d'appui auprès de Charles Martel. — *Vita S. Gregorii Trajectensis,* ap. Mabillon, III, pars 2, 294 : « Ipsi soli cœperunt contradicere et blasphemare quantum potuerunt... *quia peregrinus esset.* »

« de l'époux et de l'épouse. Vous leur prouverez
« ensuite que des dieux et des déesses nés d'une
« naissance humaine ne sont que des hommes, et
« qu'ayant commencé d'être, ils n'existèrent donc
« pas toujours. Alors demandez-leur si le monde a
« eu un commencement, ou s'il est éternel ; et s'il
« a commencé, qui l'a créé ? Et dans quel lieu,
« avant la création, résidaient ces divinités qui
« naissent ? S'ils le disent éternel, qui le gouver-
« nait avant la venue des dieux ? Comment sou-
« mirent-ils à leurs lois ce monde qui n'en avait
« pas besoin ? D'où est venu le premier d'entre eux,
« et par qui fut engendré celui de qui descendirent
« tous les autres ? Pensent-ils aussi qu'il faille ho-
« norer leurs dieux pour le bonheur temporel et
« présent, ou pour le bonheur éternel ? Si c'est
« pour le bonheur temporel, qu'ils disent en quoi
« les païens sont plus heureux que les chrétiens ?....
« Vous leur adresserez ces objections et plusieurs
« autres semblables, non comme des provocations
« et des insultes, mais avec beaucoup de modéra-
« tion et de douceur. Et par intervalles il faudra
« comparer leurs superstitions à nos dogmes, les
« effleurant pour ainsi dire, afin que les païens
« demeurent confus plutôt qu'exaspérés, qu'ils
« rougissent de l'absurdité de leurs opinions, et ne
« pensent point que nous ignorions leurs fables et
« leurs criminelles observances. Vous leur repré-
« senterez aussi la grandeur du monde chrétien,

LES ANGLO-SAXONS. — SAINT BONIFACE.   195

« en comparaison de quoi ils sont si peu de chose.
« Et afin qu'ils ne vantent pas l'empire immémo-
« rial de leurs idoles, apprenez-leur que leurs
« idoles furent adorées par toute la terre, jusqu'à
« ce que la terre eût été réconciliée avec Dieu par
« la grâce de Jésus-Christ (1). »

Tels étaient les conseils que Boniface méditait, en pénétrant de nouveau chez les tribus païennes de la Hesse. Ces ménagements pour les traditions nationales, cette indulgence soutenue de tant de zèle et d'austérité, attiraient les barbares. Beaucoup abjurèrent leurs erreurs. Mais d'autres, en grand nombre, sacrifiaient ouvertement ou en secret aux arbres et aux fontaines, pratiquaient les divinations et les incantations, et consultaient le chant des oiseaux. Alors, par le conseil des plus sages, et pour entraîner par un grand exemple les esprits ébranlés, il résolut de renverser un arbre d'une merveilleuse hauteur, que les païens dans leur langue nommaient le chêne de Thor, et qui s'élevait au lieu appelé Geismar. Une grande multitude de barbares était accourue, menaçant de défendre à main armée ce dernier signe du culte de leur pères, et de mettre à mort l'ennemi des dieux. L'évêque parut, entouré de ses clercs. Aux premiers coups de cognée, un grand vent, qu'on regarda comme

Le chêne de Geismar.

(1) *Daniel Bonifacio :* « Hæc et his similia multa alia quæ nunc enumerare longum est, non quasi insultando vel irritando eos, sed placide ac magna objicere moderatione debes. » *Epist. Bonifacii,* 11, 12, 13, 14.

un signe du ciel, fit plier le chêne gigantesque. Il s'inclina sous le poids de ses branches, et tomba, se brisant en trois endroits, de sorte que, sans aucun travail, il se trouva partagé en quatre grands troncs d'une égale longueur. La foule des idolâtres rétracta ses imprécations, et loua le Dieu des chrétiens (1).

Le coup porté au paganisme en un jour voulait être soutenu par un effort de plusieurs années. Du bois de l'arbre sacré, on construisit un oratoire en l'honneur de saint Pierre. Deux autres églises s'élevèrent auprès d'Altenberg et d'Ohrdruff ; puis, remontant le cours de la Wera, il reprit le chemin de la Thuringe, qu'il trouva livrée à tous les désordres de l'anarchie militaire, jusqu'à ce point que, le peuple, fatigué de la tyrannie de ses comtes, s'était donné aux Saxons. En même temps, des prêtres concubinaires y prêchaient l'hérésie, en ameutant les nouveaux chrétiens contre le délégué de Rome, dont ils redoutaient l'autorité. Mais lui les confondit publiquement ; et, arrachant la multitude à leurs séductions, il continua de propager la parole de Dieu au milieu de beaucoup de privations et de périls. Le nombre des fidèles s'accrut rapidement, les églises se multiplièrent ; les nouveaux oratoires de Frizlar, d'Erfurt, d'Altenberg, d'Ohrdruff, s'élevèrent pour devenir le centre d'autant de bourgades, et les prédicateurs commencèrent à manquer.

(1) Willibald, cap. viii. Sur le culte des arbres chez les Germains, Grimm, *Mythologie,* p. 60 et suiv.

Alors Boniface tourna ses espérances vers ses frères d'Angleterre ; il écrivit aux évêques, aux abbés, aux saintes femmes qui gouvernaient des monastères ; il leur confiait sa détresse, l'insuffisance de ses prêtres, les sollicitudes de sa responsabilité épiscopale. « Pour celui qui fut appelé au « ministère de la parole, disait-il, c'est peu de vivre « saintement : s'il rougit ou s'il craint de poursui- « vre les hommes égarés, il périra avec ceux qui « périssent par son silence. » Il sollicitait donc leur secours ; il demandait des ornements sacerdotaux, des cloches, principalement des livres. On devait chercher pour lui, dans les archives des couvents, les Questions de saint Augustin de Cantorbéry, apôtre des Anglo-Saxons, avec les réponses de saint Grégoire le Grand, les Passions des martyrs, les commentaires des Pères sur saint Paul, et un volume contenant six prophètes, d'une écriture nette et sans abréviations ni liaisons, comme il le fallait « pour le soulagement de ses vieux yeux. » L'abbesse Eadburg était priée de lui faire transcrire les Épîtres de saint Pierre en lettres d'or, « afin d'honorer les saintes Écritures devant les regards charnels des païens (1). » Surtout il implorait de nouveaux ouvriers pour la moisson blan-

Colonies anglo-saxonnes appelées par S. Boniface.

---

(1) Willibald, 8. Othlon, 1, 23, 24, 25. *Epist. Bonifacii*, 22. *Danieli*, 37; *Cuthberto*, 38 et 42. *Egberto*, 39. *Pechthelmo*, 40. *Nothelmo*, 17, 18, 19, 20. *Eadburgæ*... « Mihi cum auro conscribas epistolas domini mei S. Petri apostoli, ad honorem et reverentiam sanctarum Scripturarum ante oculos carnalium prædicando. »

chissante de l'Évangile. Les monastères anglo-saxons s'ouvrirent à son appel : il en sortit un grand nombre de serviteurs de Dieu, lecteurs, écrivains, hommes habiles en différents arts, et ils se rendirent en Germanie. Une génération de disciples se forma autour du maître : c'était Lul, qui devait lui succéder un jour; Willibald, revenu du pèlerinage de Jérusalem; Wunnibald, Witta. Il avait déjà auprès de lui le jeune Grégoire et Wigbert, qu'il mit à la tête de la colonie monastique de Fritzlar. Plus tard, un homme noble de la province du Norique vint lui présenter son jeune fils, pour l'élever au service de Dieu. Celui-ci s'appelait Sturm, et devint fondateur de l'abbaye de Fulde. On vit sortir aussi des couvents de la Grande-Bretagne un essaim de veuves et de vierges, mères, sœurs, parentes des missionnaires, jalouses de partager leurs mérites et leurs périls. Chunihild et Berathgit, sa fille, s'arrêtèrent en Thuringe. Chunidrat fut envoyée en Bavière; Thecla demeura à Kitzingen, sur le Mein. Lioba, « belle comme les anges, ravissante dans ses « discours, savante dans les Écritures et les saints « canons, » gouverna l'abbaye de Bischofsheim. Les farouches Germaines, qui, autrefois, aimaient le sang et se mêlaient aux batailles, venaient maintenant s'agenouiller au pied de ces douces maîtresses. Le silence et l'humilité ont caché leurs travaux aux regards du monde; mais l'histoire marque leur place aux origines de la civilisation germanique : la Providence a mis des femmes auprès de tous les berceaux (1).

Au bout de quelques années, Boniface comptait cent mille convertis. Mais c'était peu de mener au baptême ces hommes que nous avons vus si faibles et si tentés, si prompt à quitter le Christ pour retourner aux faux dieux, au meurtre, au pillage ; il fallait mettre la cognée aux racines du paganisme dans les cœurs, plus fortes et plus tenaces que celles du chêne sacré de Geismar. Ce fut l'ouvrage de la prédication de saint Boniface et de ses disciples, si nous pouvons en juger par le recueil d'homélies qui nous est parvenu. On y trouve bien la parole toute vivante de l'apôtre, telle qu'il la devait à des néophytes grossiers, mais recueillie et traduite en latin, pour servir de modèle et comme de manuel aux prêtres chargés du même ministère. Ces homélies sont au nombre de quinze, en général très-courtes, et adressées à un auditoire aussi peu instruit des choses humaines que des divines. C'est ainsi que, racontant à ces barbares la naissance du Sauveur, le prédicateur leur apprend qu'il y avait alors une grande ville qui s'appelait Rome, un chef puissant qui se nommait Auguste, et qui fit régner la paix par toute la terre. Il trouve cependant le secret d'introduire ces esprits charnels aux

Prédications de S. Boniface.

---

(1) *Vita S. Liobæ*, apud Mabillon, *Acta SS. Ordinis S. Benedicti*, sæc. *III*. Cf. *Vita S. Sturmi*, ap. Pertz, t. II; *Vita S. Willibaldi*, ibid.; Mignet, 58, 60; Seiters, 171-221.

plus hautes considérations du christianisme, aux mystères des saintes Écritures, qu'il cite partout, à la théologie des Pères, qu'il rappelle souvent : on remarque dans le sermon dixième, sur l'Incarnation, le souvenir d'un admirable passage des Dialogues de saint Grégoire. Plusieurs de ces discours prennent occasion d'une solennité, de la Nativité, du Carême, de la fête de Pâques, pour résumer en peu de paroles, mais avec beaucoup de simplicité, de clarté et de chaleur, l'économie de la Rédemption, les points principaux de la foi, de la morale, de la discipline. Mais c'est surtout dans le quinzième sermon qu'on surprend pour ainsi dire les communications de l'évêque avec les nouveaux baptisés, lorsqu'au sortir de l'eau sainte il les instruit des devoirs de la vie chrétienne.

« Écoutez, mes frères, et méditez attentivement
« ce que vous venez d'abjurer au baptême. Vous
« avez abjuré le démon, ses œuvres et ses pompes.
« Qu'est-ce donc que les œuvres du démon ? Ce sont
« l'orgueil, l'idolâtrie, l'envie, l'homicide, la
« calomnie, le mensonge, le parjure, la haine, la
« fornication, l'adultère, et tout ce qui souille
« l'homme ; le vol, le faux témoignage, la gour-
« mandise, l'ivresse, les paroles honteuses, les
« querelles. C'est de s'attacher aux sortiléges et aux
« incantations, de croire aux magiciennes et aux
« hommes-loups, de porter des amulettes et de
« désobéir à Dieu. Ces œuvres et celles qui leur

« ressemblent sont du démon; vous les avez abju-
« rées au baptême, et selon les paroles de l'Apôtre,
« ceux qui vivent de la sorte n'entreront point dans
« le royaume des cieux. Mais, comme nous croyons
« que, par la miséricorde divine, vous avez renoncé
« à toutes ces choses, de fait et d'intention, il me
« reste à vous rappeler, mes frères bien-aimés, ce
« que vous avez promis au Dieu tout-puissant.

« Car vous avez premièrement promis de croire
« en Dieu tout-puissant, en Jésus-Christ son fils, et
« en l'Esprit-Saint : un seul Dieu dans une trinité
« parfaite. Voici les commandements que vous devez
« garder : Vous aimerez ce Dieu, que vous avez
« confessé, de tout votre cœur, de toute votre âme,
« de toutes vos forces; ensuite le prochain comme
« vous-mêmes. Soyez patients, miséricordieux, bons
« et chastes. Enseignez la crainte de Dieu à vos
« enfants et à vos serviteurs. Mettez la paix dans
« les discordes; que celui qui juge ne reçoive pas
« de présents, car les présents aveuglent même
« l'esprit des sages. Observez le jour du dimanche,
« et rendez-vous à l'église pour y prier, non pour y
« tenir de vains discours. Donnez l'aumône selon vos
« forces. Si vous avez des festins, invitez-y les pau-
« vres, exercez l'hospitalité ; visitez les malades,
« servez les veuves et les orphelins, rendez la dîme
« aux églises; ne faites point ce que vous ne vou-
« lez point qu'on vous fasse : ne craignez que Dieu,
« mais craignez-le toujours. Croyez à la venue du

« Christ, à la résurrection de la chair et au juge-
« ment universel (1). »

Questions de S. Boniface. Réponses de Grégoire.

Tout indique dans ce discours une Église constituée, qui a ses oratoires, ses fêtes, ses observances régulières. Telle fut, en effet, la puissance de la prédication et l'activité du zèle qui en organisait les conquêtes, qu'en 752, les paysans s'étant jetés sur la Thuringe, où ils brûlèrent trente églises, tant paroisses que monastères, Boniface, écrivant au pape Étienne, parlait de ces pertes comme d'un accident qui avait retardé sa lettre, mais qu'un peu de soin venait de réparer (2). C'était sous la menace des incursions, dans un pays où la civilisation antique n'avait laissé ni ruines ni souvenirs, qu'il fallait asseoir une société durable. Comment ce grand esprit, capable de mesurer la difficulté de son œuvre, ne s'en fût-il pas effrayé ? Quoi de surprenant s'il hésite, s'il s'efforce de concilier la sévérité des lois ecclésiastiques avec la faiblesse d'un peuple nouveau ; s'il prend conseil des évêques

---

(1) *Opera S. Bonifacii*, edidit Giles, t. II, p. 57. *Sermones*, 1 de fide recta, 2 de origine humanæ conditionis, 3 de gemina justitiæ operatione, 6 de capitalibus peccatis, 7 de fide et caritate, 10 de incarnatione Filii Dei, 12 exhortatio de jejuniis Quadragesimæ, 15 de abrenuntiatione in baptismate. « Audite, fratres, et attentius cogitetis, quid in baptismo renuntiastis. Abrenuntiastis enim diabolo et omnibus operibus ejus, et omnibus pompis ejus. Quid sunt ergo opera diaboli?... »

(2) *Bonifacii epist.* 78. *Stephano papæ* : « Præoccupatus fui in restauratione ecclesiarum quas pagani incenderunt, qui per titulos et cellas nostras, plus quam xxx ecclesias, vastaverunt et incenderunt : et hæc fuit occasio tarditatis litterarum. »

anglo-saxons, ses anciens maîtres ; s'il soumet une série de questions au souverain pontife ? Grégoire II lui répond en douze articles avec la fermeté et la condescendance romaines. Il traite de la législation du mariage, de la discipline cléricale, de l'administration des sacrements. Il interdit l'usage des viandes immolées ; en cas de maladies contagieuses, il ordonne aux prêtres et aux religieux de rester, et, s'il le faut, de mourir à leur poste. « Sur le
« point des empêchements en matière matrimo-
« niale, nous prononçons qu'il serait mieux de
« s'abstenir jusqu'au degré où la parenté cesse
« d'être reconnaissable ; mais, comme nous pen-
« chons à l'indulgence plutôt qu'à l'application du
« droit strict, surtout en faveur d'une nation bar-
« bare, nous voulons qu'après la quatrième géné-
« ration les noces puissent être permises... Les lé-
« preux, s'ils sont fidèles chrétiens, doivent être
« admis à la participation du corps et du sang du
« Sauveur ; mais ils ne se mêleront point aux ban-
« quets publics... En ce qui concerne les prêtres
« et les évêques irréguliers, ne refusez pas de les
« admettre à vos entretiens et à votre table. Il
« arrive souvent que les esprits rebelles aux correc-
« tions de la vérité se laissent captiver par la fa-
« miliarité d'une vie commune et par la séduction
« d'un avertissement amical. Vous en userez de
« même à l'égard des chefs temporels qui vous prê-
« teront leur appui. » Les décisions du pape con-

solaient le charitable évêque. Cet homme inflexible pour lui-même, qui n'interrompait jamais les jeûnes monastiques au milieu des fatigues de l'apostolat, ne se lassait point de solliciter des décisions, des interprétations indulgentes, pour adoucir à sa jeune Église les rigueurs des saints canons. En 732, il reçut de Rome le pallium, insigne de l'autorité métropolitaine, et le pouvoir d'achever, par l'établissement de plusieurs évêchés, l'organisation de la société catholique aux mêmes lieux où, neuf ans auparavant, il s'effrayait de sa solitude (1).

Mais les chrétientés nouvelles ne pouvaient se constituer sans une réforme générale de l'Église germanique, dont les désordres renaissants faisaient la douleur de Boniface, quand il voyait, disait-il, des prêtres tombés et des moines apostats éclater avec les païens en injures contre l'Église, et devenir un effroyable obstacle à l'Évangile. En effet, rien n'était plus effrayant pour les contemporains, mais rien n'est plus instructif que les vicissitudes de ce long combat, où chaque effort pour éclairer, pour

(1) *Epistol.*, 24, 25, 46. *Gregorius Bonifacio*, 49, 57. *Bonifacius Zachariæ*, 50, 54, 55, 56, 60, 64. *Zacharias Bonifacio*, 39. *Bonifacius Pechthelmo*. Il consulte l'évêque anglo-saxon Pechthelm sur un empêchement de mariage pour cause de parenté spirituelle, dont il entend parler pour la première fois, et qui trouble sa conscience. — On s'étonne de trouver qu'il demande au souverain pontife s'il est permis de manger de la chair de cheval, et d'autres animaux que la loi juive déclarait immondes. Il faut considérer que des actes, parfaitement indifférents en eux-mêmes, pouvaient devenir coupables par la superstition païenne qui s'y mêlait. Le cheval, par exemple, était la victime préférée des dieux scandinaves.

civiliser les peuples, succombait sous une nouvelle révolte de la barbarie.

Au moment même où Charles Martel, vainqueur des infidèles, tendant la main à la papauté, semblait devenir le sauveur de la civilisation chrétienne, elle faillit périr des suites de la victoire. Les exploits de ce grand homme de guerre, en assurant la supériorité des Austrasiens sur la Neustrie et de l'aristocratie militaire sur la royauté, avaient encore une fois changé la face du pays. Les Francs orientaux s'établirent en conquérants dans les villes de l'ouest et du centre, jusque-là paisiblement gouvernées par des officiers des rois ; et l'on vit toutes les violences d'une invasion barbare, avec tous les changements d'une révolution politique. En même temps, les armées sarrasines, passant les Pyrénées, avaient ravagé la Septimanie et l'Aquitaine. D'un côté, elles remontèrent la vallée du Rhône, prirent Lyon, Besançon et s'avancèrent jusqu'à Sens ; de l'autre, elles descendirent la Garonne, et, maîtresses de Poitiers, elles menaçaient déjà de livrer aux flammes le sanctuaire national de Saint-Martin de Tours. La bataille qui sauva l'Église des Gaules lui coûta cher : ses biens furent donnés en fiefs aux guerriers. Charles, importuné des exigences de ses leudes, leur jetait les crosses des évêchés et des abbayes. Le siège de Mayence fut occupé successivement par deux soldats, Gerold et Gewielieb, son fils : le premier périt en combattant les Saxons ;

Désordres de l'Église germanique.

le second vint en armes défier le meurtrier de son père, le tua d'un coup d'épée, et retourna sans remords au service de l'autel. De semblables chefs n'étaient pas faits pour contenir le clergé; le désordre ne trouva plus de résistance. Les derniers vestiges de la réforme accomplie par saint Colomban s'effacèrent; et, s'il en faut croire Hincmar, le christianisme sembla un moment aboli, et, dans les provinces orientales, les idoles furent restaurées.

D'un autre côté, les hérésies grecques, propagées au midi de la Germanie par les Goths et les Hérules, renaissaient de leurs cendres. L'arianisme reparaissait dans la Bavière; des religieux africains y avaient porté les doctrines manichéennes. On y trouvait des évêques sans siége, des prêtres sans mission, des serfs tonsurés échappés des manoirs de leurs maîtres, des clercs adultères qui sortaient de leurs orgies avinés et chancelants, pour aller lire l'Évangile au peuple. D'autres immolaient des taureaux et des boucs au dieu Thor, et venaient ensuite baptiser les enfants, on ne sait au nom de quelle divinité. Un Irlandais, nommé Clément, parcourait les bords du Rhin, traînant à sa suite une concubine, prêchant l'erreur, s'élevant contre la doctrine des Pères et contre les traditions de l'Église. Un autre hérétique, nommé Aldebert, faisait lire devant lui une lettre du Christ apportée par les anges, se vantait de ses miracles, distribuait lui-même ses reliques. La foule, entraînée à ses oratoires, qu'il érigeait sous sa propre invocation, désertait les églises, et n'écoutait plus la voix des pasteurs. Ces égarements rappelaient les erreurs du gnosticisme, et montraient combien la raison humaine, énervée par l'idolâtrie, avait de peine à ressaisir la vérité (1).

(1) Othlon, I, 37. Willibald, IX. *Bonifacii epist.*, 54, 60. Zacharias Bonifacio, 57. Bonifacius Zachariæ : « Pro sacrilegis presbyteris qui tauros, hircos diis paganorum immolabant, manducantes sacrificia mortuorum... » « Erroneos simulatores sub nomine episcoporum vel presbyterorum... gyrovagos, multos servos tonsuratos qui fugerunt a dominis suis. » Cf. *Concilium Romanum*, de Adalberto hæretico, apud Giles, *Bonifacii Opera*, t. II, p. 40. 25 *Gregorius Bonifacio* : « Qui a presbytero Jovi mactante et immolatitias carnes vescente baptizati sunt. »

Les écrivains protestants, et parmi eux Néander (*Kirchengeschichte*, III, 68), et Rettberg, I, 312, ne peuvent comprendre la recommandation adressée par Grégoire II à Boniface, d'admettre difficilement aux ordres sacrés les Africains qui s'y présentent, et parmi lesquels se glissent souvent des manichéens. On ne peut supposer, assurent-ils, qu'il y eût des manichéens en Thuringe au huitième siècle, et il faut reconnaître dans ces expressions la reproduction servile d'une formule insérée dans le *Liber diurnus*, et rédigée premièrement pour l'Italie, au temps où les manichéens y dogmatisaient. — La critique luthérienne a en effet quelque intérêt à dissimuler cette tradition du manichéisme, qui traverse les temps barbares, et, par l'intermédiaire des pauliciens, arrive aux albigeois, ces protestants du moyen âge. Mais la présence de plusieurs sectes, et particulièrement des manichéens, dans ces chrétientés naissantes et mal disciplinées que Boniface évangélisait, résulte expressément de sa lettre à Daniel, *Ep.* 127, où il accuse ces hérétiques qui interdisaient les viandes que Dieu permet : « Abstinentes a cibis quos Deus ad percipiendum creavit. Quidam melle et lacte proprie pascentes se, panem et ceteros abjiciunt cibos. » C'est une des marques caractéristiques du manichéisme et de toutes les sectes qui s'y rattachent.

Rettberg (p. 317), préoccupé de l'antagonisme qu'il suppose entre les missionnaires de l'Église bretonne et ceux de l'Église romaine, ne voit que des Bretons et des Irlandais parmi les adver-

Deux dangers, l'un politique, l'autre théologique, menaçaient donc la Germanie chrétienne : ils faisaient toute la sollicitude de Boniface, et occupèrent la troisième période de sa mission.

Troisième voyage de S. Boniface à Rome.

Elle commença, comme les deux autres, par un pèlerinage. L'évêque venait de visiter les bords du Danube; il y avait vu la tyrannie des grands, la corruption des ecclésiastiques, la hardiesse des sectaires. Ces maux voulaient une répression décisive. Il résolut d'en conférer avec le pape Grégoire III, qui avait succédé au pontificat de Grégoire II et à ses desseins. Boniface partit pour Rome en 738 avec une suite nombreuse; il y fut accueilli par l'hospitalité fraternelle du souverain pontife, par la vénération des Romains, et par le pieux empressement des étrangers. Une multitude innombrable de Francs, de Bavarois, d'Anglo-Saxons, pèlerins de tous les pays de l'Occident, l'accompagnaient pour ne rien perdre de ses discours. Il séjourna un an dans la ville éternelle, occupé de régler les affaires de son Église avec Grégoire III, et de visiter les tombeaux des saints, afin de recommander à leurs prières le reste de ses vieilles années. Enfin, il s'éloigna, comblé de présents, muni

saires de Boniface. Si cependant Clément, Simon, Virgile, appartiennent à l'Église d'Irlande, combien d'autres contradicteurs ne trouvent-ils pas dans le clergé franc et bavarois, Aldebert, Godalsac, Gewielieb, Milo, et ce nombre infini de prêtres simoniaques qui redoutaient de le voir élevé à la dignité archiépiscopale. V. *Vita S. Gregorii Trajectensis.*

de trois lettres pour tous les prélats, pour les nations converties, pour les évêques des Alemans et des Bavarois. Il était chargé d'une délégation nouvelle à l'effet d'instituer des siéges épiscopaux, de réformer le clergé et le peuple, et d'achever enfin l'organisation ecclésiastique des contrées qui obéissaient aux Francs (1).

Le délégué du saint-siége se rendit premièrement en Bavière, et, de concert avec Odilo, duc de cette nation, il y commença la réforme religieuse. Son premier soin fut de convoquer un synode, dont on ne peut marquer exactement ni le temps ni le lieu, mais dont les décrets partagèrent la province entre les quatre évêchés de Salzburg, Freisingen, Ratisbonne et Passau. Vivilo de Passau fut maintenu dans son siége : pour les trois autres, on fit choix de trois hommes éprouvés. Autour d'eux les rangs du sacerdoce se resserrèrent, les hérésies et les idoles rentrèrent dans l'oubli, et l'on vit se relever avec gloire l'ouvrage ruiné de saint Severin et de saint Rupert. Boniface rendit compte de sa mission au siége apostolique, et remonta vers le Nord. L'an 742, et quand la mort de Charles Martel permit de mettre la main à la réforme de ce clergé simoniaque et belliqueux, dont il s'était en-

{Réforme des Églises de Germanie. Conciles.

(1) Willibald, IX. « Francorum enim et Bagoariorum, necnon ex Britannia advenientium Saxonum, aliarumque provinciarum, ingens sedulo opus admonitioni adhærebat multitudo. » *Bonifacii Epist.*, 43, 44, 45. Gregorius, *universis episcopis ; universis optimat., episcopis Bagoariæ.*

touré, un second synode fut célébré sous l'autorité de Carloman, fils de Charles Martel, et en présence de ses guerriers. On y reconnut l'autorité archiépiscopale de Boniface, et le partage qu'il venait de faire de la Franconie en trois diocèses : Wurtzbourg, Burabourg, Eichstædt. Erfurt y fut joint pour la Thuringe. Le synode commença par rétablir les églises dans leurs droits et dans leurs biens ; il prononça la dégradation des prêtres intrus et concubinaires ; rappela le clergé aux anciennes maximes qui lui interdisaient l'habit laïque, la compagnie des femmes, l'usage des armes, des meutes et des faucons. Enfin, des prohibitions sévères poursuivaient les restes du paganisme, l'observation des augures, les sortiléges, les feux allumés en l'honneur des faux dieux, les sacrifices sur les tombeaux. L'année suivante (743), en présence de Carloman, une autre assemblée fut tenue pour l'Austrasie, à Leptines, non loin de Cambrai : Boniface y présida. Tous les ordres du clergé, « évêques, prêtres et diacres, avec les clercs inférieurs, promirent de faire revivre, par leurs mœurs et leur doctrine, les saintes règles des Pères et les lois de l'Église. » Les abbés et les moines se soumirent à la règle de saint Benoît. Les périls de la guerre et les besoins de l'État décidèrent les évêques et le peuple à laisser au prince la jouissance précaire d'une partie des biens ecclésiastiques, à charge d'une redevance annuelle de douze deniers par feu. D'autres articles

LES ANGLO-SAXONS. — SAINT BONIFACE. 211

interdirent l'adultère, l'inceste, les noces illicites, la vente des esclaves chrétiens aux idolâtres. Le dernier renouvelait la défense des pratiques païennes, sous peine de quinze pièces de monnaie. On dressa, pour éclairer le zèle des prédicateurs, une liste de trente superstitions populaires, monument instructif du paganisme germanique; et la formule suivante, rédigée en langue tudesque, fut proposée aux convertis : « Je renonce au démon, à la com-
« munion du démon, aux œuvres et aux paroles du
« démon, à Dunar, Woden et Saxnot, et à tous
« les esprits impurs qui sont avec eux (1). » Le concile tenu l'année suivante à Soissons, sous Pépin, étendit les mêmes bienfaits aux provinces

(1) Willibald, X. Giles, *Opera Bonifacii*, t. II, p. 11. *Capitulare Karlomanni de Concilio Liptinensi*, 743. *Indiculus superstitionum : Abrenuntiatio diaboli*, apud Pertz, t. II. Ce monument de la langue teutonique au huitième siècle est trop intéressant pour ne point le rapporter ici.

« Forsachis tu diabolæ? » *Et respondeat :* « Ec forsacho diabolæ. — End allum diobolgelde? » *Respondeat :* « Ec forsacho allum diobolgeldæ. — End allum dioboles werkum? » *Respondeat :* « End ec forsacho allum dioboles werkum end wordum : Thunaer ende Woden ende Saxnote, ende allem them unholdum the hira genotas sint. — Gelobis tu in got alamehtigan fadaer? — Ec gelobo in got alamehtigan fadaer. — Gelobis tu in Crist godes suno? — Ec gelobo in Crist godes suno. — Gelobis tu in Halogan Gast? — Ec gelobo in Halogan Gast. »

J'appelle l'attention sur le mot *diobolgelde*, où l'on reconnaît une trace de ces fameuses *gilde*, associations païennes de festins et de secours mutuels, qui se perpétuèrent et prirent un caractère politique au moyen âge. On a douté que l'*Indiculus* et les formules qui le suivent dussent réellement faire partie des actes du concile de Leptines. Mais ces documents s'y rattachent nécessairement par la pensée qui les a dictés.

neustriennes. On y ajouta l'ordre de publier dans tout le pays le symbole de Nicée et les canons des anciens conciles. Cette mesure indique le péril de la foi, ébranlée par les prédications des sectaires ; et, en effet, il est recommandé de détruire les croix superstitieuses que l'hérétique Aldebert plantait sur son chemin. Enfin, le bras séculier se fait sentir, en infligeant une amende proportionnelle « à « quiconque enfreindra un de ces articles établis « par vingt-trois évêques et d'autres serviteurs de « Dieu, avec le consentement du duc Pépin et des « chefs des Francs. » Il ne restait plus que de réunir les deux clergés d'Austrasie et de Neustrie, pour donner à ces décisions le sceau d'une loi nationale ; et tel semble l'objet d'un synode tenu, l'année suivante, en présence des deux maires à la fois, Pépin et Carloman. Ces assemblées solennelles, bénies par le souverain pontife, conduites par un saint, sous la protection de deux chefs puissants, excitèrent l'admiration des peuples. Elles renouaient la suite des synodes nationaux, interrompus depuis quatre-vingts ans. Les contemporains les comparèrent aux grands conciles de Nicée, de Constantinople, d'Éphèse et de Chalcédoine. Les uns et les autres servirent puissamment le christianisme ; les définitions de Nicée et d'Éphèse fixèrent les dogmes dans l'Église ; les règlements de Soissons et de Leptines y fixèrent les nations (1).

(1) Sur le nombre des conciles célébrés par Boniface, il faut voir

Le concile de Soissons avait ordonné que les synodes seraient célébrés tous les ans ; et Boniface, principal auteur du décret, en pressa l'exécution dans une suite d'assemblées, dont les statuts annuels, appropriés aux besoins des temps et des lieux, naturalisèrent en quelque façon la foi chrétienne dans l'esprit et jusque dans la langue des barbares. Injonction fut faite aux prêtres d'enseigner à tous les fidèles de leurs paroisses l'oraison dominicale et le symbole, comme aussi de se mettre en état d'entendre dans l'idiome du pays les abjurations, professions de foi et confessions des catholiques. Enfin, pour affermir la discipline de l'épiscopat, dont les désordres avaient fait le péril principal de ce siècle, on releva la juridiction des métropolitains, qui devaient se rattacher par un lien plus étroit à la chaire de Saint-Pierre. Boniface ne réussit qu'imparfaitement à reconstituer la juridiction archiépiscopale en Neustrie. Mais, à moins d'abandonner l'ouvrage de tant d'années, il fallait sur les bords du Rhin un siége puissant, dont l'autorité s'étendît à la fois sur la frontière chrétienne et sur le champ de bataille des missions. L'assemblée des Francs choisit Mayence pour métropole ; et Boniface, qu'on a accusé d'avoir convoité ce siége, d'en avoir dépossédé Gewielieb afin de s'en ménager l'usurpation, ne l'accepta

l'excellente discussion de Rettberg, p. 353, et Binterim, *Deutsche Concilien*, t. II, p. 15. Seiters, p. 438. *Vita Gregorii Trajectensis*, apud Mabillon, *A. SS. O. S. B.*, III, pars 2ª, cap. ix.

qu'après une longue résistance. Ses vues s'étaient arrêtées sur Cologne, plus près du Nord et des païens de la Frise, dont le souvenir le poursuivait. Cependant, par un bref en date du 4 novembre 748, le pape Zacharie lui conféra l'église de Mayence érigée en métropole, « ayant sous sa juridiction Ton-« gres, Cologne, Worms, Spire et Utrecht, avec « tous les peuples de la Germanie, où la prédication « du vénérable évêque avait porté la lumière du « Christ (1). » Le travail de restauration qui s'achevait ainsi dans l'Église germanique devait se continuer dans l'État. L'esprit de discipline, ramené dans les rangs du clergé, gagna les grands; tout tendit à l'unité. Il était temps de mettre fin au désordre d'une royauté impuissante sous des maires souverains. Le pape, consulté, conseilla de rétablir

(1) Sur l'affaire des juridictions archiépiscopales, voyez surtout la lettre 54 de Zacharie à Boniface. Boniface expose ses idées en ce qui touche les droits et les devoirs des métropolitains dans la lettre 63 à Cuthbert. — Sur l'élévation de Boniface au siége de Mayence, *Bonifacii Epist.*, 72, Zacharias *Bonifacio*. La lettre du pape résume les travaux de saint Boniface jusqu'à cette époque : « Qualiter Dominus Deus noster sanctæ Ecclesiæ propitiatus sit, et laboribus sanctissimæ fraternitatis tuæ cooperator exstiterit, per singula edicere longum est. Tamen, ut hæc quæ objicimus confirmemus, quæ ex parte te narrante perspeximus, enarramus. Igitur, dum in Germania provincia tua fraterna sanctitas fuisset *directa* a sanctæ recordationis prædecessore nostro domino Gregorio papa, et, post inchoatum opus et aliqua ex parte spiritualiter ædificatum, Romam reversus, ab eo episcopus ordinatus, et illic ad prædicandum denuo *remissus* es, et elaborasti, Deo prævio, nunc usque per annos XXV in eadem prædicatione ex quo episcopatum suscepisti. Sed et in provincia Francorum *nostra vice* concilium egisti, et juxta Canonum instituta, Deo eis annuente, omnes flexi sunt obedire... »

LES ANGLO-SAXONS. — SAINT BONIFACE. 215

la vérité, en réunissant sur une même tête le titre et le pouvoir. En 752, les guerriers réunis à Soissons élevèrent Pépin le Bref sur le bouclier, et les évêques lui donnèrent l'onction des rois d'Israël. Ce rit nouveau, inconnu des Francs mérovingiens, était emprunté à la liturgie de l'Église anglo-saxonne, et plusieurs chroniques témoignent en effet que Boniface sacra Pépin (1).

Devenu le législateur religieux d'un nouvel empire, et, après le souverain pontife, le plus grand nom de l'Église d'Occident, Boniface tenait le serment qu'il avait prêté le jour de son ordination : il étendait sa sollicitude aux intérêts généraux de la chrétienté. Déjà il avait visité dans Pavie Luitprand,

Remontrances de Boniface aux rois, aux évêques et au pape.

(1) Nous nous séparons ici de Rettberg, qui s'attache (t. I, p. 380) à décharger Boniface de toute participation au sacre de Pépin. L'argument principal de Rettberg est le silence de beaucoup de chroniques, qui se bornent à mentionner le sacre de Pépin « consecratione episcoporum, » sans nommer Boniface : tandis que son nom paraît pour la première fois dans les petites annales de Lorsch, c'est-à-dire d'un monastère comblé des bienfaits de la dynastie carlovingienne, et enclin à lui prêter facilement le prestige d'une consécration solennelle par la main de l'archevêque martyr. *Annales Laurissenses minores*, apud Pertz, I, 116, ad ann. 750. « Quod ita et factum est per unctionem S. Bonifacii archiepiscopi Suessionis civitate. » — Comme nous ne considérons pas avec Rettberg l'avénement de Pépin comme une usurpation, et que nous n'éprouvons aucun besoin de disculper saint Boniface de la part qu'il aurait prise à ce grand acte national, nous ne sommes pas touché du silence des chroniques, qui, en attribuant le sacre de Pépin aux évêques des Francs, ne désignent point Boniface, mais ne l'excluent pas davantage. Le témoignage des annales de Lorsch est formel ; il est répété par les annales de Metz, de Fulde, de saint Bertin. Mais surtout il s'accorde avec cet indice considérable que le sacre des rois fut emprunté au rituel de l'Église anglo-saxonne, avec laquelle Boniface avait conservé le commerce le plus actif.

roi des Lombards, afin de contenir ce prince ambitieux, que Rome avait vu plusieurs fois camper sous ses murs. Il écrivait au roi anglo-saxon Éthelbald pour l'arracher aux désordres d'une mauvaise vie. Dans cette lettre, signée de lui et de ses quatre suffragants, on reconnaît toute la prudence d'un zèle vraiment chrétien, et moins pressé de foudroyer le pécheur que de le convertir. Boniface loue premièrement le roi de ses aumônes et de sa fermeté à réprimer les violences, les rapines et les parjures. Mais il s'afflige d'apprendre qu'un si grand prince, se refusant aux liens d'un mariage légitime, se déshonore par la luxure et l'adultère, portant ses mains jusque sur les vierges consacrées à Dieu. Après avoir rappelé avec la gravité d'un théologien les menaces de l'Écriture sainte contre les crimes de la chair, il s'arrête à deux considérations, où perce une grande sagesse politique, éclairée par l'étude et la comparaison des peuples, et qui a trouvé dans la pureté ou dans la corruption précoce des races barbares la raison de leurs destinées. D'un côté, il cite au prince l'exemple des vieux Saxons, de cette branche encore païenne de la même famille, chez qui « la femme adultère est contrainte
« de se pendre de sa propre main ; et, après qu'on
« a brûlé son corps, le séducteur est pendu lui-
« même au-dessus du bûcher. D'autres fois, les
« femmes du pays se rassemblent autour de la pé-
« cheresse, et, déchirant ses vêtements au-dessus de

« la ceinture, elles la poursuivent à coups de ver-
« ges et de couteaux, et la chassent ainsi de manoir
« en manoir, jusqu'à ce qu'elles la laissent morte
« ou mourante. Tel est le respect des gentils, de ces
« hommes sans loi, pour la loi de la nature écrite
« dans leurs cœurs. » D'un autre côté, il représente
les habitants de l'Espagne, de la Provence et de la
Bourgogne, gagnés par ces vices honteux que Dieu
châtie par l'épée des Sarrasins. « Prenez garde,
« continue-t-il, que votre peuple ne se perde à son
« tour par l'exemple du prince. Car, si la nation
« des Anglais, ainsi qu'on le répète en ce pays, et
« qu'on nous en fait le reproche en France, en Ita-
« lie et jusque chez les païens, méprisant les noces
« légitimes, en vient à mener une vie digne de So-
« dome, sachez que les flancs des prostituées don-
« neront le jour à une race dégénérée, abjecte dans
« ses penchants, qui ne sera plus ni forte à la
« guerre, ni fidèle à sa parole, ni aimable à Dieu, ni
« honorée des hommes. » Assurément l'accent du
patriotisme indigné éclate ici, et l'on n'y voit rien
de cette faiblesse reprochée à saint Boniface par
quelques historiens. Il gourmande le zèle endormi
du clergé d'Angleterre. « Soyons fermes dans la jus-
« tice, écrit-il à Cuthbert, et préparons nos cœurs
« à l'épreuve, mettant notre confiance en celui qui
« a placé le fardeau sur nos épaules. Mourons, si
« Dieu le veut, pour les saintes lois de nos pères,
« afin de mériter avec eux l'héritage éternel. » Cet

homme, accusé de s'être rendu l'aveugle instrument des papes, de les avoir importunés de consultations qui attestent la timidité de son esprit et de son caractère, ne craignait pas de faire entendre au siége apostolique de sévères avertissements : il réclamait hautement contre les abus de la chancellerie romaine ; il pressait le zèle du pape Zacharie, et demandait la suppression des danses idolâtriques, tolérées à Rome aux calendes de janvier. Des pèlerins qui avaient visité la ville sainte à cette époque lui rapportaient avec horreur qu'ils avaient vu sur les places, et jusqu'au seuil des églises, des danses accompagnées de chants sacriléges et de grands cris à la manière des païens, les tables chargées de viandes pendant la nuit, les femmes portant et vendant publiquement des phylactères et des amulettes. A ces récits, le vieil archevêque, qui a passé des années à poursuivre les restes de l'idolâtrie, s'indigne, et écrit au pape : « Que Votre Paternité
« daigne m'éclairer sur ce point, pour éviter à
« l'Église, aux prêtres et au peuple chrétiens, la
« douleur de voir naître des scandales, des schis-
« mes et des erreurs nouvelles. Car, si des hommes
« charnels, des Alemans, des Bavarois, des Francs,
« qui ne savent rien, voient pratiquer publique-
« ment à Rome ce que nous leur défendons comme
« péché, ils le croient permis par l'Église, et en
« tirent une accusation contre nous, un scandale
« pour eux. De là un grand obstacle à la prédica-

« tion et à l'enseignement, selon cette parole de
« l'Apôtre : Vous observez encore les temps et les
« jours à la manière des païens : je crains bien
« d'avoir travaillé inutilement à votre salut. » Ce
n'est pas là le langage du schisme, mais c'est celui
d'un amour exigeant et jaloux, qui ne souffre rien
d'imparfait dans l'exercice d'une autorité qu'il voudrait faire honorer de toute la terre (1).

Il restait à saint Boniface d'assurer la durée de son œuvre, en fixant pour longtemps au cœur de la Germanie ces missions anglo-saxonnes qui avaient mis à son service tant d'excellents ouvriers. Le secret de ses succès était dans le nombre, le zèle et la discipline de cette milice religieuse que l'Angleterre lui donna, qu'il distribua d'abord sur les points les plus importants, à Amoneburg, à Ohrdruff, à Buraburg, à Fritzlar. Il fallait relier entre eux ces différents postes, et les fortifier par un établissement plus considérable destiné à devenir comme la citadelle du monachisme au centre de la barbarie et sur les confins des Saxons. Le disciple Sturm, chargé de cette mission, « sella son âne, et, prenant le viatique, il partit seul, se recommandant au Christ, qui est la voie, la vérité et la

Fondation de l'abbaye de Fulde.

---

(1) Willibald, VI. *Bonifacii Epist.*, 62. Bonifacius *Ethelbaldo*, 63. *Cuthberto*, 49. *Zachariæ* : « Quia carnales homines, idiotæ Alemanni, vel Bagoarii, vel Franci, si juxta Romanam urbem aliquid facere viderint ex his peccatis quæ nos prohibemus, licitum et concessum a sacerdotibus esse putant, et nobis improperium deputant, sibi scandalum accipiunt. »

vie. Il s'enfonça dans la forêt qu'on nommait *Buchonia*, et il commença à parcourir de vastes espaces, remarquant les collines, les vallons, les torrents, les rivières. Il cheminait ainsi en récitant les psaumes et ne se reposait que la nuit. Alors, avec la serpe qu'il portait, il abattait du bois pour abriter son âne contre les bêtes sauvages ; et lui, s'étant signé, dormait tranquille. » Pendant plusieurs jours, Sturm erra dans les profondeurs de la forêt vierge sans rien voir que le ciel, la terre et de grands arbres, sans rencontrer autre chose que les bêtes fauves, des volées d'oiseaux effrayés, et des bandes de sauvages qui descendaient à la nage le cours de la Fulda. Il s'arrêta enfin dans un lieu voisin de la rivière, dont la beauté lui plut, et, l'ayant béni et marqué d'un signe, il alla dire à l'archevêque ce qu'il avait trouvé. Saint Boniface approuva le choix, se rendit auprès du duc Carloman, et en obtint la concession du lieu indiqué, « jusqu'à un rayon de quatre mille pas à l'orient « et à l'occident, au septentrion et au midi. » Le douzième jour de mars de l'an 744, sept moines sous la conduite de Sturm, pourvus d'une donation de Carloman, avec l'assentiment de tous les hommes nobles du pays, prirent possession du sol avec des chants et des prières. Ils défrichèrent ensuite l'espace où devait s'élever le monastère, et au bout de deux mois Boniface vint le trouver avec un grand nombre de disciples et de serviteurs. Pendant que

ceux-ci aidaient les frères à renverser les arbres, à balayer les ronces et les broussailles, l'archevêque ravi bénissait Dieu d'avoir préparé un tel séjour à ses serviteurs. En effet, il aima cette solitude, il y revint souvent ; il s'y plaisait à instruire les moines, à leur interpréter les Écritures, à leur donner l'exemple des austérités et du travail. Il avait voulu, en 748, que Sturm, accompagné de deux frères, allât se former à la règle de saint Benoît dans les plus saints monastères d'Italie. En 751, il sollicitait du saint-siége apostolique un privilége qui mît la nouvelle abbaye hors de toute juridiction épiscopale. « Il y a, écrivait-il, un lieu sauvage, au plus
« profond d'une solitude immense, au milieu des
« peuples de mon apostolat, où j'ai élevé un mo-
« nastère pour y mettre des moines sous la règle de
« saint Benoît, des hommes d'une sévère abstinence,
« qui n'usent ni de vin, ni de viande, ni de servi-
« teurs, mais qui se contentent du travail de leurs
« mains. J'ai obtenu cette possession de plusieurs
« hommes religieux, et surtout de Carloman, alors
« prince des Francs, et je l'ai consacré au nom du
« Sauveur. C'est là qu'avec le bon plaisir de Votre
« Sainteté, j'ai résolu de donner un repos de quel-
« ques jours à mon corps brisé par la vieillesse, et
« de choisir une sépulture ; car cet endroit est dans
« le voisinage des quatre peuples auxquels, par la
« grâce de Dieu, j'ai annoncé la parole du Christ. »
Le privilége fut accordé, et commença la grandeur

de cette puissante abbaye de Fulde, qu'on verra, rivale de Saint-Gall, réaliser l'idéal des colonies monastiques de l'Angleterre, et porter dans l'Allemagne centrale toutes les lumières de l'île des Saints (1).

Correspondance littéraire de S. Boniface.

Ainsi, au milieu des agitations d'une vie mêlée à toutes les affaires de l'Église et de l'État, Boniface n'avait perdu ni les traditions ni les habitudes du cloître, et, sous son manteau d'archevêque, c'était le cœur d'un moine qu'il gardait. C'était dans les monastères de sa patrie qu'il avait contracté ce goût des lettres, dont il ne se défit pas : il y avait enseigné la grammaire, l'éloquence et l'art des vers, avec un éclat qui attirait autour de lui un nombreux auditoire ; et cet homme destiné à de grandes choses avait composé un Traité *des huit parties du discours*. On y trouve assurément peu de vues nouvelles ; mais il y avait quelque mérite, en des temps si difficiles, à conserver, à méditer, à reproduire dans une compilation judicieuse, les écrits de Donatus, de Diomède et de Charisius. Plus tard, et dans son exil de Thuringe, l'ancien maître entre-

---

(1) *Vita S. Sturmi*, Mabillon, A. S. O. B., III, 2 part., p. 273. Pertz, II, 369. *Bonifacii Epist.*, 75 : « Est præterea locus silvaticus in eremo vastissimæ solitudinis, in medio nationum prædicationis nostræ, in quo monasterium construentes monachos constituimus, sub regula sancti patris Benedicti viventes, » etc. Rettberg, 571. Seiters, 454. M. Mignet (p. 76 et suiv.) a reproduit très-heureusement l'admirable épisode de la fondation de Fulde, en conservant la simplicité de la vieille légende, avec les vues plus nettes et les traits plus vigoureux qui conviennent à l'histoire moderne.

tient une correspondance littéraire avec ceux qui regrettent ses leçons. S'il presse de sollicitations ses amis de la Grande-Bretagne, ce n'est pas seulement pour en obtenir des livres de liturgie, de théologie, de droit canonique : il veut suivre les progrès de ces écoles dont il a vu commencer la prospérité. Il prie l'archevêque Egbert, d'York, de lui faire transcrire « quelques-uns des opuscules de « Bède, de ce maître fameux qu'il a entendu van- « ter comme une intelligence enrichie des dons de « la grâce divine; afin, dit-il, que si Dieu vous a « donné un flambeau, nous en jouissions aussi. »

En échange de ces écrits que les évêques et les moines tiraient pour lui de leurs bibliothèques, il leur envoyait les productions des pays barbares, des tissus de poils de chèvre, des peaux préparées ; et à son vieux maître Daniel, une fourrure pour lui tenir les pieds chauds. Il avait pour les princes des présents plus riches : il offrit au roi Éthelbald un épervier, deux faucons, deux boucliers, deux lances; et à la reine, un peigne d'ivoire et un miroir d'argent. Tout le recueil de ses lettres témoigne de cette politesse d'esprit et de mœurs qui ne s'altérait ni par l'isolement, ni par le commerce des barbares. Sa latinité n'a pas toute l'enflure, toute la recherche que les écrivains anglo-saxons avaient imitées des derniers rhéteurs romains. Mais les hellénismes nombreux dont elle est mêlée indiquent une connaissance de la langue grecque, moins rare

qu'on ne pense quand les disciples de saint Théodore de Cantorbéry occupaient toutes les chaires. Peut-être le grammairien se trahit-il plus qu'il ne faut, quand il doute de la validité du sacrement conféré par un prêtre qui baptisait *in nomine Patria et Filia*. Mais, lorsqu'il félicite le pape Zacharie de son joyeux avénement, on aime à le voir trouver sous sa plume d'élégants hexamètres, et prouver qu'à soixante ans il se souvient des jeux classiques de sa jeunesse. On ne sait pas assez à quel point le démon des vers latins possédait ces Anglo-Saxons, hommes et femmes, derrière les murs des cloîtres comme dans les périls de l'apostolat. Une parente de saint Boniface lui écrivait la lettre suivante, qu'il faut citer pour pénétrer dans les mœurs de cette société mal connue, et pour surprendre tout ce qui s'y cachait de tendresse de cœur et de culture d'esprit : « Au très-révérend seigneur et évêque Boni-
« face, très-aimé dans le Christ, sa parente Leob-
« gytha, la dernière des servantes de Dieu, santé et
« salut éternel. — Je conjure Votre Clémence de
« daigner se souvenir de l'amitié qui vous unit
« jadis à mon père, qui se nommait Tinne, habitant
« du Wessex, et qui a quitté ce monde il y a huit
« ans, en sorte que vous vouliez bien prier pour le
« repos de son âme. Je vous recommande aussi ma
« mère Ebbe, votre parente, comme vous le savez
« mieux que moi, qui vit encore dans une grande
« peine, et depuis longtemps accablée d'infirmités.

« Je suis leur fille unique; et plaise à Dieu, tout
« indigne que j'en suis, que j'aie l'honneur de vous
« avoir pour frère! car nul homme de notre parenté
« ne m'inspire autant de confiance que j'en ai mis
« en vous. J'ai pris soin de vous envoyer ce petit
« présent, non que je le croie digne de vos regards,
« mais pour que vous vous souveniez de ma peti-
« tesse, et qu'en dépit de la distance des lieux, le
« nœud d'une véritable tendresse nous unisse pour
« le reste de nos jours. Voici donc, frère très-ai-
« mable, ce que je demande avec supplication :
« c'est que le bouclier de vos prières me couvre
« contre les traits empoisonnés de l'ennemi. Je de-
« mande aussi que vous excusiez la rusticité de
« cette lettre, et que Votre Affabilité ne me refuse
« point quelques mots de réponse après lesquels je
« soupire. Vous trouverez ci-dessous des vers que
« j'ai cherché à composer selon la règle de l'art
« poétique; non pas par confiance en moi-même,
« mais pour exercer le peu d'esprit que Dieu m'a
« donné, et pour solliciter vos conseils. J'ai appris
« ce que je sais d'Eadburg, ma maîtresse, qui ne
« cesse d'approfondir l'étude de la loi divine. Adieu :
« vivez d'une vie longue et heureuse ; intercédez
« pour moi.

« Que le Juge puissant, créateur de la terre,
« Qui règne glorieux au royaume du Père,
« Vous conserve brûlant de son feu chaste et doux,
« Jusqu'au jour où le temps perdra ses droits sur vous (1) ! »

(1) Willibald, 2 : « Ita ut maxima demum Scripturarum erudi-

Celle qui écrivait ainsi était la même que cette belle et savante Lioba, appelée un peu plus tard au gouvernement du monastère de Bischofsheim, où elle enseigna sans doute la prosodie latine aux filles des Germains. Boniface répondit à de si touchantes prières en l'associant à ses travaux; on peut croire qu'il lui adressait, à son tour, son poëme des *Vertus*. C'est un ouvrage d'environ deux cents vers, dédié à une sainte femme : « J'ai voulu, dit-il, envoyer à « ma sœur dix pommes d'or cueillies sur l'arbre « de vie, où elles pendaient parmi les fleurs. » Ces dix pommes d'or sont dix énigmes dans ce goût recherché, qui tient à la fois de la décadence latine et de la poésie barbare. Chaque énigme contient la définition d'une vertu dont le nom se forme des initiales de chaque vers. Le poëte met successivement en scène la Charité, la Foi, l'Espérance, la Justice, la Vérité, la Miséricorde, la Patience, la

Ses poésies.

tione, tam grammaticæ artis eloquentia et metrorum medullatæ facundiæ modulatione, quam etiam historiæ simplici expositione et spiritualis tripartita intelligentiæ interpretatione imbutus, dictandique peritia laudabiliter fulsit. » Cf. Othlon, I, 3. — Ars domini Bonifacii, archiepiscopi et martyris, apud Mai, *Classici auctor.*, t. VII; 1835. *Epist. Bonifacii*, 12, 17-20, 38, 41, 49, 101. — *Leobgitha Bonifacio :* « Istos autem subterscriptos versiculos componere nitebar secundum poeticæ traditionis disciplinam, non audacia confidens, sed gracilis ingeniosi rudimenta exercitare cupiens, et suo auxilio indigens. Istam artem ab Eadburgæ magisterio didici, quæ indesinenter legem divinam rimari non cessat.

   Arbiter omnipotens, solus qui cuncta gubernat,
   In regno Patris semper qui lumine fulget,
   Qua jugiter flagrans sic regnet gloria Christi,
   Illæsum servet semper te jure perenni. »

Paix, l'Humilité, la Virginité. Je cite l'énigme de la Justice, où l'on voit mieux qu'ailleurs quelle place les souvenirs mythologiques tenaient encore, au huitième siècle, dans l'imagination d'un saint. « On dit que le foudroyant Jupiter me donna le jour, « et que, vierge, j'ai quitté à cause de ses crimes « la terre profanée. Rarement mon visage se montre « aux enfants des hommes. Fille glorieuse du Roi « des cieux, me jouant dans les embrassements de « mon père, je gouverne le monde par ses lois. La « famille des hommes jouirait d'un âge d'or éter- « nel, si elle gardait la règle de la vierge qui les « aime. Le jour où je fus méprisée, l'essaim des « maux s'abattit sur les peuples; ils foulèrent sans « repentir les préceptes du véritable maître du ton- « nerre, les lois du Christ : voilà pourquoi ils des- « cendent tristement dans la nuit de l'Érèbe, et « vont habiter en pleurant le brûlant royaume de « Pluton. » Je ne me fais pas d'illusion sur le mérite de ces jeux d'esprit; mais je ne puis m'empêcher de remarquer tout ce qu'il y a de légitime, de respectable, dans les lettres humaines, pour qu'un homme si saint, si occupé des intérêts de l'éternité, n'ait pu se détacher de cette dernière consolation terrestre, et que saint Boniface ait eu la faiblesse de faire des vers (1).

(1) Giles, *Opera Bonifacii*, II, 109. Ænigmata de virtutibus. Malheureusement l'éditeur n'a pas réparé les erreurs du copiste, et n'a pas vu que, l'exorde annonçant dix énigmes, il fallait retrouver

Caractère de S. Boniface.

C'est qu'en effet, en étudiant de plus près la correspondance de saint Boniface, on y trouve plusieurs de ces faiblesses qu'on aime dans les grandes âmes chrétiennes, comme une preuve qu'on a affaire à des cœurs de chair et non de bronze. On sait bien que ces scrupuleux, ces mélancoliques, ces pusillanimes, remueront le monde, parce qu'ils trouvent leur force dans la pensée même des devoirs qui les effrayent, mais qu'ils remplissent. En suivant l'apôtre des Germains dans des travaux qui égalent en hardiesse, en activité, en persévérance, les plus belles conquête romaines, on ne se douterait pas que toutes ses lettres font voir une âme délicate, froissée de la dureté d'un siècle pour lequel elle ne semble pas née, tourmentée de scrupules du côté de Dieu, d'inquiétudes du côté des hommes. A son entrée en Germanie, vers 724, il confie à son

la première, l'énigme sur la charité, dans les derniers vers du préambule. J'y reconnais en effet dix vers, qui, rétablis dans leur ordre naturel, forment par leurs initiales l'acrostiche : CARITAS AIT.

Voici le début du poëme, et l'énigme de la Charité telle que je la reconstruis :

Aurea namque decem transmisi dona sorori,
Quæ ligno vitæ crescebant floribus almis.

CARITAS AIT.

Cuncta meis precibus restaurat secla redemptor,
Actus, vel dicti, seu sensus, vincla resolvat.
Regina clamor (?) cœlorum, filia regis,
Instruxi (?) mortale genus virtutibus almis,
Tetrica mundani calcent ut ludicra luxus,
Ad requiem ut tendant animæ pulsabo tonantem.
Sedibus e superis soboles nempe arcitenentis
Arbiter æthereus condit me calce (?) carentem
In qua nec metas ævi nec tempora clausit;
Tempora sed mire tempore longa creavit.

ancien évêque Daniel le trouble de sa conscience, partagée entre la nécessité de porter ses conseils et ses représentations au duc des Francs, et la crainte de violer les saints canons en communiquant avec les prêtres sacriléges qui fréquentent le palais. C'est en vain que Daniel le rassure par l'exemple du Christ, qui s'asseyait à la table des pêcheurs, et que, plus tard, le pape Grégoire II lui répond dans le même sens. Vingt-six ans après, la même crainte le poursuit ; il s'accuse auprès du pape Zacharie de n'avoir pu s'abstenir corporellement du commerce des excommuniés, quand le besoin des églises le conduisait au palais des princes. « Seulement, « ajoute-t-il, j'ai gardé, sinon la lettre, du moins « l'esprit de mon serment, puisque mon cœur ne « s'est point associé à leurs conseils. » Un autre soin le tourmente et le presse davantage, à mesure que ses années se multiplient : c'est celui de tant de disciples qu'il a tirés des cloîtres d'Angleterre, et qu'il laissera exposés à tous les hasards de l'exil et de la persécution chez un peuple à demi barbare. Il leur cherche un protecteur puissant en la personne de Fulrad, abbé de Saint-Denis et conseiller de Pépin, et il lui écrit en ces termes : « Je vous « conjure, au nom du Christ, de mener à bonne fin « l'ouvrage que vous avez commencé, c'est-à-dire « de saluer en mon nom notre glorieux et aimable « roi Pépin, de lui rendre grâce de toutes les œuvres « charitables qu'il a faites pour moi, et de lui dire

« qu'il paraît vraisemblable à moi et à mes amis
« que mes infirmités mettront bientôt fin au cours
« de ma vie temporelle. C'est pourquoi je supplie
« notre roi très-haut, au nom du Christ fils de Dieu,
« de vouloir bien me faire savoir, en mon vivant,
« ce qu'il compte ordonner de mes disciples après
« moi ; car presque tous sont étrangers, et plusieurs
« sont prêtres et chargés, en beaucoup de lieux,
« du ministère des églises. D'autres mènent la vie
« religieuse dans nos monastères, et ont été desti-
« nés, dès l'enfance, à l'enseignement des lettres.
« Il y a aussi des vieillards qui ont longtemps tra-
« vaillé avec moi. Ils font tous mon inquiétude, et
« je désire qu'après ma mort ils aient le conseil et
« la protection de Votre Grandeur, et qu'ils ne
« soient pas dispersés comme des brebis qui n'ont
« point de berger, et que les peuples qui touchent
« aux frontières des païens ne perdent pas la loi du
« Christ. C'est pourquoi je vous prie instamment,
« si Dieu le veut, et que Votre Clémence l'approuve,
« de faire instituer, dans ce ministère des peuples
« et des églises, mon cher fils et coévêque Lull ; et
« j'espère, si Dieu le veut, que les prêtres auront en
« lui un maître ; les moines, un docteur régulier ;
« et les peuples chrétiens, un fidèle prédicateur et
« pasteur. J'insiste surtout, parce que mes prêtres,
« sur la frontière des païens, mènent une vie bien
« pauvre. Ils ont du pain, mais il ne peuvent trou-
« ver des vêtements ni se maintenir dans ces lieux

« pour le bien des peuples, s'ils n'ont un conseil
« et un appui, comme j'ai essayé de leur en servir.
« Si la piété du Christ vous inspire de consentir à
« ma prière, veuillez me le mander par mes en-
« voyés ou par vos lettres, afin que, grâce à vous,
« j'éprouve un peu de joie, soit qu'il faille vivre ou
« mourir (1). »

Ces pressentiments ne le trompaient pas. Au milieu de tant de grandes fondations, ses sollicitudes ne s'étaient jamais détachées des missions de Frise, première passion de sa jeunesse. Il apprenait avec douleur que ces chrétientés mal affermies retournaient aux faux dieux, et compromettaient, par leurs défections, l'ouvrage entier de son apostolat. Déjà, en 753, il avait parcouru une partie de la Frise, recueillant les chrétiens tombés, et baptisant les païens ; mais il comprit que la conversion de ce peuple voulait tout l'effort de ses dernières années. Agé de soixante et quinze ans, tout cassé d'infirmités, rien ne put ébranler sa résolution d'aller finir chez les barbares. Il remit à Lull, son disciple, la dignité archiépiscopale, lui légua la charge d'ache-

Dernière mission de Frise.

---

(1) *Bonifacii Ep.*, 12, 24, 75, 80, 79 : « Propterea hoc maxime fieri peto, quia presbyteri mei prope marcam paganorum pauperculam vitam habent. Panem ad manducandum acquirere possunt, sed vestimenta ibi invenire non possunt, nisi aliunde consilium et adjutorem habeant, ut sustinere et indurare in illis locis ad ministerium populi possint, eodem modo sicut ego illos adjuvi. Et si pietas Christi hoc vobis inspiraverit, et hoc quod peto consentire et facere volueritis, per hos meos missos præsentes, aut per litteras pietatis vestræ, hoc mihi mandare et indicare dignemini, ut eo lætior in mercede vestra vel vivam, vel moriar. »

ver les églises de Thuringe, de construire la basilique de Fulde, et de conserver la foi des peuples. « Pour moi, ajouta-t-il, je me mettrai en chemin, « car le jour de mon passage approche. J'ai désiré « ce départ, et rien ne peut m'en détourner. C'est « pourquoi, mon fils, faites préparer toutes choses, « et placez dans le coffre de mes livres le linceul « qui doit envelopper mon vieux corps. » Il emmena donc avec lui l'évêque Eoban, les prêtres Walther, Wintrig, les diacres Hamund, Skirbald et Bosa; les moines Waccar, Gundwaccar, Illesher et Bathowulf, et tous ensemble descendirent le fleuve jusqu'à Utrecht. Après avoir pris quelque repos, on commença à évangéliser la contrée, et plusieurs milliers d'hommes, de femmes et d'enfants reçurent le baptême.

<small>Mort de S. Boniface.</small> Un jour, le 5 juin, le pavillon de l'archevêque avait été dressé près de Dockum, au bord de la Burda, qui sépare les Frisons orientaux et les occidentaux. L'autel était prêt et les vases sacrés disposés pour le sacrifice, car une grande multitude était convoquée pour recevoir l'imposition des mains. Après le lever du soleil, une nuée de barbares, armés de lances et de boucliers, parut dans la plaine et vint fondre sur le camp. Les serviteurs coururent aux armes et se préparèrent à défendre leurs maîtres. Mais l'homme de Dieu, au premier tumulte de l'attaque, sortit de sa tente entouré de ses clercs et portant les saintes reliques, qui ne le

quittaient point. « Cessez ce combat, mes enfants !
« s'écria-t-il; souvenez-vous que l'Écriture nous
« apprend à rendre le bien pour le mal. Car ce jour
« est celui que j'ai désiré longtemps, et l'heure de
« notre délivrance est venue. Soyez forts dans le
« Seigneur, espérez en lui, et il vous sauvera vos
« âmes. » Puis, se retournant vers les prêtres, les
diacres et les clercs inférieurs, il leur dit ces paroles : « Frères, soyez fermes, et ne craignez point
« ceux qui ne peuvent rien sur l'âme ; mais réjouissez-vous en Dieu, qui vous prépare une demeure
« dans la cité des anges. Ne regrettez pas les vaines
« joies du monde, mais traversez courageusement
« ce court passage de la mort, qui vous mène à un
« royaume éternel. » Aussitôt une bande furieuse
de barbares les enveloppa, égorgea les serviteurs
de Dieu, et se précipita dans les tentes, où, au lieu
d'or et d'argent, ils ne trouvèrent que des reliques,
des livres, et le vin réservé pour le saint sacrifice.
Irrités de la stérilité du pillage, ils s'enivrèrent,
ils se querellèrent et se tuèrent entre eux. Les chrétiens, se levant en armes de toutes parts, exterminèrent ce qui était resté de ces misérables. Le corps
de saint Boniface fut retrouvé. Auprès de lui était
un livre mutilé par le fer, taché de sang, et qui
semblait tombé de ses mains. Il contenait plusieurs
opuscules des Pères, entre lesquels un écrit de saint
Ambroise : *Du Bienfait de la mort* (1).

(1) Willibald, XI. *De passione sancti Bonifacii*. Othlon, II, 21. *Vita*

234   CHAPITRE V.

Quelle place tient S. Boniface dans l'histoire de son temps.

Il fallait s'arrêter devant ce grand homme, comme, au terme d'une longue marche dans les forêts du Nord, le voyageur s'arrêtait devant la statue d'un saint qui lui annonçait les approches de l'abbaye voisine, et par conséquent de la civilisation. Il fallait étudier le missionnaire intrépide jusqu'au martyre, l'évêque qui eut le courage plus grand de mettre la main à la réforme d'une société dégénérée, le moine qui n'eut pas peur de la solitude, ni de confier au désert de Fulde l'école de la Germanie chrétienne. Il fallait animer, s'il se pouvait, cette image de sa vie, en faisant revivre sa belle âme, en pénétrant dans la familiarité de cet esprit passionné pour les lettres, dans les faiblesses de ce cœur tourmenté, mais invincible. Il fallait enfin lui donner la couronne d'une sainte mort. Mais, après avoir admiré avec émotion cette héroïque figure, ne craignons pas de rabaisser la statue en considérant le piédestal qui la porte. Il n'y a pas d'homme si grand qui ne soit soutenu par une pensée plus grande que lui. C'est une partie de la gloire de saint Boniface, de ne point s'être enfermé dans cet isolement où la mission de saint Colomban se borna; d'avoir emporté avec lui l'esprit indulgent de l'Église anglo-saxonne; de s'être rendu l'esclave de tous, en se livrant à tous les bons desseins des peuples, des princes et des papes. La docilité qu'on lui

S. *Luidgeri*, ap. Pertz, II, 406. *Supplement. auct. presbyt. Mogunt.*, III, 10.

reproche fit sa force ; il ne maîtrisa son temps qu'après lui avoir obéi, et sa vie ne nous attache que par la bienfaisante révolution qu'elle sert.

A l'entrée du huitième siècle, on était encore en pleine barbarie; c'était en vain que depuis quatre cents ans les Germains erraient au milieu des institutions de la société chrétienne; vainement l'épiscopat et le monachisme s'étaient réunis pour l'éducation de ces peuples ignorants. Après dix générations de rois catholiques, les Francs allaient retourner aux idoles. Les sacrifices de Woden ensanglantaient l'autel du Christ, et peut-être quelque temps plus tard, ne serait-il resté qu'un souvenir lointain de l'Évangile, comme une fable de plus dans la mythologie de l'Edda. Voilà ce que fût devenu le christianisme abandonné, comme plusieurs écrivains le voudraient, au libre génie des Germains.

Ces esprits indomptés, qui résistaient aux lumières, ne devaient céder qu'à l'ascendant d'un grand pouvoir : la papauté l'exerça. Elle avait ce caractère de paternité qu'elle tient de son institution divine; elle avait la force des idées, les habitudes du gouvernement, avec le prestige du temps et de la distance, et la majesté du nom latin. C'est par là qu'elle maîtrisa les Francs, et par eux le reste des peuples. Le moment décisif fut celui où Grégoire II dicta à Boniface, évêque, le serment d'obéissance. Ce jour-là seulement, Rome vit s'accomplir ce qu'elle avait pressenti lorsque les soldats d'Alaric rapportèrent en pompe les vases sacrés dans la basilique de Saint-Pierre. Rome vit recommencer son empire sur ces nations mêmes qui l'avaient renversé; elle vit un pontife saxon agenouillé, au nom de la Germanie, aux pieds d'un citoyen romain. Le représentant des barbares se releva délégué du Vatican. Ce proconsul des temps nouveaux, sans licteurs, sans glaive et sans fisc, portait avec lui le génie législatif du vieux sénat. Pendant trente-sept ans il poursuivit les desseins de cette politique romaine dont il s'était fait le serviteur. Les hommes du Nord reçurent la domination bienfaisante qui venait à eux, non plus avec les aigles, mais avec les symboles de la colombe et de l'agneau. Ils sortirent de l'incertitude entre l'idolâtrie et l'Évangile, où ils avaient hésité durant quatre cents ans. Le légat du siége apostolique renouvela l'onction des rois de Juda sur le front des ducs austrasiens. Les Francs, confirmés dans leur mission, se trouvèrent, comme la Providence les avait voulus, les défenseurs de l'Église, les continuateurs des Romains, et l'obstacle invincible des invasions; et tous les pouvoirs semblèrent réunis pour inaugurer le règne de Charlemagne.

CHAPITRE VI

CHARLEMAGNE ET LES SAXONS.

Au huitième siècle, il y avait deux Germanies : *Les deux Germanies.* ou plutôt le travail des siècles précédents n'avait servi qu'à mettre en présence sur deux territoires distincts, pour une lutte plus formidable que jamais, les deux génies opposés qui remplissent de leurs combats l'histoire des nations germaniques. Dès les premiers temps, nous avons reconnu ce qu'il y avait de contradictions chez ces peuples, dont la moitié s'attache au sol par les religions, par les institutions, par les mœurs sédentaires ; tandis que l'autre moitié ne supporte rien de ce qui fixe les hommes, ne trouve de satisfaction que dans les hasards de la vie errante et dans la guerre de tous contre tous. Plus tard, la civilisation romaine les atteint, mais pour les diviser. Si les uns sont touchés de ses lumières, les autres ont horreur de ses lois ; et l'empire ne se défend plus que par l'épée des Germains, quand d'autres Germains achèvent sa ruine. Les invasions rendent la division plus éclatante en séparant ceux qui restent dans les forêts du Nord, avec leurs dieux et leur antique indépendance; et ceux qu'attire le soleil du Midi, avec toutes les séductions d'une conquête nouvelle. Les Francs se font chrétiens, se laissent gagner par les traditions romaines, et entraînent à leur suite les Alemans, les Thuringiens, les Bavarois. Au contraire, la confédération saxonne réunit les ennemis des Francs, les tribus décidées à rester barbares : nous verrons leur opiniâtreté arrêter durant trente ans les armes de Charlemagne. La fondation de l'empire carlovingien établit enfin l'unité territoriale, et semble réunir sous une main puissante toutes les forces de la Germanie. Cependant l'antagonisme recommence avec les partages des fils de Louis le Débonnaire, jusqu'à ce qu'il éclate par la séparation définitive de la France et de l'Allemagne. Ainsi toutes les révolutions qui tourmentèrent les Germains pendant neuf cents ans sortent de ces deux causes contraires, le penchant et la résistance des peuples à la civilisation romaine, soit qu'elle agisse par les armes, par le droit ou par la religion. Or, le point d'appui de toutes les résistances, celui qui demeure le même au milieu de tous les mouvements, c'est la Saxe, c'est le pays d'Arminius et de Witikind.

Les Saxons. Les navigateurs anciens, dont Ptolémée a recucilli les récits, trouvent les Saxons dans cette partie de la Chersonèse Cimbrique qui a formé depuis le Schleswig et le Holstein. Ils habitaient aussi, en vue des côtes, les îles de Busen, de Nordstrand et d'Heligoland. Plus tard, le nom de Saxons s'étendit à la plupart des tribus de la basse Germanie : ils occupaient, de l'Elbe à l'Issel, un vaste territoire divisé en trois districts, par deux lignes de retranchements. On appelait Ostphal le pays de l'est, Westphal celui de l'ouest, Engern la contrée du milieu. Ces barbares gardaient la mémoire de leurs anciennes émigrations. Ils se disaient venus du Nord, et de ces colonies de pirates qui vivaient dans les rochers de la Scandinavie. Une tradition plus savante, et par conséquent moins ancienne, les faisait descendre des aventuriers germains qui auraient suivi jusqu'au fond de l'Asie la fortune d'Alexandre, et qui, après sa mort, demeurés sans chefs, se seraient dispersés par toute la terre. Un petit nombre de vaisseaux aurait enfin touché la côte d'Hadeln, aux embouchures de l'Elbe (1). Ici les souvenirs devenaient plus précis et prenaient la

(1) Reichard, *Germanien*, 41. Turner, *History of the Anglo-Saxons*, I. Ptolémée, *Géogr.*, II, 2. Σάξονες ἐπὶ τὸν αὐχένα. Cluverius, *Ant. Germ.*, III, p. 97. Le mot *phal* signifie retranchement. Cf. *Poeta Saxo*, *ád ann.* 772. Wittikind, *Chronic.*, II : « Super hac re varia opinio est, aliis arbitrantibus de Danis Northmannisque originem duxisse Saxones, aliis autem æstimantibus, ut ipse adolescentulus audivi quemdam prædicantem, de Græcis ; quia ipsi dixerunt Saxones reliquias fuisse Saxonici excercitus, qui, secutus magnum Alexandrum, immatura morte ipsius per totum orbem sit dispersus. » Le *Chronicon Holsatiæ* (ap. Leibnitz. *Access. histor.*, 12) fait descendre les Saxons d'une race d'hommes valeureux qu'Alexandre trouva en Arménie, et qui le suivit à la guerre. Même tradition dans le *Sachsenspiegel*, 42.

couleur d'un récit épique. Les navigateurs, disait-on, poussés vers la terre, la trouvèrent occupée par les Thuringiens. Ils obtinrent de ces peuples la liberté de jeter l'ancre dans leurs eaux et de trafiquer avec eux, mais en renonçant au meurtre, au pillage et à la possession du sol. Au bout de peu de temps, épuisés par ce commerce sans profit, ils commencèrent à manquer d'argent et de vivres. Un jour, il arriva qu'un jeune homme sortit de leurs navires, mourant de faim, mais couvert d'or, paré d'un collier d'or ; et des anneaux d'or chargeaient ses mains. Il aborde un Thuringien et lui offre tout cet or pour tel prix qu'il lui plaira. Celui-ci lui propose en riant une poignée de terre en échange. L'autre l'accepte, la reçoit dans son vêtement, et se retire joyeux vers les siens. Le Thuringien retourne dans sa tribu : on le loue d'avoir trompé l'étranger. Cependant, la nuit suivante, les hommes de mer descendent sur le rivage ; leur jeune compagnon les guide, semant devant lui la poussière qu'il a reçue ; et, dans l'enceinte décrite de la sorte, ils dressent silencieusement leurs tentes. Au lever du soleil, les habitants du pays les reconnaissent, et les somment, sur la foi des traités, de retourner à leurs vaisseaux. « Nous avons payé cette terre de notre « or, répondirent-ils ; nous la défendrons de nos « épées. » La guerre s'engagea. Après de sanglants combats, les chefs des deux partis convinrent d'une entrevue où ils se rendraient désarmés. Les étrangers y portèrent sous leurs habits le long couteau qui ne les quittait jamais, égorgèrent les chefs des Thuringiens, et demeurèrent les maîtres du territoire. Une terreur profonde se répandit dans la contrée ; et, en mémoire de l'événement, on appela ces étrangers du nom de leur arme nationale : ils la nommaient *Sahs ;* on les appela « les hommes au grand couteau, » les Saxons (1).

Ces fables jettent quelque lumière sur une antiquité où l'histoire ne pénètre pas. Le chemin qu'elles suivent remonte par la Scandinavie jusqu'au fond de l'Orient, premier berceau de toutes les traditions européennes. On reconnaît un peuple qui doit s'attacher au sol, puisqu'il l'achète, et qu'il change l'or éclatant, aimé des barbares, contre la propriété, fondement moral des sociétés. On y voit aussi la trace de ces courses maritimes où s'exerçaient les populations du Nord, et qui remplaçaient pour elles les invasions accoutumées des Germains du Midi. Au lieu d'une émigration sans repos à travers les marais, les bois et les villes fortifiées de l'ennemi, ils aimaient mieux leurs barques d'osier couvertes de cuir, de libres aventures sur des mers

---

(1) Wittikind, *Chronic.*, 4-7 : « Fuerunt autem et qui hoc facinore nomen illis inditum tradunt : cultelli enim nostra lingua *Sahs* dicuntur. » Cette fable s'accorde avec les souvenirs conservés dans le *Sachsenspiegel*, III, 42, et dans le *Cantique de saint Annon*, vers 344, Schilter, *Thesaurus*, I :

Von den mezzerin also wahsin
Wurden si geheizzin Sahsin.

sans maître, le butin enlevé, et la joie du retour dans la maison de leurs pères (1). L'Océan était le champ de la conquête, la terre était celui de l'héritage. Le toit immobile gardait la famille ; de sévères coutumes y conservaient la pureté du sang. Quand la vierge saxonne déshonorait le foyer paternel, quand l'épouse trahissait sa foi, les femmes de sa tribu la chassaient à coups de verges et de couteaux pointus, jusqu'à ce qu'elle tombât épuisée de douleur et de sang. La même jalousie séparait les trois castes des Ethelings, des Frilings et des Lassen, c'est-à-dire des nobles, des libres et des affranchis ; ces derniers, astreints au travail des champs, mais servis eux-mêmes par des esclaves. Les uns et les autres ne se mariaient qu'entre eux. Le peuple entier s'interdisait les noces étrangères, et conservait sans altération la noblesse de la race, comme l'indépendance du territoire. La distinction des castes n'effaçait point la communauté des intérêts. Tous les ans, dans chaque canton, les trois ordres des affranchis, des libres et des nobles, élisaient douze hommes. Les députés, rassemblés dans un lieu appelé Marklo, sur les bords du Weser, au centre de la Saxe, y traitaient des affaires publiques. En temps de paix, chacun vivait inviolable sur sa terre, sous l'autorité d'un juge nommé pour le

---

(1) Les Saxons se font d'abord connaître par leurs pirateries sur les côtes de l'empire romain. Sidon. Apollin., *Ep.* VIII, 6. Eutrop., IX, 21. Ammien Marc., XXX, 7. Claudien, *De quarto consulatu Honorii*, V, 30.

canton. Trois chefs avaient le pouvoir limité de convoquer en armes les hommes de Westphal, d'Ostphal et d'Engern. Si la guerre était générale, le sort désignait celui à qui tous devaient obéir. Les soldats chevelus, vêtus de saies, armés d'une longue lance, du bouclier court et du couteau, se rassemblaient autour de l'étendard sacré, où l'on voyait les images symboliques du lion, de l'aigle et du dragon. Alors les Saxons se montraient dans toute la puissance d'une organisation simple et forte. Sur la propriété et l'hérédité reposait la famille, d'où naissait la caste pour former la nation (1).

(1) Bonifacii *Epist. ad Ethibald, Merciæ regem :* « In antiqua Saxonia, si virgo paternam domum cum adulterio maculaverit, vel si mulier maritata perdito fœdere matrimonii adulterium perpetraverit.... congregato exercitu femineo, flagellatam eam mulieres per pagos circumquaque ducunt, virgis cædentes... usque dum eam mortuam aut vix vivam derelinquant. » Cf. Tacite, *Germania,* 19. *Vita S. Lebuini,* apud Pertz, II : « Sunt qui illorum lingua Adlingi, sunt qui Frilingi, sunt qui Lassi dicuntur. » Cf. *Sachsenspiegel,* III, 42. *Translatio S. Alexandri,* ap. Pertz, II, 675. « Et id legibus firmatum, ut nulla pars in copulandis conjugiis propriæ sortis terminos transferat, sed nobilis nobilem ducat, et liber liberam, libertus conjungatur libertæ, et servus ancillæ. Si vero quispiam horum sibi non congruentem et genere præstantiorem duxerit uxorem, cum vitæ suæ damno componat. » Ce texte est considérable, et les raisons opposées par Rettberg (II, p. 565) ne le détruisent pas. Adamus Bremensis, I : « Nec facile ullis aliarum gentium vel sibi inferiorum connubiis infecti, propriam et sinceram tantumque sibi similem gentem facere conati sunt. » Wittikind, 15 : « A tribus enim principibus totius gentis ducatus administrabatur, certis terminis exercitus congregandi potestate contentis... Si autem universale bellum ingrueret, sorte eligitur cui omnes obedire oportuit ad administrandum imminens bellum. »

Vita S. Lebuini : « Singulis pagis principes præerant singuli ; statuto quoque tempore anni, semel ex singulis pagis atque ex eisdem ordinibus tripartitis, singillatim viri XII electi, et in unum

La même cause rendait la nation puissante et le paganisme tenace. Le paganisme germanique s'attachait au sol, en divinisant les forêts, les fleuves, et les forces cachées qui faisaient lever les moissons; en mettant un esprit familier sous chaque toit, un génie protecteur auprès des trésors enfouis. Les peuples émigrés rompirent ce premier lien. Leurs instincts religieux, désorientés pour ainsi dire sous un ciel nouveau, ne savaient plus où se reposer. S'ils portaient avec eux leurs idoles sur leurs chariots, ils pouvaient les oublier ou les brûler un jour. Quand donc ils trouvèrent sur leur chemin un culte dominant, ils durent tôt ou tard en subir la loi; ainsi se détermina la conversion des Goths et des Francs. Mais les Saxons vivaient au milieu des tombeaux de leurs pères : ils ne pouvaient oublier ces divinités sédentaires qui habitaient leurs bois, et qui donnaient à chaque lieu connu un nom et un souvenir. Leurs navigations les ramenaient souvent sur les côtes de Scandinavie, d'où les généalogies anciennes les faisaient descendre. Ils y trouvaient leurs croyances nationales sous une forme plus savante et sous la garde d'un sacerdoce respecté; le pirate, de retour, échauffait les jeunes gens de sa tribu au récit des sacrifices humains

collecti in media Saxonia, secus flumen Vesaram, et locum Marklo nuncupatum, exercebant generale concilium. » Wittikind : « Vestiti erant sagis et armati longis lanceis, et subnixi stabant parvis scutis, habentes et renibus cultellos magnos. Signum... leonis atque draconis, et desuper aquilæ volantis. »

d'Upsal. La Saxe avait aussi un culte public, des prêtres qui ne portaient pas les armes, et des temples dont on n'approchait qu'avec respect. Des banquets étaient célébrés en l'honneur des dieux : on mettait solennellement les morts sur les bûchers. Non loin du Weser, dans un lieu fort, nommé Eresburg, s'élevait, du côté de l'orient et à ciel découvert, un tronc en forme de colonne, qu'ils adoraient sous le nom d'Irminsul, c'est-à-dire « la colonne du monde. » Des monceaux d'or et d'argent, prémices du pillage, étaient entassés autour. Au-devant se trouvait un autel, et les sacrificateurs offraient à Odin la dîme des captifs. Ces immolations n'étaient pas les plus horribles : il y avait des hommes et des femmes qu'on tenait pour magiciens, et qui passaient pour se nourrir de chair humaine ; sur ce bruit, on se saisissait d'eux, on les brûlait, on les mettait en morceaux, on les mangeait. Le paganisme avait conduit jusque-là une race intelligente et généreuse : il y avait des cannibales parmi les Saxons (1).

(1) *Capitulatio de partibus Saxoniæ* : « Ecclesiæ Christi quomodo construuntur in Saxonia et Deo sacratæ sunt, non minorem habeant excellentiam quam fana habuissent idolorum. » Bède, *Histor. eccles.* — *Capitulatio*, etc. : « Si quis corpus defuncti hominis secundum ritum paganorum flamma consumi fecerit... Si quis ad fontes aut arbores vel lucos votum fecerit, aut aliquid more gentilium obtulerit, et ad honorem dæmonum comederit. » C'est le *diabolgelde* du concile de Leptines. — Wittikind, 12 : « Ad orientalem portam ponunt aquilam aramque Victoriæ construentes... Nomine Martem, effigie columnarum imitantes Herculem, loco solem... » Cf. Adamus Bremensis, Grimm, *Deutsche Mythologie*. Poeta Saxo

Premières guerres des Saxons contre les Francs.

Ces païens étaient les ennemis naturels des Francs. Dès le temps de l'invasion, ils avaient poussé les tribus saliennes dans l'île des Bataves; ils les chassèrent encore de ces nouvelles possessions. Mais la fortune changea : les Saxons devinrent tributaires des rois d'Austrasie, et leur payèrent une redevance annuelle de cinq cents bœufs. Il arriva, au rapport de Grégoire de Tours, qu'ils refusèrent le tribut au roi Clotaire. Le roi marcha contre eux, et ils vinrent demander grâce en offrant leurs troupeaux, leurs vêtements et la moitié de leurs terres. Les Francs n'acceptèrent pas ces propositions; et, comme Clotaire leur remontrait leur tort, ils se jetèrent sur lui et voulurent le tuer, s'il ne les menait au combat. Voyant donc leur fureur, il les conduisit à l'ennemi; mais il fut repoussé avec un grand carnage, et demanda la paix, disant qu'il était venu contre sa volonté. Telles étaient les haines qui armaient les deux peuples. Elles se perpétuèrent dans une guerre sans relâche, dont on suit

---

ad ann. 772. Eginhard, *Annal.*, *ibid.* — *Capitulatio de partib. Saxoniæ :* « Si quis a diabolo deceptus crediderit, secundum morem paganorum, virum aliquem aut feminam strigam esse et homines comedere, et propter hoc ipsum incenderit, vel carnem ejus ad co-MEDENDUM dederit, vel ipsam COMEDERIT. » Les Allemands nous pardonneront de reconnaître ici les vestiges d'anthropophagie qu'on retrouve chez tous les barbares. Au treizième siècle, on voit Albert le Grand visiter les peuples de la Poméranie, pour y détruire la coutume qu'on avait de dévorer les vieillards. Il en est de même des Celtes d'Irlande au temps de Diodore de Sicile, et l'histoire de Tantale et de Pélops laisse entrevoir les mêmes désordres dans les siècles héroïques de la Grèce.

les vicissitudes sous les règnes obscurs des derniers Mérovingiens. Charles Martel la reprit avec vigueur, Pépin le Bref la continua : il crut l'avoir achevée, quand les Westphaliens, deux fois vaincus, consentirent à envoyer chaque année leurs députés à l'assemblée des Francs, avec un tribut de trois cents chevaux. Les traités, bientôt mis en oubli, ne préjudiciaient pas à l'indépendance de la confédération saxonne. Couverte par trois fleuves, l'Ems, le Weser, et l'Elbe; appuyée à l'ouest sur les Frisons, opiniâtres dans l'idolâtrie, elle avait derrière elle les peuples du Danemark, de la Suède et de la Norwége. Ces barbares, issus d'une même origine, unis par l'analogie des croyances et par le rapport des langues, formaient une Germanie païenne, immobile encore sur son territoire et dans ses mœurs (1).

D'un autre côté, se constituait la Germanie chrétienne. Quatre évêchés couvraient la Franconie, la Hesse et la Thuringe : c'était le cœur du pays. Derrière cette première ligne, les Bavarois, les Alemans et les Francs occupaient les provinces romaines, dont ils avaient renouvelé la population. Au delà, venaient encore les Anglo-Saxons de Grande-Bretagne, les Visigoths dans les Asturies, les Lombards au pied des Alpes : toute une Germanie émigrée, convertie, policée, au milieu des

La Germanie chrétienne.

(1) Gregorius Turonensis, IV, 10, 14. *Gesta Dagoberti*, 14. Continuat. ad Fredegar., 110.

peuples latins. La mission de saint Boniface avait fondé l'Église d'Allemagne. L'avénement de Pépin l'avait affermie, en lui donnant pour appui la royauté renaissante chez les Francs. Charlemagne devait achever l'entreprise en élevant un nouvel empire germanique, où il porterait le centre des affaires temporelles de la chrétienté.

<small>Charlemagne.</small>

Avec Charlemagne, la puissance laïque se montre dans les affaires religieuses avec une vigueur et en même temps avec une mesure qu'elle n'avait jamais eues. Il ne faut méconnaître ni son intervention, ni les limites où elle se contint.

<small>À quel titre il intervint dans les affaires du christianisme.</small>

C'est une loi de la société chrétienne, que toutes les grandes actions religieuses s'y accomplissent par le concours des deux ordres dont elle est composée, le clergé et le peuple. Aussi, dès le moment où le pouvoir séculier se fit chrétien, il se trouva investi de ces deux fonctions : défendre l'Église contre ses ennemis extérieurs, maintenir l'accomplissement de ses lois au dedans. Ce fut le rôle de Constantin le Grand, compromis cependant par les hésitations qui gênèrent le commencement de son règne, et par les erreurs qui en gâtèrent la fin. Les temps barbares, en faisant beaucoup oublier, avaient effacé les torts et rehaussé la gloire du premier empereur chrétien. On ne voyait en lui que le vainqueur de l'idolâtrie et le défenseur du concile de Nicée. On lui attribuait aussi la célèbre, mais fabuleuse donation, qui aurait fondé la souveraineté politique des papes ; et l'on avait retenu les fortes expressions d'Eusèbe, qui l'appelait l'évêque du dehors et le protecteur des saints canons (1).

En conférant le patriciat aux rois mérovingiens, les empereurs d'Orient leur avaient délégué la charge de protéger l'Église. C'est ce qui résulte du cérémonial et des formules de la cour byzantine pour l'investiture des nouveaux patrices. L'empereur leur donnait le manteau, l'anneau, la couronne d'or, et ajoutait ces mots : « Comme nous ne saurions « nous acquitter seul de la charge qui nous est « imposée, nous vous accordons l'honneur de faire « justice aux églises de Dieu et aux pauvres, vous « souvenant que vous en rendrez compte au souve- « rain Juge (2). »

Sans doute, les rois des Francs ne purent pas

---

(1) Fénelon, *Discours pour le sacre de l'archevêque de Cologne.*
(2) Cette formule, donnée par Paul Diacre, se trouve confirmée par un document inédit, je veux parler du manuscrit intitulé *Graphia aureæ urbis Romæ*, conservé à la bibliothèque Laurentium (Plut. 89, in-folio Cod. 41). J'extrais de ce texte, que je me propose de publier bientôt, le fragment qui suit : *Qualiter patricius sit faciendus....*

« Dum autem venerit patricius, in primis osculetur pedes imperatoris, deinde genu, ad extremum osculetur ipsum. Tunc osculetur omnes Romanos circumstantes, et dicent omnes : Beneveniatis. « Nobis nimis laboriosum esse videtur concessum nobis a Deo mi- « nisterium nos solos procurare. Quocirca te nobis adjutorem fa- « cimus, et hunc honorem concedimus ut ecclesiis Dei et pauperi- « bus legem facias, et ut inde apud altissimum Judicem rationem « reddas. » Tunc induat ei mantum, et ponat ei in dextro indice annulum, et det ei bambacinum propria manu scriptum, ubi taliter contineatur inscriptum : « Esto patricius, misericors et justus. » Tunc ponat ei in capite aureum circulum, et dimittat eum. »

longtemps se prévaloir du mandat qu'ils tenaient de ces Grecs, devenus le scandale de la chrétienté. Mais, tandis que le mandat impérial expire, la papauté le renouvelle ; et Grégoire III, soutenu du consentement des Romains, défère à Charles Martel le titre de patrice, que Pépin accepte et communique à ses fils. C'est quand la royauté vient de se relever plus forte que jamais dans la maison carlovingienne, c'est trois ans après le sacre de Pépin le Bref, que le pape Étienne lui adressa cette lettre fameuse, où il fait parler l'apôtre saint Pierre :
« Pierre apôtre, appelé par Jésus-Christ fils du
« Dieu vivant, et avec moi l'Église catholique,
« apostolique, romaine, maîtresse de toutes les
« autres, et Étienne, évêque de Rome, à vous,
« hommes très-excellents, Pépin, Charles et Car-
« loman, tous trois rois ; aux évêques, abbés, ducs,
« comtes ; à toutes les armées et à tout le peuple
« des Francs. — Moi, Pierre apôtre, ordonné par
« la puissance divine pour éclairer le monde, je
« vous ai choisis pour mes fils adoptifs, afin de dé-
« fendre contre leurs ennemis la cité de Rome, le
« peuple que Dieu m'a confié, et le lieu où je re-
« pose selon la chair. Je vous appelle donc à déli-
« vrer l'Église de Dieu, qui me fut recommandée
« d'en haut ; et je vous presse, parce qu'elle souffre
« de grandes afflictions et des oppressions extrê-
« mes... N'hésitez point, mes bien-aimés, mais
« croyez que je vous prie et vous conjure comme

« si j'étais présent devant vous : car, selon la pro-
« messe reçue de Notre-Seigneur et Rédempteur,
« je distingue le peuple des Francs entre toutes les
« nations... Prêtez aux Romains, prêtez à vos
« frères tout l'appui de vos forces, afin que moi,
« Pierre, vous couvrant tour à tour de mon patro-
« nage en ce monde et en l'autre, je vous dresse
« des tentes dans le royaume de Dieu (1). »

Voilà le titre que Charlemagne trouva dans l'héritage de ses pères, et qui ne lui laissait de doute ni sur la grandeur ni sur la légitimité de sa mission. Ce fut le mérite de ce jeune prince de l'avoir comprise, et, dans toute la force de l'âge et dans tout l'éclat de la victoire, d'avoir voulu un autre appui que la victoire et la force. La religion, qui disputait son cœur aux passions désordonnées de la chair, arrachait son esprit aux vues bornées d'une politique barbare. Pendant qu'il cherchait à dompter la violence de ses penchants par la prière, par le jeûne, par les veilles saintes; pendant que ses aumônes allaient jusqu'en Afrique et en Palestine soutenir la foi persécutée des populations chrétiennes, il se rendait à l'appel de saint Pierre, sauvait

(1) En citant la lettre écrite par le pape Étienne au nom de l'apôtre saint Pierre (D. Bouquet, V, 495), je me suis borné aux passages les plus décisifs. La critique moderne ne permet plus de considérer cette lettre comme une supercherie religieuse, ni même comme une vaine prosopopée. C'était l'usage de ce temps, dans la plupart des chartes où une église figurait comme partie intéressée, de remplacer son nom par celui du saint qui en était le patron ou le fondateur.

Rome des Lombards, et, en renouvelant la donation de Pépin, il fondait la liberté politique de l'Église. Il fondait en même temps sa propre autorité en lui donnant un appui moral, en exerçant avec plus d'éclat qu'aucun de ses prédécesseurs cette fonction de patrice qui n'était plus un vain nom, en acceptant les deux charges qui s'y attachaient, affermir la chrétienté au dedans, l'étendre au dehors : et, comme les grands devoirs font les grands hommes, le premier fit de lui un législateur, et le second un héros (1).

<small>Législation ecclésiastique de Charlemagne.</small> Premièrement, il affermit le christianisme dans ses États par des moyens que huit siècles d'expérience lui enseignaient. Quarante assemblées tenues sous son règne, souvent en sa présence, presque toujours sous son impulsion, maintinrent le dogme et la discipline. Parmi ces assemblées, les unes furent expressément ecclésiastiques, comme le concile national de Francfort, où l'on traita les questions de l'adoptianisme et du culte des images, ou bien comme les nombreux synodes qui rassemblaient le clergé de chaque province pour délibérer de ses devoirs et de ses besoins. D'autres fois, les grands de la nation étant convoqués, les évêques et les prêtres conféraient entre eux des affaires spirituelles, tandis que les comtes réglaient séparément les préparatifs de la campagne prochaine. Les déci-

---

(1) Eginhard, 26, 27.

sions prises par les prélats étaient revêtues de la sanction du prince, et paraissaient marquées de son sceau, dans les célèbres ordonnances qu'on appela du nom de Capitulaires. Parmi les soixante-cinq actes qui composent ce recueil, sur un nombre de onze cent cinquante et un articles, quatre cent soixante dix-sept touchent aux matières de religion. La royauté y intervient donc sans scrupule ; mais on s'est trop hâté d'en conclure sa suprématie en affaires religieuses (1).

Premièrement, la royauté ne dissimule ni l'origine de ses droits, ni les limites qu'elle leur donne : « Charles, par la grâce de Dieu, roi et administra-
« teur du royaume des Francs, défenseur dévoué
« de la sainte Église et *auxiliaire en toute chose du*
« *siége apostolique*, nous rendant aux exhortations
« de tous nos fidèles, et particulièrement des évê-
« ques et des autres prêtres, nous avons arrêté les
« résolutions suivantes. » Ces résolutions ne sont elles-mêmes que les canons des anciens conciles rappelés à la mémoire du clergé et du peuple, ou encore des mesures prises pour en assurer l'exécution. Le célèbre capitulaire de 804 le déclare solennellement : « Il nous a plu de solliciter votre
« sagesse, ô pasteurs du Christ, conducteurs de son
« troupeau et resplendissants luminaires du monde,
« de peur que le loup infernal ne dévore ceux qu'il

<small>Dans quelles limite il se contint.</small>

---

(1) Cf. Schannati *Concilia Germaniæ;* Binterim, *Geschichte der d. Concilien,* t. II ; Guizot, *Histoire de la civilisation en France,* t. II.

« trouvera transgressant les règles canoniques et
« les traditions des saints conciles... C'est pourquoi
« nous avons joint aux présentes plusieurs articles
« extraits des canons, qui nous ont paru plus néces-
« saires. » Suivent cinquante-neuf passages des
conciles de Nicée, de Chalcédoine, d'Antioche, d'Ancyre, de Sardique, de Gangres, de Carthage, de
Néocésarée, et des décrets des papes Léon, Siricius,
Innocent et Gélase. Toute la législation ecclésiastique des Capitulaires n'est que l'application de ces
maximes antiques au besoin des temps. Elle se
propose, d'une part, l'extirpation du paganisme ;
de l'autre, la réforme du clergé. En punissant
l'ignorance chez les prêtres, en leur interdisant la
chasse, les armes, les cours de justice ; en sanctionnant l'immunité des biens et des personnes ecclésiastiques, l'élection des évêques par le clergé et le
peuple, les droits des métropolitains sur leurs suffragants et des évêques sur les clercs, on rendait
à l'Église le savoir, la pureté, la liberté, la régularité, tout ce qui pouvait en faire une société puissante, et l'armer contre les entreprises des rois.
On n'a point coutume de traiter ainsi un corps
dont on veut rester maître ; les empereurs byzantins agissaient autrement, et je ne reconnais pas là
cette souveraineté du prince sur les choses sacrées,
qu'on a cru trouver dans le texte des lois carlovingiennes (1).

(1) *Capitul.*, 769, apud Pertz. « Karolus, gratia Dei rex regni=

CHARLEMAGNE ET LES SAXONS.   255

L'esprit de la législation se manifeste dans le gouvernement qui l'applique. Celui de Charlemagne ne passe pas les bornes du pouvoir temporel, il exécute sans innover, et, en même temps qu'il protége, il obéit. Tous les grands évêques de son temps entrent dans ses conseils : Leidrade de Lyon, Amalaire de Trèves, Wulfaire de Reims, Hildebald de Cologne, Riculfe de Mayence, Arnon de Salzburg. Si les instructions des *Missi dominici* touchent aux affaires ecclésiastiques en même temps qu'aux civiles, ces commissaires, envoyés deux par deux

que Francorum rector, et devotus sanctæ Ecclesiæ defensor, atque adjutor in omnibus apostolicæ sedis, hortatu omnium fidelium nostrorum, et maxime episcoporum, ac reliquorum sacerdotum, etc. *Capitula ecclesiast.*, 804, Pertz. « Quapropter placuit nobis vestram rogare solertiam, o pastores Ecclesiarum Christi et doctores gregis ejus, et clarissima mundi luminaria... ne lupus insidians aliquem canonicas sanctiones transgredientem, vel paternas traditiones universalium conciliorum excidentem, quod absit, inveniens devoret. » Cf. *Capitul.*, 769, 779, 804, et particulièrement *Capitul.*, 1, ann. 803 : « Sacrorum canonum non ignari, ut in Dei nomine sancta Ecclesia suo liberius potiretur honore, assensum ordini ecclesiastico præbuimus, ut scilicet episcopi per electionem clericorum et populi, secundum statuta canonum de propria diœcesi, remota personarum et munerum acceptione, ob vitæ meritum et sapientiæ domum eligantur. »

M. Guizot (*Histoire de la civilisation en France*, XXVI° leçon) attribué à Charlemagne la souveraineté en matière religieuse. Il ne suffit pas, pour établir un fait si considérable, de deux anecdotes du moine de Saint-Gall, dont les récits ne font pas toujours foi en histoire ; ni de deux actes de Lothaire et de Carloman, qui se rapportent à une époque de désordre, où il ne faut plus chercher les saines maximes du gouvernement carlovingien. Encore moins fallait-il s'appuyer des formules respectueuses dont les évêques des Gaules usèrent quelquefois envers le grand roi qui fut leur bienfaiteur. Toute l'argumentation de M. Guizot, ordinairement si grave et si fondée, n'a pas ici d'autres bases.

dans les provinces, sont tirés des deux ordres, un comte et un prélat. La surveillance qu'ils exercent ne préjudicie point à la juridiction régulière des évêques, des métropolitains et des synodes. Les questions litigieuses parcourent le cercle des tribunaux canoniques, jusqu'au saint-siége. L'hérésie des adoptianistes est déférée au pape : ses légats assistent au concile de Francfort; c'est à lui que le clergé franc propose ses objections contre le deuxième concile de Nicée, et ses motifs pour la suppression des chorévêques ; c'est à lui qu'on renvoie les démêlés des évêques de Tarentaise et d'Embrun, qu'on s'adresse pour l'exemption de la résidence épiscopale. Telle était déjà la puissance des clefs de saint Pierre. Charlemagne la servit en propageant la liturgie romaine dans toutes les églises des Gaules, « parce que l'eau, disait-il, est plus pure
« à la source qu'au milieu du ruisseau. » Il professait une déférence filiale pour ce vieillard désarmé qui siégeait au Vatican ; il écrivait à Léon III : « Comme j'avais conclu avec votre
« devancier le pacte d'une paternité sainte, je
« désire garder la même alliance avec Votre Béati-
« tude..., afin que le siége très-saint de l'Église
« romaine, Dieu aidant, soit toujours servi par mon
« dévouement sincère. Car c'est notre devoir, sous
« le bon plaisir de la miséricorde divine, de proté-
« ger partout la sainte Église du Christ, en la défen-
« dant au dehors par les armes contre les incursions

« des païens et les ravages des infidèles, en l'affer-
« missant au dedans par la profession de la foi
« catholique (1). »

D'un autre côté, les papes font sentir une autorité qui n'en est pas à établir ses titres. Ils rappellent comme une antique maxime la prérogative du siége apostolique, « à qui il appartient de juger de
« toutes les églises, sans qu'il soit permis de juger
« de son jugement. » En conséquence, le prince est exhorté à maintenir la liberté des élections épiscopales, à réprimer les prélats qui portent les armes séculières, à prendre garde que « les évê-
« ques et les prêtres, couverts du casque de la foi
« et de l'armure du salut, vaquent à la prière et
« au service spirituel des peuples. » Ces termes contiennent tous les pouvoirs dont Charlemagne usa dans les affaires religieuses. On y voit comme une délégation que le pontife ne cesse pas de renouveler depuis le jour où il remit au prince le livre des canons, et que le prince ne cesse pas de reconnaître quand il les fait exécuter dans ses États. Rome

---

(1) *Concilium Francfort.*, ann. 794. L'affaire des chorévêques, une des plus graves de ce temps, fut agitée au concile d'Aix-la-Chapelle en 802 ; on a de cette assemblée un capitulaire en sept articles. Charlemagne s'y explique ainsi : « Quod jurgium quum enucleatius discutere voluissemus, placuit nobis ex hoc apostolicam sedem consulere, jubente canonica auctoritate, atque dicente : Si majores causæ in medio fuerint devolutæ ad sedem apostolicam, ut sancta synodus statuit et beata consuetudo exigit, incunctanter referatur. » *Monachus Engolism.* : « Quis purior est aut quis melior ; aut fons vivus, aut rivuli ejus longe decurrentes ? » Cf. *Epistol.* I Caroli M. ad Leonem pp.

se montra satisfaite de la loyauté de son mandataire. Elle ne crut pas avoir assez fait de lui décerner des titres, de lui dresser des statues : elle permit plus tard qu'il fût honoré du culte des saints; et ce fut lui qu'elle proposa, comme le type glorieux de la souveraineté chrétienne, à l'imitation des rois. La mission religieuse de Charlemagne, aussi bien que celle de saint Boniface, émane donc de la papauté. L'un parut chez les Francs comme la parole vivante du siége apostolique; l'autre, comme la main armée pour protéger la parole : tous deux prenant à Rome le pouvoir, mais tous deux Germains par le génie comme par le sang (1).

Charlemagne en présence de la Germanie païenne.

Tandis que l'Église d'Allemagne s'affermissait au dedans, elle avait besoin d'être défendue au dehors. La Germanie païenne se tenait toujours en armes : les incursions, les meurtres, les incendies, désolaient la frontière. Il fallait donc que les Francs en vinssent aux mains avec les Saxons, et qu'ils restassent maîtres pour rester en repos.

(1) *Epistol.* XXXIV, Hadriani pp. ad Carolum M. : « Quæ de omnibus ecclesiis fas habeat judicandi, neque cuiquam liceat de ejus udicare judicio. Cf. *Epist.* XL.

L'idée d'une légation ecclésiastique, conférée à un prince laïque, n'a rien de contraire à la tradition de l'Église. Les rois des Deux-Siciles ont été et sont encore légats du saint-siège dans leurs États, et, en cette qualité, ils ont un trône en face de celui de l'archevêque dans l'église de Montréal. — Je trouve encore cette formule dans un capitulaire de 803 : « *Apostolica auctoritate* et multorum sanctorum episcoporum admonitione instructi... »

La guerre de Saxe fut une croisade. Ce caractère se laissait déjà voir dans les expéditions militaires des Mérovingiens chez les ariens du Midi ; il reparaît dans les combats de Charles Martel contre les Sarrasins ; il éclate dans les guerres de Charlemagne. La tradition populaire les représentait ainsi ; elle avait fait du grand empereur le premier des croisés. Les épopées chevaleresques célèbrent ses conquêtes au pays des infidèles ; et quand Pierre l'Ermite entraînait les populations au cri de *Dieu le veut!* le bruit se répandit que Charlemagne allait sortir de son tombeau d'Aix-la-Chapelle et prendre le commandement de l'armée chrétienne. Ce bruit n'était point sans fondement : Charlemagne avait ouvert la guerre sainte contre l'islamisme et l'idolâtrie. Plus tard, en même temps qu'elle se transportait en Orient, elle continua dans le Nord. Durant tout le moyen âge, on prit la croix en Allemagne contre les païens de la Baltique. Le champ de bataille reculait, l'intérêt n'avait pas changé. Au reste, les écrivains du huitième siècle jugèrent la lutte où ils assistaient : ils y virent autre chose qu'une querelle de frontières. « L'Éternel, qui, dans sa miséricorde, veut le salut du genre humain, avait connu que rien ne pouvait adoucir la dureté des Saxons ; et, afin de les forcer à subir le joug doux et léger du Christ, il leur donna pour maître et docteur de la foi le glorieux Charles, qui, les domptant par la guerre, sinon par la raison, devait les sauver malgré eux (1). » Avec lui marchait la nation des Francs : « Illustre, forte sous les armes, aimée du Christ, qui dirigeait ses chefs dans les voies de la piété, bénie des saints martyrs, dont elle avait enchâssé les ossements dans l'or et les pierres précieuses. » Les Francs avaient aussi le suffrage du siége de saint Pierre, déjà secouru par leurs armes, le concours des peuples nombreux qu'ils tenaient sous leurs lois, et les vœux de l'Occident catholique, qui les voyait partout sur la brèche pour la défense de sa foi et de sa liberté. Toute la chrétienté était derrière eux.

Du côté opposé paraissaient les Saxons, restés comme les derniers des Germains devant l'invasion

---

(1) Poeta Saxo, *ad ann.* 775.

O pietas benedicta Dei, quæ vult genus omne
Humanum fieri salvum ! Quia noverat hujus
Non aliter gentis molliri pectora posse,
Disceret ut cervix reflectere dura rigorem
Ingenitum mitique jugo se subdere Christi,
Ob hoc doctorem talem fideique magistrum,
Scilicet insignem Carolum donavit eisdem,
Qui bello premeret quos non ratione domaret,
Sicque vel invitos salvari cogeret ipsos.

Wittikind, *Chronic.*, 15 : « Magnus vero Carolus... Considerabat... finitimam gentem nobilemque vano errore retineri non oportere, modis omnibus satagebat quatenus ad viam veram duceretur, et nunc blanda suasione, nunc bellorum impetu, ad id cogebat. » Eginhard explique les causes politiques de la guerre, *Vita Caroli Magni* : « Suberant et causæ quæ quotidie pacem conturbare poterant, termini videlicet nostri et illorum pene ubique in plano contigui, præter pauca loca in quibus vel silvæ majores, vel montium juga... in quibus cædes et rapinæ vel incendia vicissim fieri non cessabant; quibus adeo Franci sunt irritati, ut non jam vicissitudinem reddere, sed apertum contra eos bellum suscipere, dignum judicarent. »

des mœurs étrangères, et la défection successive de tant de tribus qui se faisaient chrétiennes. Ils combattaient avec toute la grandeur d'une cause désespérée, pour l'indépendance du sol, pour les traditions des ancêtres, pour les mystères trahis de Woden, de Dunar et de Saxnot. Ils se défendaient dans leurs foyers, dans un pays dont ils avaient toutes les ressources et tous les souvenirs, au cœur des mêmes bois où périrent les légions de Varus. Les noms des lieux en conservaient encore la mémoire. On y montrait le *camp des Romains* (Feldrom), la *montagne d'Arminius* (Herminsberg), la *plaine de la Victoire* (Wintfeld), le *ruisseau des Os* (Knochenbach), et le *ruisseau du Sang* (Rodenbeck) (1). Le génie de ces temps glorieux revivait en la personne de Wittikind, fils de Werneking, chef des peuplades du Nord. Ce guerrier apportait, avec son épée et son talent militaire, l'alliance de Siegfried, roi de Danemark, dont il avait épousé la sœur, et de Ratbod, chef des Frisons. Les Saxons, soutenus par ces intrépides voisins, n'étaient peut-être pas sans intelligence avec les mécontents de la Bavière et de la Lombardie. Ils touchaient à l'orient les Slaves, les Avares, idolâtres et barbares comme eux, et tous les flots de ces grandes migrations qui partaient des steppes de l'Asie, et, ne trouvant pas d'obstacle dans les plaines de l'Europe

---

(1) Ces noms de lieux se conservent encore. Cf. Grimm, *Deutsche Mythologie*. Reichard, *Germanien*.

centrale, venaient se jeter sur la frontière des Francs. Ainsi la Saxe avait à sa suite tout le paganisme, c'est-à-dire le monde presque entier, où les chrétiens tenaient encore si peu de place. Dès lors on ne s'étonne plus de trente-deux ans de combats : il y allait de toute la religion, de toute la civilisation, de tout ce que furent nos pères, et de ce que nous serions un jour.

<small>Préludes de la guerre. S. Liafwin.</small> Vers ce temps-là, un religieux nommé Liafwin, qui prêchait l'Évangile sur les bords de l'Yssel, résolut d'annoncer la foi aux Saxons, et se rendit à l'assemblée générale de Marklo. Au jour solennel, les députés de la confédération étant réunis, quand les sacrifices allaient commencer, il s'avança, revêtu de ses habits sacerdotaux, portant dans ses mains la croix et l'Évangile. « Les idoles que vous
« adorez, dit-il, ne vivent ni ne sentent ; elles sont
« les ouvrages des hommes, elles ne peuvent rien,
« ni pour elles ni pour autrui. C'est pourquoi le
« seul Dieu, bon et juste, ayant pris vos erreurs en
« pitié, m'envoie parmi vous. Que si vous ne re-
« noncez pas à l'iniquité, je vous annonce un mal-
« heur que vous n'attendez point ; car le Roi des
« cieux a ordonné d'avance qu'un prince fort, pru-
« dent, infatigable, viendrait, non de loin, mais
« de près, tomber sur vous comme un torrent ;
« afin d'amollir la férocité de vos cœurs toujours
« durs, et de faire courber vos fronts orgueilleux.
« D'un seul effort il envahira la contrée, la dévas-

« tera par le fer et par le feu, et il emmènera vos
« femmes et vos enfants en esclavage. » A ces paroles, la foule indignée s'émut, et poussa de grands cris ; plusieurs coupaient déjà des pieux qu'ils aiguisaient afin de percer le profanateur, quand l'un des chefs, nommé Buto, montant sur un lieu élevé, s'adressa à la multitude : « Écoutez, dit-il,
« vous qui êtes les plus sages. Il nous est venu
« souvent des ambassadeurs des peuples voisins,
« Normans, Slaves ou Frisons ; nous les avons
« reçus en paix, et, après avoir entendu leurs mes-
« sages, on les a renvoyés avec des présents. Ce-
« lui-ci est l'ambassadeur d'un grand Dieu, et vous
« voulez le faire mourir ! » Ces paroles sauvèrent le prêtre. Il se retira sain et sauf, et bientôt après parut le vengeur qu'il avait prédit (1).

Au printemps de l'année 772, le champ de mai fut convoqué à Worms. Le roi Charles y exposa ses desseins. Il méditait depuis quelque temps comment il pourrait acquérir au Christ cette nation saxonne, qu'on disait si cruelle, si ennemie des hommes, si attachée aux faux dieux. Il sollicitait sur ce point le conseil des gens d'Église et le secours de leurs

Première période.
772-777.

---

(1) *Vita Lebuini*, apud Pertz, t. II. Les historiens modernes ne se sont pas attachés à embrasser tous les détails de cette guerre de Saxe, qui tient une place considérable dans l'histoire religieuse et politique de la Germanie. En réunissant les traits épars dans les chroniques et les annales contemporaines, avec les couleurs poétiques données par la tradition populaire, j'ai essayé de recomposer le tableau. Mais déjà M. Mignet, dans son excellent mémoire, avait reconnu toute l'importance historique de ce grand fait d'armes.

prières. Puis, rassemblant une grande armée, après avoir invoqué le nom du Christ, il partit pour la Saxe avec les évêques, les abbés, les prêtres, docteurs et prédicateurs de la foi, qui voulaient imposer la douce loi du Christ à ce peuple engagé dans les chaînes du démon depuis le commencement du monde. Il entra donc dans le pays de Westphal, pénétra jusqu'au Weser, s'empara d'Éresburg, et renversa la colonne qu'on y honorait sous le nom d'Irminsul. Les trésors ramassés dans ce lieu furent livrés au pillage. L'armée se reposa trois jours; et, comme au bout de ce temps elle commençait à souffrir de la soif, une source abondante jaillit tout à coup du lit desséché d'un torrent voisin. Il sembla que Dieu confirmait la victoire par ce signe, et que les ennemis la reconnaissaient par leur soumission. Ils donnèrent douze otages; le roi leur laissa des prêtres, et revint dans son manoir paternel de Héristal jouir en paix d'un succès si facile (1).

Mais, l'année suivante, tandis que Charles descendait en Italie pour mettre fin au royaume des Lombards, les Saxons se soulevèrent, chassèrent les missionnaires, mirent la Hesse à feu et à sang et vinrent brûler l'église de Fritzlar. C'était la pre-

(1) *Vita S. Sturmi :* « Rex vero Carolus, Domino semper devotus, quum ipse christianissimus esset, cogitare cœpit qualiter gentem hanc acquirere Christo quivisset, » etc. Eginhard, *Annales ad ann.* 772. Poeta Saxo, *ibid.*

Ad patriam rediit magna cum prosperitate.

mière fondation de saint Boniface. Quand les barbares approchèrent, la torche à la main, une terreur religieuse les saisit ; ils se retirèrent en désordre ; plusieurs dirent ensuite qu'ils avaient vu deux jeunes hommes vêtus de blanc, défendre les portes du sanctuaire (1). Bientôt après, Charlemagne reparut, trois armées le précédèrent en Saxe, et dévastèrent le pays. Lui-même, au commencement de 775, vint tenir le champ de mai à Duren, traversa le Rhin, prit le lieu fortifié de Sigeburg, mit garnison dans Éresburg, força le passage du Weser auprès du mont Brunesberg, battit les barbares, et pénétra jusqu'à l'Ocker, où les chefs du pays d'Ostphal lui livrèrent leurs otages. Retournant ensuite sur ses pas, il trouva les hommes d'Engern venus à sa rencontre pour faire les mêmes soumissions. Mais ceux de Westphal opposèrent une résistance plus opiniâtre. Un soir, à la faveur de l'obscurité, leurs guerriers se mêlèrent aux fourrageurs d'un corps franc détaché sur le Weser. Entrés dans le camp, ils attendirent l'heure du sommeil et se jetèrent sur les chrétiens endormis. Ceux-ci, revenus de la première surprise, firent face, et soutinrent tous les assauts, jusqu'à ce que l'armée royale vint les dégager (2). Les

(1) Eginhard, *Annales, ad ann.* 774. Cf. *Annales Laurissenses* et *Fuldenses, ad ann.* 774, et surtout *Annales Francor., ibid.*
(2) *Ibid., ad ann.* 775. Poeta Saxo, *ad ann.* 775. Il faut lire, dans cette chronique en vers, la surprise du camp chrétien par les

Westphaliens demandèrent la paix et la reçurent une seconde fois : les vainqueurs connurent qu'ils auraient besoin d'une longue patience.

<small>Champ de mai de Paderborn. 777.</small>

En effet, la nouvelle étant venue que le roi repassait les Alpes afin de réprimer le soulèvement des Lombards du Frioul, les Saxons reprirent les armes, s'emparèrent par stratagème d'Éresburg, dont ils rasèrent les retranchements, et assiégèrent Sigeburg. Mais ces bandes irrégulières n'avaient ni la science ni la discipline des combats. Les pierres que leurs machines faisaient pleuvoir retombaient sur leurs têtes; ils crurent voir dans les airs des boucliers de feu qui protégeaient la garnison (1). L'épouvante se mit dans leur camp; une sortie vigoureuse acheva la déroute. En même temps Charles revint d'Italie, tint l'assemblée ordinaire à Worms, et s'avança jusqu'à la Lippe, où il ne

Saxons. C'est un des rares passages où la sécheresse du récit s'anime et prend couleur.

> Pars subvectat onus viridis simul utraque fœni.
> Sic introgressi Francorum castra dolosi,
> Quod vi non poterant egerunt arte. Sed olim
> Est dictum : « Dolus an virtus quis in hoste requirat ? »

(1) Eginhard, *Annales, ad ann.* 776, et surtout *Annales Francorum* et *Annales Bertiniani :* « Et, Deo volente, petrariæ quas præparaverant plus illis damnum fecerunt quam illis qui infra castrum residebant. Videntibus multis tam a foris, quam etiam et deintus, ex quibus multi manent usque adhuc; et dicunt vidisse se instar duorum scutorum colore rubeo flammantes et agitantes supra ipsam ecclesiam. » — Suivant ce récit, la terreur panique des Saxons se déclara sous les murs d'Éresburg; mais, selon toutes les chroniques, Éresburg fut pris et Sigeburg sauvé. Je conjecture donc qu'il y a eu confusion de lieu. Cf. Regino, *Chronic. Saxon., ad ann.* 776.

trouva plus que des suppliants. Il les reçut en grâce, bâtit la forteresse de Lippstadt aux sources du fleuve, releva Éresburg, et, après avoir passé l'hiver à Héristal, il revint, au printemps de 777, convoquer les nobles et tout le peuple de Saxe à Paderborn. C'etait le plus beau lieu de la Westphalie. Des sources jaillissantes y arrosaient les terres d'un riche manoir. Le roi des Francs, entouré de ses prélats et de ses comtes, déploya toute la pompe guerrière des champs de mai. Ce fut là qu'il voulut recevoir les envoyés des Sarrasins d'Espagne, venus pour solliciter le secours de ses armes. Il semble que ce grand spectacle frappa les Saxons. Les hommes libres, réunis sous la conduite de leurs chefs, jurèrent obéissance et se soumirent à perdre leur territoire et leur liberté, s'ils violaient la foi promise. Une grande multitude, renonçant aux idoles, demanda le baptême. On vit des troupes innombrables d'hommes, de femmes et d'enfants descendre dans les rivières. Les blonds néophytes, couverts de vêtements blancs, sortaient des eaux au chant des cantiques. A leur tête, les prêtres et les moines allaient poser la première pierre des églises dans les forêts purifiées; et, pendant plusieurs mois, le récit de la conversion de la Saxe consola le monde chrétien (1).

(1) *Annales Francorum, Eginhardi*, etc., *Chronic. Moissac.*, ad ann. 777. *Vita Sturmi*. Poeta Saxo, ad ann. eumdem.

Tanto concilio locus est electus agendo,
Quem Pathalbrunnon vocitant : quo non habet ipsa

Seconde période de la guerre. Wittinkind 778-785.

Au moment où les Saxons semblaient se résigner à la conquête, ils firent le dernier effort que la liberté pût arracher à des barbares ; et, pour combattre encore une fois, ils se disciplinèrent. Les forces divisées se réunirent ; ces hommes, qui n'avaient que la passion des armes, obéirent à un chef qui en savait le métier. L'apparition de Wittikind ouvrit la seconde période de la guerre, et donna un adversaire à Charlemagne. Seul de tous les chefs, il n'avait rien juré ; mais, suivi de quelques-uns des siens, il s'était retiré auprès de Siegfried, prince des Danois. C'était là qu'il attendait un temps meilleur, quand le bruit de la défaite de Roncevaux se répandit dans le Nord ; on ajoutait que Charlemagne avait péri avec ses preux au pied des Pyrénées. Alors Wittikind se montra en Saxe, souleva les tribus, prêta à leurs efforts l'unité d'un grand dessein, et leur assura l'alliance des peuples de la Frise et du Danemark. Les barbares se jetèrent sur la Hesse et la Thuringe, brûlant les manoirs et les églises, portant partout le pillage et la mort. Les religieux de Fulde, qui virent de loin les flammes, chargèrent sur leurs épaules la châsse de leur père saint Boniface, sortirent du monastère, et allèrent camper à deux journées de distance, vers le sud. L'invasion s'étendit sur la rive gauche

Gens alium naturali plus nobilitate
Insignem, qui præcipue redimitus abundat
Fontibus et nitidis et pluribus, et trahit inde
Barbaricæ nomen linguæ sermone vetustum.

du Rhin, depuis Deutz jusqu'à Coblentz, et la Germanie tout entière parut échapper à la puissance des Francs. Mais Charlemagne vivait ; ses ordres arrivèrent : les Francs orientaux et les Alemans se levèrent en masse, repoussèrent l'ennemi, et lui firent essuyer une défaite sanglante. Au printemps de 779, le roi marcha en personne contre les Westphaliens, les battit à Bochold et reçut leur soumission, qui entraîna celle de l'Ostphal et de l'Engern. L'année suivante, il parcourut le pays jusqu'à l'Elbe, où il campa. Wittikind était retourné chez les Danois ; les baptêmes solennels recommençaient : une multitude immense avait demandé l'eau sainte à Horheim. On crut s'assurer des peuples par l'occupation systématique du territoire. Il fut divisé en districts, où l'on mit des évêques, des prêtres, des abbés. Le roi leur donna des terres ; mais Dieu seul pouvait leur donner les âmes (1).

(1) *Annales Francorum*, 778. *Annales Eginhardi, ad ann.* 777, 778. Poeta Saxo. *Chronic. Moissacense*, 778. *Vita S. Sturmi :* « Adsumpto sancti martyris corpore de sepulcro, in quo annos XXIV positus fuerat, cum universis famulis Dei, proficisci cœpimus. » *Annales Francorum :* « Tunc prædantes secus Rhenum et multas malitias facientes, ecclesias Dei incendentes, in sanctemonialibus grassati, et quod fastidium generaret enumerandi. »
Poeta Saxo, *ann.* 778 :

Cunctas quas poterant villas invadere flammis.

Annales Francorum, Eginhardi, etc., *ad ann.* 780. Le texte décisif pour fixer la première organisation ecclésiastique du pays est dans la Chronique de Moissac, *ad ann.* 780 : « Divisit ipsam patriam inter episcopos, presbyteros et abbatos, ut in ea habitarent et prædicarent. » — C'est à tort que l'on a compté saint Sturm parmi

Massacre de Verden. 782.

Deux ans s'écoulèrent. En 782, les Slaves sorabes envahirent l'Allemagne sur plusieurs points. A la faveur du tumulte, Wittikind, qui, du fond de son asile, entretenait le ressentiment des Saxons, reparut chez eux. Ils se souvinrent de leurs anciens dieux, de leur vieille indépendance, et ils reprirent leurs longs couteaux. Les troupes franques, mal commandées, furent défaites dans la vallée du Soleil (Suntal), au bord du Weser. Deux *missi dominici*, quatre comtes, vingt seigneurs et la moitié des soldats périrent dans la mêlée. En même temps les missionnaires furent chassés ou mis à mort, les chrétiens persécutés, et les ravages s'étendirent encore une fois jusqu'au Rhin. La longanimité de Charlemagne était à son terme ; il agit en juge, et traita les vaincus en rebelles. Une assemblée fut convoquée à Verden sur l'Aller, à l'effet d'informer sur les causes de la révolte. Les nobles Saxons s'y rendirent, accusèrent Wittikind coutumace, et livrèrent ses complices, au nombre de quatre mille cinq cents. Dix ans de combats avaient irrité les esprits. On considérait les serments quatre fois violés, tant de villes dont les ruines fumaient encore, tant de chrétiens égorgés sans défense ; on connaissait les fureurs de ces barbares, leur passion du sang, leurs sacrifices humains. Les coupables,

---

les évêques établis par Charlemagne. Le pieux abbé de Fulde était mort l'année précédente à Éresburg, entre les mains d'un médecin du roi, dont le moine biographe se plaint fort.

jugés par les chefs de leur nation, en cours de justice, selon la loi commune des Germains, qui punissait de mort les traîtres, furent décapités le même jour. Mais le nombre des condamnés devait les absoudre et soulever les contemporains, comme la postérité, contre l'horreur de cette exécution (1). Les familles et les tribus s'armèrent pour venger leurs morts. Toute la Saxe se leva, et trouva Wittikind pour la conduire. La guerre fut sans quartier. Une grande bataille se livra auprès de Detmold. Les historiens des Francs leur attribuent la victoire ;

(1) Le récit détaillé de la bataille de Suntal se trouve dans les *Annales* attribuées à Éginhard et dans le poëte saxon qui les suit, *ad ann.* 782.

...... Ibi protinus atrox
Conscritur fundens ingentem pugna cruorem,
Francorumque truci proceres sunt cædè necati.
Regis legatis præclari quatuor illis
Exstincti comites cum viginti venerandis,
Nobilibusque viris aliis hac clade peremptis.
At reliquus bello populus consumptus in illo
Conseri numero nequit...
Interfectus Adalgisus pariter quoque Geilo.

Cf. *Vita S. Willehadi.* — Le massacre de Verden est le scandale de la vie de Charlemagne. M. Ampère a montré les doutes qu'on pourrait soulever sur la réalité de l'exécution (*Histoire littéraire,* t. III). Nous croyons cependant comme lui que le fait subsiste, et nous n'avons garde de le justifier. Seulement il importait d'en maintenir le caractère, et d'y voir ce que virent les contemporains, un procès criminel, et non pas une boucherie de prisonniers. Cf. *Annales Francorum, Eginhardi,* Poeta Saxo, *ad ann.* 782.

Quem quum primores ejusdem gentis adissent,
Illud se certo non commisisse probantes,
Et rex auctores facti perquireret, una
Esse reum clamant Witikindum criminis hujus...
Tradita sunt sane reliquorum bis duo letho
Millia quingentique viri, qui tam grave bellum
Illius contra Francos gessere suasu...

mais ils conviennent qu'elle leur coûta cher. Une tradition rapporte que les chrétiens vaincus se retirèrent précipitamment jusqu'au Mein, et qu'ils cherchaient en vain à passer le fleuve, quand une biche, se jetant devant eux, leur montra le gué. On appela ce lieu le Gué des Francs : *Francfort*. La tradition est fabuleuse, mais elle atteste qu'aux yeux des peuples la fortune de Charlemagne parut chanceler. Cependant ses armées, grossies de nouvelles recrues, écrasèrent les Saxons au bord de la Hase. Pendant deux ans il parcourut le pays dans toutes les directions, incendiant les récoltes, les hameaux, les lieux fortifiés; il s'avança deux fois jusqu'à l'Elbe, et passa l'hiver de 785 à Éresburg. Alors, voyant les ennemis épuisés, il leur offrit la paix (1).

De nobles saxons allèrent porter à Wittikind, au delà de l'Elbe, les propositions du roi. Le guerrier défiant exigea des otages, et, les ayant reçus, il se rendit avec Alboin, son compagnon d'armes, à Attigny, où il demanda le baptême. Cet exemple entraîna la Saxe, et la Frise l'imita. Charlemagne connut que ses desseins étaient accomplis. Il écrivit à Offa, roi des Saxons, pour lui annoncer une conversion qui faisait la joie de son règne. Le pape Adrien en reçut la nouvelle; il répondit en « ren-

---

(1) *Annales Eginhardi* et Poëta Saxo, *ad ann.* 783, etc. Grimm, *Deutsche Sagen*, t. II. *Annales Eginhardi* et Poëta Saxo, *ad ann.* 785.

« dant des actions de grâces à la clémence divine,
« parce que les nations païennes, rangées sous la
« puissance du roi, entraient dans la grande reli-
« gion. » Pour louer Dieu d'une si éclatante victoire, il ordonnait trois jours de processions solennelles dans toutes les contrées habitées par les
chrétiens (1). L'imagination des peuples s'empara
de ce grand événement. On racontait qu'aux jours

---

(1) Caroli M. Epist. I, *ad regem Offam* : « Ducesque Saxoniæ... Wittikindus et Alboin, cum fere omnibus incolis Saxoniæ, baptismatis susceperunt sacramentum, Domino Jesu de cetero famulaturi. » *Epist. XXVI Hadriani pp. ad Carolum M* : « Unde nimis amplius divinæ clementiæ retulimus laudes, quia nostris vestrisque temporibus, gentes paganorum in veram et magnam deductæ religionem atque perfectam fidem, vestris regalibus substernuntur ditionibus... ut... maximum fructum in die judicii ante tribunal Christi de eorum animarum salute offerre mereamini dignissimum munus, et pro amore animarum lucra infinita mereamini adipisci in regno cœlesti. »
Je rattache ici une anecdote du moine de Saint-Gall, où l'on voit au vif l'impression que cette grande guerre avait laissée dans l'âme de Charlemagne, et en même temps l'incroyable ignorance de la cour byzantine, devenue étrangère à toutes les affaires d'Occident. « Comme donc Charles avait envoyé des députés au *roi* de Constantinople pour l'entretenir de la guerre de Saxe, le prince leur demanda si le royaume de *son fils* Charles était en paix. Le principal des envoyés ayant répondu que tout était pacifié, hormis les frontières, toujours inquiétées par les invasions des Saxons, cet homme endormi dans la mollesse s'écria : « Fi! pourquoi mon fils s'épuise-« t-il contre des ennemis sans nom et sans force? Tiens, je te fais « présent de cette nation, avec tout ce qu'elle possède. » Ce que l'envoyé ayant rapporté au très-belliqueux Charles, celui-ci repartit en riant : « Il t'aurait rendu plus riche, s'il t'eût fait présent d'un « caleçon pour le voyage. » — Remarquez aussi les prétentions réciproques des deux empires. Le Byzantin traite Charlemagne de *fils*, c'est-à-dire d'inférieur. Le moine allemand ne reconnaît qu'un *roi* de Constantinople, les Francs ayant hérité du titre impérial. *Monach. S. Gall.*, II, 5.

de fêtes solennelles, Charlemagne avait coutume de faire distribuer une pièce d'argent à chacun des pauvres qui se rassemblaient à sa porte. Or, il arriva que, le jour de Pâques, Wittikind, en habit de mendiant, s'introduisit dans le camp pour en observer les dispositions. Le roi faisait dire la messe sous sa tente ; et quand le prêtre éleva la sainte hostie, Wittikind vit, dans le pain consacré, la figure d'un enfant d'une beauté parfaite. Après la messe on distribua les aumônes. Le guerrier se présenta à son rang, fut reconnu sous ses haillons, arrêté, conduit au roi. Alors il raconta sa vision, demanda à devenir chrétien, et fit enjoindre aux chefs de son parti de poser les armes. Charlemagne le fit duc, et changea contre un cheval blanc le cheval noir de son écu. Ceci est le récit des Saxons. Ce peuple inflexible ne voulait avoir cédé qu'à l'intervention de la Divinité. D'un autre côté, les généalogistes placèrent Wittikind à la tête de la troisième race des rois de France, en le faisant aïeul de Robert le Fort. Plusieurs légendaires le comptèrent au nombre des saints, et au treizième siècle la *Chanson de Wittikind le Saxon* était encore récitée par les jongleurs français. Son nom ne périt pas ; il resta comme ceux de Roland, d'Arthur, de tant d'autres illustres vaincus que la poésie est allée ramasser sur les champs de bataille, comme pour montrer que l'imagination des peuples est généreuse, et ne se range pas toujours du côté du plus fort (1).

Une lutte qui, depuis vingt ans, mettait en feu toute la Saxe, ne pouvait finir en un jour sur tous les points. Les Saxons de l'Ouest gardèrent la foi jurée ; mais ceux du Weser se soulevèrent en 793. Les peuplades qui habitaient au nord de l'Elbe prirent les armes en 795 et 798, massacrèrent les comtes envoyés pour rendre la justice sur leurs terres, et se précipitèrent sur les Obotrites, alliés des Francs. Cette troisième période de la guerre se passa, comme les deux autres, en représailles sanglantes, suivies de passagères soumissions. Cinq campagnes successives ne suffirent pas pour réduire la révolte ; il fallut déporter un tiers de la nation. On enleva les habitants des deux rives de l'Elbe, avec femmes et enfants, pour les disséminer dans la Gaule et la Germanie. Tous ne regrettèrent pas leur exil. « Ils aimèrent, dit un contemporain, ces grasses terres du Midi,

<small>Troisième période de la guerre. 793-798.</small>

---

(1) Grimm, *Deutsche Sagen*, t. II.

La Chronique de Moissac a déjà fait la transformation du nom propre *Guiduchint* pour *Wittichind*. Sur le changement du *W* en *Gu*, voyez Ampère, *Histoire de la formation de la langue française*. M. Capefigue, *Histoire de Charlemagne*, a cité ces vers de la chanson de Guiteclin, par Jean Bodel, trouvère d'Arras, treizième siècle :

<blockquote>
Cil bastart juglor qui vont par ces viliaux,
A ces grandes vielles en dépéciés forriaux,
Chantent de Guiteclin...
Mais cil qui plus en scet, ses dires n'est pas biaux ;
Que ils ne savent mie les riches vers noviaux
Ni la chanson rimée que fisi Jehans Bodiaux.
</blockquote>

qui leur donnaient de riches vêtements, des monceaux d'or et des flots de vin. » Les Slaves occupèrent le pays dépeuplé. Les châteaux de Hall, de Magdebourg et de Hambourg furent construits sur la Saale et sur l'Elbe. Un pont fortifié commanda le fleuve, et, plus loin, le cours de l'Eyder, frontière des Danois, marqua la limite de l'empire des Francs (1).

En réunissant, comme on vient de le tenter, tous les souvenirs historiques et traditionnels de la guerre que Charlemagne fit aux Saxons, on y trouve, comme nous l'avions prévu, et en tenant compte de la différence des siècles, tout le génie des croisades. C'est la même empreinte religieuse et militaire dans les récits contemporains : seulement, au lieu de la chevalerie et de cette gloire fraternelle partagée entre les compagnons de Godefroi, ici tout l'héroïsme chrétien est dans la personne de Charlemagne. Des deux côtés, les événements prennent le même cours. Toutes les guerres

---

(1) Eginhard, *Annales*. Poeta Saxo, *ad ann.* 799. *Annales Francorum*, etc. Poeta Saxo, *ad ann.* 805 :

> Copia pauperibus Saxonibus agnita primum
> Tunc fuerat, rerum quas Gallia fert opulenta;
> Praedia praestiterat quum rex compluribus illic,
> Ex quibus acciperent pretiosae tegmina vestis,
> Argentis cumulos, dulcisque fluenta Lyaei.

Reichard, *Germanien*, p. 43. C'est de l'empire des Francs qu'il faut entendre l'inscription qu'on lisait sur la porte de la ville de Rendsburg :

> *Eydora, Romani terminus imperii.*

saintes sont premièrement défensives; elles commencent par la juste résistance de la chrétienté, attaquée sur ses frontières. Mais, comme il n'y a pas de droit des gens avec des barbares, la guerre de défense, ne pouvant finir par la paix, se tourne en conquête, et la conquête se légitime en civilisant. Ainsi la politique des Francs se renfermait d'abord en ces termes : Arrêter les incursions des païens et protéger la prédication de l'Évangile. Ils ne songeaient pas à pousser, l'épée dans les reins, les barbares au baptême. Les traités qui suivirent les premières campagnes ne soumettaient les Saxons qu'au serment de fidélité : les vainqueurs installaient le prêtre, et se retiraient ensuite, respectant la liberté de son ministère. Mais l'horreur d'une lutte désespérée égara le grand esprit de Charlemagne. Il crut avoir le droit de punir, quand il n'avait que celui de vaincre ; et cette erreur causa le massacre de Verden. Ce jour-là, le pouvoir temporel commença à sortir de ses limites : maître du sol, il pensa l'être aussi des consciences, et voulut tenter par le glaive ce que la parole n'avait pas pu. Alors fut dicté le Capitulaire de 785. On y règle les droits des églises, en soumettant les Saxons au payement de la dîme. Onze articles prononcent la peine de mort. Les premiers punissent de grands crimes : l'incendie des lieux saints, le meurtre des prêtres, les sacrifices humains, l'anthropophagie, la félonie, la trahison. Mais les suivants frappent du même châtiment les païens qui refuseront le baptême, ceux qui brûleront leurs morts au lieu de les enterrer, ceux qui enfreindront le carême par mépris. D'autres dispositions ruinent la constitution fédérative de la Saxe. Les hommes libres sont convoqués au champ de mai des Francs, mais on leur interdit toute assemblée hors de la présence des *missi dominici*. Les juges sont réduits à tenir leurs plaids dans les limites de leur ressort, sans lien commun, sous la surveillance des évêques et sous la réserve de l'appel au roi. Ainsi se font sentir, à tous les degrés, l'isolement qui décourage les résistances, et l'autorité royale qui les écrase. L'intérêt politique étouffe la pensée chrétienne : la barbarie se trahit par l'odieuse disproportion des délits et des peines, et, sous des noms religieux, ce sont les haines nationales qui revivent (1).

L'Église condamne les abus de la victoire.

La guerre sainte avait fait fausse route. La papauté s'en aperçut, et s'efforça de désarmer des mains qui abusaient de l'épée : j'en juge par une lettre du pape Adrien, où le pontife traite de la pénitence qu'on doit imposer aux Saxons chrétiens retombés dans le paganisme. Il veut que, selon la tradition des anciens, la pénitence des relaps se mesure moins à la longueur du temps qu'à la sincérité

---

(1) *Capitul. de partibus Saxoniæ*, 785, art 32 : « Interdiximus ut omnes Saxones generaliter conventus publicos nec faciant, nisi forte missus noster de verbo nostro eos congregare fecerit; sed unusquisque comes in uno ministerio placita et justitias faciat. Et hoc a sacerdotibus consideretur, ne aliter fiat. »

du repentir : la satisfaction demeure donc à la discrétion de l'évêque, qui jugera si le péché fut volontaire ou forcé, et réconciliera le pécheur docile (1). Ainsi, tandis que le pouvoir séculier punissait de mort le crime d'idolâtrie, la puissance ecclésiastique cherchait à lui arracher le coupable, pour le renvoyer devant un tribunal où l'on abhorrait le sang. D'autres voix s'élevèrent pour rappeler les saines maximes du christianisme. Le moine Alcuin, dont le nom faisait autorité par tout l'Occident, blâma hautement les ordres sévères du roi son maître. Il en écrivait en ces termes : « La foi, comme la dé-
« finit saint Augustin, est un acte de volonté et
« non pas de contrainte. On attire l'homme à la
« foi, on ne peut l'y forcer : vous pousserez les gens
« au baptême, vous ne leur ferez pas faire un pas
« vers la religion. C'est pourquoi ceux qui évan-
« gélisent les païens doivent user avec les peuples
« de paroles prudentes et pacifiques ; car le Seigneur
« connaît les cœurs qu'il veut, et les ouvre, afin
« qu'ils comprennent. Après le baptême, il faut
« encore des préceptes indulgents aux âmes faibles.
« L'apôtre Paul écrit à la jeune chrétienté de Co-
« rinthe : *Je vous ai donné du lait et non du pain.*
« Le pain est pour les hommes ; il représente ces

(1) *Epist. XXV Adriani papæ :* « Et iterum pœnitentiæ satisfactione purgentur : quæ non tam temporis longitudine quam cordis compunctione pensanda est... Oportet sacerdotes... eorum arbitrio indicere pœnitentiam, considerantes piaculum tam voluntate quamque extra voluntatem coacti. »

« grands préceptes qui conviennent aux âmes exer-
« cées dans la loi du Seigneur : et, comme le lait
« est pour l'âge tendre, ainsi l'on doit donner des
« règles plus douces à ces peuples ignorants qui
« sont dans l'enfance de la foi... Si le joug suave
« et le fardeau léger du Christ eussent été annoncés
« à ce peuple inflexible des Saxons avec autant de
« persévérance qu'on en a mis à exiger les dîmes,
« et à faire exécuter toute la rigueur des disposi-
« tions de l'édit pour les moindres fautes, peut-
« être n'auraient-ils pas horreur du baptême. Que
« les propagateurs de la foi s'instruisent donc aux
« exemples des apôtres ; qu'ils soient prédicateurs
« et non déprédateurs, et qu'ils se confient en Celui
« de qui le prophète rend ce témoignage : *Il n'a-*
« *bandonna jamais ceux qui espèrent en lui* (1). »
Ainsi l'Église rappelait l'immuable distinction du
domaine temporel et du domaine spirituel, la liberté de l'âme, le respect des consciences ; et, en ré-
clamant ses droits, elle revendiquait tous les droits
de l'humanité.

Elle fut écoutée : il semble qu'une politique plus
clémente prévalut dans les conseils de Charlemagne.

---

(1) Alcuin, *Epist. ad Megenfridum* : « Fides quoque, sicut sanctus Augustinus, res est voluntaria, non necessaria. Attrahi poterit homo ad fidem, non cogi... Gratis accepistis, gratis date... Sint prædicatores, non prædatores. » Cf. *Epist. XVI, ad Carolum Magnum* : « Pios populo novello prædicatores,... apostolorum... præceptis intentos, qui lac, id est suavia præcepta, suis auditoribus initio ministrare solebant. »

Un second capitulaire, daté de 797, ne renouvelle aucune des violentes mesures arrêtées douze ans auparavant. On y recommande l'observation de la paix publique en faveur des églises, des veuves et des orphelins. En punissant d'amende le plaideur condamné en appel au tribunal du roi, on retient les parties devant la cour de justice de leur ressort, et l'on relève l'autorité des juges nationaux. La loi saxonne est implicitement confirmée : seulement le prince y met une réserve qui est la plus belle prérogative des royautés chrétiennes, il s'attribue le droit de faire grâce. Ainsi tout inclinait à la paix, par pitié ou par lassitude. Une réconciliation décisive se fit à l'assemblée de Salz, en 803 ; on y vit, d'une part, Charlemagne avec tout l'éclat du titre impérial qu'il portait depuis trois ans, avec ses grands noms de successeur des Césars et de maître de l'univers ; de l'autre, les hommes nobles de Saxe stipulant pour leur pays. Ils promirent de renoncer au culte des idoles, de recevoir docilement les évêques, dont ils apprendraient ce qu'ils devaient croire, et de payer les dîmes prescrites par la loi de Dieu. En retour, le prince, se réservant seulement le droit de les visiter par ses commissaires et de choisir leurs juges, les affranchit de toute espèce de tribut, leur laissa les lois de leurs pères et tous les honneurs d'une nation libre. Les tribus de la Frise avaient obtenu les mêmes conditions ; il leur fut promis qu'on respecterait leur liberté « tant que le vent soufflerait de la nue, et que le monde resterait debout (1). »

Organisation religieuse de la Saxe. Alors s'acheva l'organisation religieuse du pays conquis. Un acte publié à Spire, en 788, avait fait savoir « à tous les fidèles du Christ, que les Saxons, « longtemps indomptables à cause de leur opiniâ- « treté et de leur perfidie, ayant été vaincus par la « permission divine et amenés au baptême, le roi « Charles les avait rendus à leur antique liberté, « et, pour l'amour de Celui qui l'avait fait vaincre, « les lui abandonnait en qualité de tributaires et de « sujets. C'est pourquoi, réduisant leur territoire « en province, suivant l'ancienne coutume des « Romains, il l'avait partagé entre plusieurs évê- « ques, dont le premier serait établi au lieu appelé « Brême. » Sept autres siéges furent érigés à Osnabruck, Paderborn, Munster, Minden, Verden, Hildesheim et Halberstadt. Chaque évêché donnait à Dieu un autel, à la vérité une chaire, à la justice un tribunal, à la charité un hospice, à toutes les idées bienfaisantes des institutions qui les faisaient

---

(1) *Capitulare Saxonicum*, 797. Cf. *Præceptum pro Trautmanno comite*. Poeta Saxo, *ad annum* 803 :

> Augustus pius ad sedem Salz nomine dictam
> Venerat : huc omni Saxonum nobilitate
> Collecta simul has pacis leges inierunt.
> . . . . Permissi legibus uti
> Saxones patriis et libertatis honore.

Pour réunir toutes les pièces de la pacification, il y faut ajouter la liste des otages remis au roi, à Mayence, en 802. Apud Pertz, t. III. Wiarda, *Asegabuch*.

pénétrer dans les mœurs des peuples. Autour des siéges épiscopaux, se multipliaient les églises paroissiales, qui portaient les mêmes idées soutenues des mêmes institutions, sur tous les points d'une contrée livrée, depuis tant de siècles, à l'ignorance et à la loi du plus fort. Ainsi la guerre de Saxe, un moment compromise par l'erreur du pouvoir temporel, semblait se justifier par ses résultats, et, comme toutes les guerres saintes, elle avait servi la civilisation. Et cependant la conscience du vainqueur n'eût pas été en repos s'il lui eût été permis de voir la suite de son ouvrage et ce qui devait paraître sept cents ans après, quand la réforme éclata. La foi romaine, restée maîtresse des populations d'origine franque et bavaroise, où elle s'était établie par la seule puissance de la parole et de la charité, fut trahie par les descendants des tribus saxonnes que les soldats de Charlemagne avaient cru soumettre. Et qui sait si Luther, le fils du mineur d'Eisleben, ne sortit pas du sang de quelqu'un de ces quatre mille cinq cents vaincus massacrés à Verden (1)?

(1) *Capitul.* 788, pour l'érection de l'évêché de Brême : « Noverint omnes Christi fideles quod Saxones, quos a progenitoribus nostris ob suæ pertinaciam perfidiæ semper indomabiles, ipsique Deo et nobis tamdiu rebelles... pristinæ libertati donatos, pro amore illius qui nobis victoriam contulit, ipsi tributarios et subjugales devote addiximus... Proinde, omnem terram eorum, antiquo Romanorum more, in provinciam redigentes... » — Ce souvenir des Romains est bien digne de remarque. Charlemagne acheva la réduction de la Germanie en province romaine, c'est-à-dire le dessein vainement poursuivi par Auguste, Marc-Aurèle et Probus.

Quand les nouvelles églises du Nord s'élevèrent, le clergé franc ne se trouvait pas en état de les évangéliser. Les lois mêmes, qui lui recommandaient si sévèrement la science et la discipline, faisaient voir qu'il n'était ni assez savant ni assez discipliné pour ce difficile ouvrage de policer une nation. Comment faire des apôtres avec des prêtres qu'il fallait exhorter à être « prédicateurs et non déprédateurs, » et que tous les canons des conciles ne pouvaient arracher ni aux plaisirs bruyants ni aux armes? Après trente ans de combats, il n'y avait peut-être pas un de ces clercs, fils de guerriers ou guerriers eux-mêmes, sur lequel les Saxons n'eussent à venger des injures. Les inimitiés anciennes, irritées par tant de revers et de supplices, ne pouvaient s'éteindre si facilement, que les opprimés voulussent recevoir de leurs vainqueurs une doctrine qui ordonnait de les aimer. En même temps, l'émigration irlandaise s'était ralentie. D'ailleurs les moines de saint Colomban, plus exercés à la contemplation qu'à l'action, plus propres à donner l'exemple qu'à propager la parole, Romains par l'esprit, Celtes par le cœur, auraient encore été des étrangers, et par conséquent des ennemis aux yeux des Saxons, défiants comme tous les vaincus. Les meilleurs esprits désespéraient de la conquête des âmes, quand la possession du pays avait coûté si cher; et l'un d'eux se plaint « que l'on perde « inutilement sur cette terre ingrate des efforts qui

CHARLEMAGNE ET LES SAXONS.

« seraient mieux employés à la conversion des
« Huns et des Avares (1). » Ainsi les moyens parurent manquer au moment décisif, et ce fut un grand spectacle de voir comment la Providence mènerait son œuvre jusqu'au bout.

Il y avait été pourvu de longue main. Nous avons vu l'ancienne Germanie se partager entre deux sortes de peuples, les uns émigrants, les autres sédentaires. La même division se reproduit encore dans chaque peuple, soit qu'il ait gardé, soit qu'il ait abandonné son territoire. Ainsi, parmi les nations émigrantes, les Goths formaient deux camps : celui des Visigoths, qui pénétrèrent jusqu'en Espagne; celui des Ostrogoths, qui s'ébranlèrent cent ans plus tard, et s'arrêtèrent en Italie. Les Francs, à leur tour, fondèrent les deux royaumes de Neustrie et d'Austrasie, dont nous connaissons les rivalités. De même, parmi les populations sédentaires, les Scandinaves ne désertèrent jamais les âpres rochers du Danemark et de la Suède; mais ils jetèrent sur tous les rivages de l'Europe ces pirates, facilement civilisés, qui furent les Normands. Les Saxons eurent aussi leurs émigrations maritimes; ceux d'entre eux qui allaient chercher le péril et le butin sur les terres de la Grande-Bretagne finirent par se rendre maîtres des terres mêmes. Grossis par des bandes nouvelles, ils formèrent une confédération puis-

Les Anglo-Saxons apôtres de la Saxe.

(1) Alcuin, *Epist.*

sante qui couvrit la contrée. Mais, sur un sol déjà chrétien, où leurs fables n'avaient point de racines, ces barbares dépaysés laissaient des ouvertures plus faciles à la prédication. Nous savons comment le christianisme s'en empara. Nous avons vu grandir l'Église anglo-saxonne, qui eut le remarquable mérite d'unir aux lumières de la foi, aux sciences de l'antiquité, un patriotisme soutenu, un culte fervent de l'histoire, de la langue, de la poésie nationales; de sorte qu'on y trouve en même temps cet esprit docile qui reçoit la civilisation, et cet esprit original qui se l'approprie pour la communiquer. L'Évangile avait donc à son service un peuple dévoué, latin par l'éducation, saxon par le sang, capable, par conséquent, de servir ses desseins dans la Saxe païenne. L'éducation en faisait un instrument maniable, le sang en faisait un instrument fort. Le moyen de la Providence était trouvé.

Les missions anglo-saxonnes furent pour les temps carlovingiens ce qu'avaient été les missions des Irlandais pour la période mérovingienne. En même temps qu'elles convertirent les infidèles, elles travaillèrent à la réforme des chrétiens. Nous les avons vues commencer dès le temps de Pépin d'Héristal : alors Wilfrid, Suitbert et Willibrord avaient porté l'Évangile dans la Frise. Deux frères, du nom d'Ewald, étaient allés chercher le martyre chez les tribus saxonnes. Puis l'émigration religieuse s'était continuée à la suite de saint Boniface, qui conduisit au cœur même de la Germanie païenne les colonies du clergé anglo-saxon, en même temps qu'il en introduisait la discipline dans l'Église des Francs. Après lui, la réforme ecclésiastique fut poursuivie par le célèbre Alcuin, venu d'York pour gouverner l'école de Tours, où ses leçons firent refleurir la science sacrée, la pureté du dogme et la régularité des mœurs. D'autres émigrés de la même nation succédèrent aux travaux de saint Boniface chez les barbares. Nourris de ses enseignements, ce qu'ils voulaient des peuples, c'étaient les âmes, et non les dîmes. Ils ne traînaient à leur suite ni meutes de chiens ni troupes de soldats, et ils n'aimaient à verser de sang que le leur. Quand donc Charlemagne, se croyant maître de la Saxe, voulut pourvoir à la prédication de l'Évangile, ces intrépides étrangers se trouvèrent aux premiers postes; et, dans la circonscription qu'il leur traça d'abord, il confia l'Ostphal à l'Anglo-Saxon Willehad, qui fut évêque de Brême; le Westphal, au prêtre Liudger, né en Frise, mais élevé aux écoles d'York; l'Engern, aux religieux de l'abbaye de Fulde, encore toute pénétrée des traditions monastiques de la Grande-Bretagne. Il faudrait voir maintenant comment l'effort commun de la parole et de l'exemple finit par ébranler les barbares. On voudrait suivre de près ces vies laborieuses, qui s'épuisèrent dans l'obscurité, dans les privations et les périls, pour donner naissance à une société nouvelle. Mais le plus grand nombre n'eurent pas d'historiens. Parmi celles qu'on écrivit, je m'arrête à la légende de saint Liudger, parce qu'elle pénètre plus profondément dans les habitudes de l'époque, et qu'elle découvre mieux les ressorts qui entraînèrent la conversion générale.

S. Liudger. Sa mère. Ses commencements.

Dans un canton de la Frise où la foi commençait à s'introduire, la femme d'un chef chrétien avait mis au monde une fille. L'aïeule, encore païenne, irritée contre sa bru, qui ne lui donnait pas de petit-fils, ordonna que l'enfant fût étouffée, comme le permettaient les lois, avant qu'elle eût goûté le lait de sa mère ou la nourriture des hommes. Un esclave l'emporta pour la noyer et la plongea dans un grand vase plein d'eau. Mais l'enfant, étendant ses petites mains, se retenait aux bords. Ses cris attirèrent une femme du voisinage, qui l'arracha des bras de l'esclave, l'emporta dans sa maison et lui mouilla les lèvres d'un peu de miel ; dès lors les lois ne permettaient pas qu'elle mourût : ce fut la mère de saint Liudger.

Le signe de Dieu était sur cette maison, et l'on vit de bonne heure ce que Liudger serait un jour (1).

---

(1) Je détache de la biographie latine de saint Liudger le trait suivant, qui n'est pas sans grâce : on y voit quel changement s'était fait en peu d'années dans les mœurs de ces familles barbares, où les mères ordonnaient, sans sourciller, d'étouffer leurs enfants. « Statim ut ambulare et loqui poterat, cœpit colligere pelliculas et cortices arborum quibus ad luminaria uti solemus; et quidquid tale inveniri poterat, ludentibusque pueris aliis, ipse consuit sibi de

Ses parents le mirent donc au monastère d'Utrecht ; et il y fit tant de progrès dans les lettres sacrées, qu'on l'envoya aux écoles d'York, où les leçons d'Alcuin attiraient un grand concours de jeunes gens des contrées étrangères. Il y passa quatre ans, et revint en Frise avec un grand savoir et beaucoup de livres. Alors on l'appliqua à la prédication de l'Évangile dans le canton d'Ostracha. Mais, au milieu des païens, il n'oubliait pas ses amis d'Angleterre. Pendant qu'il bâtissait un oratoire, Alcuin lui adressait des vers pour les inscrire au porche de l'édifice. Vers le même temps, il recevait de l'un de ses condisciples d'York une épître qui commençait ainsi : « Frère chéri de cet amour divin plus fort que « le sang, Liudger que j'aime, puisse la grâce du « Christ vous sauver ! Prêtre honoré aux rivages « occidentaux du monde, vous êtes savant, puis- « sant par la parole, profond par la pensée. Tan- « dis que vous grandissez dans le bien, ministre « de Dieu, souvenez-vous de moi, et que vos « prières recommandent au ciel celui qui vous « célébra dans ses chants trop courts ! » Et le poëte finissait, demandant à son ami un bâton

---

illis collectionibus quasi libellos ; quumque invenisset sibi liquorem cum festucis imitabatur scribentes, et offerebat nutrici suæ quasi libros utiles custodiendos. Et tum si quis diceret : Quid fecisti hodie? dixit se per totum diem aut componere libros aut scribere, aut etiam legere. Quumque interrogaretur : Quis te docuit? respondens, ait : « Deus me docuit. »

de bois blanc, humble don pour d'humbles vers(1).

Liudger travailla sept ans, au bout desquels Wittikind ayant soulevé les Saxons, les païens se jetèrent dans la Frise et chassèrent les prédicateurs de la foi. Alors Liudger se rendit à Rome, puis au mont Cassin, où il s'arrêta pour étudier la règle de saint Benoît et la rapporter parmi les moines de sa province. A son retour, le roi Charles, qui venait de vaincre les barbares, le chargea d'évangéliser les cinq cantons de la Frise orientale. Liudger les parcourut, renversant les idoles et annonçant le vrai Dieu. Ensuite, ayant passé dans l'île de Fositeland, il détruisit les temples qui en faisaient un lieu vénéré des nations du Nord, et baptisa les habitants dans l'eau d'une fontaine qu'ils avaient adorée. Vers ce temps-là, comme il voyageait de village en village, et qu'un jour il avait reçu l'hospitalité d'une noble dame, pendant qu'il mangeait avec ses disciples, on lui présenta un aveugle nommé Bernlef, que les gens du pays aimaient, parce qu'il savait bien chanter les récits des anciens temps et les combats des rois. Le serviteur de Dieu le pria de se trouver le lendemain en un lieu qu'il lui

(1) *Vita* apud Bolland. et Pertz, II. 407 :

<pre>
Frater amore Dei cognato dulcior annis,
Liudger amate mihi, Christi te gratia salvet...
Vive tuæ gentis Frisonum clara columna,
In precibusque tuis commendes, quæso, Tonanti,
Ilis brevibus vatem qui te laudavit in odis,
Cui teretis baculi tali pro carmine donum
Munificus tribuas; fors hæc mercedula vati
Concordat modico : felix sine fine valeto.
</pre>

marqua. Le lendemain, quand il aperçut Bernlef, il descendit de cheval, l'emmena à l'écart, entendit sa confession, et, faisant le signe de la croix sur ses yeux, lui demanda s'il voyait. L'aveugle vit d'abord la main du prêtre, puis les arbres et les toits du hameau voisin. Mais Liudger exigea qu'il cachât ce miracle. Plus tard, il le prit à sa suite pour baptiser les païens, et il lui enseigna les psaumes pour les chanter au peuple.

Cependant le roi Charles, apprenant le grand bien que Liudger avait fait, l'établit à Mimingenford, qui fut depuis Munster, au canton de Suthergau en Westphalie ; et on l'ordonna évêque malgré lui. Alors il éleva des églises, et dans chacune il mit un prêtre du nombre de ses disciples. Lui-même instruisait tous les jours ceux qu'il destinait aux saints autels, et dont il avait choisi plusieurs parmi les enfants des barbares. Il ne cessait pas non plus d'exhorter le peuple, invitant même les pauvres à sa table, afin de les entretenir plus longtemps. Ses grandes aumônes vidaient les trésors de l'Église, jusque-là qu'il fut accusé auprès de Charles comme dissipateur des biens du clergé. Il se rendit donc à la cour, et, comme il s'était mis à prier en attendant l'heure de l'audience, un officier l'appela. L'évêque continua sa prière et se laissa appeler trois fois, après quoi il obéit. Le prince lui en fit des reproches. « Seigneur, répondit Liudger, Dieu voulait être servi avant les hommes et avant vous. »

Liudger évêque de Munster.

Cette réponse suffit à Charles pour juger l'évêque, et il ne voulut plus écouter de plainte contre lui. Alors, toute la Westphalie étant devenue chrétienne, le serviteur de Dieu méditait de porter l'Évangile aux Scandinaves, quand il mourut à Munster le 26 mars de l'an 809 (1).

La légende qu'on vient de rapporter commence en pleine barbarie. Elle prend les peuples de la Saxe au point où le christianisme les trouva ; elle les conduit jusqu'au moment où, le paganisme ayant disparu, il faut que la foi cherche plus loin vers le Nord d'autres nations à convertir. On découvre les moyens d'un si grand changement, et comment se formèrent les hommes qui y mirent la main. On voit d'abord les écoles anglo-saxonnes, dont la lumière remplissait l'Occident, recueillir ces fils de barbares. Des maîtres savants exerçaient aux sept arts de l'antiquité, à la logique des Grecs, à la poésie latine, ces esprits simples dont il fallait faire des prêtres, qui iraient vivre sans repos dans les forêts de la Germanie, à la poursuite des païens. Une telle éducation était moins superflue qu'on ne pense ; elle rompait les âmes au travail et les rendait propres aux grands efforts. Nourri des lettres divines et humaines, le disciple est fait prêtre : on le suit au milieu de ces tribus grossières qu'il doit instruire. Il les subjugue par l'inflexibilité d'une vo-

---

(1) *Vita* apud Bolland. et Pertz, II, 407.

lonté que leurs résistances ne découragent pas, et par la condescendance d'une raison élevée qui épargne leur faiblesse : il renverse leurs idoles, mais il se contente de purifier et de bénir les fontaines sacrées. Je trouve ces admirables ménagements dans l'histoire du chanteur aveugle; et il faut signaler ici une trace remarquable de cette poésie populaire, qui est la source de toutes les grandes épopées. Le serviteur de Dieu honore le vieux chantre, le guérit et s'en sert. Ainsi le génie de l'Allemagne païenne est aveugle; mais il chante : la foi ne l'étouffe pas, elle l'éclaire et l'inspire. Les anciens chants ne périront point ; ils renaîtront, sous une forme chevaleresque, dans l'épopée des *Nibelungen*. Enfin le missionnaire devient évêque, et on s'en aperçoit au langage qu'il tient devant les rois. Il est en possession de tous les moyens puissants qui agissent sur les peuples. Par la prédication, il rassemble les hommes; par le culte il les tient réunis dans l'accomplissement d'un même devoir. Il fonde une société chrétienne; il la dote de deux institutions capables d'en assurer la durée, c'est-à-dire l'enseignement et l'aumône publique. Les plus obstinés finissent par se plier aux lois de cette organisation bienfaisante, qui a pour leurs besoins des écoles, des hôpitaux, des greniers. Et maintenant, si l'on considère que cette histoire n'est pas celle d'une seule vie, mais de beaucoup d'autres qui se vouaient au même dessein ; si l'on compte les huit évêques placés sur les siéges qu'érigea Charlemagne, et autour de chacun d'eux les prêtres qui le secondaient; si l'on se représente tant d'hommes d'un esprit droit et d'une volonté ferme s'établissant dans les cantons de la Saxe, bâtissant un oratoire, et, quand les païens y mettaient le feu, le rebâtissant; prêchant si on les écoutait, et, si on ne les écoutait pas, prêchant encore ; se laissant tuer, mais remplacés par d'autres qui enseignaient la même foi, la même loi ; et cela au milieu de ces barbares passionnés, par conséquent mobiles, et donnant prise sur eux tôt ou tard, on comprend que les Saxons aient fini par se rendre à l'opiniâtreté de cette religion qui les poursuivait avec tant d'intelligence et tant d'amour.

Fondation de l'abbaye de la Nouvelle-Corbie.

Toutefois le clergé séculier, vivant parmi des populations ignorantes et grossières, ne pouvait échapper aux dangers d'un contact trop fréquent, et devait céder enfin au relâchement qui suit les grands efforts. Il fallait donc qu'une institution plus solide maintînt dans l'Église de Saxe la doctrine et l'exemple. Charlemagne l'avait compris, et, dès le temps de la guerre sainte, il choisit entre les otages et les captifs quelques-uns des plus jeunes, qu'il distribua parmi les monastères des Francs, pour être formés à la vie cénobitique, et la propager ensuite dans leur pays. Un de ces jeunes Saxons, élevé à l'abbaye de Corbie, près d'Amiens, ayant obtenu de son père un terrain convenable dans la forêt de Solling, un couvent y fut établi, et le nombre des cénobites augmenta bientôt de façon que le lieu ne suffit plus à les nourrir. La communauté subsista dix ans indigente et menacée : on aime à remarquer ces pénibles commencements de tout ce qui doit grandir. Au bout de ce temps, elle fut visitée par Adalhard, abbé de Corbie, et Wala son frère, avec une suite nombreuse de religieux. Adalhard et Wala étaient neveux de Pépin le Bref. Le premier, blanchi dans le cloître, siégeait aux conseils de l'empire ; le second avait longtemps commandé les armées de Charlemagne en Germanie. Les Saxons admiraient ce guerrier puissant qui revenait au milieu d'eux en habit de moine, humble et pauvre, et ne gardant de ce qu'il avait été que l'oubli des fatigues. Durant ce long voyage, il n'avait pas voulu de tente pour la nuit. « Il aimait, disait-il, les sommeils sur l'herbe, vantés par les poëtes. » Seulement, il faisait creuser en terre un sillon profond et large ; on y étendait des nattes pour un de ses compagnons et pour lui. Les bords du sillon formaient la couche, et une selle de cheval placée au milieu servait de chevet pour deux têtes. Les pieux voyageurs reconnurent la détresse de leurs frères de Saxe, et résolurent de les transférer en un lieu plus favorable. Ils choisirent un territoire qui s'étendait en forme de delta au bord du Weser. Le fleuve le bornait à l'orient, des montagnes le resserraient des deux autres côtés : la beauté du pays et la fécondité du sol en faisaient un séjour désirable aux hommes. Le lieu leur ayant plu, ils en firent le tour; après quoi ils se prosternèrent, et chantèrent les litanies avec les psaumes convenables. Ensuite on étendit le cordeau, on posa des jalons et l'on marqua la place, premièrement de l'église, ensuite des autres édifices réguliers. L'évêque de Paderborn fut invité à consacrer le monastère; il planta la croix à l'endroit où devait s'élever l'autel, et il ordonna que cette abbaye, en souvenir de sa métropole, se nommerait la Nouvelle-Corbie. Une charte de Louis le Débonnaire confirma la fondation : elle est datée du 27 juillet de l'an 823. La Nouvelle-Corbie devint pour le Nord de l'Allemagne ce que Fulde était au centre et Saint-Gall au midi ; elle donna à la Saxe une école savante et un clergé national. Auprès d'elle s'éleva, pour l'éducation des femmes, le couvent de Gandersheim, où des filles et des veuves d'empereurs vinrent prendre le voile. Ainsi la colonie monastique achève la conquête; elle la protége au dedans et la continue au dehors, comme ces colonies par lesquelles Rome prenait possession des provinces conquises et qu'elle inaugurait aussi avec des sacrifices et des prières, comprenant déjà combien c'est une chose solennelle et qui veut un secours divin, que de fonder les civilisations (1).

(1) *Vita S. Adalhardi*, Mabillon, *A. SS. O. S. B.*, sæc. IV, p. 710.

La foi avait réparé les torts de la guerre, elle poursuivit sa mission pacifique ; elle y mit un siècle, et sembla l'avoir achevée. La Saxe, ébranlée par les efforts d'un clergé savant et dévoué, entra dans la société des nations chrétiennes, et il parut qu'il n'y avait plus de barbares en Germanie.

Cependant l'ouvrage de tant de siècles pouvait encore périr, tant que les Germains voyaient à leurs portes le paganisme tout-puissant chez les Scandinaves, c'est-à-dire chez des peuples qui étaient les aînés de la famille, qui en avaient conservé avec plus de fidélité le sang, les croyances, les institutions, et que le génie des invasions poussait encore sur toutes les frontières du nouvel empire. Charlemagne avait compris le danger, le jour où, d'une fenêtre ouverte sur la mer, ayant reconnu les vaisseaux des pirates du Nord, ce grand homme se mit à pleurer, et dit à ceux qui l'entouraient : « Si, de mon « vivant ils ont osé toucher ce rivage, comment ne « pleurerais-je pas du mal qu'ils feront après moi ? » Pendant que les Danois passaient l'Eyder, se jetaient sur la Saxe, et emmenaient des troupeaux de prisonniers pour les sacrifier aux dieux dans le temple national de Lethra, les longs navires des Norwégiens et des Suédois paraissaient sur toutes les mers. Ils remontaient le Rhin, la Seine, la Loire, brûlaient les villes, enlevaient les moissons. Alors les moines fuyaient, emportant sur leurs épaules les reliques des saints, et les pirates, accroupis dans les ruines des

Dernières résistances du paganisme. Les Scandinaves.

abbayes incendiées, vidaient ensemble la coupe du dieu Thor. Pendant deux siècles, ces victoires de la barbarie ne troublèrent pas seulement la paix, elles menacèrent la foi des peuples ; chaque invasion des Normands jetait comme un flot de plus, et, si je puis le dire, comme un limon sur ces contrées, où les germes mal étouffés du paganisme ne demandaient qu'à repousser. C'est ce qui parut surtout en Angleterre. La conquête danoise avait changé à ce point les mœurs de l'île des Saints, qu'il fallut tout l'effort de la législation de Canut le Grand pour réprimer l'idolâtrie naissante. En France même, on vit des familles, où le vieux sang barbare n'avait rien perdu de sa violence, déserter la cause du christianisme, s'attacher à la vie aventureuse des hommes du Nord, et, par exemple, le fils d'un paysan des environs de Troyes devenir le célèbre Hasting, le plus terrible des chefs normands, et, s'il faut en croire les contemporains, « le plus « mauvais homme qui jamais naquit. » Enhardi par le pillage des côtes d'Espagne et de Mauritanie, Hasting avait juré de saccager Rome, et de donner l'avoine à ses chevaux sur l'autel de saint Pierre (1).

A des menaces si formidables, le christianisme ne pouvait plus opposer l'épée émoussée des Car-

---

(1) Monachus Sangallensis, *de Rebus Caroli Magni*, II, 22. *Annales Fuldenses*, ad ann. 880. *Vita S. Liudgeri*. Dietmar de Merseburg, I, 9. Adam. Bremensis. Depping, *Histoire des Expéditions des Normands*.

lovingiens. Vainement le zèle de Louis le Débonnaire avait cru commencer la conversion des hommes du Nord, en faisant baptiser les envoyés qui venaient chaque année lui apporter les messages de leurs rois. La solennité de ces baptêmes édifiait la cour : on aimait à voir le cortége des néophytes, couverts des blancs vêtements que leur donnait le trésor impérial, entourés des nobles Francs qui se disputaient l'honneur de leur servir de parrains. Mais, un jour que les catéchumènes étaient plus nombreux que de coutume, les vêtements blancs étant venus à manquer, on fut réduit à distribuer à plusieurs de vieux linges accommodés à la hâte. Alors un vieillard, repoussant avec colère ces haillons : « On m'a baptisé ici plus « de vingt fois, s'écria-t-il, et, à chaque fois, on m'a « revêtu de vêtements parfaitement beaux. Le sac « que voici est bon pour un bouvier et non pour « un homme de guerre. Et certes, si je n'avais « honte de ma nudité, je vous laisserais, vous, vos « habits et votre Christ. » L'Évangile voulait des conversions plus sérieuses ; mais il fallait les aller chercher ; il fallait poursuivre ces barbares comme on avait poursuivi leurs devanciers chez eux, au cœur même des lieux inaccessibles où ils cachaient les mystères de leurs dieux et le butin de leurs combats (1).

(1) Monachus Sangallensis, *de Rebus Caroli Magni*, II, 29.

S. Anscaire. Au milieu de la terreur universelle, un religieux
Le christianisme franc, nommé Anscaire, entreprit de dompter ces
en Danemark *rois des mers*, comme ils aimaient à s'appeler, qui
et en Suède. tenaient en échec toutes les forces de l'empire. Il
partit en 826, au grand étonnement, non des gens
de cour seulement, mais des gens d'Église, qui ne
pouvaient comprendre comment un homme paisible
osait affronter des barbares regardés comme les
ennemis du genre humain. Il porta d'abord l'Évangile chez les Danois; puis, s'avançant en Suède, il
parut à l'assemblée nationale de Byrka. Ses paroles
ébranlèrent le peuple, et les vieillards déclarèrent
qu'on pouvait recevoir le Dieu de l'étranger. La
prédication s'ouvrit humblement; quelques prêtres
hardis s'aventurèrent parmi ces populations sanguinaires, où l'on faisait gloire de ne craindre ni la
mer ni le ciel. Une école de douze enfants, rachetés
sur les marchés d'esclaves, commença la civilisation de deux royaumes. Anscaire, devenu archevêque de Hambourg et légat du siége apostolique
pour les nations septentrionales, animait tout de
son zèle. L'Église honora ce grand homme, et le
nomma l'apôtre du Nord. Après lui, la Saxe demeura le centre d'une propagande active qui
s'exerça par le commerce, par l'hospitalité, par
l'enseignement, par tous les moyens qui rapprochent
les hommes. La résistance fut longue et opiniâtre :
le sang des martyrs coula, et ce fut en 1161 seulement qu'une église chrétienne s'éleva sur les ruines

du temple d'Upsal. Mais déjà la foi était maîtresse des îles Feroë, de l'Islande ; et l'on assure que les vaisseaux des Norwégiens avaient porté au Groënland le premier évêque d'Amérique, quatre cents ans avant Christophe Colomb (1).

Si le paganisme scandinave se défendit longtemps dans ses sanctuaires de Suède et de Norwége, au milieu des rochers et des glaces, où il avait mis le théâtre de sa cosmogonie et le champ de bataille de ses dieux, il devait faire une résistance moins opiniâtre dans les contrées chrétiennes, qu'il avait ravagées d'abord pour les coloniser ensuite. Au commencement du dixième siècle, une lettre du pape Jean IX à l'archevêque de Reims, Hervé, règle la conduite du clergé de France à l'égard des Normands convertis, et reproduit ces maximes de tolérance et de charité que nous pouvons considérer comme la tradition même de l'Église, puisqu'elles ne changent pas, et que la doctrine de Jean IX est encore celle d'Alcuin, de saint Boniface, de saint Grégoire et de saint Remi. « Vous demandez, disait
« le pontife, comment il faut traiter ces néophytes,
« lorsque, après le baptême, ils ont vécu en païens,
« tué des fidèles et des prêtres, sacrifié aux idoles,
« mangé des viandes immolées. Si c'étaient de vieux
« chrétiens, on les jugerait selon la rigueur des
« canons : mais, comme ils sont novices dans la foi,

Conversion des Normands.

(1) *Vita S. Anscharii*, apud Bolland., 3 Februar. Dollinger, *Histoire de l'Église*, t. II.

« votre sagesse voit assez qu'il faut adoucir en leur
« faveur la sévérité des lois ecclésiastiques, de peur
« qu'écrasés d'un fardeau si nouveau pour eux, ils
« ne le trouvent insupportable, ce qu'à Dieu ne
« plaise, et ne retournent au vieil homme qu'ils ont
« dépouillé. » Ce document nous donne deux lumières. Premièrement, il montre combien la conquête normande pénétra plus profondément qu'on ne pense, puisqu'elle avait jeté ses colonies jusque dans le diocèse de Reims. En second lieu, il annonce la politique de conciliation et de paix qui, peu d'années après, devait présider au traité de Saint-Clair sur Epte, et, en confirmant au duc Rollon la possession de la Normandie, tourner au profit de la France et de la chrétienté la dernière des invasions (1).

Ce que les Normands apportaient et ce qu'ils gagnaient en entrant dans la civilisation.

Nous devions poursuivre nos recherches jusqu'ici, jusqu'au temps où ces puissants Scandinaves, les mêmes que nous avons trouvés les premiers aux portes de l'Orient, que nous avons reconnus comme les plus fidèles héritiers des traditions communes aux peuples germaniques ; les mêmes que nous avons vus sortir de l'Asie, abandonner la cité sacerdotale d'Asgard, et porter au fond du Nord le foyer d'une religion belliqueuse, s'ébranlent enfin, et, après tous les autres, font leur entrée dans la civi-

---

(1) Depping, *Histoire des expéditions des Normands*, t. II. *Epistola* Johannis papæ Hervæo archiepiscopo : « Quod enim mitius cum eis agendum sit quam sacri censent canones, vestra satis cognoscit industria, ne forte insueta onera portantes, importabilia eis fore (quod absit) videantur... »

lisation chrétienne (1). Ils viennent les derniers de tous, mais non pas les moins utiles, se mettre au service de la chrétienté, dont ils avaient fait le péril et la terreur. On a beaucoup accusé la faiblesse de Charles le Simple, qui livra aux Normands la plus riche de ses provinces. Charles, cependant, ne fit que s'attacher à l'ancienne politique romaine : il s'empara de ces bandes indisciplinées, pour les réduire en colonies militaires, et leur confier la garde du littoral. On ne voit pas qu'il ait eu sujet de s'en repentir. A la seconde génération, tous les Normands étaient chrétiens; avant le onzième siècle, ils avaient oublié l'idiome de leurs ancêtres. Cependant ils renouvelaient le sang germanique en Neustrie, dans cette partie de la France que les premières invasions avaient moins atteinte; ils l'assimilaient ainsi à l'Austrasie et à la Bourgogne, et, par la fusion des races, ils travaillaient à l'unité du territoire. Jamais on ne vit d'une manière plus manifeste ce que les barbares avaient à donner et ce qu'ils avaient à gagner en venant se confondre dans la société. Quand les Allemands déplorent tout ce que perdirent les nations germaniques en se faisant latines, je ne connais pas d'exemple plus concluant contre eux que celui de ce peuple, le plus dépaysé de tous et le plus fécond. Les Normands avaient perdu leurs anciens dieux, leur langue, la

(1) Sur les Scandinaves et leurs migrations, voyez *les Germains avant le Christianisme*, chap. I.

moitié de leurs lois : ils gardèrent leur génie ou plutôt ce génie ne se fit voir tout entier que sous le soleil qui devait le mûrir, et en présence des spectacles qui devaient l'inspirer. Ces anciens rois de la mer conservèrent la passion des conquêtes lointaines : elle leur livra l'Angleterre, l'Italie méridionale, la principauté d'Antioche ; mais ce fut pour y porter tout l'éclat de la chevalerie, et toute la science pratique du gouvernement. Ces brûleurs de villes devinrent les plus hardis, les plus infatigables des constructeurs ; et, pendant qu'ils élevaient les innombrables clochers gothiques qui accompagnent le cours de la Seine jusqu'à l'Océan, ils bâtissaient les belles églises de Sicile ; ils couvraient d'or et de mosaïques les resplendissantes basiliques de Cefalu, de Palerme et de Montréal. Enfin, ils n'avaient point laissé sur les froids rivages du Nord l'inspiration poétique qui avait dicté les hymnes des Scaldes et les récits de l'Edda. Ils ne savaient combattre qu'au bruit des chants de guerre ; la joie des banquets n'était pas complète si le rapsode ne s'y faisait entendre, et le voyageur qu'on hébergeait acquittait la dette de l'hospitalité par un conte ou par une chanson. La Normandie, cette riche province, ce pays de soldats et de monuments, devint aussi un pays de poëtes. Il fallait l'intarissable fécondité de ses trouvères pour achever de former la langue d'Oïl, c'est-à-dire la nôtre, comme il fallait l'épée de Tancrède aux croisades, et l'intervention de Robert Guiscard dans la première guerre du sacerdoce et de l'empire. Il semble que chaque grande époque de l'histoire de France, aux temps barbares, doive être marquée d'une invasion, d'une victoire, d'un établissement germanique. Clovis commence la monarchie; le triomphe de l'Austrasie prépare le règne de Charlemagne; les Normands étaient attendus pour fermer la période de la barbarie, et pour ouvrir les siècles brillants du moyen âge.

Mais cette gloire n'était promise aux Germains que sous la condition de s'humilier d'abord, de recevoir la foi, la loi, l'enseignement de l'Europe latine. Le baptême d'un peuple n'en achève pas la conversion, il la commence; il fait entrer les esprits sous la discipline du christianisme : il faut qu'ils la subissent longtemps avant d'en ressentir les bienfaits. Nous avons dit par quelle succession de grands événements et de grands hommes les peuples du Nord, qui semblaient faits pour le renversement de la chrétienté, y furent pacifiquement introduits. Il reste à pénétrer plus avant, à considérer le changement qui s'accomplit dans les mœurs et dans les intelligences. Nous avons vu des siècles laborieux et des vies héroïques; il faut étudier maintenant l'essor des institutions et des doctrines; comment des races barbares, travaillées par l'Évangile, une civilisation sortit, et avec elle tout un empire et toute une littérature.

CHAPITRE VII

L'ÉGLISE.

<small>Quelles ressources et quels obstacles l'Église trouvait chez les Germains.</small>

En achevant l'histoire de la conquête chrétienne chez les peuples du Nord, et des dix siècles de combats qu'elle eut à soutenir depuis la fondation des premières églises jusqu'au renversement du temple païen d'Upsal, on peut s'étonner d'une résistance si opiniâtre, et qui semble si peu prévue. Quelles nations, en effet, paraissaient mieux préparées au christianisme, si l'on considère ce qu'il y avait de vérité dans leurs religions, de justice dans leurs lois, d'élévation dans leur poésie? Nous n'avons pas oublié ces dogmes de l'Edda, dont il faut bien avouer l'analogie avec les traditions bibliques : une divine intelligence adorée sous trois noms, l'immolation d'un Dieu victime, le jugement des âmes. Les chrétiens eux-mêmes louaient chez les Saxons la chasteté des mœurs et la sagesse des coutumes, qui, en veillant à l'honneur des familles, pourvoyaient à la durée de la nation. Enfin les poëmes des Scandinaves ont des inspirations si nobles et quelquefois si pures, qu'on peut s'expliquer comment, au moment même de la conversion de l'Islande, le prêtre Sœmund recueillit, pour les sauver, ces hymnes d'un paganisme qu'il combattait. Il faut donc reconnaître ici quelque chose de pareil à cette éducation providentielle qui, selon Clément d'Alexandrie, préparait les voies à l'Évangile, chez les barbares comme chez les Grecs. Il y a plus : dans un monde vieilli, trop fatigué de disputes et de débauches pour se pénétrer de toute la douceur du christianisme, les barbares apportaient des cœurs jeunes. Ils avaient la pauvreté, que le Christ aimait ; le sentiment de l'honneur, qui pouvait donner du ressort aux consciences ; la fidélité, c'est-à-dire le besoin de croire et de se dévouer. On comprend dès lors qu'ils fussent ouverts à tout ce qu'il y avait de tendre et de généreux dans la foi nouvelle, et qu'ils finissent par lui donner les grands serviteurs que nous avons vus.

Mais les traits de lumière jetés dans l'Edda éclairaient surtout les peuples de la Scandinavie, où une heureuse ignorance de l'étranger avait laissé au génie national toute la richesse de ses souvenirs avec toute la liberté de ses développements. Là même cependant, malgré les protestations de la conscience, on voit prévaloir ce culte de la chair et du sang, qui est le vice originel du paganisme ; et, malgré l'effort des institutions, cette passion du désordre, qui fait le fond de la barbarie. Mais le mal est plus profond chez les Germains, livrés à tous les débordements d'une vie errante, à tous les hasards d'une guerre éternelle, surtout quand la lutte engagée contre l'empire romain les arrache à leurs traditions, en même temps qu'à leurs premières demeures. On trouve chez eux assez de débris pour y démêler les éléments d'une théogonie, d'une législation, d'une épopée nationales, mais pour constater aussi que ces éléments se décomposaient et retournaient au chaos. Il en est de même de leurs vertus, toutes atteintes de cette corruption qui en fait autant de vices. S'ils étaient pauvres, ils n'en convoitaient que plus l'or et les terres des nations riches; ils portaient le sentiment de l'indépendance jusqu'à l'horreur du devoir; et, quand ils se dévouaient à un chef, c'était pour satisfaire, sous sa conduite, ce besoin qui les dévorait de combattre et de détruire.

Je me restreins à ces peuples, qui firent au christianisme une tâche plus laborieuse. La barbarie avait mis le désordre dans la nature humaine; elle avait abandonné l'âme aux sens, la société à la force. Il fallait donc recomposer la société et régénérer les âmes.

<small>Ce que la barbarie avait fait de la société.</small> I. La société était oppressive, elle était impuissante. On n'y connaissait que la force des armes et la force de la famille, qui pour une même cause armait plusieurs bras. Les tribus s'attachaient à des chefs connus par l'éclat de leurs aventures et de

leurs grands coups d'épée, ou bien par la noblesse de leur race. Il n'y avait là qu'un pouvoir de chair et de sang, appuyé sur les instincts grossiers des hommes, et comprimant l'essor des facultés morales, principes de tous les droits. Mais comme un pouvoir matériel n'agit qu'en se faisant voir, celui-ci ne pouvait maintenir qu'une subordination momentanée; il cessait d'être obéi aussitôt qu'il était absent. Tous les liens se rompaient, lorsque, après le combat, les bandes se dispersant, chacun rentrait dans sa maison solitaire au bord des bois. Les Germains aimaient cet isolement qui faisait leur indépendance, mais leur impuissance en même temps. Ils avaient horreur des villes; et, leur prévoyance ne s'étendant pas au delà du besoin présent, ils formaient des confédérations; mais rien ne les sollicitait à constituer de grands États. Voilà pourquoi la barbarie n'entreprit aucun de ces ouvrages qui exigent l'effort commun d'un grand nombre de volontés, afin de durer plusieurs siècles. Elle ne fonda point, elle ne bâtit point, elle n'écrivit pas de lois, elle ne laissa pas de monuments; en sorte qu'il n'y a rien de plus faible au fond que cette force qui abrutit les hommes quand elle les gouverne, et qui les laisse désunis quand elle se retire (1).

(1) Tacite, *Germania*, 16 : « Nullas Germanorum populis urbes habitari satis notum est, ne pati quidem inter se junctas sedes : colunt discreti ac diversi, ut fons, ut campus, ut nemus placuit. »

Au milieu de ces mœurs violentes, le christianisme venait introduire l'idée la plus civilisatrice qui fut jamais, l'idée d'une société de tout le genre humain gouvernée par une autorité spirituelle, sans armes et sans lignée. Il faut voir comment une pensée si nouvelle se réalisa sur cette dangereuse terre de Germanie, comment elle soutint tout l'édifice de la hiérarchie ecclésiastique, s'affermit par les décisions des conciles, pénétra dans les mœurs des peuples, et les remua jusqu'au fond.

La papauté. L'Église ne plaçait l'autorité qu'en Dieu seul, dont la volonté est la sanction de tous les droits. Au-dessous de lui, elle ne reconnaissait que des pouvoirs délégués : le souverain pontife n'avait pas d'autre titre que celui de vicaire de Dieu parmi les hommes. Quand donc les barbares, habitués à suivre des chefs qu'ils voyaient, qu'ils admiraient tous les jours (1), entrèrent dans la communauté chrétienne, ils apprirent qu'on y obéissait à un chef invisible, représenté ici-bas par un vieillard qu'ils n'avaient jamais vu, qui habitait une ville éloignée au delà des monts et des fleuves. Cependant c'était cet étranger qui faisait tout mouvoir chez eux : rien de considérable ne s'entreprenait qu'en son nom. Les évêques du premier concile germanique, en 742, avaient publié solennelle-

---

(1) Tacite, *Germania*, 7 : « Duces exemplo potius quam imperio, si prompti, si conspicui; si ante aciem agunt, admiratione præsunt. »

ment « la soumission qu'ils voulaient garder en-
« vers le siége romain, et leur ferme résolution
« de suivre canoniquement les préceptes de saint
« Pierre, afin d'être comptés au nombre de ses
« brebis. » Dès lors, l'action de la papauté ne cessa
plus de presser les destinées religieuses de l'Allemagne : il lui arriva même, comme à toutes les
puissances qui triomphent, qu'on lui attribua plus
de droits qu'elle n'en avait prétendu, et qu'on lui
soumit plus d'affaires qu'elle n'en voulait. C'est
l'origine des fausses décrétales, dont on a fait tant
de bruit. On n'y voit plus aujourd'hui qu'un recueil de canons interpolés, rédigés en Austrasie,
loin de Rome et à son insu, dans l'intérêt des
évêques francs, qui cherchaient à s'ouvrir un recours plus facile auprès du siége apostolique, contre
les entreprises des métropolitains et les vengeances
des rois. Quand la violence envahissait tout, il fallait bien que le droit se fût réfugié quelque part.
On sentait sa présence au Vatican, et tous ceux
qui attendaient justice tournaient les yeux de ce
côté (1).

(1) Schannati, *Concilia Germaniæ*, t. I, 2. Binterim, *Deutsche Concilien*, II. Les recherches de la critique moderne ont éclairé l'origine des fausses décrétales. On les voit paraître vers 845, dix ans après le concile de Thionville, où les archevêques de Reims, de Lyon, de Narbonne, et plusieurs évêques, avaient été violemment déposés; quand l'épiscopat ébranlé par les vengeances politiques menaçait ruine, et que les peuples effrayés demandaient le réta-blissement des prélats et la restauration des églises. Dans ces ora-geuses circonstances, il était naturel de placer l'autorité épiscopale

L'exemple du clergé fut suivi du reste des hommes : les rois recoururent à un tribunal dont ils entendaient si hautement vanter la sagesse ; ils lui déférèrent l'arbitrage de leurs différends. De ces appels répétés se forma le droit public du moyen âge, qui attribuait aux papes la consécration de tous les pouvoirs et la garde de toutes les libertés. On en reconnaît les commencements lorsque les Francs consultent Zacharie sur la déchéance du dernier Mérovingien. Plus tard, en 876, l'empereur Louis II reconnaît que les princes de sa race « n'obtiennent la dignité impériale qu'en recevant l'onction du pontife romain. » Le principe posé ne s'arrête plus ; il s'établit dans l'opinion, il passe enfin dans le droit écrit, et la loi de Souabe déclare que « saint « Pierre reçoit de Dieu les deux glaives : il retient

---

sous la protection des monuments de l'antiquité ecclésiastique : ce fut la pensée du collecteur des décrétales. La supercherie ne consista qu'à transformer en décrets solennels les allusions des biographes aux actes des premiers papes, et à placer des décisions plus récentes sous des noms anciens. La seule innovation considérable fut d'établir que le concile provincial ne pouvait juger un évêque sans l'autorisation du souverain pontife. Mais cette nouveauté même ne trompa les esprits que par la satisfaction qu'elle donnait aux besoins du temps. Du reste, les décrétales furent si peu faites pour servir les intérêts de la papauté, qu'elles se taisent sur ses plus importantes prérogatives, la confirmation des évêques, la collation du *pallium*; et que, déjà cités en 857 au concile de Quiercy, elles ne sont pas encore connues du pape Nicolas Ier en 863, lorsque, dans dans sa lettre à Hincmar, il énumère les sources de la discipline ecclésiastique. Au milieu de tant de lumières, comment donc un écrivain aussi éminent que M. Guizot a-t-il pu reproduire des opinions surannées, et faire dater de la collation du Pseudo-Isidore les titres de la papauté ?

« pour lui le glaive ecclésiastique, et remet le glaive
« temporel à l'empereur ; et, s'il monte son blanc
« palefroi, il faut que l'empereur lui tienne l'é-
« trier (1). » Tel était le progrès des esprits chez
ces barbares d'hier : ils aimaient à mettre aux pieds
de l'autorité spirituelle, d'un vieillard qu'ils auraient pu écraser, la force, figurée par ce qu'ils
connaissaient de plus redoutable au monde, par
l'empereur, héritier des Césars, chef de la féodalité, avec sa cour, ses juges et ses chevaliers bardés
de fer. Une si grande nouveauté ne pouvait s'introduire sans contradiction. De là, cette lutte du
sacerdoce et de l'empire, qui agita cruellement les
peuples, mais qui devait faire l'éducation politique
de la royauté (2). Les souverains y apprirent qu'ils
avaient cessé d'être, comme les Césars du paga-

---

(1) *Epist.* Ludovici II ad Basilium imperatorem : « Nam Francorum principes primo reges, deinde imperatores dicti sunt, ii
duntaxat qui a romano pontifice ad hoc oleo sancto peruncti sunt. »
Cf. *Schwabenspiegel*, Vorrede, art. 9 et 10 : « Seid nun Got des
fridis fürst ye heisset so liess er zwey schwert auf ertreich, do er
zu himel fûr, zu schirm der Christenheyt. Dye bevalch Got S. Peter
beyde, eines des weltlichem Gericht, das andere von geistlichem
Gericht. » Mais la loi de Saxe, le *Sachsenspiegel*, reconnaît la séparation des deux pouvoirs.
(2) La querelle avait déjà commencé avant le milieu du neuvième
siècle : le concile d'Aix-la-Chapelle, en 836, s'en exprime en ces
termes : « Unum obstaculum ex multo tempore jam inolevisse cognovimus, id est quia et principalis potestas, diversis occasionibus
intervenientibus, secus quam auctoritas divina se habet, in causas
ecclesiasticas prosilierit; et sacerdotales, partim negligentia, partim
ignorantia, partim cupiditate, in secularibus negotiis et sollicitudi-
nibus, ultra quam debuerant, se occupaverint (Schannati, *Concilia
Germaniæ*).

nisme, au-dessus des lois ; ils apprirent à se ranger sous la même règle que les derniers serfs de leurs domaines, à respecter la sainteté des mariages, la vie des hommes, la loyauté des contrats. Les canons du concile d'Aix-la-Chapelle, en 836, contenaient déjà le principe de cette redoutable doctrine du moyen âge : que les royaumes se perdent pour défaut de justice. Les princes connurent encore ce que l'antiquité avait ignoré : que l'obéissance politique avait des limites ; que, tout formidables qu'ils étaient, leurs épées n'effaceraient jamais un seul des commandements de Dieu, et que le pouvoir temporel n'a rien à voir dans le domaine des consciences. C'était beaucoup faire pour l'avenir, que de sauver ainsi le principe de l'égalité des hommes ; d'assurer aux sujets la liberté d'être gens de bien, qui est la première de toutes ; d'établir la justice dans les volontés, d'où elle devait tôt ou tard descendre dans les institutions ; et de maintenir, enfin, au milieu de toutes les violences et de toutes les tyrannies, l'idée du devoir, de l'accomplissement duquel dérivent tous les droits (1).

(1) *Concilium Parisiense*, 829, canon 31. *Concilium Aquisgranense*, 836, III, de persona Regis filiorumque ejus et ministrorum, 1. « Si enim pie et juste et misericorditer regit, merito rex appellatur. Si his caruerit, non rex, sed tyrannus est. » 2. « Ad quid etiam constitutus sit imperator, Fulgentius in libro de Veritate prædestinationis et gratiæ scribit : Clementissimus quoque imperator non ideo est misericordiæ vas præparatum in gloriam, quia apicem terreni principatus tenet; sed si magis in timore servire Deo quam in timore dominari populo delectatur, si in eo lenitas

La puissance spirituelle, portée si haut par la pa- *L'épiscopat.* pauté, s'exerçait de plus près par l'épiscopat. Les Germains avaient vu avec étonnement cette magistrature pacifique, ces hommes au vêtement long, un bâton dans une main, un livre dans l'autre, qui entraînaient la multitude par leurs discours, qui, en se rendant les serviteurs des ignorants et des faibles, devenaient les maîtres des grands, et qui, après soixante ans de fatigues, allaient se faire tuer chez les païens, d'où on rapportait leurs os pour les mettre sur les autels. Ainsi s'introduisait un gouvernement nouveau, soutenu par le savoir et par la vertu. Les peuples l'honorèrent d'abord, et l'enrichirent ensuite. Mais, quand la noblesse guerrière vit les honneurs et les richesses dans l'épiscopat, elle l'envahit. Ces chefs qui vivaient de leur épée, qui, en temps de paix, guerroyaient encore contre les buffles et les sangliers de leurs bois; qui n'avaient jamais quitté le harnois, ni pour s'asseoir à un festin, ni pour tenir les plaids du canton (1), devaient se plier difficilement à l'idée d'un pouvoir désarmé. Ils entrèrent dans l'Église avec leurs armes et leurs

---

iracundiam mitiget, ornet benignitas potestatem, si se magis diligendum quam metuendum cunctis exhibeat... » 3. « Regum namque ministerium specialiter est populum Dei gubernare et regere cum æquitate et justitia, et pacem et concordiam habeant studere. Ipse enim debet primo esse defensor ecclesiarum et servorum Dei, viduarum, orphanorum cæterorumque pauperum, necnon et omnium indigentium... »

(1) Tacite, *Germania*, 22 : « Tum ad negotia nec minus sæpe ad convivia procedunt armati. »

habitudes ; ils y portèrent la vie des camps. Les évêchés se convertirent en bénéfices conférés par voie d'investiture féodale, et à charge du service militaire. L'inféodation de l'Église fut un des plus grands périls du moyen âge. Sans doute ces temps avaient besoin d'une aristocrâtie belliqueuse, appuyée sur l'hérédité. Mais, afin qu'un pouvoir si pesant n'écrasât point la société qu'il couvrait, il fallait qu'il eût pour contre-poids le pouvoir de l'Église, recrutée démocratiquement par l'élection ; il fallait que les fils des laboureurs et des charpentiers, assis aux champs de mai et aux parlements à côté des barons, y défendissent les intérêts du peuple d'où ils étaient sortis. Si la féodalité se fût emparée de l'épiscopat, si une caste sacerdotale et guerrière, comparable à l'ancien patriciat de Rome, eût mis la main sur les affaires et en même temps sur les consciences, que fût devenue la liberté du monde ? Il semble que ce danger avait été pressenti, lorsqu'on voit à l'assemblée de Worms, en 803, une requête présentée à Charlemagne, « afin que « les évêques ne soient plus contraints d'aller à la « guerre, mais qu'ils demeurent dans leurs diocèses, « occupés de leur sacré ministère ; qu'ils prient « pour le prince et pour l'armée, faisant des pro- « cessions et des aumônes... en sorte que le prêtre « ne soit pas comme le peuple (1). » Les conciles

---

(1) Schannati, *Concilia Germaniæ*, Concilium Aquisgranense (836) : « Nullus episcopale ministerium per ambitionem munerum·

de Mayence (813), d'Aix-la-Chapelle (836), d'Augsbourg (952), rappelèrent ces maximes : les papes ne permirent pas qu'elles fussent oubliées; elles l'emportèrent enfin. Si les grands siéges de Trèves, de Mayence et de Cologne, si de nombreux évêchés richement dotés exercèrent une puissance temporelle sur leurs territoires; si les prélats, qui sentaient dans leurs veines le sang des ducs et des empereurs, ne résistèrent pas toujours au plaisir de rompre une lance, du moins la liberté canonique des élections fut sauvée; l'autorité épiscopale demeura distincte du bras séculier dont elle disposait, et le principe qui mettait l'intelligence au-dessus de la force ne périt pas.

Cependant le doux génie de l'Évangile se faisait place, et des mœurs plus saintes avaient prévalu dans l'Église germanique au commencement du onzième siècle. Un historien de ce temps représente les évêques « occupés du bien des peuples, soute« nant de leurs conseils la fortune de l'empire, « sans rien relâcher de la rigueur du sacerdoce. « Entre tous, s'élevaient les archevêques de Trèves « et de Cologne; Willigise, le fils d'un charron, « porté sur le siége de Mayence; Burchard de Worms, « loué dans l'Église pour son zèle à recueillir les « saints canons; Meinwerk de Paderborn, qui fut

---

attentare præsumat. » *Libellus de ecclesiasticis disciplinis*, auctore Reginone Prumiensi, art. 176 : « Episcopus, presbyter aut diaconus, canes ad venandum aut accipitres habere non liceat (*sic*). »

« mis au rang des bienheureux, et beaucoup d'au-
« tres, incomparables en sainteté. Comme autant de
« chérubins qui s'animeraient du battement de leurs
« ailes, ils s'excitaient du spectacle de leurs vertus ;
« ils faisaient tressaillir la terre aux louanges de
« Dieu, et gouvernaient avec vigueur, dans la pros-
« périté comme dans l'adversité, les nations confiées
« à leur garde (1). » Ainsi le caractère sacerdotal
se dégage peu à peu des mauvais instincts qui le
dénaturaient. En même temps, les siéges épiscopaux
se multiplient. Au treizième siècle, l'empire d'Allemagne, avec la Bourgogne, la Bohême, une partie
de la Pologne, et le territoire des chevaliers teuto-
niques, comptait treize métropoles et soixante-treize

---

(1) *Vita S. Meinwerk Paderbornensis*, apud Bollandum, 5 jul. « Illius quoque tempore, episcopi, sapientia et scientia præditi, subjectorum profectibus continue erant dediti, secundas imperii partes sancte et juste adjuvantes sacerdotii rigorem nullatenus relaxantes. Inter quos vitæ merito eminebant Treverensis metropolis, ex qua primum sonus evangelicæ prædicationis intonuit partibus Teutonicis, Meingos et Popo ; Coloniensis quoque Heribertus et Piligrinus : Moguntiensis ecclesiæ Willegisus et Erchambaldus, Aribo et Bardo ; Burchardus Wormatiensis, studio suo in collectione canonum in Ecclesia laudabilis ; Trajectensis Ansfridus et Athalbaldus ; Mimigenfordensis (Münster) decor, Thiedericus et Sigfridus ; Osnebrugensis Thietmarus ; Hildesenheimensis Berenwardus et Godehardus ; Mindensis Sibertus et Bruno ; Werinharius Argentinæ civitatis (Strasbourg) ; Meinhardus et Bruno Wirciburgensis (Würtzbourg) ; Parthenopolitanæ (Magdebourg) Gero et Naufridus ; Bremensis Unuwanus ; et alii quam plures pontificii dignitate venerabiles, sanctitate incomparabiles... Ili ut cherubim virtutum suarum alas alter ad alterum concutiebant, et in laude Dei orbem terræ commoventes, meritorum qualitatibus tanquam discreti vultibus, et in corporalibus et in spiritualibus oculati ante et retro, tam in prosperis quam in adversis, populum commissum strenue gubernabant. »

évêchés. Les circonscriptions diocésaines enveloppaient comme d'un réseau toute la face du pays. L'Église était partout, donnant partout l'exemple de cette vie publique qui anime les États modernes. On y voyait une hiérarchie fortement organisée, où toutes les fonctions avaient leur contrôle et leurs garanties : des tribunaux canoniques qui ne versaient pas de sang, et dont la procédure servit de leçon aux tribunaux civils ; enfin, des assemblées délibérantes qui exerçaient les esprits aux grandes affaires, à la discussion, à la publicité, aux résistances légales. La comparaison était instructive pour les barons, accoutumés à pressurer les vilains et à détrousser les marchands. Il n'y avait guère de ces puissants seigneurs qui, du haut de leurs châteaux forts, derrière leurs ponts-levis qu'on ne passait qu'en tremblant, ne pussent apercevoir les tours de la cathédrale, où siégeait une autorité rivale de la leur, attentive aux injustices et accessible aux plaintes ; de sorte que ce voisinage inquiétant devenait tout ensemble une leçon donnée au pouvoir féodal, et une sauvegarde pour les populations destinées à lui échapper un jour.

Si l'épiscopat était une magistrature, le clergé formait une armée : il y fallait une discipline, et ce fut le célibat. Dès les temps apostoliques, la loi interdisait le mariage aux évêques et aux prêtres ; et trois conciles du quatrième siècle, ceux d'Elvire (305), de Carthage (390) et de Turin (397), *Le clergé. Le célibat. Règle de saint Chrodegang.*

avaient imposé la continence au clergé d'Occident ; d'où il suit qu'il n'y a rien de plus ancien que cette règle, qu'on a représentée comme une entreprise de Grégoire VII. Le sacerdoce chrétien voulait toute la vigueur de la virginité et toute l'indépendance d'une vie solitaire. Il était nécessaire que le prêtre pût s'enfoncer dans des contrées inconnues, parmi les infidèles, sans regarder derrière lui. Il ne fallait pas qu'il eût besoin de la faveur des grands, ni de la complaisance de la foule, ni d'autre chose que du pain de chaque jour, qui ne manque jamais. Il était aussi de l'intérêt des nations que le sacerdoce ne pût devenir héréditaire ; qu'il attendît ses recrues de la société laïque ; qu'il y tînt, pour ainsi dire, par ses racines. Et cependant, si tout le monde pouvait se jeter dans l'Église, il convenait qu'en y entrant on y trouvât le célibat comme une compensation aux priviléges de cléricature, et que la grandeur du sacrifice fît hésiter sur le seuil ceux qui ne seraient pas appelés. Rien donc n'était plus sage ; mais pour les barbares rien n'était plus nouveau. Ce qui faisait l'orgueil et la force du barbare, c'était moins encore ses armes que sa famille ; c'était la fécondité de sa femme et la vigueur de ses fils ; c'était une nombreuse lignée de parents qui tiraient l'épée avec lui dans les batailles, qui juraient pour lui devant les juges s'il était accusé, qui devaient poursuivre la vengeance de sa mort. Quand donc les Germains convertis recrutèrent les rangs du sacerdoce, ils ne renoncèrent pas sans murmure à ces puissantes attaches de la nature humaine. Souvent l'ombre du sanctuaire couvrit les mœurs grossières du foyer. On vit alors ce qu'on a toujours vu depuis, l'abâtardissement d'un clergé amolli par le mariage, condamné à toutes les humiliations de la vie ordinaire, vivant de commerce, d'usure, de misérables services sur les marchés, dans les écuries des châteaux, dans les tavernes. Mais ce débordement trouva des obstacles. La discipline du célibat fût maintenue par les lois des Mérovingiens, par les capitulaires, par tous les synodes du huitième et du neuvième siècle (1). En 760, Chrodegang, évêque de Metz, épris des souvenirs de l'antiquité chrétienne, imitait saint Augustin en rassemblant ses prêtres autour de lui, sous un même toit, à une même table, sous une même règle de travail et de prière. Cette règle, portée dans toutes les villes épiscopales, y assura la réforme ecclésiastique. Ce fut un spectacle profitable que celui d'un grand peuple sacerdotal affranchi des instincts de la chair, qu'on avait crus si longtemps irrésistibles. Quand on vit ces hommes sans

---

(1) *Concilium* auctoritate S. Bonifacii, ann. 742, art. 7. *Concilium Aquisgranense*, 836, II, art. 8 : « Similiter de illis presbyteris qui, contra statuta canonum, villici fiunt, tabernas ingrediuntur, turpia lucra sectantur, et diversissimis modis usuris inserviunt; et aliorum domus inhoneste et impudice frequentant, et comessationibus et ebrietatibus deservire non erubescunt... ut ab hinc districte severiterque coerceantur. » — Art. 11 : « Ut presbyteris nulla omnino cohabitet fœminarum. »

enfants, qui prenaient le genre humain pour famille et les nations pour leur postérité, on commença à connaître quelque chose de plus pur et de plus fort que l'autorité paternelle, une paternité des âmes, un pouvoir dégagé des liens du sang. On comprit la possibilité du dévouement pour des intérêts moins étroits que ceux de la parenté ; et l'idée du bien public se fit jour.

Les moines et les communes. Mais l'exemple décisif et qui achevait d'éclairer les esprits, c'était celui du clergé monastique. La barbarie, en pénétrant dans l'Église par toutes les portes, s'était introduite jusqu'au fond des cloîtres ; mais une réforme vigoureuse, prêchée par l'ermite Benoît d'Aniane, avait relevé la discipline ancienne. Sous sa présidence, une assemblée d'abbés, tenue en 817 à Aix-la-Chapelle, rétablit la règle bénédictine, et en fixa l'interprétation (1). Les

---

(1) M. Guizot a jugé sévèrement la réforme de saint Benoît d'Aniane : il n'y voit qu'une dégradation de la règle primitive. Cependant la nécessité de cette réforme résulte des tentatives répétées qui la précédèrent. Cf. Schannati, *Concilia*, t. I : *Regularia decreta fratribus monasterii Murbacencis, patefacta circa* ann. 803; *Libellus supplex monachorum Fuldensium*, 812. Les quatre-vingts articles de l'assemblée d'Aix-la-Chapelle venaient mettre un terme aux explications arbitraires qui énervaient la règle, ou qui introduisaient le despotisme des abbés. Ainsi s'expliquent les dispositions où l'on fixe les rations des frères et le nombre des vêtements, où l'on interdit l'usage de la saignée générale et des fustigations publiques. Je n'y vois rien que de libéral et de sensé, et je m'étonne que le grand esprit de M. Guizot n'y ait aperçu qu'une législation minutieuse et puérile. Il faut se souvenir que ce furent pourtant les hommes formés à cette école qui achevèrent la conquête religieuse de l'Europe, et que les armées civilisatrices avaient besoin de toute

milices religieuses réorganisées, campées au cœur
de la Germanie, y portaient comme une image
parfaite de la société catholique, qui attirait et
transformait peu à peu les peuples convertis. Ces
hommes défiants, qui avaient mis leur sécurité
dans l'isolement de leurs habitations, et qui ne
pouvaient souffrir le voisinage d'autrui, voyaient
maintenant s'élever les grandes cités cénobitiques
de Saint-Gall, de Fulde, de la Nouvelle-Corbie.
Ils y voyaient cinq cents moines, rassemblés derrière les mêmes murs, dans des cellules contiguës,
dans la gêne d'une vie commune. Il n'y avait là
que pauvreté, chasteté, obéissance, c'est-à-dire
trois sortes de faiblesse. Mais c'était précisément
cette faiblesse volontaire, c'était l'abnégation de
chacun et l'union de tous, c'était l'esprit de communauté, qui faisaient la force des monastères : et
l'on s'en apercevait assez par le défrichement des
terres environnantes, et par la rapide propagation
des lumières et des mœurs chrétiennes. Les hommes imitèrent ce qu'ils avaient sous les yeux ; ils
s'accoutumèrent à se rapprocher, à vivre ensemble, par conséquent à se supporter et à se soutenir.
Les maisons se groupèrent autour des abbayes, et

la régularité, de toute la ponctualité, de toute l'obéissance militaires.

M. Victor Le Clerc, dans un savant mémoire lu à l'Académie des inscriptions, a montré comment les chapitres généraux des ordres religieux donnèrent l'exemple des principaux usages adoptés par les parlements modernes.

formèrent des villes nouvelles. Quoi de plus misérable d'abord que ces cultivateurs et ces tisserands entassés entre d'étroites murailles? et cependant il s'établissait au milieu d'eux un intérêt commun, c'est-à-dire un principe d'unité, un germe de puissance. Ils apprenaient, chez les moines leurs voisins, à délibérer entre eux, à se donner des chefs, à obéir, à se dévouer pour le bien général. En s'organisant ainsi, les habitants des villes commençaient l'œuvre de leur affranchissement : de sorte que, sans contester la diversité des causes qui concoururent à la même fin, il faut bien reconnaître que l'exemple des communautés fit beaucoup pour la constitution des communes.

La société religieuse reconstitue la société politique.

Ainsi le christianisme avait achevé en Allemagne un grand dessein ; il avait fondé une société spirituelle : car la foi et l'amour formaient le lien sacré auquel était suspendue toute l'économie des institutions ecclésiastiques. Rien n'était plus puissant qu'une telle société, puisqu'elle ne connaissait de limites ni dans l'espace ni dans le temps, et qu'elle prétendait régler les affaires de l'éternité. Et cependant rien n'était plus libre, puisque le pouvoir ne s'y exerçait que par la parole et par l'exemple. Mais comme l'ordre ne peut s'établir au milieu du désordre sans attirer tout à lui, la société religieuse n'avait pu se constituer parmi les barbares sans y recomposer la société politique. Ce changement s'était accompli en substituant à la force, qui n'est qu'un fait, l'autorité, qui est un droit, et une volonté de Dieu pour le bon gouvernement des nations. Voilà pourquoi l'Église sacrait les Césars germaniques, bénissait l'épée des chevaliers, marquait de la statue d'un saint (*Weichbild*) le territoire des villes affranchies. Elle s'appliquait ainsi à sanctifier le pouvoir, à lui imprimer un caractère moral, à le dégager enfin de ce qui lui restait de matériel et de violent. Mais l'autorité ne s'établissait qu'en prouvant ses titres ; il fallait qu'elle s'adressât à la raison et à la conscience : il fallait donc qu'elle reconnût leurs droits. Et quand la conscience éclairée se soumettait enfin, elle ne se rendait encore qu'à l'évidence d'un devoir, c'est-à-dire d'une loi divine : l'obéissance devenait un sacrifice, l'acte le plus libre dont la nature humaine soit capable. Ces conditions de liberté étaient aussi des conditions de puissance. Comme le pouvoir assis dans les esprits ne s'absentait plus, comme il veillait toujours et se faisait entendre partout, rien ne l'empêchait désormais d'agir avec l'étendue et la durée qu'il faut aux grandes choses. Les peuples, de leur côté, exercés à la discipline, au dévouement, à l'amour du bien public, se trouvaient en mesure de suivre ces entreprises de longue haleine qui veulent l'effort de plusieurs générations, et qui finissent par faire la gloire et la prospérité des États. Sur un territoire morcelé, longtemps peuplé de tribus ennemies, se forma l'Empire germanique, l'une des plus vastes monarchies qui furent jamais, et qui devint pendant quatre cents ans le cœur de la chrétienté et le centre des affaires du monde. Ainsi le christianisme avait organisé la société à son image. De même qu'il prenait de l'argile, du sable et de la pierre, et que, bénissant ces grossiers matériaux, il les élevait en voûtes, les transformait en vitraux, y mettait partout le sentiment et la vie, jusqu'à ce qu'il en eût fait une chose pour ainsi dire spirituelle, et que sa pensée resplendît dans l'édifice ; de même il avait pris ces choses matérielles et nécessaires, les armes, les richesses, le lien du sang, et, les employant, les moulant à son gré, il en avait fait un édifice politique qui répondait à ses desseins. Les hommes ne s'y trompaient pas : au milieu de cette organisation de l'État, dont ils voyaient l'appareil extérieur, ils sentaient une puissance mystérieuse qui en était l'âme. Et quand l'empereur, au jour de son couronnement, se montrait le diadème en tête, tenant d'une main le sceptre et de l'autre le globe du monde, faisant porter devant lui la croix, la lance et le glaive, entouré de la féodalité sous les armes, et des députés des villes libres du Danube et du Rhin ; en présence d'un si grand spectacle, la foule répétait cette acclamation solennelle. « Le Christ est vainqueur, le Christ règne, le Christ a l'empire ! *Christus vincit, Christus regnat, Christus impe-*

rat! » C'était la charte du moyen âge ; c'était aussi la constitution de toute la société moderne, qui ne peut être autre chose, après tout, que la victoire de l'esprit sur la matière, le règne du droit, et l'empire invisible des idées divines, réalisées dans les lois humaines.

Mais la société, périssable ouvrage des législateurs, n'est faite que pour le développement de la personne humaine, qui est l'œuvre immortelle de Dieu. Toute la civilisation ne conspire qu'à cette fin ; et tant d'événements, tant d'institutions qui remplissent l'histoire, ne sont que l'école passagère où les âmes se forment pour une destinée qu'elles doivent trouver ailleurs.

{Ce que la barbarie avait fait de la personne humaine.}

Qu'était donc devenue la personne humaine dans l'état de barbarie ? Si je considère de près les mœurs des Germains que l'invasion précipita sur l'Occident, je n'y découvre aucune trace d'éducation. Je vois les enfants toujours nus, vivant parmi les esclaves et les bêtes de la ferme, et grandissant de la sorte, sans soins, sans règle, sans enseignement, jusqu'à l'âge où ils allaient recevoir, dans l'assemblée des gens de guerre, l'écu et la framée. Je n'aperçois aucun de ces efforts qu'il faut pour dégager l'homme des premières impressions, pour le porter plus haut, pour l'*élever* enfin. Les âmes restaient donc dans une éternelle enfance, sous la loi des sens. Les intelligences étaient troublées, elles étaient ignorantes, elles étaient paresseuses. Le paganisme avait déplacé l'idée de Dieu, et, en touchant à cette idée, qui est le fond de l'entendement humain, il avait mis la confusion dans l'entendement. La création divinisée était pleine de mystères qui ne se laissaient pas interroger. L'histoire demeurait aussi inconnue que la nature, et les Germains ignoraient encore le reste des hommes, quand la conquête romaine vint les instruire. Rien ne les sollicitait à s'éclairer. Les barbares n'aimèrent jamais le travail, et moins que tout autre, le travail d'esprit. Après la guerre et la chasse, ils trouvaient leur passe-temps à rêver dans leur hutte enfumée (1). Ils ne connaissaient pas, comme les peuples du Midi, cette vie de la place publique, ces longues journées de disputes, ces plaisirs de la parole qui réveillent et exercent la raison. Dans le sommeil de leur pensée, comment la notion du bien et du mal ne se fût-elle pas obscurcie? Les volontés étaient donc déréglées, elles étaient inefficaces : livrées sans défense à la passion du moment, elles en avaient la fougue et aussi la mobilité. On reconnaît à ces traits les Germains de Tacite, passant le jour et la nuit dans le vin et dans le jeu ; se prenant de querelle, et finissant par s'entre-tuer ; inconstants en toutes choses, excepté dans la poursuite de la ven-

---

(1) Tacite, *Germania*, 20 : « In omni domo nudi et sordidi... excrescunt... Inter eadem pecora, in eadem humo degunt. » *Ibid.*, 15 : « Quoties bella non ineunt, non multum venatibus, plus per otium transigunt... ipsi habent... cum iidem homines sic ament inertiam... »

geance (1). Mais, parce qu'ils mettaient leur force à ne jamais se contraindre, ils étaient les plus faibles des hommes; ils se sentaient maîtres de leurs corps et de leurs mouvements, mais non de leur conscience et de leurs déterminations; incapables de tous les actes où il faut s'appliquer et se conduire, par conséquent de choisir et de persévérer, en quoi consiste cependant toute la faculté de vouloir. Ainsi la volonté même périt, quand elle n'a plus les lois qui la gardent et les assujettissements qui la soutiennent; et toute la nature humaine semble détruite dans cet état, dont on a voulu faire l'état de nature.

Telle était la misérable condition des barbares. Or l'Église introduisait un culte dont tout l'effort est de faire l'éducation de la personne immortelle. Elle relevait l'intelligence par la prédication, la volonté par la pénitence, et toute l'âme enfin par la prière.

Le paganisme n'a jamais prêché. Jamais les religions anciennes ne parlèrent en prose, c'est-à-dire dans une langue précise, aux peuples assemblés dans leurs temples. Au contraire, le christianisme leur tenait le ferme langage de la raison; il leur portait un Évangile en prose, commenté par une parole simple et intelligible aux petits. La foi, qui, dans la chaire de saint Jean Chrysostome,

<small>Éducation des esprits par la prédication.</small>

---

(1) Tacite, *Germania*, 22, 24, 25 : « Crebræ ut inter vinolentos rixæ. Sæpius cæde et vulneribus transiguntur. »

avait parlé le dialecte de Démosthènes, ne craignit point de prendre le rude accent du Frank et du Saxon. Parmi les règlements de saint Boniface, on remarque déjà celui qui veut que tout prêtre soit en mesure d'interroger les catéchumènes, et de leur expliquer dans leur idiome à quoi ils renoncent et ce qu'ils confessent. En 813, le concile de Mayence exigea que la loi de Dieu fût annoncée en langue tudesque (1); en même temps, on dressa des formules d'exhortations et de prières, premiers monuments des littératures germaniques. Ainsi toute l'exactitude de la pensée théologique se conservait sous une expression barbare. L'orthodoxie faisait la force de l'enseignement chrétien. Ce n'était pas en vain que cette doctrine solide, dont tous les articles avaient passé par les controverses et par les décisions des conciles, s'établissait dans des esprits bercés par les fables. Elle les arrachait du vague où ils s'étaient complu; elle leur proposait des dogmes, c'est-à-dire des principes immuables; elle leur apprenait d'abord à se fixer, ce qui est le premier effort de l'étude. Elle les obligeait de discerner chaque point, de ne rien confondre, de pratiquer tous les procédés d'une saine logique. Enfin elle les décidait à croire, à prendre ces habitudes de conviction et de fermeté qui font la puissance de l'entendement humain. Ainsi la prédication, en dé-

---

(1) Schannati, *Concilia Germaniæ*, I; Binterim, *Concilien*, 2.

finissant tout, en distinguant tout, en prouvant toujours, rétablissait l'ordre dans les intelligences.

Elle y ramenait aussi la lumière. L'idée de Dieu remontait à sa place, et l'invisible était conçu. Aux mythes sanguinaires du paganisme, se substituait le récit d'une incarnation, où la Divinité ne se manifestait que par la sagesse et par l'amour. Ce grand événement expliquait toutes les destinées du genre humain, qui se déployaient depuis la chute originelle jusqu'à la fin des temps, débordant de toute part les traditions des Germains, et ouvrant à leurs yeux cinquante siècles d'histoire. Enfin, la création tout entière se dépouillait des prestiges effrayants que la superstition lui avait prêtés. Ce monde qui avait commencé, qui devait périr, ne paraissait plus qu'une chose finie, et par conséquent pénétrable à la curiosité de l'esprit. Dans les douze articles du symbole chrétien, il y avait assez de lumière pour éclairer les obscurités de l'humanité et de la nature, pour illuminer d'un seul trait l'ignorance de l'homme en lui faisant voir combien il avait ignoré. C'est pourquoi la prédication des premiers temps se renfermait dans les termes de cette profession de foi, que toutes les mémoires pouvaient retenir. Voici comment s'exprime une homélie du huitième siècle : j'aime à recueillir le peu qui reste de ces orateurs sans gloire, dont la parole créait des peuples : « Écoutez, mes enfants, la règle de foi « que vous devez garder dans votre cœur, vous qui

« avez reçu le titre de chrétiens ; car c'est le sym-
« bole de votre christianisme, inspiré de Dieu,
« institué par les apôtres. Les paroles en sont
« peu nombreuses, mais de grands mystères y
« sont contenus. Le Saint-Esprit les a dictées aux
« saints apôtres, maîtres de l'Église, avec cette
« brièveté, afin que ce qui doit être connu de tous
« et professé toujours pût être compris et retenu
« de mémoire... Comment se dirait-il chrétien,
« celui qui ne veut ni apprendre ni retenir le peu
« d'articles de cette foi qui doit le sauver, et de la
« prière que le Seigneur institua? Il faut donc sa-
« voir, mes enfants, que chacun de vous jusqu'à
« ce qu'il ait enseigné et fait comprendre, cette foi
« au filleul qu'il a levé des fonts du baptême, reste
« engagé par sa parole de caution. Et celui qui
« aura négligé de l'enseigner en rendra compte
« au jugement de Dieu (1). » Ne méprisons pas
ces moines qui enseignent le *Credo* aux barbares
assis à leurs pieds. Toute la métaphysique chrétienne est déjà dans ce peu de mots ; et les doctrines du moyen âge sauront bien l'en faire sortir.

Il ne suffisait pas d'éclairer les intelligences, il
les fallait exercer ; il fallait les tirer de l'oisiveté

---

(1) *Exhortatio ad plebem christianam*, en langue tudesque, ap. Wackernagel, *Altdeutsches Lesebuch*, p. 51 : « Hloset, ir chindo liupostem, rihtida thera galaupa the ir in herzin kahuctlicho hapen sculut, ir den christanum namun intfangan eigut, thaz ist chundida juverera christanheiti, fona demo truhtine innam gaplasan, fona sin selpes jungiron kasezzit, » etc.

qu'elles aimaient, pour les soumettre à un régime actif et laborieux : la prédication y pourvoyait encore. On se rappelle les conseils de l'évêque Daniel, et ces questions dont il veut qu'on presse les païens : « Si le monde a eu un commencement? et, s'il a commencé, qui l'a créé? S'il fut toujours, qui donc le gouvernait avant la naissance des dieux? S'il faut servir les dieux pour une félicité présente et temporelle, ou pour un bonheur éternel et futur? » Ces interrogations ne laissaient pas de relâche aux esprits; elles les poussaient au doute comme à une révolution morale, d'où ils sortaient libres. Il ne faut pas croire qu'on ne les affranchit de la servitude païenne que pour les remettre sous un autre joug. Nous avons quinze homélies de saint Boniface à ses disciples; il n'en est pas une où le maître ne respecte cette liberté naturelle de la raison, qui ne se rend qu'à la vérité reconnue (1). Le dogme enseigné s'interprète et se développe, ses conséquences ne s'arrêtent plus : elles mèneront les esprits plus loin qu'ils ne croient. On a reproché au christianisme d'être allé chercher des peuples paisibles qui ne songeaient à rien, et d'avoir tourmenté les hommes. Le reproche est vrai, mais il est glorieux. Une fois établi dans les intelligences, le christianisme ne souffrait plus qu'elles s'endormissent. Il les occupait de lui d'abord, puis de

(1) *Opera S. Bonifacii*, t. II.

toutes choses ; comme la lumière, lorsqu'elle est quelque part, ne se fait pas voir seulement, mais aussi tout ce qu'elle enveloppe. Il ramenait sans cesse les hommes en présence de Dieu et d'eux-mêmes ; il les entretenait de questions redoutables, et qui veulent qu'on y songe toujours, de la vie, de la mort, de l'éternité. Il formait les ignorants à la réflexion, à la méditation, à ces difficiles exercices auxquels la philosophie antique n'avait appelé qu'un petit nombre de sages. Ce furent ces utiles fatigues qui finirent par dompter les paresseux instincts des barbares. La nation germanique y prit le tempérament laborieux qu'elle a gardé ; et, la passion du travail s'emparant de cette race forte, il ne faudra pas s'étonner d'en voir naître un jour Albert le Grand, Érasme et Leibnitz.

<small>Réforme des volontés par la pénitence.</small> Il semble que ce fût beaucoup d'avoir formé les intelligences : c'était beaucoup plus de réformer les volontés. L'Église y parvint par ses institutions pénitentiaires.

Toutes les législations punissent ; mais, dans les lois profanes, la peine n'est établie que pour réprimer. Dans les législations religieuses, il faut que le châtiment expie. Chez les vieux peuples du paganisme, le supplice du criminel est une immolation qui apaise les dieux et qui purifie la cité (1).

---

(1) Ainsi dans la loi des Frisons, *additio sapientium*, tit, 42 : « Qui fanum effregerit, immolatur diis quorum templa violavit. » Cf. Grimm, *Deutsche mythologie*, p. 59.

Mais la loi chrétienne a horreur du sang : elle cherche à réparer l'homme, au lieu de le détruire. L'idée de la peine est donc poussée plus loin. Il ne suffit plus qu'elle réprime, ce n'est pas assez qu'elle expie : il faut qu'elle corrige. Et, à cause du souverain respect que le christianisme professe pour le libre arbitre, il faut encore que tout se passe sans contrainte, et que le châtiment soit consenti. Voilà les conditions du problème : comment l'avait-on résolu ?

Le premier point était de trouver, au lieu de la force publique, qui réprime, par des moyens violents, un pouvoir qui siégeât dans le for intérieur, et qui n'agît que par les voies morales. Les fugitives terreurs du remords pouvaient quelquefois troubler le repos du païen; mais, n'étant pas soutenues par une ferme connaissance du bien et du mal, elles avaient peu de prise sur la volonté criminelle. Il s'agissait d'y substituer un sentiment plus durable, derrière lequel il y eût une idée précise, impérieuse, et qui ne se laissât pas impunément désobéir. Le sentiment que le christianisme introduisit fut la crainte de Dieu. Ainsi se trouvait constitué, pour ainsi dire, un pouvoir capable de faire la police de l'âme, de saisir la volonté, non plus seulement dans l'acte du crime, mais dans l'intention même, et de l'arrêter par cette première répression qu'on appelle le repentir. Mais la police des âmes devait avoir son tribunal; et, comme il y fallait un juge impassible et désintéressé, le juge fut le prêtre. Le repentir lui amenait l'âme coupable; elle expiait, elle s'immolait par l'aveu de ses fautes. Alors elle entrait sous une discipline réparatrice, où elle retrouvait ses forces dans les épreuves et dans les luttes. Par l'abstinence, par l'aumône, par l'humiliation, elle s'affranchissait de ces trois concupiscences : la volupté, l'avarice et l'orgueil. Ainsi la pénitence chrétienne, où l'on ne voit d'abord qu'une école d'obéissance, devenait l'apprentissage de la liberté; et tout y conspirait à rendre à l'homme l'empire de lui-même en favorisant son retour volontaire à l'ordre divin, d'où il était volontairement sorti (1).

Telles étaient les mesures de l'Église pour la réforme de la volonté déchue. Il faut voir quel usage elle en fit dans ce grand travail de la conversion des barbares. On la trouve d'abord occupée de réveiller en eux cette crainte religieuse qui fait la force de la conscience; elle les y rappelait par les cantiques en langue vulgaire qu'on faisait répéter aux néophytes, et dont nous avons conservé de rares fragments : « Seigneur, mes pensées ne peu« vent échapper à tes pensées; tu connais tous les « chemins par où je voudrais fuir. — Si je vais

---

(1) Voyez les pénitentiels de saint Colomban, celui de saint Boniface (apud Binterim, *Denkwürdigkeiten*, III, 429), et celui de Reginon (*Ordo ad dandam pœnitentiam*), et les formules de confession publiées par Noth, *Denkmæler der deutschen Sprache*, p. 33 et 35.

« aux cieux, tu y résides ; si je descends aux en-
« fers, je t'y trouve présent. — Si je m'enfonce
« dans les ténèbres, tu m'y découvres : je sais que
« ta nuit peut devenir aussi brillante que notre
« jour. — Dès le matin, je prends mes ailes : je
« vole aux extrémités de la mer... Il n'est pas de
« lieu où ta main ne m'atteigne (1). » Quand le
guerrier germain, au sortir du meurtre ou de
l'orgie, cheminant à travers les bois où il se croyait
seul, entendait dans le lointain ces paroles chan-
tées par quelque pieux voyageur, croyez-vous qu'il
pût s'empêcher de frémir, et résister toujours à
l'image de cette main divine étendue sur sa tête,
jusqu'à ce qu'elle le jetât repentant aux pieds du
prêtre qui l'attendait ? Tout était prévu pour
le recevoir. Les formules de confession, rédigées

---

(1) Fragment imité du 138ᵉ psaume, texte du neuvième siècle, dans les *Fundgruben* de Hoffmann :

> Wellet ir gihoren
> Daviden den guoton,
> Den sinen touginon sin ?
> Er gruoste sinen trohtin...
> Ne megih in gidanchun
> Forc dir givanchon !
> Du irchennist allo stiga
> Se varot so ih ginigo...
> Far ih uf ze himile,
> Dar pistu mit heric.
> Ist ze ello min fart,
> Dar pistu geginvart...
> Ne megih in nohheim lant
> Nupe mih hapet tin hant...

Je trouve aussi dans Hoffmann une traduction rimée de la parabole de la Samaritaine, et dans Wackernagel (*Deutsches Lesebuch*) un chant sur le jugement dernier.

en langue tudesque et en latin, réglaient la procédure de l'accusation volontaire. Voici l'interrogatoire dressé par un canoniste du neuvième siècle. C'est le prêtre qui parle. « Mon frère, ne rougis
« point de confesser tes péchés ; car moi aussi je
« suis pécheur, et j'ai fait peut-être plus de mal
« que toi... Avouons donc librement ce que librement nous avons commis. Peut-être, mon bien-
« aimé, tous tes actes ne reviennent pas aussitôt
« dans ta mémoire ; je t'interrogerai donc. As-tu
« fait homicide par hasard ou par volonté, ou
« pour venger tes parents, ou pour obéir à ton
« maître ? As-tu fait quelque blessure, coupé les
« mains ou les pieds, ou arraché les yeux d'un
« homme ? — As-tu fait quelque parjure, ou induit les autres à se parjurer ? — As-tu fait quelque vol avec sacrilége, effraction ou violence ?
« As-tu fait adultère avec la femme ou la fiancée
« d'autrui ? — As-tu déshonoré une vierge ? —
« As-tu violé et pillé un tombeau ? — As-tu diffamé
« quelque homme auprès de son seigneur ? — As-tu
« consulté les magiciens, les aruspices, les enchanteurs ? — As-tu fait des vœux aux arbres et aux
« fontaines ? — As-tu enlevé un homme libre pour
« le faire esclave ? — As-tu brûlé la maison ou la
« grange d'autrui ? — T'es-tu enivré jusqu'à vomir ? — As-tu étouffé ton enfant ? — As-tu bu
« quelque philtre ? — As-tu fait ce que les païens
« observent aux calendes de janvier ? — As-tu

« chanté des chansons diaboliques sur les sépul-
« tures des trépassés ?... » Suit l'examen des huit
péchés capitaux (1). Cette confession du barbare
fait voir ce qu'il faut penser des temps héroïques
de la Germanie et de la pureté de cette race vierge,
dont le christianisme, dit-on, vint si fâcheusement
arrêter l'essor ; ou plutôt on voit à quelles mœurs
il avait affaire, et de quelles ruines il fallait tirer
des âmes immortelles. C'était déjà un prodige que
d'avoir mis la main sur ces hommes farouches qui
ne connaissaient d'autre juge que l'épée, et de les
avoir réduits à se trahir eux-mêmes, à se livrer,
à se mettre à la merci d'un tribunal. Mais l'autorité de l'Église, une fois saisie, ne relâchait pas
sitôt ses justiciables ; elle les faisait passer par les
degrés de la pénitence. Le meurtrier, séparé pendant quarante jours du commerce des chrétiens,
pieds nus, sans linge, sans autre nourriture que le
pain et le sel, demeurait ensuite trois ans dans le
jeûne et l'abstinence, privé des droits de porter les
armes, pendant quatre ans ; encore il jeûnait trois
quarantaines ; au bout de la septième année, on le

(1) *Libellus de ecclesiasticis disciplinis*, collectus ex jussu domini Rathbodi, Trevericæ urbis episcopi, a Reginone, quondam
abbate Prumiensis monasterii. Art. 300, *Ordo ad dandam pœnitentiam* : « Pœnitentem affectuose alloqui debet sacerdos his
verbis : « Frater, noli erubescere tua peccata confiteri, » etc. Les
huit péchés capitaux, selon la nomenclature des anciens moralistes,
sont : « Superbia, vana gloria, invidia, ira, tristitia, avaritia, ventris
ingluvies, luxuria. » Cf. deux formules de confession en langue
tudesque, publiées par Noth, *Denkmæler der deutschen Sprache*,
33 et 35.

réconciliait (1). Ces barbares, si prompts à tuer, apprirent ce qu'ils savaient le moins : le prix de la vie, et le respect de la personne d'autrui. Les traditions des saints Pères, les saints canons et l'expérience des siècles avaient fixé les règles correctionnelles ; des traités, connus sous le nom de pénitentiels, les recueillirent et les popularisèrent : elles furent sanctionnées par les décrets des conciles contemporains, entre lesquels il faut citer ceux de Mayence (847) et de Tribur (895). On y distingue la pénitence privée, et celle qui doit se faire publiquement pour le péché public. Les temps y sont marqués : sept ans pour le meurtre volontaire, l'adultère et le parjure ; trois ans pour l'enlèvement d'un homme libre et pour les actes d'idolâtrie ; un an pour la mutilation et pour le vol grave. On recommande au prêtre de jeûner avec le pénitent une semaine ou deux, « car on ne peut « relever celui qui est tombé, sans se pencher vers « lui. » Et, par une disposition où l'on reconnaît bien l'admirable faiblesse de l'Église pour les opprimés : « Quand des esclaves viendront à vous,

---

(1) *Concilium Triburense*, ann. 895 : « Si quis sponte homicidium fecerit, xl diebus ab ingressu ecclesiæ arceatur, et nihil manducet, illis xl diebus, præter solum panem et sal, neque bibat nisi puram aquam. Nudis pedibus incedat ; lineis non induatur vestibus nisi tantum femoralibus. Sæcularia arma non portet. Vehiculo non utatur. Ad nullam fœminam, nec propriam uxorem, his diebus misceatur. Nullam communionem illis xl diebus habeat cum aliis christianis nec cum alio pœnitente, in cibo, vel potu, vel ullis rebus, etc. Iis vii annis rite expletis, reconcilietur. »

L'ÉGLISE. 341

« est-il dit, vous ne les chargerez pas d'autant de
« jeûnes que les riches : imposez-leur seulement la
« moitié de la peine (1). »

Pendant que la prédication s'emparait de l'entendement par la foi, et que la pénitence s'imposait à la volonté par la crainte, la prière saisissait en même temps ces deux puissances, et rétablissait l'unité de l'âme par l'amour, qui fait le nœud de toutes les facultés humaines. *La prière et le culte.*

Dans l'action de l'âme qui prie, c'est-à-dire qui s'approche de Dieu, il y a un double effort de l'intelligence vers le vrai, et de la volonté vers le bien. Ces deux efforts se montrent déjà dans un hymne du huitième siècle, où l'on sent encore le sauvage de la barbarie : « J'ai appris parmi les hommes les
« plus sages — que la terre n'existait pas, ni le
« ciel ; — que l'arbre et la montagne n'existaient
« pas ; — que le soleil ne brillait point, — et que
« la lune ne donnait pas sa lumière ; — et la mer
« n'était pas encore. — Alors, quand le néant
« n'avait point de limites, — existait le Dieu tout-
« puissant et plein de miséricorde, — et avec lui
« beaucoup d'esprits glorieux. — Et toi, Dieu
« saint, Dieu tout-puissant, qui as créé le ciel et la
« terre, et qui as fait tant de bien aux hommes,

(1) Schannati, *Concilia Germaniæ*, t, II, et le Pénitentiel de Halitgart, évêque de Cambrai, dans Martène, t. II, p. 43, *ordo* II. Il déclare avoir tiré ces règles des archives de l'Église romaine. C'est bien la doctrine de la seconde lettre du pape Grégoire II à Léon l'Iconoclaste.

« donne-moi donc la grâce, une foi droite et un
« bon vouloir, sagesse, prudence et force, pour ré-
« sister aux démons, confondre le mal et accom-
« plir ta volonté (1)... » Il est impossible de rendre
plus énergiquement, d'un côté, le dogme de l'unité
divine, la création, la séparation de l'intelligence
et de la matière, et tous les points par où les esprits
s'arrachaient du paganisme; et, de l'autre côté,
les terreurs de cette lutte, l'angoisse du danger, et
le cri de l'homme enfin qui se sent faible, mais qui
se souvient que Dieu est fort.

Mais l'Église ne se contentait pas d'introduire
chez les barbares la prière solitaire, qui dissipait
leurs doutes et rassurait leurs frayeurs. Comme
l'éducation qu'elle prétendait leur donner était une

---

(1) *Wessobrünner Gebel*, apud Wackernagel (p. 67) et Noth.

> Dat gefregin ih mit firahim firiwizzo meista,
> Dat ero ni was noh ulhimil,
> Noh paum noh heinig; noh pereg ni was
> Ni... noh sunna ni scein,
> Noh mano ni liuhta, noh der mareo seo.
> Do dar niwiht ni was enteo ni wenteo,
> Enti do was der eino almahtico cot,
> Manno miltisto; enti dar warun auh manakê
> Mit inan cootlihhe geista.

Cette prière présente plusieurs caractères d'une haute antiquité. Elle a le début épique du chant de Hildebrand et de Hadebrand. On y trouve, comme dans le poëme du jugement dernier (*Muspilli*), l'allitération au lieu de la rime, introduite de si bonne heure dans la poésie chrétienne. Ainsi dans le premier vers c'est la lettre *f* qui reparaît trois fois, dans le troisième la lettre *p* revient deux fois, dans le quatrième la lettre *s*, etc.

Voyez aussi, dans Noth, la prière à saint Pierre, et celle intitulée *Augsburger Gebet*, et, dans Wackernagel, la traduction du *Te Deum* et d'un hymne de saint Ambroise.

éducation publique, comme elle leur portait une parole publique, comme elle instituait des pénitences publiques, elle fondait aussi la prière commune. Voici en quels termes s'exprimaient ses règlements : « Les prêtres doivent avertir les maî-
« tres de faire assister au moins à la messe du
« dimanche et des fêtes les bouviers, les porchers,
« et les autres pâtres et paysans qui demeurent
« dans les champs et les forêts, et qui sont exposés
« à vivre comme les bêtes, car le Christ les a ra-
« chetés aussi bien que les autres. En effet, le Sei-
« gneur, venant dans le monde, ne choisit pas
« pour les siens des savants ni des nobles, mais
« des pêcheurs ; et il voulut que sa nativité fût
« annoncée d'abord par un ange à des pâtres (1). »
L'Église aimait cette confusion des rangs, les grands agenouillés dans la foule des pauvres, des ignorants, des misérables. Et lorsque, le même jour, à la même heure, sur tous les points de la Germanie chrétienne, elle tenait ainsi la nation rassemblée, elle l'initiait, non pas aux timides essais d'une religion nouvelle, mais aux solennités d'un culte qui avait déjà huit cents ans d'existence. Ses rites réunissaient, dans leur ensemble,

(1) *Libellus de ecclesiasticis disciplinis*, art. 416, et parmi les questions de la visite pastorale, 64 : « Si porcarii et alii pastores, dominica die, ad ecclesiam veniant et missas audiant ; similiter in aliis festis diebus ? »

Je remarque aussi les articles 76 et 89 : « Ne coloni aut servi, propter commissa crimina, virgis nudi cædantur... Si quis propter cupiditatem Judæum aut paganum occiderit... »

toutes les traditions bibliques, la poésie des psaumes et des prophéties, les récits du Nouveau Testament, les actes des martyrs, l'éloquence des Pères, les travaux liturgiques de saint Ambroise et de saint Grégoire, avec l'essor que la musique donne au sentiment, avec le soutien que la peinture prête à la pensée, avec tout le pouvoir de l'architecture religieuse, pour retenir dans ses murailles l'âme enchantée, lui faire oublier le monde, et l'élever à Dieu. Le culte chrétien, formé de tant d'éléments, empruntant aux langues, aux arts, aux sciences de l'antiquité, ne pouvait se communiquer aux peuples barbares, qu'en leur communiquant une grande partie de la civilisation.

Le christianisme commence la littérature des nations germaniques. Voilà comment le christianisme réformait la personne immortelle. Mais les doctrines fortes sont exigeantes : quand elles se rendent maîtresses des âmes, elles ne s'y contiennent pas. Ce n'est pas assez qu'elles remplissent les pensées; il faut qu'elles passent dans les actes, qu'elles se fixent dans les œuvres : elles ne sont satisfaites qu'en se trouvant reproduites par des monuments durables. Ainsi, quand la foi chrétienne eut pénétré les esprits des Germains, elle ne leur laissa pas de repos; elle les mit à l'ouvrage dans les sciences, dans les arts, dans les lettres. Elle les poursuivait au fond des bibliothèques, des abbayes; sur les chantiers où le ciseau façonnait les pierres des églises; au milieu des fêtes populaires, où il fallait des chants nouveaux à la multitude assemblée. Cette importunité, cette obstination d'une idée qui veut se produire, qu'est-ce autre chose que le signe du génie? Le génie germanique se fit jour. Il conserva l'originalité d'une race nouvelle, sans perdre l'empreinte de l'éducation savante qui l'avait discipliné, sans se détacher de cette communauté de traditions et d'habitudes qui unit la grande famille des nations latines. On reconnaît la fermeté de l'intelligence chrétienne dans les vues profondes que l'évêque Otton de Freisingen porte sur tous les temps de l'histoire, dans l'érudition philosophique d'Albert le Grand, dans le mysticisme judicieux de Taulère. Il fallait toute la persévérance de la volonté régénérée, pour prendre une langue barbare, parlée par les plus grossiers des hommes, et la plier à toutes les délicatesses de la sensibilité, jusqu'à ce qu'elle pût devenir l'harmonieux instrument des Minnesinger, et rivaliser de souplesse musicale avec les idiomes d'Italie et de Provence. Enfin c'était l'amour purifié, ramené à Dieu premièrement, pour redescendre ensuite sur l'humanité et la nature, qui devait déborder un jour dans les compositions poétiques du douzième et du treizième siècle. Une même inspiration, l'héroïsme de la foi conjugale, devait soutenir en même temps l'épopée guerrière des Nibelungen et les récits chevaleresques de Wolfram d'Eschenbach. En même temps les poëtes de Souabe célébraient dans un rhythme charmant le réveil du mois de mai après les longs hivers ; et Henri Suso, au fond de son monastère, « sentant, disait-il, que son jeune cœur ne pourrait longtemps demeurer sans amour, choisissait pour la dame de ses pensées la Sagesse éternelle, » et se levait avant le soleil pour lui chanter le chant du matin. Le christianisme ne pouvait descendre dans une grande nation sans y honorer l'étude, cette occupation chaste et sévère ; sans encourager l'art de la parole, par laquelle il gouvernait toutes choses ; sans bénir enfin ce travail sacré des lettres, qui n'est après tout qu'un effort pour fixer l'idéal divin dans le langage des hommes.

<small>Le droit public et la littérature de l'Allemagne ont leurs origines chez les Francs.</small> Nous nous sommes éloigné moins qu'il ne semble des limites naturelles de notre sujet. En cherchant à saisir l'esprit plutôt que les détails des institutions ecclésiastiques, nous n'avons fait que résumer la doctrine des conciles de Paris, d'Aix-la-Chapelle, de Mayence, de Tribur, qui empêchèrent l'œuvre de Charlemagne de périr tout entière, puisqu'ils sauvèrent l'Église quand l'État s'écroulait. On aime à trouver des maximes si judicieuses, si clémentes, j'allais dire si modernes, dans la législation d'un âge d'airain, dans des décrets délibérés par les évêques de Louis le Débonnaire et de Charles le Chauve. Les historiens ont trop méprisé la décadence carlovingienne. Le corps politique se dissout, mais l'âme survit et s'échappe pour aller animer

une société nouvelle. C'est dans les angoisses du neuvième et du dixième siècle qu'on voit se former les traditions et les doctrines qui inspireront le moyen âge. Regardez de près les canons d'Aix-la-Chapelle ; vous y trouverez contenue toute la querelle du sacerdoce et de l'empire : elle éclate en 857, par le divorce du roi Lothaire et par la résistance du pape Nicolas Ier. Au siècle suivant, la légende conduit déjà Charlemagne à Jérusalem ; elle ouvre ainsi le cycle fabuleux des romans carlovingiens, en même temps qu'elle échauffe le zèle de la guerre sainte et qu'elle montre le chemin des croisades. Ne nous étonnons pas de la fécondité de cette période, où le génie germanique et le génie latin vivaient encore dans une orageuse mais puissante union. Toute cette majesté du saint-empire romain, qui fit l'orgueil de l'Allemagne, n'est, après tout, que l'ouvrage des Francs. L'Allemagne elle-même le savait si bien, qu'elle tint longtemps pour maxime de droit public que l'empereur, fût-il Saxon d'origine, devenait Franc par le fait de son élection, et que le couronnement, pour être valide, devait se faire sur une terre franque. Nous verrons, en effet, comment Charlemagne ne fit que réaliser, en l'étendant, un dessein conçu mais compromis par la politique des Mérovingiens. D'un autre côté, toute la littérature de l'Allemagne chrétienne a ses origines à une époque où la langue dominante chez les Germains s'appelle encore la langue des Francs; où elle s'étend dans toute l'ancienne Austrasie jusqu'à Reims, où elle fait effort pour se rompre aux habitudes de l'éducation latine. C'est ce qui paraît déjà dans ces formules d'abjuration et de confession, dans ces imitations de psaumes et ces cantiques que nous avons cités. Vers la fin du huitième siècle, la langue des Francs est assez pénétrée de christianisme pour traduire la règle de saint Benoît, les lettres d'Isidore de Séville, les hymnes de saint Ambroise (1). Mais, de tous ces restes d'une antiquité qui est aussi la nôtre, aucun ne nous appartient à plus juste titre que l'*Harmonie des Évangiles*, achevée en 888 par Ottfried, moine de Wissenburg en Alsace. Cet homme pieux avait cédé aux conseils de plusieurs chrétiens, et particulièrement d'une noble dame appelée Judith, en composant un poëme sacré pour remplacer dans la bouche des laïques les chants déshonnêtes du paganisme. Sans doute ses vers n'ont pas l'accent de l'épopée populaire : on y reconnaît le travail d'un esprit occupé de plier l'idiome barbare aux lois d'un art étranger, et l'allitération est remplacée par la rime. Mais tout ce qui éloigne Ottfried des traditions du Nord le rapproche de nous : et nous ne pouvons mieux reconnaître ce que fit l'Église pour entretenir l'esprit national qu'en finissant par un fragment de l'*Harmonie des Évangiles*. On y retrouve le même patriotisme reli-

---

(1) Hattemer, *Sangallens Sprachschætze*, t. I, II, III.

gieux que dans le prologue de la loi salique, et comme un écho des cris de triomphe qui avaient célébré les victoires de Tolbiac et de Vouillé (1).

<small>L'Harmonie des Évangiles par Ottfried.</small>

« On a vu beaucoup d'hommes écrire avec art,
« avec un labeur infini, pour étendre la gloire de
« leur nom. Certes, les Grecs et les Romains l'ont
« fait si bien, qu'ils vous ravissent ; ils ont mis
« dans leurs ouvrages un arrangement si parfait,
« que tout s'y lie comme des pièces d'ivoire : soit
« que leur prose vous abreuve d'un vin bienfaisant,
« soit qu'ils mettent leur application à combiner
« des mètres ingénieux. Leurs vers sont pleins de
« douceur. Ils mesurent les pied longs et brefs
« avec tant de précision, que jamais une syllabe ne
« chancelle ; et les mesures châtiées tombent, comme
« le grain émondé s'échappe de la main qui l'a
« choisi.

« Pourquoi seuls, entre tous, les Francs négli-
« geraient-ils de chanter en langue franque les louan-
« ges de Dieu ? Jamais on n'a tenté de soumettre
« ainsi le chant à une règle sévère, droite, et par-
« faitement belle dans sa simplicité. Pourquoi les

(1) *Christ*, von Ottfried, herausgegeben von Graff.

Was linto vilo in flize,
In managemo agaleize
Sic thaz in scrib gikleibtin
Thaz sic iro nomon breittin.

Le poëme d'Ottfried ne me fait point oublier l'*Harmonie des Évangiles* en langue saxonne, connue sous le titre d'*Héliand* (*der Heilende*, le Sauveur), et dont M. Schmeller a donné une savante édition.

« Francs seuls en seraient-ils incapables ? Ils sont
« aussi braves que les Romains, et personne ne peut
« dire que les Grecs vaillent mieux qu'eux. Ils sont
« aussi hardis, soit dans les forêts, soit en rase
« campagne ; prompts à prendre les armes, et tous
« soldats. Ils habitent la bonne terre qu'ils ont con-
« quise, ils y déploient leur puissance : c'est pour-
« quoi ils ne seront point confondus. Leur terre
« est grasse ; si on la creuse, on y trouve l'airain
« et le cuivre, le fer en abondance, l'argent à satiété ;
« et les sables mêmes y roulent de l'or.

« Leurs ennemis les trouvent toujours prêts à
« se défendre. A peine a-t-on osé les attaquer, ils
« ont déjà vaincu. Aucun des peuples qui touchent
« leurs frontières n'échappe à leurs coups qu'en se
« soumettant à les servir quand ils en ont besoin.
« Je sais que Dieu le fait ainsi. Tous les peuples
« les redoutent. Les Francs leur ont enseigné la
« crainte, non par la parole, mais par le glaive et
« par le fer acéré de leurs lances... J'ai lu dans un
« livre, et c'est la vérité, qu'ils suivirent Alexandre
« dans dix-huit combats, lorsque ce héros enchaî-
« nait le monde. Et il est écrit qu'ils se retirè-
« rent de la Macédoine avec honneur, et que nul
« d'entre eux ne consentit à subir l'autorité d'un
« roi. Tout ce qu'ils conçoivent, ils l'accomplissent
« avec l'aide de Dieu ; ils ne font rien sans son
« conseil ; ils sont très-attentifs à sa parole.

« Aujourd'hui, je veux écrire l'Évangile, l'his-

« toire de notre salut. C'est ce que je tenterai de
« faire dans l'idiome des Francs. Et maintenant
« que les hommes de bonne volonté se réjouissent :
« qu'ils soient contents, tous ceux de la nation
« franque qui ont un cœur droit, puisque nous
« avons assez vécu pour chanter le Christ dans la
« langue de nos pères ! »

CHAPITRE VIII

L'ÉTAT.

Les origines de la monarchie.

Après avoir assisté à l'affranchissement des nations que l'Église arrachait à la servitude du paganisme, il reste à savoir quel usage elles firent de leur liberté ; quelle société sortit de ces camps germaniques jetés sur les ruines de l'empire romain; à quelles conditions le vieil orgueil barbare consentit à obéir ; et comment on suit, jusque dans les derniers détails des lois salique, bavaroise, saxonne, l'ascendant de l'autorité qui l'emporte, et le déclin de l'esprit d'indépendance qui ne périra pas. Mais il n'est pas de mon dessein d'embrasser des questions si vastes, et de m'engager dans les difficultés du droit civil des Germains, où, d'ailleurs, tant de grands esprits ont porté le flambeau. Je m'attache à un point de droit public, sur lequel je pense rassembler des lumières jusqu'ici dispersées. Il s'agit d'éclairer les origines de la monarchie, c'est-à-dire du seul pouvoir politique qui occupe la scène d'un bout à l'autre des siècles où s'arrêtent mes recherches. Non qu'il faille oublier ce qu'il y avait de force dans l'aristocratie militaire, et d'opiniâtreté dans les institutions municipales : mais le temps était encore loin où ces deux autres puissances, reconnues, affermies, devenues la féodalité et le tiers état, devaient achever l'édifice d'une société nouvelle.

Aussi haut qu'on remonte dans l'antiquité des peuples germaniques, on les trouve soumis à des rois ; et plus on s'enfonce vers le Nord et vers l'Orient, vers des lieux éloignés du commerce des nations étrangères ou voisins de la première patrie, plus la royauté conserve son caractère primitif, c'est-à-dire religieux et sacerdotal. C'est ainsi qu'elle paraît dans ce chant de l'Edda, le chant de Rig, où le dieu Heimdall, parcourant la terre, s'arrête d'abord chez une femme appelée la Bisaïeule, qui lui donne pour fils le Serf ; puis chez l'Aïeule, qui lui donne le Libre ; et enfin chez la Mère, dont il a le Noble. Or, le Noble engendra plusieurs enfants, entre lesquels le dernier fut le Roi ; et les autres apprirent à aiguiser les flèches et à manier la lance. « Mais le Roi connut les runes, « les runes du temps, les runes de l'éternité. Il « apprit les paroles qui arrachent l'homme à la « mort, qui émoussent le tranchant du glaive, qui « apaisent les tempêtes. Il comprit le chant des « oiseaux, il sut d'un mot éteindre l'incendie, en- « dormir les douleurs ; il posséda la force de huit

La royauté barbare.

« chevaux. » Ce vieux récit scandinave, où l'on ne soupçonnera pas de réminiscences classiques, se rattache à toutes les traditions du Nord. Toutes s'accordent à diviniser l'idéal du pouvoir en la personne d'Odin, le roi-prêtre, l'auteur des runes et le législateur des rites sacrés, régnant avec les douze Ases, prêtres et juges comme lui, dans la ville sainte d'Asgard. La cité divine devenait le modèle de la cité des hommes, et la nation suédoise avait son roi, successeur d'Odin, entouré de douze conseillers en mémoire des Ases. On l'inaugurait sur la pierre sacrée d'Upsal ; il prenait le titre de « protecteur de l'autel » et présidait aux sacrifices. Les Goths faisaient descendre d'une grande divinité nationale les deux dynasties des Amales et des Balthes ; le nom de Voden ouvrait la généalogie des huit rois anglo-saxons ; et la fable païenne des Francs, conservée par Frédégaire, rapportait qu'un dieu marin avait surpris au bain la mère de Mérovée (1).

Mais l'instinct de la conquête s'était éveillé chez ces rois-prêtres, et les avait de bonne heure arrachés des autels. Le chant de l'Edda que nous avons cité ajoute que le roi s'exerçait aux mystères de la

(1) *Edda sæmundar*, t. II, *Rigsmal*. Ampère, *Littérature et Voyages*, p. 413 ; — pour les Goths et les Scandinaves, Jornandès, *de Rebus geticis*, 14 ; *Ynglinga saga*, 5, 8, 24 ; — pour les Anglo-Saxons, Asser, Florentius, Huntington, Geoffroy de Monmouth, lib. VI, Frédégaire, IX : « Fertur super littore maris, æstatis tempore, Chlodeone cum uxore residente meridie, uxor ad mare lavatum vadens, terretur a bestia Neptuni, » etc.

science magique, lorsqu'il entendit le cri d'une corneille ; et l'oiseau, dont il comprit le langage, lui dit qu'il serait mieux de monter à cheval, de coucher les armées dans la poussière, et de conquérir des terres plus fécondes. En effet, au moment des invasions, la royauté devient militaire ; elle perd de son immobilité, mais aussi de son inviolabilité sacerdotale ; elle est telle que César, Tacite, Ammien Marcellin la connurent chez ces bandes désordonnées qui menaçaient les frontières de l'empire. Les peuples n'inaugurent plus leurs chefs sur la pierre inébranlable, ils les élèvent sur le bouclier, qu'ils laisseront tomber quand ils seront las. Le pouvoir reste héréditaire dans une famille, où l'on continue de respecter le sang des dieux ; mais souvent il devient électif par un libre choix entre les membres de la même famille. Il est borné, non pas seulement par la désobéissance des sujets, mais par l'autorité des assemblées publiques. Si le chef harangue la foule, le cliquetis des armes approuve ses discours, ou les huées lui font voir qu'il a déplu. Le droit d'élire et de contredire entraîne celui de déposer. Nous savons que les Bourguignons changeaient de roi quand la victoire les avait trahis, ou que la récolte manquait. L'autorité semble mieux affermie chez les Francs, où l'ordre héréditaire se soutient pendant trois siècles. Toutefois on ne peut méconnaître les résistances qu'elle rencontre quand Clovis, avant d'abjurer ses dieux, demande à haranguer son peuple, et qu'une partie des Francs, refusant de le suivre au baptême, se retire sous la conduite d'un autre chef. Quoi de plus célèbre que l'aventure de Soissons ? Clovis s'humilie jusqu'à demander le vase sacré qu'il veut retirer du butin ; mais une voix lui répond : « Tu n'auras que ta part. » Le couteau qui égorgea les enfants de Clodomir suppléait au droit de déposition ; et on ne peut croire à l'inamissibilité du pouvoir chez les Mérovingiens, quand les envoyés de Childebert viennent dire à Gontran : « La hache qu'on a enfoncée dans le crâne de tes frères n'est pas perdue. » La royauté, interrompue dans la nation lombarde après la mort de Clefi, devient élective chez les Visigoths d'Espagne, elle disparaît chez les Saxons ; et il faut reconnaître qu'en se jetant dans les combats elle en court tous les hasards (1).

{La royauté devient une magistrature romaine.} Ce fut donc un avantage singulier pour les rois barbares, quand ils pénétrèrent dans le monde romain, d'y trouver, avec le péril d'une lutte militaire qui compromettait leur puissance, un prestige légal qui la releva. Je ne m'étonne pas que ces

---

(1) Tacite, *Historiæ*, IV, 1. « Impositusque scuto, more gentis, et sustinentium humeris vibratus, dux eligitur. » *Germania*, 7, 10, 11, 43. Ammian., XXVIII, 5. Gregor. Turon., II, 27 ; VII, 14 : « Scimus salvam esse securim quæ fratrum tuorum capitibus est defixa. » M. de Saint-Priest, dans sa savante *Histoire de la royauté*, traite avec dédain ce qu'il appelle l'historiette du vase de Soissons. Il ne tient peut-être pas assez de compte des témoignages plus sérieux qui prouvent la faiblesse de la royauté barbare.

chefs de Bourguignons, qu'une mauvaise récolte détrônait, aient cherché une autorité plus durable dans les offices de la hiérarchie impériale ; que Gundioc, Gondebaud, aient brigué le titre de Maîtres des milices. De plus grands qu'eux, Alaric, Odoacre, avaient sollicité les charges de la cour et de l'armée ; ils y trouvaient un moyen d'éblouir la simplicité de leurs anciens compagnons d'armes, autant que de calmer les scrupules de leurs nouveaux sujets. Les provinces obéissaient plus volontiers à ces conquérants, quand elles reconnaissaient en eux des officiers de l'empire. De son côté, la cour de Constantinople, en leur envoyant les ornements consulaires, se vantait d'avoir sauvé l'honneur, et de gouverner le monde comme autrefois, par ses délégués. Aux yeux des Byzantins, la royauté des Germains n'était plus qu'une magistrature romaine ; et les Germains ne se refusaient pas à la considérer ainsi, lorsque Sigismond écrivait à l'Empereur : « Mon peuple est le vôtre ; mais « j'ai plus de bonheur à vous servir qu'à lui com« mander. Rois de notre nation, nous ne voulons « être que vos soldats. Par nous vous gouvernez « ces régions reculées. Nous n'avons d'autre patrie « que ce monde dont vous êtes le maître ; la lu« mière de l'Orient s'étend jusqu'ici, et nous ne « sommes éclairés que du reflet de vos rayons (1). »

(1) Aviti *Epist.* 85, edidit Sirmond. M. Lenormant a répandu une lumière toute nouvelle sur ce sujet dans ses *Lettres à M. de*

Le consulat de Clovis.

Mais le jour où Clovis sortit chrétien du baptistère de Reims, « l'Occident, selon l'expression de saint Avitus, eut aussi sa lumière, » et le clergé gaulois honora en lui un nouveau Constantin. Il faut reconnaître dans ces expressions autre chose que les hyperboles d'une éloquence dégénérée ; j'y surprends la pensée des évêques, promettant à Clovis et à sa race la puissance et la majesté des Césars. Cet homme très-habile, comme l'appelait Nicetus de Trèves, avait hâte d'élargir le cercle de la royauté barbare, qui lui donnait à peine douze mille sujets ; de rassembler les Germains et les Gaulois vainqueurs et vaincus, dans une monarchie qui n'aurait plus la mobilité d'un commandement militaire ni l'étroite enceinte d'un camp, mais l'étendue, la stabilité, la régularité d'une province romaine. Il comprit qu'une seule chose manquait pour achever cet ouvrage : ce n'était ni la force ni la victoire ; c'était l'autorité, la sanction du droit donnée aux actes de l'épée, et tout ce que les Latins appelaient du nom d'Empire. Quand donc, au retour de la bataille de Vouillé, vers 508, Clovis reçut de l'empereur Anastase les lettres qui lui conféraient le patriciat, et qu'ayant pris dans la basilique de Saint-Martin la tunique de pourpre, la chlamyde et le diadème, il monta à cheval, sema l'or et l'argent sur son chemin, et se fit appe-

Saulcy sur les plus anciens monuments numismatiques de la série mérovingienne, *Revue de numismatique*, t. XIII, p. 107.

ler consul et Auguste, gardons-nous de voir là le caprice d'un chef de sauvages, fier d'emprunter pour un moment les oripeaux d'une civilisation qui va finir. Il faisait plus que de pratiquer la politique de ses prédécesseurs, il la dépassait. Il poursuivait l'accomplissement d'un long dessein ; et ce qui en montre la suite, c'est qu'il jeta au peuple, non des monnaies de hasard, mais des pièces frappées exprès, portant la tête d'Anastase, et au revers cette inscription : Victoria Augusto regi viro illustri Clodoveo ; c'est qu'alors seulement il fixa sa résidence à Paris, dans cette vieille ville romaine que Childéric avait traversée, mais sans y faire sa demeure, la trouvant encore toute pleine du souvenir des Césars, et, pour ainsi dire, de leurs ombres. Clovis, au contraire, ne s'effraye pas d'habiter le palais de Julien, puisqu'il exerce le même pouvoir, puisqu'il trouve dans la qualité de patrice une sorte de consulat perpétuel, ou plutôt une délégation de la puissance proconsulaire des empereurs ; puisque enfin il s'est fait proclamer, non-seulement consul, mais Auguste ; et que, s'il n'achève pas, comme on l'a dit, une première restauration de l'empire d'Occident, assurément il la commence (1).

(1) Nous avons cité plus haut le texte de Grégoire de Tours : voici celui d'Aimoin, I, 22 : « In quibus videlicet litteris hoc continebatur, quod complacuerit sibi et senatoribus eum esse amicum imperatorum patriciumque romanorum. His ille perlectis, consulari trabea insignitus, ascenso equo, in atrio quod inter basilicam Sancti Martini et civitatem situm erat, largissima populo

Ses petits-fils ne reconnaissent plus la souveraineté de l'empire.

Mais, en recevant les images d'Anastase, en les gravant sur l'or qu'il jetait au peuple, Clovis rendait un dernier hommage à la souveraineté impériale. Ses petits-fils brisèrent le lien. L'historien Procope marque le moment de la rupture au temps où Justinien confirma aux princes des Francs la cession des terres que les Goths avaient possédées dans les Gaules. Il ajoute qu'à partir de ce jour les rois barbares présidèrent les jeux équestres au cirque d'Arles, et frappèrent des monnaies sur lesquelles leur effigie remplaça la tête de l'empereur. En effet, les monnaies de Théodebert représentent ce roi dans le costume des Césars, le front ceint d'un diadème de perles, avec cette inscription : VICTORIA AUGUSTORUM VICTORI. Il punissait ainsi Justinien d'avoir pris le titre de vainqueur des Francs; et la mort le surprit méditant d'aller châtier l'orgueil byzantin jusque dans les murs de Constan-

contulit munera. Ab illa die, consul simul et *Augustus* meruit appellari. » L'accord des deux auteurs prouve que le titre d'Auguste n'est pas introduit ici par confusion, mais que Clovis le prit et le porta.

Sur le consulat de Clovis il faut consulter Adrien de Valois, *Gesta Francorum*, VI, 508. Les vues de cet excellent esprit se trouvent complétement confirmées par les belles découvertes numismatiques de M. Lenormant, qui est arrivé à déchiffrer les légendes jusqu'ici négligées des premières monnaies mérovingiennes, *Revue numismatique*, t. XIII, p. 206.

Enfin le titre de proconsul est expressément donné à Clovis dans le texte du prologue de la loi salique, tel que M. Pardessus l'a restitué (p. 345) : « Quod minus in pactum habebatur, idoneo per « PROCONSOLIS regis Clodovehi et Hildeberti, et Chlotarii fuit lucidius emendatum. »

tinople. Mais son œuvre devait lui survivre et la séparation se perpétuer sous ses successeurs, si l'on en juge par la correspondance de Childebert II avec l'empereur Maurice. Le roi s'exprime en ces termes : « Nous nous sommes décidés par « un libre choix à former le nœud d'une alliance « avec Votre Sérénité très-clémente, et à vous té- « moigner cette affection qui plaît à Dieu, et qui « est le premier gage d'une paix utile aux deux « nations. C'est pourquoi, présentant nos saluts à « Votre Clémence pacifique, avec tout l'honneur « dû à votre haute dignité, nous avons résolu de « vous envoyer des ambassadeurs, comme nous « l'avions annoncé aux vôtres. Nous leur avons « donné sur certains points des instructions ver- « bales, auxquelles nous désirons qu'avec l'inspi- « ration de Dieu vous répondiez d'une manière « profitable au bien commun. » On retrouve ici les formules ordinaires du Bas-Empire ; mais le sentiment de l'égalité éclate à toutes les lignes : le Mérovingien traite de puissance à puissance ; les contemporains ne s'y trompent pas, et les vies de plusieurs saints du sixième siècle remarquent l'époque où les Francs, « ayant secoué la domination « de la république et supprimé le droit de l'empire, « régnèrent de leur chef (1). »

(1) Procope, *De bell. Gothic.*, III, 39. Κάθηνται μὲν ἐν τῇ Ἀρελάτῳ τὸν ἱππικὸν ἀγῶνα θεώμενοι. Νύμισμα δέ χρυσοῦν ἐκ τῶν ἐν Γάλλοις μετάλλων πεποίηνται, οὐ τοῦ Ῥωμαίων αὐτοκράτορος χαρακτῆρα ἐνθέμενοι, ἀλλὰ τὴν σφετέραν αὐτῶν εἰκόνα. Sur les monnaies de Théodebert

Les Mérovingiens imitent le gouvernement impérial.

Ils firent plus : cette souveraineté, qu'ils ne voulaient plus reconnaître en Orient, ils la transportaient en Occident, pour ainsi dire, pièce à pièce. Sans doute il ne faut point renouveler les erreurs d'une autre époque, et oublier tout ce qu'il y eut de barbarie dans le palais de Frédégonde et de Brunehaut; mais il n'est plus permis de nier les prodigieux efforts des Mérovingiens pour sauver, pour reproduire dans des proportions plus restreintes, pour naturaliser chez les Germains toutes les traditions de la politique impériale. A l'exemple de Clovis, ils prennent d'abord le costume et le titre, ce qui frappe l'imagination des peuples. Ils portent la couronne radiée, le vêtement long, le sceptre des magistrats romains : Théodebert paraît sur ses médailles avec le javelot sur l'épaule, signe de la toute-puissance militaire : leur siége est un trône. Comme ils se font appeler Auguste, les

voyez encore le travail de M. Lenormant. Ses recherches, poursuivies avec un rare bonheur, achevèrent de rétablir les règles du monnayage de la Gaule au sixième siècle. *Revue de numismatique*, t. XIII, p. 194 et suiv. Ce rôle de Théodebert s'accorde bien avec les félicitations que lui adresse l'évêque Aurélien (*Epist.* apud Duchesne, I, 857) : « Macte restaurator vetustatis, novitatis inventor. »

Epistol. Childeberti, apud Duchesne, I, 866. *Vita S. Treverii*, apud Bolland, 16 jan. : « Quumque jam Galliarum Francorumque reges, suæ ditionis, sublato imperii jure, gubernacula ponerent, et, postposita reipublicæ dominatione, propria fruerentur potestate. » Cf. *Vita S. Johannis Reomensis*, ap. D. Bouquet, III, 412. « Tempore quo Franci, postposita republica, sublatoque imperii jure, propria dominabantur potestate. » Lehuerou, *Histoire des institutions mérovingiennes*, I, 266 et suiv.

femmes de leur famille ont droit au nom d'Augusta : Dagobert prend la qualité de roi des Francs et de prince du peuple romain ; et si les lettrés de la cour parlent de l'ancien roi Childéric, ils lui donnent le titre de divus, et le mettent au rang des dieux. Le protocole de Byzance passe dans les chancelleries d'Austrasie et de Neustrie. On parle au prince au pluriel ; on le traite d'Excellence, d'Altesse, de Majesté ; et, pour montrer que le sens de ces termes fastueux n'a pas péri, on poursuit les traîtres comme coupables de lèse-majesté, et c'est la loi romaine qui les punit de mort (1). Le soin des apparences ne fait pas négliger les réalités. Les rois des Francs héritent de toutes les prétentions impériales sur le gouvernement de l'Église. Clovis, ce païen d'hier, vient de revêtir les insignes du patriciat, et, à l'exemple de Constantin, il se considère comme l'évêque du dehors. Il convoque en 511 le concile d'Orléans, et cette assemblée lui adresse ses canons, « pour que le consentement d'un si grand « roi prête une autorité nouvelle aux décisions des « évêques. » Le même concile accorde que nul ne soit ordonné clerc qu'avec l'autorisation du prince

---

(1) Sur le costume des Mérovingiens, Montfaucon, *Monuments de la monarchie*, t. I, et les médailles de Théodebert publiées par la *Revue de numismatique*, t. XIII. Sur les titres impériaux donnés aux rois, *Vita S. Martini Vertavensis, Vita S. Præjecti, S. Germani Parisiensis, S. Carilefi, S. Fridolini, S. Medardi*. Lehueron, t. I, p. 397. Agathias fait allusion à ce gouvernement tout romain des rois francs : « Ἀλλὰ καὶ πολιτείᾳ χρῶνται ὡς τὰ πολλὰ ῥωμαϊκῇ. »

ou du juge, et la porte s'ouvre à l'intervention du pouvoir séculier dans les élections épiscopales. Chilpéric, que les lauriers théologiques des empereurs d'Orient empêchent de dormir, dresse une confession de foi, et supprime le mystère de la Trinité. Un peu plus tard, et au nom de Sigebert II, le maire du palais Grimoald signifie au clergé d'Austrasie défense de s'assembler sans le commandement du souverain (1).

Un pouvoir si exigeant avec les évêques auteurs de sa fortune devait tout oser au temporel. C'était peu de conserver les charges de la cour impériale et ce qu'on nommait la milice du palais; d'avoir des chambellans, des trésoriers, des référendaires, des médecins et des rhéteurs attitrés. Ce n'était pas assez de maintenir les cadres de l'administration et les officiers gaulois, dont l'expérience épargnait aux barbares les fatigues et les erreurs d'un long apprentissage. Parmi les traditions romaines, le gouvernement des Mérovingiens n'en connut pas de plus précieuses que celles de la fiscalité. Il ne laissa perdre ni un nom d'impôt ni un moyen de recouvrement. Nous avons assisté aux rigueurs du cens territorial sous Chilpéric, quand les exacteurs, armés du cadastre, levaient une amphore de vin par arpent et poussaient les possesseurs du sol à ce point de désespoir, que plusieurs abandonnèrent

(1) *Epistola concilii Aurelian.*, apud Bouquet, IV, 105. Cf. Gregor. Turon., V, 45; D. Bouquet, IV, 118; II, 47.

leurs terres pour aller vivre sous d'autres lois. Au septième siècle, la capitation est exigée avec tant de dureté, que les pères laissaient mourir leurs enfants plutôt que de les voir inscrits sur les rôles. Les abus du fisc, qui avaient précipité la ruine des provinces et la chute de l'empire ; les spoliations si éloquemment flétries par Lactance et Salvien, n'eurent pas d'excès qu'on ne retrouve dans ces pages de Grégoire de Tours, où, en présence des exactions de Chilpéric, il commence à croire à la fin prochaine des temps, où il raconte les présages du ciel se mêlant aux terreurs de la terre, et, en signe de la pitié de Dieu pour l'oppression du peuple, l'hostie que le prêtre rompait versant du sang sur l'autel (1).

Ces violences n'atteignaient que la population gallo-romaine: le comble de la hardiesse fut de toucher aux vieilles franchises des barbares. Un ministre de Théodebert, le Romain Parthenius, paya de sa vie la tentative de soumettre les Francs au tribut: ils le massacrèrent dans l'église même de Trèves, et entre les mains des prêtres qui l'avaient caché. Toutefois, tel était sur les petits-fils de Clovis l'ascendant de cette société antique

---

(1) Gregor Turon., t. V, 29 : « Descriptiones novas et graves in omni regno suo fieri jussit, qua de causa multi, relinquentes civitates illas vel possessiones proprias, alia regna petierunt. » — *Vita S. Bathildis*, n. 6. — M. Lehuerou (p. 264 et suiv.) a rigoureusement établi que les Mérovingiens empruntèrent le système fiscal de l'empire romain jusque dans ses derniers détails.

dont les ruines les étonnaient, que rien ne leur coûta pour y faire entrer leur peuple. Ils ne se contentèrent point de rédiger les coutumes saliques et ripuaires en langue latine, et à l'imitation de ces légistes qui avaient fait détester le joug de Rome aux anciens Germains, ils n'hésitèrent pas à bouleverser toute l'économie des institutions germaniques, pour y introduire les maximes du droit romain, pour substituer d'un seul coup la répression publique aux guerres privées, le châtiment à la vengeance. C'est l'esprit d'un décret de Childebert II (596), qui supprime la composition pécuniaire pour les crimes de vol, de rapt, d'homicide, et la remplace par la peine de mort, ajoutant ce motif, qui devait être dur aux oreilles d'une nation peu accoutumée au respect de la vie humaine : « Quand on sait tuer, il est juste qu'on apprenne « à mourir (1). »

Ce qui perdit les Mérovingiens. Aussi l'effort des Mérovingiens échoua devant les résistances de la barbarie, je veux dire de ces guerriers trop épris de la liberté de leurs forêts pour se soumettre sans combat aux assujettissements d'une civilisation qui les enveloppait de toutes parts, qui les enivrait quelquefois de joies nouvelles pour eux, mais qui les indignait par le

---

(1) Gregorius Turonensis, III, 36. *Constitutio Chlotacharii*, anno 560 ; *Decretio Childeberti*, anno 595 : « Justum est ut qui injuste novit occidere, discat justo perire. » Cf. Léhuerou, p. 443 et suiv.

spectacle de son avilissement et de son impuissance. Comment eussent-ils supporté patiemment les humiliations du cérémonial, la pompe étrangère du palais, le costume presque oriental des rois ? Voilà pourquoi on finit par traiter de fainéants ces princes dont les règnes furent moins vides qu'on ne pense, mais dont les habitudes romaines, par conséquent sédentaires, rappelaient si peu la vie errante des barbares, et qui avaient fait succéder un gouvernement de palais à la royauté des champs de bataille. L'éclat emprunté dont ils s'entouraient ne les sauvait pas des insultes de leurs leudes. Ainsi, quand le roi Clotaire II refuse de marcher contre les Saxons, les Francs se précipitent sur sa tente qu'ils déchirent, ne lui épargnent aucun outrage ; et ils l'auraient tué, s'il n'eût promis d'aller avec eux. Une autre fois, c'est le roi Gontran qui, un jour de dimanche, après avoir fait imposer silence par le diacre, se tourne vers le peuple et dit : « Je vous adjure, hommes et femmes
« qui êtes ici présents, ne me tuez pas comme
« vous avez tué mes frères ! Que je puisse au
« moins encore pendant trois ans élever mes ne-
« veux, qui sont devenus mes fils d'adoption, de
« peur qu'il n'arrive (et puisse le Dieu éternel dé-
« tourner ce malheur !) qu'après ma mort vous ne
« périssiez avec ces enfants, quand il ne restera
« plus d'hommes faits de notre race pour vous dé-
« fendre ! » Rien ne peint mieux que ces paroles

les conditions de la monarchie germanique ; le respect, non de la personne, mais de la race ; la précaire destinée de ces princes qu'on abat à coups de hache, de ces reines qu'on lie à la queue des chevaux, et cependant le culte religieux qui s'attache encore à la famille de Mérovée, comme à une dynastie divine, seule capable de fixer la victoire du côté des Francs. Toutefois ce culte du sang royal devait s'affaiblir avec les souvenirs païens qui le soutenaient ; les Francs se détachèrent d'une race où ils ne reconnaissaient plus rien de ses aïeux, et les Mérovingiens se perdirent pour avoir poussé trop loin cette tentative de restauration romaine, pour n'avoir pas su distinguer, dans les restes du passé, l'esprit qu'il fallait sauver et les formes qu'il fallait laisser périr. Quand les guerriers mirent Pépin le Bref sur le pavois, ce fut la royauté barbare qu'ils relevèrent. Mais les évêques rassemblés à Soissons sacrèrent l'élu du peuple, et cette nouveauté marque l'avénement d'un principe qui travaillait à se faire jour depuis trois cents ans (1).

Commencements de la royauté chrétienne.

Si l'Église avait eu la sagesse de reconnaître la vocation des Francs, elle eut aussi le courage de la seconder, de la dégager des instincts barbares qui l'étouffaient. Saint Remi, ce prêtre expérimenté et versé dans toutes les affaires comme dans toutes

---

(1) Gregorius Turonensis, IV, 14 ; VII, 8.

les études, n'avait pas cru son œuvre finie au moment où il avait répandu l'eau sur le front de Clovis. Ses entretiens et ses lettres continuaient l'éducation du Sicambre. Il le consolait de la mort de sa sœur Alboflède, en le rappelant aux soins du gouvernement. A la suite d'une victoire, qui fut probablement celle de Vouillé, il lui écrivait :
« Une grande nouvelle est venue jusqu'à nous : on
« nous annonce que vous avez fait une heureuse
« épreuve du métier des armes. Ce n'est pas la
« première fois que vous vous montrez tel que vos
« pères furent toujours. Ce qui importe, c'est que
« le jugement de Dieu ne vous abandonne pas. Choi-
« sissez des conseillers qui soutiennent la gloire de
« votre nom ; honorez vos évêques, et recourez en
« tout temps à leurs avis. Si vous êtes d'accord
« avec eux, votre gouvernement n'en deviendra
« que plus fort. Relevez les citoyens opprimés, sou-
« lagez les affligés, secourez les veuves, nourrissez
« les orphelins, afin que tous vous aiment en même
« temps qu'ils vous craignent. Que la justice soit
« sur votre bouche, sans rien attendre des pauvres
« et des étrangers ; car vous ne devez pas recevoir
« de présents. Que votre prétoire soit ouvert à tous,
« et que nul n'en sorte le cœur triste. Que vos ri-
« chesses héréditaires servent à racheter des captifs
« et à les délivrer de l'esclavage. Si quelqu'un pa-
« raît devant vous, qu'il ne se sente pas étranger.
« Plaisantez avec les jeunes gens, délibérez avec les

« vieillards, si vous voulez être tenu pour noble « et obéi comme roi. » Cette lettre est bien courte, elle toucha peu le barbare qui allait ensanglanter la fin de son règne par le meurtre de trois rois ses parents. Elle contient cependant tout l'idéal d'une institution que le monde n'avait pas vue, de la monarchie chrétienne. Les évêques des temps mérovingiens ne feront que poursuivre la pensée de saint Remi. Elle les conduit tous les jours auprès de ces rois dangereux, que leur présence importune, mais qu'elle contient. Comme leur patriotisme, éclairé des grands souvenirs de la Bible, reconnaît dans la nation des Francs un second peuple de Dieu, ils n'auront pas de paix qu'ils n'aient fait asseoir sur le trône de Clovis d'autres Davids et de nouveaux Salomons. Nous ne trouvons pas d'autre inspiration dans ce Discours adressé à Clovis II, par un de ses conseillers, où l'on presse ce jeune prince d'étudier les saints livres, d'y chercher les exemples des rois qui surent plaire au Seigneur. Mais les Mérovingiens, pénétrés des vices de la décadence romaine, n'étaient déjà plus faits pour les fortes leçons de l'Écriture, pour cette austère simplicité du monde naissant. L'Église trouva plus de prise sur une race plus neuve, et qui avait besoin d'elle. La famille de Pépin ne cachait point ses origines dans les temps fabuleux du paganisme : aucun dieu, ni du ciel ni de la mer, ne comptait parmi ses aïeux. Il fallait que la royauté nouvelle demandât au christianisme la consécration, qui seule pouvait la recommander à des peuples trop fiers pour obéir à un pouvoir où ils ne verraient rien que d'humain (1).

Le sacre des rois, cette solennité où les monarchies chrétiennes déployaient toutes leurs splendeurs, semble avoir commencé dans un lieu bien obscur, au fond des montagnes du pays de Galles ; quand les chefs de clans, cernés de tous côtés par l'invasion anglo-saxonne, désespérant de soutenir le prestige d'une autorité ébranlée par les défaites du dehors et les factions du dedans, implorèrent l'appui de l'Église, courbèrent la tête devant leurs évêques, et leur demandèrent l'onction des rois d'Israël. C'est le témoignage de Gildas, qui écrit au commencement du sixième siècle, et qui peint toute l'horreur de cet âge de fer, en représentant les rois sacrés, et bientôt après massacrés par leurs consécrateurs. Il se peut que les nations celtiques, dont le génie garda longtemps je ne sais quoi de biblique et d'oriental, se soient attachées les premières à une cérémonie qui évoquait autour des

Origine du sacre des rois.

---

(1) *Epistola Remigii ad Chlodoverum*, apud D. Bouquet, IV, 50 : « Rumor ad nos pervenit administrationem vos secundum rei bellicæ suscepisse. Non est novum ut cœperis esse sicut parentes tui semper fuerunt... » M. de Pétigny, *Études sur l'histoire et les institutions de l'époque mérovingienne*, t. II, p. 563, veut que S. Remi adresse cette lettre à Clovis au moment où celui-ci succède à Childéric dans les fonctions de maître des milices ; mais il est manifeste que de tels conseils ne pouvaient être donnés qu'à un prince déjà chrétien.

princes chrétiens toutes les images de l'Ancien Testament. On lit dans l'histoire de l'Irlandais Colomba, qu'au temps où il vivait dans une île sur les côtes d'Écosse, ravi en esprit, il crut voir un ange qui lui présentait un livre de cristal avec ce titre : *Livre de l'ordination des rois*, lui commandant de lire ce rituel, et d'aller ordonner, selon la forme qu'il y trouverait prescrite, Aidan, roi des Scots septentrionaux. Le serviteur de Dieu obéit, non sans résistance ; et, passant la mer, il ordonna le roi des Scots en lui imposant les mains. Aidan régnait en 573 ; et, après que les Irlandais furent devenus les instituteurs des Anglo-Saxons, on n'est point surpris de voir chez leurs disciples la tradition d'une royauté marquée de l'onction sainte, et de trouver dans le pontifical d'Egbert, archevêque d'York en 735, un rituel pour le sacre des rois (1). Ce temps est celui de Pépin, couronné en 752 ; et l'Angleterre est la patrie de saint Boniface. On comprend que ce grand évêque, chargé d'inaugurer une dynastie nouvelle, une autorité contestée, se soit inspiré des exemples de l'Église anglo-saxonne ; qu'il ait transporté le rituel d'York sous les voûtes de la cathédrale de Soissons, et consacré

---

(1) On trouve déjà des traces du sacre des rois en Espagne au septième siècle : « Etenim sub qua pace vel ordine serenissimus Ervigius princeps regni conscenderit culmen, regnandique per sacrosanctam unctionem susceperit potestatem. » (Concil. Toletan. XII. Ann. 681, c. q.)

l'élu des Francs par l'imposition des mains et par le saint chrême (1).

En effet, si l'on compare le rituel d'Egbert avec le plus ancien qui nous soit resté des temps carlovingiens, celui d'Hincmar pour le sacre de Charles le Chauve, on n'en peut méconnaître l'entière ressemblance. Dans l'Église de France comme dans celle d'Angleterre, la cérémonie s'ouvre par le serment du prince : Charles le Chauve s'adresse au peuple, et parle ainsi : « Puisque les vénérables « évêques ont déclaré, conformément à votre assen« timent unanime, que Dieu m'a choisi pour votre « salut, votre bien et votre gouvernement; puisque « vous l'avez reconnu par vos acclamations; sachez « qu'avec l'aide du Seigneur je maintiendrai l'aon« neur et le culte de Dieu et des saintes églises ; « que, de tout mon pouvoir et de mon savoir, j'as« surerai à chacun de vous, selon son rang, la

<small>Rituel du sacre.</small>

---

(1) M. Lehuerou croit trouver la preuve du sacre de Clovis dans le testament de saint Remi, publié par Flodoard ; mais M. Varin (*Archives de Reims*, t. I) a prouvé que ces mots : « per ejusdem (S. Spiritus) sacri chrismatis unctionem ordinavi in regem, » étaient interpolés. Dans l'empire d'Orient, je trouve bien le couronnement de l'empereur par le patriarche de Constantinople, mais non pas le sacre. Le premier exemple est celui des rois bretons : Gildas, p. 27, édition de *Stevenson* : « Ungebantur reges, et paulo post ab unctoribus trucidabantur. » *Vita S. Columbæ*, apud Basnage, *Thesaurus*, t. I : « Angelum ad se missum vidit, qui in manu vitreum *ordinationis* regum habebat librum. » Sur le pontifical d'Egbert et la parfaite conformité de la liturgie anglo-saxonne avec celle de l'Église franque pour le sacre des rois, voyez Lingard, *History and Antiquities of the Anglosaxon Church*, II, 27.

« conservation de sa personne et l'honneur de sa
« dignité ; que je maintiendrai pour chacun, sui-
« vant la loi qui le concerne, la justice du droit
« ecclésiastique et séculier : et ce, afin que chacun
« de vous, selon son ordre, sa dignité et son pou-
« voir, me rende l'honneur qui convient à un roi,
« l'obéissance qui m'est due, et me prête son con-
« cours pour conserver et défendre le royaume que
« je tiens de Dieu, comme vos ancêtres l'ont fait
« pour mes prédécesseurs avec fidélité, avec jus-
« tice, avec raison. » C'est après cet engagement
solennel que les prélats environnent le prince, et
que l'officiant le sacre en prononçant cette prière :
« Que le Seigneur vous couronne de gloire dans sa
« miséricorde, et qu'il vous oigne de l'huile de sa
« grâce pour le gouvernement du royaume, comme
« il a oint les prêtres, les rois, les prophètes et les
« martyrs qui, par la foi, ont vaincu les empires,
« pratiqué la justice, et mérité l'accomplissement
« des promesses (1). »

(1) Hincmari *Opera*, t. I, 741. *Coronatio Caroli Calvi :* « Quia sicut isti venerabiles episcopi unius ex ipsis voce dixerunt et certis indiciis ex vestra unanimitate monstraverunt, et vos adclamastis, me Dei electione ad vestram salvationem et profectum atque regimen et gubernationem huc advenisse ; sciatis me honorem et cultum Dei et sanctarum ecclesiarum Deo adjuvante conservare ; et unumquemque vestrum secundum sui ordinis dignitatem et personam juxta meum scire et posse honorare et salvare, et honoratum et salvatum velle ; et unicuique et in suo ordine secundum sibi competentes leges tam ecclesiasticas quam mundanas legem et justitiam conservare, » etc. Cf. p. 748, *Coronatio Ludovici secundi*.

Plusieurs n'ont vu dans le sacre des rois chrétiens qu'une usurpation religieuse, ou qu'un retour servile aux institutions judaïques. J'y aperçois l'effort du christianisme pour mettre la main sur la royauté barbare, sur ce pouvoir charnel, en quelque sorte, qui se transmettait par le sang, dont le privilége, selon l'Edda, était de brandir une hache plus pesante, et de posséder la force de huit hommes. J'aperçois la pensée d'en faire un pouvoir tout nouveau, un pouvoir spirituel, en ce sens qu'il tirera toute sa vigueur, non de la chair, mais de l'esprit; non de la victoire, mais de la paix qu'il s'engage à maintenir; non-seulement de la justice, mais de la miséricorde qui devient le plus glorieux de ses attributs. Voilà pourquoi le christianisme traite l'autorité souveraine comme une sorte de sacerdoce, pourquoi il ne craint pas de profaner sur le front de ces chefs de guerre l'onction pacifique du prêtre, et de leur conférer un caractère qui ne leur assure le respect d'autrui qu'en leur enseignant premièrement le respect d'eux-mêmes. Les évêques qui présidaient à ces rites sacrés n'en laissaient pas évanouir la pensée avec le bruit des orgues et la fumée de l'encens. Jonas d'Orléans écrit un opuscule *de l'Éducation du prince ;* Hincmar adresse à Charles le Chauve un traité *de la Personne royale et du Métier de roi*, où l'on trouve avec surprise, quand on n'attendait que des conseils de piété, neuf chapitres sur la guerre et

dix-huit sur l'administration de la justice. La main de l'homme d'État se fait moins sentir, mais celle du prêtre est plus marquée dans le livre *du Chemin royal*, composé pour Louis le Débonnaire par Smaragde, abbé de Saint-Michel. L'idéal de la monarchie chrétienne s'y produit sous des traits dont la douceur se ressent de la faiblesse du prince régnant, mais qui ne sont pas sans charme. Si le pieux auteur ne peut oublier ni Josué renversant les murs de Jéricho, ni la fronde du roi berger qui terrassa Goliath, ses préférences sont pour la sagesse de Salomon et pour la piété d'Ézéchias. Il prêche toutes les vertus qui ont horreur du sang, qui en préviennent l'effusion, l'amour de Dieu et des hommes, l'amour de la paix, la patience, la clémence, la miséricorde ; et l'image qu'il trace des rois justes rappelle les vieillards de l'Apocalypse, que la grande mosaïque d'Aix-la-Chapelle représentait mettant aux pieds du Sauveur leurs couronnes d'or. « Oh ! qu'elle est heureuse, la con-
« dition des bons rois qui brillent ici-bas de tout
« l'éclat des exploits temporels, et qui trouvent
« dans le ciel le repos de l'éternité ! Ici, la terre
« les nourrit de ses délices ; là-haut, la gloire les
« enveloppe comme d'un vêtement. Ici, la foule
« des peuples se presse sur leurs pas ; là-haut, ce
« sont les chœurs des anges qui leur servent de
« cortége. Ici, la milice de l'empire leur obéit ; là-

« haut, ils ont la joie de compter dans la chevalerie
« du Christ (1). »

La monarchie, ainsi régénérée par le spiritualisme chrétien, a ce premier caractère, qu'elle exclut la pensée même d'un pouvoir absolu. Tandis que les empereurs romains font profession d'être au-dessus des lois, et que les jurisconsultes examinent seulement si l'impératrice est déliée des lois ; tandis que, sous les premiers Mérovingiens, un émissaire armé du *præceptum* royal peut impunément mettre à mort les hommes, enlever les femmes, arracher les religieuses de leur cloître, désormais le prince ne recevra l'onction qu'après avoir juré l'observation de toutes les lois ecclésiastiques et civiles. En second lieu, cette autorité limitée est en même temps consentie : elle a son fondement légal, sinon dans l'élection proprement dite, du moins dans l'assentiment du peuple. Quand Charles le Chauve se déclare élu de Dieu, il ajoute que la volonté divine lui est manifestée par l'accla-

Quelles conditions le christianisme faisait à la royauté.

(1) On peut reconnaître la première pensée d'une politique sacrée dans un écrit qui peut dater des premiers temps romains, je veux dire la *Collatio mosaicarum et romanarum legum*, publiée par Pithou à la suite de ses *Observations*. Le rédacteur de cette compilation y a rapproché sous seize titres les lois de Moïse et les décisions de Modestin, de Paul, d'Ulpien, et des autres maîtres de la jurisprudence romaine.
Jonas Aurelianensis, *Opusculum de Institutione regia*, apud d'Achery, *Spicilegium*, t. I, p. 324. Hincmari *Opera*, t. II, p. 3, *De regia persona et regio ministerio*. Smaragdi abbatis, *Via regia*, apud d'Achery, *Spicilegium*, t. I, p. 258. Pour la description de la mosaïque d'Aix-la-Chapelle, Ciampini, *Vetera monumenta*, t. II, p. 129.

mation des hommes. Je reconnais le droit ecclésiastique, qui ne permet pas qu'on donne à la communauté un supérieur malgré elle, ni que l'évêque soit consacré sans qu'on ait demandé si l'assemblée des fidèles y consent. Surtout je reconnais le droit public du moyen âge, qui fait descendre de Dieu la souveraineté, mais qui la fait descendre dans la nation, libre de la déléguer à un seul ou à plusieurs, pour un temps ou à perpétuité. Troisièmement, la royauté est conditionnelle, et par conséquent amissible, puisque le serment du prince devient la condition de l'engagement du peuple; puisque le premier promet de bien régner, afin que le second s'oblige à obéir ; puisqu'il y a contrat synallagmatique, et qu'enfin l'infidélité d'une partie dégage l'autre. Le siècle de Charlemagne l'enseignait ainsi : trois conciles, le quatrième de Paris, en 829 ; le deuxième d'Aix-la-Chapelle, en 836 ; et celui de Mayence, en 888, répètent cette maxime d'Isidore de Séville, qui est aussi celle de saint Grégoire le Grand : « Que « le roi est ainsi nommé à cause de la rectitude de « sa conduite (*rex a recte agendo*). Si donc il gou- « verne avec piété, avec justice, avec miséricorde, « il mérite d'être appelé roi. S'il manque à ces « devoirs, ce n'est plus un roi, mais un tyran. » Et pour savoir comment la doctrine du moyen âge traitait les tyrans, ne consultons pas l'Église, qui avait des prières publiques contre les tyrans (*missa*

contra tyrannos); n'interrogeons pas les théologiens : ils répondraient « qu'il ne faut point accu-
« ser de félonie la nation qui détrône le tyran,
« encore que par le passé elle lui eût confié une
« autorité perpétuelle ; car il a encouru sa dé-
« chéance en violant l'obligation que le pacte lui
« imposait. » J'aime mieux connaître l'opinion des rois eux-mêmes, et je lis ceci dans les lois d'Édouard le Confesseur : « Le roi, qui est le vicaire du
« Monarque souverain, a reçu son institution pour
« régir le royaume de la terre, le peuple du Sei-
« gneur et la sainte Église, et pour les défendre de
« toute injure. S'il ne le fait, il ne gardera point
« le nom de roi ; mais, comme l'atteste le pape
« Jean, il perd la dignité royale. » Ainsi, le droit divin, tel que l'entendaient ces siècles reculés, n'avait rien de commun avec le dogme politique des légistes et des courtisans modernes. Au lieu d'attribuer aux princes une puissance illimitée, le droit divin pesait sur eux comme le mandat de Dieu conféré par la volonté des nations, et leur donnait deux juges : l'un au ciel, qu'ils ne trompaient jamais ; l'autre en ce monde, qui ne les épargnait pas toujours (1).

(1) *Concilium Parisiense*, 829 ; *Aquisgran.*, 836 : « Ut quid rex dictus sit Isidorus in libro *Sententiarum* scribit : « Rex enim
« inquit, a recte agendo vocatur. Si enim pie et juste et miseri-
« corditer agit, merito rex appellatur. Si his caruerit, non rex, sed
« tyrannus est. » Unde et beatus Gregorius ait in *Moralibus :*
« Viros namque sanctos proinde vocari reges in sacris eloquiis

Il semble que des maximes si dures, en humiliant la monarchie, allaient lui ôter la force nécessaire pour faire la police des temps barbares : jamais, au contraire, elle ne fut plus près de son apogée. Le christianisme donnait aux hommes l'exemple de l'unité ; il la mettait dans la foi, dans la loi, dans la société religieuse : comment n'aurait-elle pas fini par dominer la société politique ? Considérez toutes les nations germaniques, si morcelées au moment de l'invasion, partagées entre tant de chefs ennemis ; vous trouverez que tout tend à l'union, et que, peu à peu, les petites royautés disparaissent devant les progrès d'un pouvoir plus fort. Ainsi les rois visigoths d'Espagne rangent sous leur autorité les Suèves et les Alains, qui avaient eu d'autres chefs. Les huit royaumes anglo-saxons se réduisent d'abord à trois pour se confondre plus

---

« didicimus, eo quod recte agant sensusque proprios bene regant. »
S. Thomas, *Prima secundæ*, quæst. xcvi, art. 4. *Secunda secundæ*, quæst. xlii, *de Seditione*. — *De regimine principum*, lib. I, cap. vi : « Nec putanda est talis multitudo infideliter agere tyrannum destituens, etiam si eidem in perpetuum se ante subjecerat, quia hoc ipse meruit in multitudinis regimine, se non fideliter gerens ut exigit regis officium, quod ei pactum a subditis non reservetur. »
Missa contra tyrannos, ap. Muratori, *Antiquitates Italicæ*, dissert. 54.
Leges Eduardi regis, art. 17 : « Rex autem qui vicarius summi Regis est, ad hoc est constitutus ut regnum terrenum et populum Domini, et super omnia sanctam veneretur Ecclesiam ejus et regat, et ab injuriosis defendat... Quod nisi fecerit, nec nomen regis in eo constabit ; verum, testante papa Johanne, nomen regis perdit. »
M. l'abbé Gosselin réunit et commente une partie de ces textes dans son savant livre *du Pouvoir du pape au moyen âge*.

tard en un seul. Les princes des Francs tombent sous les coups de Clovis, et les éternels partages des Mérovingiens n'empêcheront pas ce grand corps de la France de s'unir pour durer. C'était déjà beaucoup d'avoir constitué les nations : mais, à l'époque où nous touchons, l'esprit humain voulait un effort de plus.

A vrai dire, l'esprit humain l'avait toujours voulu, et il n'y a pas d'antiquité si reculée où l'on ne trouve la pensée d'une monarchie universelle. C'est le rêve de tout l'Orient, quand ses princes se font appeler des titres de rois des rois et de seigneurs de l'univers ; c'est l'espoir qui conduit les conquêtes de Sémiramis et de Cyrus, qui pousse Alexandre aux extrémités de l'Asie, pour tenter ce que les Romains seuls réalisèrent, sinon dans l'espace dont une partie leur échappa, du moins dans le temps où ils règnent encore par leur langue, leurs lois et leurs mœurs. Ils donnèrent le nom d'empire à la plénitude du pouvoir civil et militaire, à la magistrature souveraine armée pour la paix des nations. Nous savons comment cette tutelle bienfaisante s'exerça sous les plus mauvais règnes des Césars. Si Caracalla conféra le droit de cité à toutes les provinces, peu importe l'intention fiscale qui le préoccupait. Rome, en élargissant ses murs, en se déclarant la patrie commune (*patria communis*), se mettait au service d'un dessein qu'elle ne connaissait pas.

<small>L'idée de l'empire.</small>

Pourquoi les chrétiens restèrent fidèles à l'empire.

Les chrétiens connurent le dessein de la Providence, et voilà pourquoi ce pouvoir qui les écrasait ne leur arracha pas un murmure. Cette magistrature persécutrice, mais gardienne de la paix universelle, n'avait pas seulement leur obéissance, elle avait leur admiration. Ils priaient pour la conservation de l'empire, croyant que sa durée suspendait la fin des temps. Prudence représente le martyr saint Laurent, sur les charbons embrasés, louant Dieu « d'avoir placé Rome au faîte des choses « humaines, afin de rapprocher les races ennemies, « et de confondre toutes les diversités des nations « dans la communauté de la parole, de la pensée « et de la foi. » La conversion de Constantin devait affermir dans l'Église le respect de l'empire ; mais il semble que les infidélités de tant d'empereurs hérétiques pouvaient l'ébranler. Cependant saint Léon le Grand continue de professer que Dieu, par la fondation de l'empire romain, « a voulu que la « grâce de la Rédemption se communiquât par tout « l'univers. » Le pape Gélase enseigne que le Christ gouverne le monde par la puissance impériale, en même temps que par l'autorité des pontifes. Tous les papes du sixième et du septième siècle s'attachent à cette doctrine, quelque effort que la cour de Constantinople semble faire pour fatiguer leur obéissance. Saint Grégoire le Grand, poussé à bout par les exigences de l'empereur Maurice ; saint Martin, enlevé de Rome, chargé de fers, traîné, la tête sur les pierres, dans les rues de Byzance ; Sergius, poursuivi jusque dans Saint-Jean de Latran par les émissaires grecs ; tous ces hommes héroïques persévèrent dans leur fidélité. Ils donnent un utile exemple de patience, de respect pour les droits vieillis ; ils montrent combien c'est une chose formidable que de rompre avec un pouvoir antique, avec un principe d'ordre, même ruiné par ses propres excès. Mais le moment vint où la mesure comblée déborda (1).

Léon l'Iconoclaste, un soldat grossier, couronné en 717, avait déclaré la guerre aux images. Pendant que l'Italie le suppliait de la délivrer des Lombards, il armait des flottes pour brûler les côtes de cette province rebelle, qui s'obstinait à vénérer les figures des saints : il menaçait d'envoyer à Rome, et d'y faire briser les statues des apôtres Pierre et Paul. Les populations italiennes se soulevèrent ; elles se donnèrent des chefs, et délibérèrent de nommer un empereur qu'elles iraient faire couronner à Constantinople. Le pape Grégoire II les contint ; mais, en même temps, il écrivit à Léon :

<small>Comment se rompit le lien entre le pape et l'empire grec.</small>

<small>(1) Tertullien, Apologetic : « Est alia major necessitas nobis orandi pro imperatoribus, etiam pro omni statu, rebusque romanis, quod vim maximam universo orbi imminentem, ipsamque clausuram seculi acerbitates horrendas comminantem romani imperii commeatu scimus retardari. » — Prudentius contra Symmachum, 601 et suiv. Idem, Peristephanon hymn. Sancti Laurentii. S. Leonis Sermo in fest. SS. Apostolorum. Gelasii papæ Epistol. ad Anastasium imp. : « Duo sunt, imperator Auguste, quibus principaliter mundus hic regitur, auctoritas scilicet sacrata pontificum et regalis potestas. »</small>

« Dieu m'est témoin que j'ai fait recevoir vos lettres
« et vos images par les rois d'Occident, vous com-
« blant de louanges pour vous assurer leur paix.
« Maintenant ils ont su que vous aviez fait briser
« l'image du Sauveur, mettre à mort je ne sais
« combien de femmes, en présence de tant d'étran-
« gers, Romains, Francs et Vandales, Goths et
« Africains! Et voilà que vous pensez nous effrayer,
« et vous dites : « J'enverrai à Rome, je briserai
« l'image de saint Pierre et j'enlèverai Grégoire
« chargé de fers, comme Constant mon prédéces-
« seur fit enlever Martin. » Cependant vous devez
« savoir et tenir pour certain que les pontifes sont
« à Rome comme un mur inébranlable, comme un
« double rempart, comme des arbitres de paix, et
« des modérateurs entre l'Orient et l'Occident.
« Plût à Dieu qu'il nous fût donné de marcher dans
« la même voie que le pape Martin, encore que,
« pour l'amour de notre peuple, nous voulions bien
« vivre et survivre, puisque tout l'Occident a les
« yeux sur notre bassesse, et sur celui dont vous
« menacez de renverser l'image, c'est-à-dire saint
« Pierre ! Essayez, et vous verrez tous les Occiden-
« taux prêts à venger les injures dont vous affligez
« l'Orient... Une seule chose nous contriste : c'est
« qu'au moment où les barbares adoucissent leurs
« mœurs, vous, prince d'un peuple policé, vous
« retourniez à la barbarie (1). »

(1) Anastas. bibliothecar., *in Gregorio II.* Cf. Paul Diac., *De*

En même temps Grégoire II écrivait à Charles Martel. Nous ne connaissons rien de sa lettre ; mais nous savons que, bientôt après, Grégoire III envoyait à Charles des clefs et des chaînes bénites, en mémoire de l'apôtre Pierre : les chaînes, symboles de captivité ; les clefs, emblème de délivrance. Par le même message, et en vertu d'un décret des principaux de Rome, il offrait au duc des Francs le titre de patrice, lui mandant que le peuple romain était prêt à se mettre sous la protection de son bras invincible. La mort qui surprit Charles Martel au milieu de ses victoires ne lui permit pas de répondre à des offres si glorieuses. Mais Pépin reçut les insignes du patriciat, ses fils en recueillirent les droits, et nous avons vu comment Charlemagne en comprit les devoirs. Le samedi saint de l'an 774, ayant laissé son armée sous les murs de Pavie, il se présenta devant Rome : à trois milles de la ville sainte, il trouva la bannière et les magistrats venus au-devant de lui ; à un mille, toutes les corporations avec leurs chefs et les enfants qui étudiaient aux écoles, tous portant des palmes et chantant des hymnes ; enfin, la croix qui ne sortait que pour les

Gestis Longob., lib. VI, cap. XLIX. Nous nous accordons avec Baronius, Bossuet, le cardinal Orsi, et la plupart des critiques modernes, pour attribuer au pape Grégoire II la lettre à Léon l'Isaurien, qu'Anastase et Fleury attribuent à Grégoire III. Les raisons de décider sont développées par Orsi dans sa dissertation *Della origine del dominio de' romani pontefici*. Voyez aussi le livre de M. l'abbé Gosselin, *du Pouvoir du pape au moyen âge*, nouvelle édition, p. 214 et suiv.

exarques et les patrices. A cette vue, le roi des Francs descendit de son cheval de guerre ; il entra dans Rome à pied, la traversa pour se rendre au Vatican, monta le grand escalier de Saint-Pierre en baisant chaque marche : à la dernière, il trouva le pape Adrien, qui l'embrassa. Tous deux, se tenant par la main, entrèrent dans la basilique pendant que la foule chantait le verset *Benedictus qui venit in nomine Domini;* et, à la suite du roi, tous les évêques, les abbés, les chefs et les guerriers francs s'agenouillèrent devant la confession de saint Pierre, pour accomplir leur vœu. Le lendemain, Charles, en habit de patrice, revêtu du laticlave et de la tunique, prit séance au tribunal pour juger les causes des citoyens, conformément aux constitutions des empereurs (1).

Si c'était la charge principale du patrice de faire justice à l'Église et aux pauvres, les papes, en conférant cette dignité, étaient allés jusqu'au point où le spirituel touche au temporel : ils n'en étaient pas sortis. Mais, dans l'entrevue d'Adrien et de Charlemagne, il semble qu'une pensée plus hardie se fit jour. Adrien ne put voir sans émotion ce vaillant jeune homme, issu de tant de saints et de tant de héros, qui venait de Pavie tout couvert de la poussière des champs de bataille, pour rétablir

---

(1) *Annales Metenses,* ad ann. 741. — *Continuat. Fredegar.* Anastas. bibliothec., *in Gregorio III;* idem, *in Adriano.*

l'Église dans ses droits. Il l'aima, il voulut achever en quelque sorte son éducation religieuse, politique, littéraire, en lui donnant des maîtres consommés dans les lettres humaines, et en lui remettant, de sa main, le livre des saints canons. Sur la première page, il avait exprimé ses espérances et celles de la chrétienté dans une épître en vers, où il saluait « le défenseur de l'Église, le vainqueur
« des Lombards et des Hérules, destiné à fouler aux
« pieds les nations ennemies. L'évêque du Christ,
« Adrien, lui prédisait de longs triomphes ; car la
« droite de Dieu était sur lui, les apôtres Pierre et
« Paul lui donnaient l'épée victorieuse, et combat-
« taient à ses côtés. » Charles quitta Rome ; mais le souvenir qu'il laissa ne quitta plus le cœur du souverain pontife ; et la secrète pensée d'Adrien, qui inspire toute sa correspondance, se manifeste sans détour dans une lettre datée de 775 : « Comme
« au temps du bienheureux Silvestre, la sainte
« Église de Dieu, catholique, apostolique, romaine,
« a été élevée et exaltée par la munificence du
« très-pieux empereur Constantin le Grand, d'heu-
« reuse mémoire, qui l'a rendue puissante dans ce
« pays d'Italie ; ainsi, en ces temps heureux, qui
« sont les vôtres et les miens, l'Église de Dieu et de
« saint Pierre sera élevée plus haut que jamais, afin
« que les nations qui auront vu ces choses s'écrient :
« Seigneur, sauvez le roi, et exaucez-nous au jour
« où nous vous invoquerons ! car voici qu'un nou-

« veau Constantin, *empereur* très-chrétien, a paru
« parmi nous (1). »

Ce que j'admire, c'est que la papauté ne se pressa pas. Il y avait trois cents ans qu'elle tenait les yeux fixés sur la nation des Francs; il y avait soixante ans qu'elle s'appuyait sur le bras des Carlovingiens; il y en avait vingt-cinq qu'Adrien avait reconnu dans Charlemagne le chef prédestiné d'un nouvel empire, quand Léon III acheva l'ouvrage de tant de pontifes. La papauté n'avait prétendu ni détruire ni créer des pouvoirs, elle avait eu la sagesse de laisser ce soin à la Providence, servie par le temps, et de se résoudre à étudier lentement, respectueusement, le plan divin à mesure qu'il se déroulait. Les invasions avaient rompu l'économie du monde, et détruit le pouvoir temporel en le divisant. La force était du côté de ces rois du Nord, à qui rien ne résistait; mais les nations du Midi et tout ce qui gardait le nom romain subissaient la conquête comme un fait violent, et n'admettaient pas facilement la possibilité d'une puissance légitime entre des mains barbares. Au contraire, l'autorité du passé, les anciennes magistratures, et le nom d'empire, auquel le monde avait si longtemps obéi, se

---

(1) L'épître du pape Adrien est en vers irréguliers, dont les lettres initiales forment l'acrostiche *Domino eccellentissimo filio Carolo magno regi, Hadrianus papa* :

> Justo gignitur rege Ecclesiæ almæ defensor...
> Christo juvante ac beato clavigero patre,
> Cunctas adversus gentes regalibus subdit plantis...
> Ad hæc Hadrianus præsul Christi prædixit triumphos.

conservaient à Rome, mais comme un droit éteint, qui ne touchait plus que l'imagination des peuples. Ainsi les deux principes de toute-puissance véritable, le droit et le fait, la légitimité et l'efficacité, se trouvaient désunis. La papauté avait commencé à les rapprocher, en appelant les rois des Francs au patriciat. Mais ce titre emprunté de la cour byzantine, prodigué par elle aux princes barbares de toute nation, et qui impliquait d'ailleurs l'aveu d'une sorte de dépendance, ne convenait plus à la juste fierté des Occidentaux. Le huitième siècle touchait à sa fin, quand toutes les circonstances semblèrent conspirer pour que le pouvoir temporel se recomposât, reprît son nom d'empire, et se trouvât replacé dans ses fonctions à la tête des hommes et au service de Dieu.

D'un côté, l'empire grec était tombé de chute en chute entre les mains d'une femme, et le nom même des Césars s'éteignait en Orient. D'un autre côté, Charlemagne, après trente-deux ans de conquêtes et de réformes politiques, portait la seule épée qui pût sauver la chrétienté des païens du Nord comme des infidèles du Midi ; c'était le civilisateur des barbares, le législateur d'un État qui égalait l'ancien empire d'Occident, et qui en comprenait toutes les capitales, Rome, Ravenne, Milan, Trèves. Le vœu du peuple chrétien demandait, et Léon III le trouva juste, de mettre le nom où était la puissance. Le jour de Noël de l'an 800, Charlemagne

Translation de l'empire aux Francs.

étant venu à Rome pour rétablir la paix, comme il était entré dans la basilique de Saint-Pierre, et qu'il y priait prosterné devant l'autel, le pape lui mit sur la tête une couronne, pendant que tout le peuple remplissait l'église de ses acclamations, et s'écriait : « A Charles-Auguste couronné de Dieu, « grand et pacifique empereur des Romains, vie et « victoire (1) ! »

Toute la pensée du temps était dans cette acclamation : le droit de Dieu, de qui toute souveraineté descend ; le droit du peuple, qui la délègue au plus digne ; l'élection d'un barbare victorieux, mais pour restaurer l'empire pacifique d'Auguste. L'Occident applaudit avec le peuple de Rome ; les impuissantes réclamations de la cour d'Orient se turent bientôt. Ce fut un de ces moments solennels, où le présent est assuré de la sanction de l'avenir : et Léon, certain d'avoir accompli un de ces grands actes par lesquels le pontificat devait traduire à la terre les arrêts du ciel, en voulut immortaliser le souvenir dans l'éclatante mosaïque dont il décora le triclinium du palais de Latran. Il s'était proposé de fixer

---

(1) Je ne crains pas de substituer ici une pensée moderne aux sentiments des contemporains. C'est le langage même des annales de Moissac... « Quod apud Græcos nomen imperatoris cessasset, et fœmineum imperium apud se haberent... visum Leoni et universis sanctis patribus... seu reliquo populo christiano, ut ipsum Carolum imperatorem nominare debuissent, quia ipse Romam matrem imperii tenebat... seu reliquas sedes, puta Mediolanum, Trevirim et cæteras... ideo justum esse videbatur ut ipse cum Dei adjutorio et universo populo christiano petente, ipsum nomen haberet. »

pour ainsi dire sous des traits ineffaçables cette heure de gloire qui avait vu la restauration de la chrétienté par l'alliance de l'Église et de l'État. Au milieu de la tribune à fond d'or, se détache la radieuse image du Christ debout sur le rocher d'où s'échappent les quatre fleuves, entouré des douze apôtres qu'il envoie aux nations : c'est l'institution de l'Église. Des deux côtés de l'arc qui surmonte la tribune, la fondation de l'État fait le sujet de deux scènes symboliques. A gauche, le Sauveur assis remet les clefs à l'apôtre saint Pierre, l'étendard à Constantin. Du côté droit, saint Pierre voit à ses genoux le pape Léon qui reçoit de lui l'étole, et le roi Charles qui reçoit l'étendard. La mosaïque de Léon III réalisait le pressentiment d'Adrien. Elle en conservait la mémoire aux siècles qui devaient survivre à la chute du nouvel empire. Mille ans se sont écoulés ; et la tribune dorée de Saint-Jean de Latran, mise à découvert par l'écroulement des voûtes du palais, brille encore au milieu des ruines qui font de cette place un des lieux les plus mélancoliques et les plus beaux de la terre (1).

(1) Eginhard, *Vita Caroli Magni*, 28 ; et toutes les annales contemporaines. Les annales attribuées à Eginhard mentionnent expressément le concours du peuple à l'élection : « Ab omnibus et ab ipso pontifice, more antiquorum principum adoratum, atque omisso patricii nomine, imperatorem et Augustum appellatum fuisse. » Anastase, *in Leone III*, est encore plus précis : « Et ab omnibus constitutus est imperator Romanorum. »

Sur la mosaïque de Léon III, Ciampini, *Vetera monumenta*, II, 127.

Hésitation de Charlemagne. En attribuant aux papes l'initiative de l'acte qui restaura l'empire d'Occident, je ne pense pas diminuer le rôle de Charlemagne; je le relève, au contraire. Quand Éginhard assure que le prince des Francs, au milieu des cris qui lui déféraient la couronne, exprima sa surprise et son déplaisir, protestant que, s'il avait prévu l'événement, il ne fût pas venu prier à Saint-Pierre, malgré la solennité du jour; devant ce témoignage grave, je ne suppose point que Charlemagne ait joué le mécontentement, ni usé d'une dissimulation étrangère à sa grande âme. Il est plus facile de le croire sincère, et d'admettre que son génie le préserva de l'erreur des Mérovingiens, de cette passion qui les avait poussés à renouer sans discernement et sans réserve toutes les traditions de l'antiquité. On s'en aperçoit à sa répugnance pour le costume du Bas-Empire, que Clovis avait revêtu avec tant d'orgueil. Les instances d'Adrien et de Léon III ne le décidèrent que difficilement à prendre deux fois la tunique longue, la chlamyde et la chaussure des patrices. Charlemagne eut le mérite de ne pas oublier sa vieille patrie germanique, d'en garder les habitudes militaires, les mœurs simples, le pourpoint de peau de loutre, au milieu de ses officiers couverts d'or et de soie. Il aima la langue de ses aïeux, il l'honora, et voulut la faire entrer pour ainsi dire dans la famille des langues savantes, en composant une grammaire teutonique, en dressànt un calendrier national, en ordonnant que l'Évangile fût prêché au peuple en idiome vulgaire. Les chants barbares qui célébraient les héros du Nord faisaient sa joie; il les savait par cœur comme les anciens scaldes; il prit soin de les recueillir comme Pisistrate recueillit les poëmes homériques. Le ciel du Midi put le charmer, l'inspirer, mais non le retenir. Devenu empereur, il ne fixa sa résidence ni à Rome, ni à Ravenne, ni à Milan, ni dans les cités impériales des Gaules, mais à Aix-la-Chapelle, au cœur même de l'Austrasie, dans le voisinage du manoir d'Héristal, berceau de sa famille, sur cette terre batave, première conquête des Francs. C'est là qu'il fit transporter les marbres et les colonnes de Ravenne. Il voyait volontiers autour de lui ces merveilles de l'art et du luxe romain; mais il voulait avoir le sol germanique sous ses pieds. Enfin, ce vainqueur des Saxons osa moins que Childebert et Clotaire contre les institutions barbares. Il n'essaya pas de remplacer la composition pécuniaire par la peine capitale. Il ordonna de rédiger les lois des nations qui lui obéissaient; il entreprit de les amender, d'y ajouter; jamais de les abolir. Ne lui reprochons point d'y avoir touché d'une main timide, de n'avoir supprimé ni le duel judiciaire ni le jugement de Dieu. C'était la marque d'un grand esprit de savoir se contenir, même dans le bien, de savoir attendre et de laisser fermenter pendant plusieurs siècles encore ce levain de barbarie qui devait faire la séve des peuples nouveaux (1).

L'empire tel que Charlemagne le conçut.

Il semble qu'il fallut plus d'un an à Charlemagne pour entrer dans la pensée du pape Léon III, et pour comprendre que cette surprise de la nuit de Noël pouvait fixer les destinées de l'Occident. C'est en effet au mois de mars de l'an 802 qu'un capitulaire d'Aix-la-Chapelle inaugura pour ainsi dire le nouveau pouvoir par les dispositions suivantes, qui font voir dans le rétablissement de l'empire autre chose que la renaissance d'un grand nom : « Le sérénissime et très-chrétien empereur
« Charles a ordonné que tout homme de son
« royaume, ecclésiastique ou laïque, chacun selon
« sa profession, qui lui aurait précédemment juré
« fidélité à titre de roi, lui rendît maintenant hom-
« mage à titre de César. Ceux qui n'auraient en-
« core fait aucune promesse la feront aujourd'hui,
« s'ils ont atteint leur douzième année. Et qu'on
« enseigne à tous publiquement, de manière qu'ils
« l'entendent, quelle est la grandeur de ce serment
« et tout ce qu'il embrasse. Car il ne faut point
« croire, comme plusieurs l'ont pensé jusqu'ici,
« qu'on doive seulement au seigneur empereur la
« fidélité ordinaire, c'est-à-dire de ne pas attenter
« à sa vie, de ne pas introduire l'ennemi sur ses
« terres, et de ne se rendre complice d'aucune

---

(1) Eginhard, *Vita Caroli Magni*, 23, 26, 28, 29.

« infidélité, soit en y consentant, soit en ne la
« dénonçant point. Mais il faut que tous sachent
« bien quelles sont les conséquences du serment
« prêté; les voici : Premièrement, que chacun
« prenne soin de se conserver dans le service de
« Dieu, selon son intelligence et selon ses forces;
« car le seigneur empereur ne peut pas se charger
« personnellement de la conduite de chacun...
« Que nul n'ose faire aucune fraude, aucune vio-
« lence, aucun tort aux saintes Églises de Dieu,
« aux veuves, aux orphelins, ni à ceux qui vont en
« pèlerinage : car le seigneur empereur est établi
« pour en être, après Dieu et ses saints, le gardien
« et le défenseur... Que nul n'ose manquer au ban
« de guerre du seigneur empereur, ou détourner
« quelqu'un de ceux qui sont tenus de marcher.
« Que nul n'ait la témérité de violer le ban ou le
« précepte, quel qu'il soit, du seigneur empereur,
« ni de contrarier, empêcher ou diminuer ses en-
« treprises, ni de s'opposer en autre chose à sa
« volonté et à ses commandements. Que personne
« enfin ne soit assez hardi pour manquer de lui
« payer le cens et les autres charges... Tout ce qui
« vient d'être dit est contenu au serment impérial. »
Assurément, quand Charlemagne signa ce capitulaire, il pensait ajouter aux droits de la royauté
barbare. D'un côté, il revendiquait l'empire tel
que l'antiquité romaine l'avait conçu, avec la dic-
tature militaire, avec le droit de faire des lois, non

plus personnelles comme celles des barbares, et différentes pour chaque peuple, mais universelles, et communes à tout l'Occident. D'un autre côté, il réclamait les prérogatives des empereurs chrétiens ; il se considérait plus que jamais comme l'évêque du dehors, l'avocat de l'Église, le protecteur des saints canons, responsable devant Dieu du salut des hommes. En repoussant la pourpre des Césars, il n'avait eu garde de mépriser les droits qu'elle portait dans ses plis (1).

<small>L'idéal du saint-empire et sa réalité.</small>   Ainsi fut constitué un pouvoir nouveau, où vinrent se confondre les trois sortes de monarchie dont nous avions vu l'effort successif pour se naturaliser chez les Francs. Il eut de l'Église le sacre, et la mission de réaliser le royaume de Dieu parmi les hommes ; c'est pourquoi on l'appela le saint-empire. Il eut de Rome la tradition du gouvernement, et l'héritage des lois les plus sages qui furent jamais ; c'est pourquoi on l'appela le saint-empire romain. Mais il garda des barbares le génie belliqueux, un certain respect de l'indépendance personnelle, et la coutume de ne point faire de loi sans consulter la nation au moins dans l'assemblée de ses chefs : voilà pourquoi on l'appela le saint-empire romain de la nation germanique.

Ce grand dessein n'eut qu'un moment de réalité,

(1) *Capitul.*, ann. 802, apud Pertz, t. 1 *Legum*, p. 91. Cf. Rettberg, *Kirchengeschichte*, t. I, p. 431. Les assemblées de 802, 804, 807, 809, 811, font voir Charlemagne préoccupé surtout des devoirs religieux que lui impose le titre impérial.

quand Charlemagne, maître de la Gaule, de l'Italie, de la Germanie, reçut à la fois l'hommage du duc des Basques, du roi des Asturies, qui se déclarait son vassal, et des chefs de clans irlandais, qui le nommaient leur seigneur et leur maître, pendant que les empereurs byzantins traitaient avec lui de puissance à puissance, et que le calife Aarouń al Raschid lui envoyait les clefs du saint sépulcre (1). Après ces courtes années, l'empire d'Occident se perd dans les partages de famille. Vainement la forte main d'Otton Ier essaya de recomposer le corps de la monarchie universelle : il fixa sur les bords du Rhin le siége d'une souveraineté puissante, à laquelle se rattachèrent pour un temps le Danemark, la Pologne et la Hongrie, Mais l'Angleterre, la France et l'Espagne lui avaient échappé pour toujours, et les rois de ces nations revendiquaient chacun pour son compte les droits des Césars. Ainsi se trahit la faiblesse de l'empire; et bientôt après on voit le danger qu'il prépare à la chrétienté, lorsque la pensée de Charlemagne et d'Otton passe à des esprits moins grands et par conséquent moins modérés, les pousse à la confusion du spirituel et du temporel, et menace de renouveler la théocratie des sociétés païennes.

Cependant ne nous hâtons point de traiter l'institution du saint-empire romain avec un mépris que *Saint Thomas et Dante.*

---

(1) Eginhard, *Vita Caroli Magni,* 16.

le moyen âge ne partagea pas. A mesure que la réalité allait en s'effaçant, l'idéal grandissait. Ce ne sont point seulement les légistes des Césars allemands qui leur attribuent le titre de seigneurs du monde, avec le droit de considérer les rois comme autant de magistrats provinciaux, et de publier les décrets qui obligent toutes les consciences. Les théologiens ne peuvent se dérober au prestige de la monarchie universelle. Saint Thomas lui-même, ou du moins celui de ses disciples qui acheva son livre *du Gouvernement des princes*, professe que l'humanité, comme la nature, gravite vers l'unité. Il reconnaît l'effort de l'unité politique pour se constituer dans les grands empires de l'antiquité, tels que les décrit la vision du prophète Daniel. Il établit les droits de Rome au gouvernement du monde par les trois vertus dont elle donna le spectacle, l'amour de la patrie, le zèle de la justice et la clémence dans l'exercice du pouvoir. C'est la monarchie romaine régénérée par le baptême de Constantin, que le vicaire du Christ transfère aux Allemands ; et l'auteur de ce livre, un serviteur de l'Église, ne craint pas de faire travailler ainsi tous les siècles à l'élévation d'un pouvoir qui venait de soutenir deux cents ans de combats contre l'Église. Dante reprend la même thèse dans son traité de la *Monarchie ;* il l'étaye d'autres motifs, et la pousse à des conséquences plus menaçantes pour la liberté. Il voit l'homme placé aux confins des deux mondes, du temps et de l'éternité, avec deux destinations auxquelles correspondent deux lois et deux puissances, l'une séculière, l'autre religieuse. La destination terrestre du genre humain est de réduire en acte toute la puissance intellectuelle dont il est doué. Dante s'applique à prouver que ce grand travail veut l'unité de dessein, de conduite et de pouvoir. Le pouvoir nécessaire à la paix de l'univers est déposé dans les mains du peuple romain, en qui paraissent tous les signes de l'autorité légitime : premièrement, la noblesse ; car où trouver un peuple plus noble, c'est-à-dire plus fécond en vertus? Secondement, la victoire : s'il y a un jugement divin dans le sort des combats, Rome combattit les nations comme en un duel judiciaire, et remporta l'honneur du champ clos. Enfin, la volonté divine : elle se manifeste par les prodiges qui sauvèrent tant de fois la ville de Romulus, mais surtout par le libre choix du Christ, qui, maître de toute la terre, voulut naître justiciable des Césars. De Césars en Césars, l'empire passe à Justinien pour revenir à Charlemagne, aussi durable que le monde : il a sa raison d'être dans l'économie de la création, et relève de Dieu seul. C'était la doctrine d'un citoyen, d'un magistrat de la libre Florence, du poëte national de l'Italie (1).

(1) Le traité *de Regimine principum*, commencé par S. Thomas, qui le poussa jusqu'au quatrième chapitre du second livre, fut continué par son disciple Ptolémée de Lucques. On doute cependant

<small>Reali di Francia.</small>

La poésie, en effet, conspirait avec la science pour sauver la majesté impériale. Parmi les épopées dont le moyen âge ne se lassait pas, on en distinguait quatre, celle de la prise de Troie, celles d'Alexandre, de César, de Charlemagne, qui ne forment, à vrai dire, qu'un grand cycle destiné à célébrer les origines de la monarchie. Mais je m'arrête surtout à deux écrits où l'on surprend la pensée populaire des deux contrées que la cause des empereurs arma l'une contre l'autre, l'Italie et l'Allemagne. L'Italie avait la fabuleuse chronique des *Reali di Francia*, citée au quatorzième siècle comme autorité historique, et depuis longtemps propagée du pied des Alpes jusqu'au phare de Messine. On y donnait à Constantin un fils nommé Fiovo, qu'il faut bien reconnaître pour Clovis, puisque le ciel lui envoie l'oriflamme, puisqu'il conquiert Paris sur les païens, et devient la tige de la maison royale des Francs. Ce héros succède à tous les droits de Constantin; il les communique à ses descendants, Fiorello, Fioravante, Gisbert au

---

que les deux derniers livres soient de la même main. Mais tout porte à penser qu'on y trouve la doctrine de S. Thomas, telle que ses disciples la recueillaient de sa bouche, et que ce traité, comme plusieurs autres, n'est qu'une rédaction de ses leçons. (Voyez Echard, *Script. Ord. Præd.*) Du reste, il apporte un tempérament considérable à l'autorité impériale, en reconnaissant au pape le droit de la transférer.

Dante, *de Monarchia*. On trouvera une analyse plus complète de cet écrit, et des textes du *Convito* et de la Divine Comédie qui s'y rapportent, dans mon Essai sur *Dante et la Philosophie catholique au treizième siècle*.

lier visage, traductions un peu libres des noms mérovingiens : mais, enfin, le dernier d'entre eux, Michel, est le père de Pépin et l'aïeul de Charlemagne. Ainsi la tradition italienne faisait en quelque sorte le commentaire de la mosaïque de Léon III; elle remplissait par une généalogie romanesque l'intervalle entre les deux grands empereurs chrétiens. La poésie populaire a horreur du vide (1).

D'un autre côté, et dès le douzième siècle, la légende allemande de saint Annon remue pour ainsi dire le ciel et la terre, toute l'Écriture et toute l'antiquité, pour les faire concourir à l'apothéose de l'empire des Francs. Le poëte commence par la Création que la parole divine partage en deux mondes, celui des esprits et celui des corps. Tout y obéit à la loi ; les astres et les nuages, les plantes et les bêtes ; tout, hormis les deux plus nobles créatures, l'ange tombé pour toujours, et l'homme déchu, mais rachetable. Le dessein de la Rédemption se révèle dans la vision de Daniel et dans la succession des quatre monarchies qui préparent la royauté du Christ. De là le destin de Rome et la vocation de César. César paraît en Germanie pour

Légende
de
saint Annon.

---

(1) *Li Reali di Francia, nei quali si contiene la generazione degl'imperadori, duchi, principi, baroni e paladini di Francia, con le grandi imprese e battaglie da loro date, comminciando da Constantino imperatore;* Venezia, 1825. Les *Reali di Francia* sont plusieurs fois cités par Jean Vilani. Cf. Ranke, *Zur Geschichte der italianischen Poesie.*

y combattre plus d'un an, « car il ne pouvait pas dompter ces hommes forts. » Il attaque premièrement les Souabes, puis les Bavarois et les Saxons.
« Enfin, continue le poëte, il approcha d'un peu-
« ple de sa race, des nobles Francs. Leurs ancêtres,
« comme les siens, étaient sortis de la ville de Troie
« quand les Grecs détruisirent cette ville, Dieu
« ayant rendu son jugement entre les deux ar-
« mées... Les Troyens, sans patrie, erraient dans
« le monde, jusqu'à ce qu'Hélénus, un homme
« belliqueux, épousât la veuve d'Hector ; puis An-
« ténor fonda Padoue sur les eaux du Timave. Énée
« passa en Italie ; il y trouva les trente pourceaux
« et leur mère. Alors fut construite la ville d'Albe,
« d'où devaient venir les fondateurs de Rome.
« Francus, avec ceux qui le suivirent, alla s'établir
« bien loin sur les bouches du Rhin. Là, ils bâti-
« rent, pour leur consolation, une petite Troie ;
« ils nommèrent Xantus un ruisseau voisin, et le
« Rhin leur tint lieu de la mer. C'est en ce lieu
« que grandit le peuple des Francs : ils se soumi-
« rent à César, mais sans cesser de lui être redou-
« tables... Avec lui, ils vainquirent à Pharsale ;
« avec lui, ils triomphèrent à Rome ; avec les Ro-
« mains, ils apprirent à honorer un seigneur. Seul,
« il réunissait la puissance autrefois divisée ; César
« ouvrait le trésor pour en tirer des dons précieux ;
« il distribuait à ses leudes des manteaux et de
« l'or. Depuis ce jour, les hommes d'Allemagne

« furent honorés dans Rome et respectés. » On peut sourire de tant d'anachronismes ; mais on ne peut mépriser cet effort de la tradition germanique pour aller au-devant des souvenirs de l'antiquité, pour rattacher à la souche troyenne des Romains la branche collatérale des Francs, et pour légitimer ainsi la succession impériale. Les légendes qui formaient la couronne poétique du saint-empire le recommandaient au respect public mieux que ses victoires. Elles satisfaisaient aux besoins d'une époque plus raisonneuse qu'on ne pense, et trop libre pour se soumettre au fait, s'il n'était entouré de toutes les apparences du droit. Jamais on ne produisit plus de titres faux, parce que jamais les peuples ne se montrèrent moins disposés à reconnaître des pouvoirs sans titres. Les imaginations étaient crédules, mais les consciences étaient exigeantes (1).

(1) Schiller, *Thesaurus*, t. I, p. 19. Wackernagel, *Altdeutsches Lesebuch*, 178 :

> In der werilde aneginne
> Duo licht ward unte stimma
> Duo diu vrône gotis hant
> Diu spæhin werth gescuph so manigvalt
> Duo deilti god sini werch al in zwei...
> Cesar bigondo nâhin
> Zuo den sinin altin mâgin
> Cen Franken din edilin :
> Iri beidére vorderin
> Quâmin von Troie der altin...
> Sidir wârin diutchi man
> Ci Rome lif unti wertsam...

Ce fragment sur les origines de l'empire a passé dans une composition du treizième siècle, qui, sous le titre de *Kaiserchronik*, a

Ce qui resta de l'empire de Charlemagne.

Nous avons voulu suivre jusqu'au bout l'idée du saint-empire, et la voir descendre dans l'école, dans l'épopée chevaleresque, dans les récits qui charmaient les veillées des paysans ; nous assurant qu'elle devait s'évanouir moins promptement qu'on ne croit, et qu'il n'était pas si facile d'en finir avec un dessein auquel Charlemagne avait attaché son nom. Seulement Charlemagne, comme tant d'autres ouvriers de la Providence, fit autrement qu'il ne voulait, plus qu'il ne voulait. Il ne réussit pas à reconstruire une monarchie universelle, dont le règne eût été la ruine des nationalités, qui eût enrôlé pour ainsi dire tous les peuples au service du même pouvoir sous une même discipline. La liberté des nations résista ; elles restèrent avec cette différence de vocations, de caractères, de génies, qui fait la variété et l'harmonie du monde moderne. Mais le nom de l'empire, la doctrine de ses jurisconsultes, la popularité même de ses poëtes, servirent à maintenir l'union des peuples occidentaux, à fonder parmi eux le droit international, à y naturaliser le droit romain, à former cette famille puissante qu'on ap-

continué l'histoire des empereurs depuis César, en se permettant plus d'une infraction à la chronologie. C'est sous le règne de Tibère que Titus prend Jérusalem ; le règne de Caligula est illustré par le dévouement de Curtius : Néron a pour successeur Tarquin, et l'épisode de Lucrèce a déjà les développements que lui prêtent les romanciers du moyen âge. Tout ce désordre témoigne de l'ignorance du poëte, mais aussi de la popularité du sujet. Hoffmans, *Fundgruben*, 1, 251. Gervinus, *Geschichte der poetischen national Litteratur*, t. I, 156.

pelait la Latinité, qui fit les croisades, la chevalerie, la scolastique, toutes les grandes choses du moyen âge. De même que chaque monarchie portait déjà dans ses flancs une démocratie qui devait s'en échapper un jour, ainsi l'empire ne tomba que pour laisser sortir de ses ruines ce qu'on appela la république chrétienne ; et si l'unité politique périt, l'unité spirituelle fut constituée. Rien ne justifie d'une manière plus éclatante la persévérance de l'esprit humain. Tant de nations, tant de politiques, tant de philosophes, ne se sont pas trompés ; et s'il est vrai que l'esprit humain cherche l'unité, il faut qu'il la trouve. Mais il la trouve d'une manière différente, selon la différence des temps. L'antiquité voulait l'unité matérielle, visible, politique ; et elle l'obtint jusqu'à un certain point dans l'empire romain, où tout devint justiciable du même glaive et tributaire du même fisc : mais on n'y pensa jamais à l'unité religieuse, et chaque province y garda ses dieux. Ce fut la gloire du moyen âge de retourner pour ainsi dire l'ordre du monde, de mettre l'unité dans les consciences, la variété dans les institutions ; de vouloir qu'un seul Dieu, une seule religion, une seule morale, prissent possession des âmes, pendant que des pouvoirs différents prenaient possession du territoire. En établissant ainsi l'unité dans l'invisible, il la plaçait en un lieu que les révolutions n'atteignent pas, où les invasions de barbares ne peuvent rien.

Rome avait beaucoup fait quand elle déclara tous les peuples citoyens d'une même cité ; mais la cité pouvait périr. Il était d'une politique plus hardie, mais plus durable, de les déclarer frères.

Mais si la monarchie occupe la scène des temps barbares, elle n'y est pas seule : elle y trouve deux résistances destinées à devenir deux pouvoirs, l'une du côté de l'aristocratie guerrière, l'autre du côté du peuple.

L'aristocratie militaire. Origines de la féodalité. Quand on ne consulte que les monuments historiques des Francs, on a lieu de douter qu'il y eût chez eux une noblesse héréditaire ; et il se peut, en effet, que cette institution, comme plusieurs autres communes aux nations sédentaires du Nord, ait disparu chez les peuples mobiles qui se jetèrent dans les hasards de l'invasion. Mais toutes les traditions de l'ancienne Germanie font voir un patriciat religieux et guerrier, des races privilégiées qu'on croit descendues d'un sang divin. Le dieu Heimdall est allé chercher, bien loin vers le Sud, la femme qui doit donner naissance au Noble : le Noble ne se mésallie point ; il épouse la fille du Baron, et ses enfants se nomment par excellence le Fils, le Légitime, l'Héritier. D'un autre côté, les Francs avaient une autre noblesse, non pas héréditaire, mais personnelle, dans le vasselage, dans ce cortége d'antrustions et de leudes qui s'asseyaient à la table du prince, remplissaient les offices de sa maison, et le suivaient au combat. C'étaient les commencements d'une aristocratie guerrière : deux institutions romaines favorisèrent ses progrès. D'un côté, les barbares, en franchissant la frontière, l'avaient trouvée couverte de colonies militaires, c'est-à-dire de familles à qui l'empereur, seul propriétaire du sol provincial, en déléguait la possession à titre de bénéfice, mais à la charge de défendre le retranchement et de donner des recrues aux légions. D'un autre côté, ils voyaient la pompeuse hiérarchie des dignités de l'empire, cette longue suite de personnages titrés que les lois comblaient d'honneurs et de priviléges. Si les rois ne dédaignaient point les insignes du consulat, comment les leudes ne se seraient-ils pas décorés volontiers des noms de ducs et de comtes ? Et puisque les Mérovingiens succédaient au droit des empereurs sur le sol provincial, pourquoi n'auraient-ils pas accordé à leurs compagnons d'armes les bénéfices que l'épée des anciens vétérans avait mal défendus ? Ces concessions, d'abord personnelles, tendirent à l'hérédité; les exemples de bénéfices passant de père en fils se montrent dès le sixième siècle, et se multiplient sous les premiers Carlovingiens. Dès lors on peut voir comment la féodalité se formera, gardant des mœurs germaniques la noblesse du sang, qui fait son prestige religieux, et le vasselage, qui fait sa force politique, mais empruntant de la civilisation romaine le fief qu'elle met sous ses pieds, et le titre qu'elle met sur sa tête (1).

{La féodalité n'eut rien de chrétien.} Ce qui étonne dans les origines de la féodalité, c'est de n'y trouver rien de chrétien. Le christianisme sacrait les rois, il affranchissait les peuples ; on ne voit pas qu'il ait rien fait pour affermir le pouvoir des nobles. Sans doute il finit par bénir la chevalerie, par lui ouvrir la lice des croisades et des cloîtres guerriers du Temple et de l'Hôpital ; mais il ne pouvait consacrer le principe païen de l'inégalité des races. L'Église ne condamna pas l'aristocratie militaire, elle la supporta comme une nécessité des temps ; mais en la surveillant, en soutenant contre elle une lutte de six siècles pour échapper au péril d'être inféodée, et pour arracher la crosse aux mains qui portaient le glaive. C'est qu'en effet, si la royauté, malgré ses excès, avait le mérite de tendre à l'unité, la féodalité, malgré ses services, eut le danger de tendre à la division, au morcellement du territoire, à cet esprit d'indiscipline qui fait le caractère de la barbarie. Il ne faut oublier ni le sang que la noblesse versa pour la défense du pays, ni le bienfait d'une éducation qui entretenait dans les familles la tradition des

(1) En ce qui touche l'existence d'une noblesse héréditaire chez les plus anciennes nations germaniques, voyez les textes rassemblés dans mon Essai sur les *Germains avant le christianisme*, chap. ɪ et ɪɪ. Pour les colonies militaires de l'empire romain, *ibid.*, chap. vɪ. Sur les bénéfices et la condition des bénéficiers pendant la période mérovingienne, voy. Guerard, *Polyptique de l'abbé Irminon*, prolégomènes, p. 536. Lehuerou, t. I, p. 350.

grandes affaires, ni la gloire chevaleresque des troubadours et des trouvères. Mais on ne peut nier ce qu'il y avait de barbare dans l'isolement orgueilleux de ces hommes forts, ne relevant que de leur épée, ne connaissant d'autre loi que la leur, ni d'autre justice que celle du gibet planté devant la porte de leur château en signe de juridiction souveraine, et comme en souvenir de ce passage de la loi salique : « Quand un homme libre aura coupé « la tête à son ennemi et l'aura fichée sur un pieu « devant sa maison, si quelqu'un, sans son con- « sentement, ose enlever cette tête, qu'il soit puni « d'une amende de six cents deniers. »

La mission de l'aristocratie militaire fut de tempérer la monarchie. Quoi de plus violent que ces leudes que nous avons vus entourer le trône des Mérovingiens ? Ils rendirent cependant à la société ce service, de ne pas permettre le funeste succès d'une restauration de l'antiquité romaine, qui en eût fait revivre tous les maux. Charlemagne, avec la supériorité du génie, comprit l'utilité de ces résistances qui irritent les âmes faibles ; et précisément parce qu'il se sentait assez fort pour briser l'aristocratie militaire, il le fut assez pour ne pas la craindre. Maître de retenir le gouvernement dans le secret de ses conseils, il lui donna la publicité des assemblées et la vie des discussions ; mais il n'avait laissé le pouvoir dans le corps indiscipliné des anciens leudes qu'en y mettant l'ordre et la

Quels services elle rendit.

règle. Un traité d'Hincmar, où ce savant évêque reproduit un écrit plus ancien d'Adalhard, abbé de Corbie, fait connaître l'Ordre du palais (*de Ordine palatii*) tel que Charlemagne l'avait conçu, et comme l'idéal vainement rêvé sous les règnes tumultueux de ses successeurs.

<small>L'Ordre du palais sous Charlemagne.</small> Au-dessous du prince, le chapelain et le comte du palais avaient la charge : le premier, des affaires ecclésiastiques ; le second, de juger les procès des séculiers. Ces deux dignitaires rangeaient sous leurs ordres le chancelier, le chambellan, le sénéchal, l'échanson, le maréchal et tous les autres officiers, qu'on avait soin de rassembler en grand nombre et des différentes nations de l'empire, « afin que de tout l'empire quiconque aurait à se « plaindre d'un malheur, d'une perte, de la dureté « des usuriers, d'une accusation injuste, mais sur- « tout les veuves, les orphelins, tant des grandes « familles que des moindres, eussent toujours quel- « qu'un sous la main, pour porter leurs peines à « l'oreille charitable du prince. » Outre les grandes charges, trois ordres de personnes composaient la cour. Premièrement, les gens de guerre apportaient au service du souverain un dévouement qu'on avait la sagesse d'entretenir par des présents d'or, d'argent, de chevaux, et par l'abondance d'une table toujours ouverte. Secondement, chaque grand dignitaire avait des disciples, c'est-à-dire des jeunes gens *recommandés* selon la coutume

germanique, qui trouvaient leur honneur et leur plaisir à lui former un cortége et à s'instruire de ses leçons. Enfin venaient les vassaux et les serviteurs, que chacun s'efforçait d'avoir en aussi grand nombre qu'il en pouvait nourrir et gouverner. Cette pompe journalière du palais devenait plus solennelle quand les plaids de chaque année réunissaient autour du prince tout ce qu'il y avait de grand dans l'Église et dans l'État. « C'était l'usage
« de ce temps de tenir chaque année deux assem-
« blées. L'une avait pour objet le règlement géné-
« ral des affaires du royaume. On y convoquait
« l'universalité des grands, ecclésiastiques et
« laïques : les seigneurs y venaient donner leur
« avis, et les hommes d'un rang inférieur venaient
« le prendre et l'exécuter, bien qu'on les consultât
« quelquefois, afin qu'ils apportassent, non l'appui
« de l'autorité, mais la lumière de leur intelli-
« gence. On ne convoquait à la seconde assemblée
« que les principaux seigneurs et conseillers, pour
« traiter d'avance des affaires de l'année qui allait
« s'ouvrir. Les décisions qu'on y prenait restaient
« secrètes jusqu'au plaid général, où les questions
« devaient être débattues comme si personne n'en
« avait déjà traité... Si ceux qui délibéraient en
« exprimaient le désir, le roi se rendait au milieu
« d'eux, y restait aussi longtemps qu'on le voulait ;
« et là ils lui rapportaient, avec familiarité, ce
« qu'ils pensaient de toutes choses. Quand le temps

« était beau, tout se passait en plein air ; sinon,
« dans des salles séparées, de façon que les sei-
« gneurs ecclésiastiques ou séculiers, délivrés de
« la multitude, restassent maîtres de siéger en-
« semble ou séparément, selon la nature des ques-
« tions à traiter, ecclésiastiques, séculières ou
« mixtes (1). »

<small>Ce qu'il y eut de démocratique dans les institutions des Germains.</small>

Mais sous les voûtes peintes et les lambris dorés d'Aix-la-Chapelle, au milieu d'un éclat qui éblouissait les ambassadeurs de Constantinople comme les envoyés des rois barbares, on reconnaît les vieilles mœurs des Germains, et, sous l'appareil de l'aristocratie militaire, le reste d'une coutume qu'on peut appeler démocratique. Assurément on ne doit pas croire, avec quelques écrivains allemands, que la démocratie sortit tout armée des forêts de la Germanie, et qu'elle n'avait plus qu'à prendre paisiblement possession du monde, quand le droit romain et le christianisme vinrent l'enchaîner. Mais il faut bien se souvenir de ces assemblées, décrites par Tacite, où les peuples délibéraient sous les armes ; de ces réunions périodiques où les hommes libres, sous la présidence des magistrats,

---

(1) Hincmar, *de Ordine palatii*, Opera, t. II, p. 206 et suiv. :
« Ut ex quacumque parte totius regni quicumque desolatus, orbatus, alieno ære oppressus, injuste calumnia cujusque suffocatus... maxime de viduis et orphanis, tam seniorum, quamque et mediocrium uniuscujusque secundum suam indigentiam vel qualitatem, dominorum vero misericordiam et pietatem, semper ad manum haberent, per quem singuli ad pias aures principis perferre potuissent. »

tenaient les plaids du canton ; enfin de ces Ghildes qui associaient les guerriers par des sacrifices communs, des banquets solennels, et le serment de se prêter main-forte. Toutefois ne pensez pas que les libertés germaniques périssent en passant sur une terre latine : elles y trouvent des libertés pareilles, dont elles se feront autant d'appuis. Le septième, le huitième, le neuvième siècle passent sans effacer la trace des institutions municipales, sans détruire les curies du Mans, d'Angers, d'Orléans, de Vienne : et l'on n'est plus surpris de la résistance de ces vieilles villes, quand on connaît quels défenseurs Rome, en les abandonnant, leur avait donnés (1).

Au moment où la politique romaine s'était trouvée impuissante à renouveler les garnisons des provinces, elle leur avait donné un renfort plus efficace qu'elle ne pensait, en attribuant aux évêques des fonctions municipales qui en firent les défenseurs des cités. Saint Loup et saint Aignan avaient bravé les fureurs d'Attila : leurs successeurs, un siècle plus tard, ne pouvaient pas reculer devant

Les municipes romains et les évêques.

---

(1) Sur les assemblées générales et celles de chaque canton, Tacite, *de Germania*, 6, 10, 12. *Les Germains avant le christianisme*, chap. II. M. Thierry a mis en lumière toute l'organisation des Ghildes, et la part qu'elles ont eue à la conquête des libertés communales. — Raynourd (t. I) a prouvé l'existence des institutions municipales au Mans, en 615 et 642 ; à Orléans, en 667 ; à Vienne, en 696 ; à Angers, en 804. Au plaid d'Anduse, en 917, on voit paraître le chef des curiales, le défenseur, les honorati. Néanmoins M. Guerard (*Polyptyque*, prolégomènes) rappelle la distinction qu'il ne faut jamais oublier entre les municipes et les communes.

les exacteurs du fisc. Aussi, lorsque les officiers de Childebert II se présentèrent à Tours avec les rôles des contributions, l'évêque Grégoire leur déclarait que les anciens rois avaient tenté de soumettre le peuple de Tours à l'impôt, mais que, redoutant la puissance de saint Martin, ils s'étaient désistés de leur entreprise ; et Childebert, mieux informé, ordonnait que, par respect pour saint Martin, le peuple de sa ville ne serait pas inscrit sur les rôles. Mais saint Martin ne veillait pas seul dans sa basilique de Tours : saint Hilaire protégeait Poitiers, saint Remi ne permettait pas qu'on opprimât impunément les gens de Reims ; il n'y avait pas de grande ville qui n'eût le tombeau d'un saint pour monument de ses franchises, et un évêque pour les soutenir contre les prétentions des comtes et des usuriers juifs qui affermaient l'impôt. Ainsi commencent les immunités épiscopales, que le dixième siècle achèvera de constituer ; l'image du saint patron de la cité (Weichbild) marquera la ligne où finira la juridiction des seigneurs voisins (1).

(1) Gregor. Turon., IX, 30 : « Respondimus dicentes : « Descriptam urbem Turonicam Chlothecarii regis tempore manifestum est, librique illi ad præsentiam regis abierunt : sed compuncto per timorem sancti Martinii antistitis rege, incensi sunt, » etc. — Les exemples sont innombrables dans Grégoire de Tours et dans les Vies des saints. Ce sont les conseils de l'Église qui décident la reine Bathilde à réduire les impôts. L'évêque Desideratus était allé plus loin : il avait décidé Théodebert, non-seulement à remettre l'impôt aux habitants de Verdun, mais à leur prêter une somme d'argent, que le roi finit par leur abandonner.

Ainsi l'Église travaillait à l'émancipation des communes : mais il fallait les peupler d'hommes libres. Sans doute la loi germanique appelait toute la nation à délibérer de ses destinées, tout le canton à juger ses procès ; mais elle excluait de l'assemblée les esclaves, elle condamnait les lides, les serfs, à une infériorité éternelle. Quel espoir pour eux de franchir jamais tous les degrés qui séparaient la servitude de la liberté, et la liberté de la noblesse ? C'est là que le christianisme devait intervenir avec une persévérance qu'il n'a pas coutume de porter dans les affaires temporelles. La religion ne paraissait qu'un jour par règne, trois fois, six fois par siècle, pour sacrer les rois : c'était le travail de tous les jours d'affranchir les peuples. Il fallait d'abord établir dans les âmes cette doctrine de l'égalité, si dure pour les oreilles des puissants. L'Église ne l'épargna ni aux rois ni aux nobles. Le moine Marculf disait à Childebert : « Les hommes t'ont con-
« stitué prince : ne t'élève pas, mais sois l'un d'eux
« au milieu d'eux. » Jonas d'Orléans rappelait aux puissants que Dieu leur avait donné autant de frères dans ces pauvres dont ils méprisaient la peau calleuse et les haillons. Il avait de sévères paroles contre les nobles francs, si impitoyables quand un vilain avait touché aux bêtes de leurs chasses : « C'est une
« chose misérable et tout à fait digne de larmes,
« disait-il, que, pour des bêtes qui n'ont point
« été nourries par la main des hommes, mais que

L'gÉlise affranchit es esclaves et réhabilite les roturiers. Origines du tiers état.

« Dieu fait vivre pour l'usage commun de tous, les
« pauvres soient dépouillés par les puissants, battus
« de verges, jetés dans des prisons, et souffrent
« beaucoup d'autres violences. Ceux qui agissent
« ainsi peuvent alléguer la loi du monde ; mais je
« leur demande si la loi du monde doit abroger
« celle du Christ. Car leur démence va jusqu'à ce
« point, qu'aux jours de dimanche et de fête, ils
« abandonnent l'office divin pour la chasse, et que,
« pour un tel passe-temps, ils négligent le salut de
« leur âme et des âmes dont ils ont charge, trou-
« vant moins de plaisir aux hymnes des anges
« qu'aux aboiements des chiens. ». Parcourez les
chartes mérovingiennes, les testaments des évêques,
les vies des fondateurs d'abbayes ; vous y trouverez
les esclaves émancipés par milliers. Les théologiens
ne connaissent pas d'œuvre plus capable de calmer
la conscience des pénitents que de racheter des captifs. Toute l'antiquité chrétienne avait recommandé
l'affranchissement des esclaves comme une œuvre
de charité. Au neuvième siècle, on en fait une
œuvre de justice ; et Smaragde, abbé de Saint-
Michel, écrit à Louis le Débonnaire : « Ordonnez
« donc, ô roi très-clément, qu'en votre royaume on
« ne fasse plus d'esclaves ; qu'on traite avec dou-
« ceur ceux qui vivent en servitude, et qu'on les
« rende libres, selon la parole d'Isaïe : « Voici le
« jeûne que j'ai préféré : dénouer les liens de l'ini-
« quité, briser le joug qui écrase, et renvoyer libres

« ceux qu'on opprimait. » « En vérité, l'homme
« doit obéir à Dieu ; et, entre autres œuvres salutai-
« res, chacun doit, par charité, affranchir ses escla-
« ves, considérant que ce n'est point la nature,
« mais le péché, qui les a réduits à cette condition.
« Car la création nous a faits égaux ; le péché met
« les uns en puissance des autres. Souvenons-nous
« encore que si nous remettons, il nous sera remis.
« Car vous aussi, seigneur roi, vous portez le joug
« de la condition commune. » C'est ainsi que l'Église
faisait monter les esclaves au rang des libres. Il
fallait encore élever les libres au niveau des nobles,
et c'est à quoi elle travaillait en combattant cet
opiniâtre préjugé, qu'il fallait porter une grande
naissance aux grandes affaires, en prenant des
hommes sans naissance pour les mettre sur les
siéges épiscopaux, pour leur ouvrir les portes des
conciles, et en même temps les palais des rois.
C'était la maxime des païens du Nord, qu'on n'entrait pas dans la Walhalla les mains vides : les
héros s'y faisaient suivre par leurs serviteurs et par
leurs trésors, qu'on mettait avec eux sur le bûcher. L'immortalité qu'ils s'y promettaient n'avait
pas d'autres plaisirs que des festins éternels et
d'éternels combats. De telles croyances ne pouvaient
former qu'une aristocratie violente, une société pri-
vilégiée pour les forts, oppressive pour les faibles.
Mais le christianisme faisait du ciel le royaume des
pauvres ; c'était le plus sûr moyen de leur livrer un

jour le royaume de la terre. Il choisissait les doux et les humbles, ceux qui ne portaient point d'armes, pour leur donner le premier rang dans la société chrétienne. Ne dites plus que le peuple est absent des cours plénières de Charlemagne : il ne faut que le reconnaître sous les manteaux d'évêques et d'abbés, sous lesquels ces fils de serfs siégent à côté des ducs et des comtes. Ils y gardent la place que le tiers état viendra prendre dans cinq cents ans (1).

Sans doute l'attente sera longue ; et l'on peut accuser le christianisme, déjà si lent à créer les pouvoirs, de s'être encore moins pressé quand il s'agissait de fonder les libertés. C'est qu'en effet le

---

(1) *Vita S. Marculfi,* apud Mabillon, *A. SS. O. S. B*, I, p. 150. Jonas Aurelianensis, *de Institutione laicali*, II, 23, apud d'Achery, *Spicilegium*, I, 297 : « Miserabilis plane et valde deflenda res est, quando pro feris quas cura hominum non aluit, sed Deus in commune mortalibus ad utendum concessit, pauperes a potentioribus spoliantur, flagellantur, ergastulis detruduntur, et multa alia patiuntur... Hi namque plus delectantur latratibus canum quam melodiis interesse hymnorum cœlestium. »

Smaragdi, *Via regia,* cap. xxx. *Ne captivitas fiat :* « Prohibe ergo, clementissime rex, ne in regno tuo captivitas fiat : ut juste et recte erga servos agatur, et liberi dimittantur, Isaias clamat... Propter nimiam charitatem unusquisque liberos debet dimittere servos, considerans quia non illos natura subegit, sed culpa : conditione enim æqualiter creati sumus, sed aliis culpa subacti. Simul et considerate quia si dimiseritis dimittetur vobis. Nam et vos, domine, conditionale opprimit jugum. »

M. Guerard (*Polyptyque, prolégomènes*) donne de nombreux exemples d'affranchissements par l'Église, et montre avec une extrême sagacité comment l'esclave devient colon, le colon propriétaire, le propriétaire bourgeois de commune, d'où il passera aux états de la province, et plus tard à ceux du royaume.

christianisme mesura les siècles qu'il mit à ses ouvrages sur la durée qu'il leur promettait. On ne regardait pas à trois cents ans pour bâtir une cathédrale, et on trouvait des générations d'ouvriers pour poser dans la boue et dans la poussière les premières assises, assurées que d'autres leur succéderaient pour continuer l'édifice, jusqu'aux dernières qui en achèveraient le couronnement et qui feraient monter la flèche triomphante vers le ciel. L'édifice des libertés publiques voulait plus de temps. Mais le principe puissant qui conduisait ce travail n'avait pas l'impatience des passions modernes. Les passions ont le droit d'être impatientes; elles veulent jouir; elles passent, elles n'espèrent pas de continuateurs de leurs œuvres. Les principes sont patients, parce qu'ils sont éternels.

CHAPITRE IX

LES ÉCOLES.

Les siècles inspirés et les siècles laborieux.

L'histoire littéraire ne compte qu'un petit nombre de siècles inspirés ; elle connaît beaucoup de siècles laborieux. L'inspiration est une grâce : elle est d'un lieu et d'un temps, elle vient et se retire. Le travail, au contraire, est une loi ; il est par conséquent de tous les temps, et Celui qui en a fait la condition de l'humanité ne souffre pas qu'il s'interrompe jamais. Cependant on s'arrête avec admiration devant l'âge d'or des littératures, aux courts moments où le rayon d'en haut vient éclairer l'époque de Périclès, d'Auguste, de Léon X : on n'a que de l'indifférence et du mépris pour les périodes difficiles et méritoires qui, d'un âge d'or à l'autre, ont gardé la tradition littéraire. Nous ne savons pas tout ce qu'il a fallu de courage à des hommes assurés qu'ils n'auraient jamais les applaudissements du monde, pour se vouer à cette tâche obscure, d'étudier, de commenter, de conserver la pensée d'autrui, la parole d'autrui, la renommée d'autrui. Il y a pourtant quelque attrait à s'enfoncer dans ces siècles injustement délaissés, à voir de près le travail dans toute son aridité, le travail sans gloire, mais sans lequel plus tard l'inspiration serait inutilement descendue sur des âmes incultes. C'est le spectacle des temps qu'on appelle barbares, dont il ne faut pas nier la barbarie, mais qu'on aurait cru moins ignorants, si on les avait moins ignorés.

Une critique plus équitable a commencé à tirer de l'oubli les générations de théologiens, de chroniqueurs, de grammairiens et de poëtes qui remplissent les siècles écoulés depuis Grégoire de Tours jusqu'à Jean Scot Érigène (1). Sans revenir sur des études inaugurées avec tant d'éclat, je me réduis au point le plus négligé du sujet, et non le moins instructif. Je veux parler des écoles qui nourrirent ces générations laborieuses, et qui commencèrent l'instruction littéraire des peuples du Nord. On trouvera peut-être cette étude moins aride qu'elle ne semble, si on la poursuit, non dans une contrée, mais dans tout l'Occident, dont les destinées se tiennent; si on la mène jusqu'à l'époque de Charlemagne, où paraît enfin l'ouvrage de tant d'efforts,

---

(1) Tiraboschi, *Storia della letteratura italiana;* Nicolas Antonio, *Bibliotheca Hispana vetus :* Lingard, *History and Antiquities of the anglo-saxon Church ;* Wright, *Biographia Britannica ;* Bæhr, *Geschichte der rœmischen litteratur in dem Karolingischen zeitalter ;* Guizot, *Histoire de la civilisation,* et Ampère, *Histoire littéraire de la France,* t. II et III.

où de cette longue éducation latine sortiront les premières tentatives des langues modernes, et, du silence des cloîtres, les préludes de la poésie chevaleresque.

LES ÉCOLES ROMAINES.

Les écoles impériales.

L'empire romain, si on le considère dans ce qu'il eut de bienfaisant et de durable, paraît comme une grande école qui fit faire aux peuples de l'Occident l'apprentissage des lois, des lettres et de toute la civilisation. Les Césars y avaient pourvu, quand ils érigèrent l'enseignement en fonction publique ; quand ils ouvrirent les auditoires du Capitole, et que par leurs ordres trente-quatre maîtres grecs et latins y enseignèrent la grammaire, la rhétorique, la dialectique et l'éloquence. Au moment où les Germains forçaient les frontières, les empereurs chrétiens se gardèrent bien de fermer les écoles ; ils les multiplièrent, ils en ouvrirent les portes aux barbares. Pendant qu'une constitution de Valentinien prévenait à Rome le danger de ce concours d'étudiants qui s'y faisait de toutes les parties du monde, nous avons vu comment Gratien avait assuré dans les villes des Gaules la dignité du professorat et la dotation des chaires. On peut juger de l'efficacité de ces mesures, et des clartés que jeta l'enseignement durant deux siècles, par le nombre des grammairiens, des commentateurs, des compilateurs qui se produisirent, destinés à devenir les instituteurs du moyen âge. Ce fut la mission de ces maîtres si dédaignés depuis : Donat, Charisius, Priscien, héritiers de toute la tradition philologique ; Macrobe et Servius, dont les interprétations altéraient quelquefois la simplicité de Cicéron et de Virgile, mais les recommandaient à la vénération des hommes ; Hermogène, Grégoire, et tous ceux qui mutilèrent les textes du droit romain, mais pour les sauver.

Tout l'effort de la science antique est alors de ramasser ses forces, de se resserrer, pour ainsi dire, afin de traverser les siècles dangereux qu'elle prévoit. Nulle part ce besoin ne se trahit mieux que dans le livre de Martianus Capella, *De Nuptiis Philologiæ et Mercurii*, où l'auteur célèbre, dans un langage mêlé de prose et de vers, les noces de Mercure avec une vierge que l'Olympe n'avait pas connue. Mais l'oracle d'Apollon la désigne, le ciel s'ouvre pour elle ; et, après que Jupiter a fait lire dans l'assemblée des dieux les clauses du contrat et la loi romaine des mariages, on présente à l'épousée les sept jeunes filles que l'époux lui destine pour servantes. Ce sont la Grammaire, la Dialectique, la Rhétorique, la Géométrie, l'Arithmétique, l'Astronomie et la Musique, les sept arts libéraux qui, dès le temps de Philon le Juif, formaient l'encyclopédie de l'antiquité. Sans dissimuler le vice d'une composition si étrange, on ne peut méconnaître la har-

<small>Caractère de l'enseignement.
—
Martianus Capella.</small>

diesse de l'écrivain qui voulut y mettre, dans la forme, toute la poésie du passé, dans le fond, toute l'érudition de son temps. Cette inspiration téméraire fit la gloire de Martianus Capella et la fortune de son livre. Ce qu'il fallait atteindre chez les barbares destinés à peupler bientôt les écoles renouvelées, c'étaient les imaginations : il fallait satisfaire les besoins poétiques de ces hommes qui n'avaient jamais ouvert de livres, mais qui passaient les veillées d'hiver à entendre les chants de leurs scaldes. Comment eussent-ils supporté le maître qui aurait voulu les engager d'abord dans les difficultés de la conjugaison ou dans les détours du syllogisme ? Mais si on leur contait les épousailles d'un dieu et d'une mortelle, ils prêtaient une oreille docile ; et après que le poëte avait consacré deux chants à décrire les merveilles de la noce divine, ils ne refusaient plus d'écouter les sept compagnes qui, dans autant de livres, se chargeaient de les initier aux mystères du savoir humain. Je ne m'étonne plus que l'ouvrage de Martianus Capella ait passé l'un des premiers dans les langues du Nord, et que nous en ayons une traduction allemande du onzième siècle (1).

(1) Martianus Capella, *de Nuptiis Mercurii et Philologiæ*, edidit Kopp ; Francfort, 1836. La division des sept arts est déjà indiquée par Philon, *de Congressu*, qui définit aussi la grammaire, en lui donnant toute l'étendue qu'elle garde au moyen âge. Je cite la traduction latine : « Scribere legereque est minus perfectæ grammaticæ quam quidam, torquentes vocabulum, grammatisticam vocant,

Il est temps de savoir quelle fut la condition des écoles après la chute de l'empire, en commençant par l'Italie et l'Espagne, qui opposèrent à la barbarie une résistance plus longue, laissèrent aux provinces du Nord le temps de se remettre du premier désordre de l'invasion, et sauvèrent le feu sacré jusqu'au jour où d'autres mains se trouvèrent prêtes à le recueillir.

En Italie, on voit Rome livrée aux Hérules et aux Goths, prise et reprise par Totila, Bélisaire et Narsès, essuyant toutes les horreurs de quatre assauts, aussi maltraité par ceux qui s'annonçaient comme ses libérateurs, que par les barbares qui avaient à venger sur elle les injures de leurs aïeux. Si les Goths enlevaient le plomb de la toiture des temples et le fer qui scellait les pierres des théâtres, les Grecs précipitèrent dans le Tibre les statues du mausolée d'Adrien. Les récits contemporains, dont l'exagération même témoigne de la terreur universelle, assurent que la ville éternelle fut réduite à cinq cents habitants, et que les patriciennes, mendiant leur pain de porte en porte, mouraient de faim sur le seuil des maisons désertes. Au milieu de cette désolation, en 549, Rome célébrait encore les jeux équestres, dont Virgile avait chanté l'origine : à la

Les écoles de Rome après la chute de l'empire.

---

perfectioris autem poetarum historicorumque explicatio. » Cf. loi II au Digeste, *de Vacatione et Excusatione*, § 8. — Wackernagel, *Altdeutsches Lesebuch*, p. 150, donne des fragments considérables de la version allemande de Martianus Capella.

même époque, on montrait l'antique statue de Janus debout dans son temple ; et, dans un arsenal, au bord du Tibre, le vaisseau d'Énée garni de toutes ses rames. Un peuple si attaché à ses traditions ne pouvait pas laisser périr l'enseignement qui les consacrait. La politique de Théodoric rendait au sénat son ancienne majesté ; elle relevait les magistratures, restaurait les aqueducs et les théâtres : comment eût-elle souffert la ruine des études ? Une lettre d'Athalaric au sénat ordonne le payement régulier du salaire alloué aux professeurs publics : « Car, « dit le prince, c'est un crime de décourager les « instituteurs de la jeunesse. La grammaire est le « fondement des lettres, l'ornement du genre hu- « main, la maîtresse de la parole : par l'exercice « des bonnes lectures, elle nous éclaire de tous les « conseils de l'antiquité. Les rois barbares ne la « connaissent pas ; elle demeure fidèle aux maîtres « légitimes du monde. Les armes sont dans les « mains des autres nations, l'éloquence seule reste « au service des Romains. C'est elle qui embouche « la trompette, quand les orateurs engagent le « combat dans l'arène du droit civil... Nous voulons « donc que chaque professeur, grammairien, rhé- « teur ou jurisconsulte, reçoive, sans aucune ré- « duction, ce que recevait son prédécesseur ; et, « pour ne rien laisser à l'arbitraire des comptables, « l'honoraire de chaque semestre sera touché au « moment de son échéance. Car, si nous payons des

« acteurs pour le plaisir du peuple, à plus forte
« raison faut-il nourrir ceux qui entretiennent la
« politesse dans les mœurs et l'éloquence dans notre
« palais. » Cette lettre reproduit l'ancienne division des études, qui faisait passer successivement les élèves par les mains des grammairiens, des rhéteurs et des jurisconsultes. En même temps, tout nous assure que des maîtres si vantés ne restaient pas seuls dans leurs chaires, et que la constitution de Valentinien continuait de régler l'admission des étudiants, les assujettissant à se faire inscrire au bureau du cens, leur interdisant les sociétés secrètes et les banquets tumultueux, les obligeant de quitter Rome quand ils atteignaient leur vingtième année. En effet, deux rescrits de Théodoric, qui permettent à de jeunes Syracusains de prolonger leur séjour, témoignent par cette exception même que l'ancienne règle subsistait, et qu'au commencement du sixième siècle la loi s'inquiétait encore non pas de la désertion, mais de l'encombrement des écoles (1). Il faut pénétrer à la suite d'Ennodius, de ce rhéteur devenu évêque, dans les auditoires dont il avait aimé la foule et le bruit ; il faut voir dans ses écrits les jeux d'esprit qui faisaient l'exercice et l'admiration de ses contemporains. On y retrouve tous

---

(1) Cassiodore, *Variarum*, lib. IX, cp. 21 : « ... Ut successor scholæ liberalium artium, tam grammaticus quam orator, necnon et juris expositor, commoda sui decessoris ab eis quorum interest sine aliqua imminutione percipiat. » Cf. I, 39, IV, 6.

les sujets de déclamation, dont l'école ne se lassait pas : les plaintes accoutumées de Thétis en présence des restes d'Achille, et les paroles de Ménélas devant les flammes de Troie ; le plaidoyer de celui qui a sauvé la patrie, et qui demande en récompense la main d'une vestale ; les harangues solennelles pour l'inauguration d'une nouvelle école, pour féliciter un maître promu aux honneurs académiques. C'étaient les passe-temps qui enchaînaient la jeunesse de Rome, de Ravenne, de Milan, pendant que les barbares étaient aux portes, en pleine invasion et en plein christianisme. Le christianisme même, avec la gravité et l'humilité de ses mœurs, n'avait point supprimé l'usage des lectures publiques, où les poëtes de la décadence venaient demander à leurs contemporains les applaudissements que la postérité ne leur promettait pas. En 551, le sous-diacre Arator ayant présenté au pape Vigile ses deux livres des Actes des Apôtres mis en vers, tout ce qu'il y avait à Rome d'hommes lettrés en demandèrent une lecture solennelle. Le pontife indiqua l'église de Saint-Pierre-aux-Liens ; et la foule qui s'y pressait fut si grande, qu'il fallut consacrer plusieurs jours à relire sept fois le poëme d'un bout à l'autre, car on ne pouvait réciter plus de la moitié d'un livre à chaque séance, les auditeurs se faisant répéter les plus beaux endroits, et ne se lassant pas de les entendre. On comprend mieux les acclamations qui couvraient la voix d'Arator, quand on se souvient

que, cette année, Narsès et Totila se disputaient encore l'Italie en feu, que Rome n'avait pas fermé les brèches de ses murailles, et qu'en présence de ces ruines irréparables le poëte chrétien lui promettait une autre grandeur, et terminait son livre par ces beaux vers, où il célébrait la rencontre de Pierre et de Paul dans la ville éternelle : « Alors, dit-il, Pierre
« se leva pour être le chef de l'Église; Rome porta
« plus haut sa tête couronnée de tours, pour se faire
« voir aux extrémités du monde. Les grandes choses
« se conviennent : il faut que ces deux souverainetés
« fondées de Dieu dominent toute la terre, et
« l'honneur de la ville veut que l'univers croie. »

Urbis cogit honor subjectus ut audiat orbis.

Ainsi cette ville, instruite aux sévères leçons du malheur, ne pouvait se sevrer ni de l'ivresse des lettres ni de l'ivresse de la gloire, et prétendait rester la maîtresse des nations. Il se trouva qu'elle ne s'était point trompée, et que, dans un siècle si dur pour elle, deux hommes se présentèrent, capables de soutenir son vieux nom et de continuer l'éducation de l'Occident (1).

(1) Ennodii *Opera*. *Declamatio* in eum qui præmii nomine vestalis virginis nuptias postulavit. — *Verba* Thetidis, quum Achillem videret extinctum. — *Dictio* in dedicatione auditorii, etc. Cf. Ampère, *Histoire littéraire*, t. II, ch. vii. — Sur le poëme d'Arator et la lecture publique qui s'en fit, Mazzucheli, *Scrit. Italic.*, I, p. 2, p. 933, et Tiraboschi, *Storia della letteratura italiana*, t. V, lib. I, cap. iii.

Boëce.

Le premier fut Boëce, de la famille des Anicius et des Manlius, honoré du consulat, défenseur infatigable des droits du sénat, jusqu'à ce qu'il en devînt le martyr, et le dernier des Romains, comme on l'a dit, si, dans cette inépuisable race des Romains, on pouvait trouver un dernier. Mais, en même temps qu'il avait de Rome le génie des affaires, il tenait des Grecs et d'Athènes, où il passa plusieurs années, une ardeur invincible aux plus âpres études, et une passion du vrai qui ne refroidissait pas l'amour du beau. Ce personnage consulaire, cet homme obsédé des terreurs du sénat et des menaces des barbares, trouvait le temps de composer plusieurs traités de musique, de géométrie, d'arithmétique : il commenta les Topiques de Cicéron, traduisit les Analytiques d'Aristote, et la fameuse Introduction de Porphyre, dont une phrase, fécondée par les disputes des réalistes et des nominaux, portait en germe toute la philosophie scolastique. Tandis que la traduction de Porphyre devait faire la torture du moyen âge, le livre de la *Consolation* en fit le charme, et donna aux doctrines platoniciennes la sévérité de l'orthodoxie, avec tout l'éclat poétique qui devait ravir des peuples enfants, et populariser le livre de Boëce au point qu'avant la fin du dixième siècle, il passa dans les langues vulgaires de l'Angleterre, de la Provence et de l'Allemagne (1).

(1) Boetii *Opera* : *In Porphyrium a se latinum, libri V. — In Aristotelis Prædicamenta, de interpretatione Analyticorum, de*

Boëce appartenait encore au passé ; Cassiodore se tint plus près de l'avenir, plus près des barbares. Ministre de Théodoric, d'Amalasonthe, d'Athalaric, de Théodat, il avait usé de leur pouvoir pour sauver les restes de l'antiquité : les rescrits des princes, rédigés par lui, donnaient à Rome les titres magnifiques de mère de l'éloquence, de temple des vertus ; et c'était lui qui tenait la plume, lorsque Athalaric dictait l'ordre qui assurait la perpétuité des études. Après avoir servi pendant quarante ans les rois des Goths, il eut le mérite de voir finir cette monarchie sur les champs de bataille, sans désespérer des lettres, dont tous les appuis semblaient manquer. A soixante ans, il eut le génie de comprendre qu'à des temps nouveaux il fallait d'autres efforts, et contre les tempêtes qui s'approchaient un asile mieux défendu. Il le chercha dans le monastère de *Vivaria*, qu'il bâtit au bord du golfe de Squillace, non loin des villes de la Grande-Grèce où Pythagore avait enseigné. Lui-même se plaît à décrire ces beaux lieux, qui invitaient les pauvres et les pèlerins aux douceurs de l'hospitalité ; les jardins arrosés d'eau courante, les bains

Cassiodore.

---

syllogismis, topicorum libros, elenchum sophistarum. — In Topica Ciceronis. — De arithmetica, de geometria, de musica. — La traduction de la *Consolation* de Boëce, publiée par Raynouard, paraît du dixième siècle ; c'est à la même époque qu'il faut rapporter la version anglo-saxonne par Alfred le Grand, et probablement aussi la version allemande publiée par Hattemer, *S. Gallens, Altdeutschee sprachschätze,* t. III, p. 11.

et les viviers creusés dans le roc; les portiques, sous lesquels erraient les cénobites enveloppés de leur pallium; enfin le travail commun, et la bibliothèque enrichie de manuscrits qu'on allait recueillir jusqu'en Afrique. C'est là qu'il fonda une école plus féconde et plus durable que les bruyants auditoires des grammairiens et des rhéteurs, et qu'au lieu de la faveur des princes et des applaudissements de la foule, il donna aux études d'autres soutiens qu'elles n'avaient pas connus, la prière, le silence, et la pensée du devoir. C'est toute l'inspiration de son traité des *Institutions divines et humaines*, où, après avoir tracé le plan de l'enseignement théologique tel qu'il s'était proposé de le faire fleurir à Rome, à l'exemple des écoles chrétiennes de Nisibe et d'Alexandrie, il établit la nécessité des lettres profanes pour l'interprétation des textes sacrés. « Car, dit-il, les saints Pères « n'ont point méprisé les sciences, et Moïse, le « très-fidèle serviteur de Dieu, fut instruit de toute « la sagesse des Égyptiens. » Et considérant que, dans les Écritures, comme chez les commentateurs, beaucoup de vérités sont exprimées par des figures et peuvent s'entendre par la grammaire, par la rhétorique, par la dialectique, par l'arithmétique, la géométrie, la musique et l'astronomie, il consacre une seconde partie à traiter des sept arts libéraux. Ce serait le lieu d'analyser un écrit destiné à devenir le code de tout l'enseignement mo-

nastique : du moins faut-il en citer une page, la plus utile peut-être qu'une main d'homme ait écrite, si l'on considère ce qu'elle a fait écrire et ce qu'elle a sauvé. « Parmi les ouvrages des mains,
« celui pour lequel j'avouerai une préférence,
« c'est le travail des copistes, pourvu qu'il se fasse
« avec une scrupuleuse exactitude ; car, en relisant
« les divines Écritures, ils enrichissent leur intel-
« ligence, ils multiplient par la transcription les
« préceptes du Seigneur. Heureuse application,
« étude digne de louanges : prêcher par le travail
« des mains, ouvrir de ses doigts des langues
« muettes, porter silencieusement la vie éternelle
« aux hommes, combattre de la plume les sug-
« gestions du mauvais esprit ! Du lieu où le copiste
« est assis, par la propagation de ses écrits, il visite
« de nombreuses provinces ; on lit son livre dans
« les lieux saints, les peuples l'entendent, et appren-
« nent à se détourner de leurs passions pour se
« convertir au service de Dieu. O glorieux spec-
« tacle à qui sait le contempler ! Un roseau taillé,
« en volant sur l'écorce, y trace la parole céleste,
« comme pour réparer l'injure de cet autre roseau
« dont fut frappée, au jour de la Passion, la tête du
« Sauveur. Mais gardez-vous de confondre le mal
« avec le bien, par une téméraire altération des
« textes. Lisez ceux des anciens qui ont traité de
« l'orthographe, Vélius Longus, Curtius Valéria-
« nus, Martyrius sur l'emploi du B et du V, Euty-

« chès sur l'aspiration, Phocas sur la différence
« des genres : car j'ai mis tout mon zèle à recueil-
« lir leurs écrits. Ajoutons à ces soins l'art des
« ouvriers qui savent couvrir les livres, afin que la
« beauté des saintes lettres soit rehaussée de l'éclat
« du vêtement, imitant en quelque sorte la para-
« bole du Seigneur, qui invite ses élus au festin du
« ciel, mais qui les veut parés de la robe nuptiale. »
Voilà des paroles bien pompeuses pour recommander aux moines de transcrire des manuscrits, de
les collationner, de les relier : elles touchent cependant, quand on songe aux générations de copistes
qu'elles suscitèrent ; et on ne peut considérer sans
respect ce savant vieillard qui, voyant venir avec
l'invasion lombarde des siècles terribles, ne pense
qu'à la conservation des livres, et qui, à l'âge de
quatre-vingt-treize ans, écrit encore un traité
d'orthographe (1).

Les écoles du temps des Lombards.

C'était vers l'an 575 ; et cette puissante institution de l'enseignement public, dont les racines
tenaient aux traditions municipales des cités, devait

---

(1) Cassiodore, *de Institutione divinarum Scripturarum*, lib. I,
27, 28, 30 : « Felix intentio, laudanda sedulitas, manu hominibus
« prædicare, digitis linguas aperire, salutem mortalibus tacitam
« dare... uno itaque loco situs, operis sui disseminatione per di-
« versas provincias vadit. In locis sanctis legitur labor ipsius :
« audiunt populi unde se a prava voluntate convertant... Arundine
« currente verba cœlestia describuntur, ut unde diabolus caput
« Domini in Passione fecit percuti, inde ejus calliditas possit
« exstingui... » Cf. cap. XXIX : *De positione monasterii Vivarien-
sis*. Cf. Tiraboschi, *Storia della letteratura italiana*, t. V, lib. 1,
cap. II.

résister comme elles à la violence des Lombards. En présence des bandes d'Agilulfe campées sous les murs de Rome, saint Grégoire le Grand jette un cri de détresse : « Voilà donc, s'écrie-t-il, celle « qu'on appelait la reine du monde! Où est le « sénat? où est le peuple? » Il ne demande pas où est l'école, et tout donne lieu de croire, en effet, qu'elle n'a pas péri, puisque, vers 590, on voit un jeune Romain nommé Betharius venir à Chartres, et, par l'élégance de ses mœurs et de son langage, par son grand savoir dans les lettres et dans la philosophie, ravir tous les esprits, à ce point qu'il fut élevé d'abord à la charge de chapelain du palais, et plus tard à l'épiscopat. En même temps Fortunat parle encore des lectures publiques qui se faisaient au forum de Trajan. On y lisait l'Énéide; les poëtes du temps y trouvaient aussi un auditoire, et s'y livraient à des combats littéraires, dont le vainqueur, couronné par les magistrats, était promené en triomphe dans les rues, couvertes de draps d'or. Les provinces les plus maltraitées conservent au moins quelques restes de culture intellectuelle. A la fin du septième siècle, on trouve à Pavie, dans la capitale même des conquérants, un grammairien nommé Félix, dont les leçons eurent tant d'éclat, que le roi Cunibert lui fit présent d'un bâton orné d'or et d'argent. Après lui, son neveu Flavien soutint l'honneur de l'école de Pavie, d'où allait sortir l'historien Paul Diacre. Ainsi l'Italie, qui devait inaugurer les écoles ecclésiastiques, ne laissait pas périr l'enseignement profane; et s'il parut s'effacer un moment derrière la fumée des villes brûlées par les barbares, c'est alors même qu'il jeta un éclat plus vif à l'autre extrémité de l'Europe latine, je veux dire en Espagne (1).

Les écoles en Espagne sous les Visigoths.

Cette contrée, qui donna à la décadence romaine tant de beaux esprits, était échue aux moins violents des barbares, aux Visigoths, dont le chef Astaulfe aimait à paraître vêtu de la toge, à se faire promener comme un proconsul sur un char à quatre

---

(1) S. Gregor., Homil. 18 *in Ezechiel. Acta S. Betharii, episcopi Carnotensis* (auctore coætaneo), apud Bolland. 11 August.: « Beatus Betharius, urbis Romæ oriundus... denique a parentibus « philosophiæ traditur... litteris enim decentissime erat ornatus... « tantoque honore institutus, ut doctor divinarum litterarum et « magister totius civilatis (Carnutensis) diceretur. » — Fortunat., *Carmin.*, III, 20 :

Vix modo tam nitido pomposa poemata cultu
Audit Trajano Roma veranda foro.
Quod si tale decus recitasses aure senatus,
Stravissent plantis aurea fila tuis...
Per loca, per populos, per compita cuncta videres,
Currere versiculos plebe favente tuos.

Il semble résulter, d'un autre passage de Fortunat, qu'on faisait encore au forum de Trajan des lectures publiques de Virgile : *Carmin.*, lib. VI, 8, *ad Lupum ducem :*

Si tibi forte fuit sapiens bene notus Homerus,
Aut Maro Trajano lectus in urbe foro.

Ces traces de culture littéraire à la fin du sixième siècle ont échappé à la critique de Tiraboschi, si judicieuse et si savante, mais un peu troublée par son hostilité systématique contre les Lombards, qui avaient, du reste, en la personne de Muratori, un zélé défenseur. Cependant Tiraboschi lui-même (t. V, lib. II, cap. III) cite l'exemple du grammairien Félix de Pavie. C. Paul. Diacon., *Hist. Long.*, lib. VI, cap. VII.

chevaux, et à rêver la restauration de l'empire par les mains de son peuple. Là, dans les villes illustrées par la naissance de Sénèque, de Lucain, de Martial, après les premières terreurs de la conquête, rien n'aurait troublé le calme des intelligences, sans les persécutions de l'arianisme, ennemi secret du nom romain. Les menaces d'une secte jalouse, et quelquefois sanguinaire, n'avaient pourtant pas découragé les hommes savants qui honorèrent l'Espagne au sixième siècle : comme Martin de Dume, évêque de Braga, dont nous avons des vers, et Jean de Béclar, auteur d'une chronique célèbre, versé dans les lettres grecques et latines. Mais l'arianisme allait finir, au moment même où parut une famille appelée à de hautes destinées. Un homme de race latine, appelé Séverien, eut de son épouse Turtur cinq enfants. Théodora, l'aînée des filles, devint reine, partagea le trône de Leuwigilde et donna le jour au premier roi catholique, Reccared. La seconde, Florentina, demeura vierge, et consacra sa vie à seconder les travaux de ses trois frères. Léandre, le premier de ceux-ci, porté au siége épiscopal, fit l'admiration des contemporains par son éloquence et son savoir, en même temps qu'il décida de l'avenir de son pays en ramenant Reccared à l'orthodoxie. Fulgence fut aussi évêque, et les historiens louent sa doctrine autant que sa sainteté. Mais cette famille entière ne sembla suscitée que pour veiller sur l'enfance du plus jeune et du plus illustre de tous, Isidore de Séville (1).

Isidore de Séville.

Un récit de la jeunesse d'Isidore prouve la perpétuité de l'enseignement public en Espagne, et jette quelque jour sur les études auxquelles on exerçait non-seulement les moines, mais les fils des nobles et les parents des rois. On raconte que l'enfant, resté orphelin, fut élevé auprès de son frère Léandre, évêque de Séville, et qu'il trouva si peu d'attrait aux premiers éléments des lettres, qu'il résolut d'y renoncer, et quitta furtivement la maison fraternelle. Après avoir longtemps erré dans la plaine aride, il s'arrêta mourant de fatigue près d'un puits, et, en se reposant, il regardait avec curiosité les sillons qui creusaient la margelle. Et s'étant fait expliquer par un voyageur comment la corde, toute faible qu'elle était, à force de passer et repasser, avait fini par sillonner la pierre, il en conclut que toute la dureté de son intelligence n'empêcherait pas les lettres d'y ouvrir à la fin leur sillon. Il retourna donc chez son frère ; et celui-ci, peu rassuré d'une conversion si brusque, enferma le jeune fugitif dans une cellule, où, durant plusieurs années, il reçut les leçons des plus savants maîtres. Il ne faut pas accuser la sévérité de Léandre, car en même temps il écrivait à Florentina les lignes que voici : « Je vous conjure, comme une « sœur très-chère, de ne point m'oublier dans vos

---

(1) Nicolas Antonio, *Bibliotheca Hispana vetus*. Andrès, *Storia d'ogni letteratura*, t. I.

« oraisons, non plus que notre jeune frère Isidore,
« que nos parents nous ont légué, retournant au
« Seigneur avec joie et sans crainte pour ce der-
« nier fils, puisqu'ils le laissaient à la garde de
« Dieu, d'une sœur et de deux frères. » En effet,
tant de soins ne furent pas perdus. Isidore grandit
en savoir et en sainteté, devint le successeur de son
frère au siége épiscopal de Séville, la lumière de
l'Espagne, et un des plus grands serviteurs de la
science dans un temps où il était méritoire de la
servir (1).

En écartant les nombreux écrits d'Isidore de
Séville qui touchent à tous les points des connaissances humaines, ses livres *Sur la Nature des
choses*, celui *De la Propriété du discours*, la *Vie
des Pères*, la *Chronique des rois visigoths*, il faut
bien s'arrêter à son traité des *Origines*. Au premier
abord, l'auteur n'y semble occupé que des mots,
des étymologies souvent détestables dont Platon,
Varron, les grammairiens et les jurisconsultes romains ont prodigué les exemples. Mais il ne peut
s'engager dans la définition des mots sans se mettre
à la poursuite des idées, sans pénétrer jusqu'au
fond de chaque science, sans se trouver sur les

---

(1) Nicolas Antonio, *Biblioth. Hisp. vet. Epist. S. Leandri ad
Florentinam* : « Postremo te, carissimam germanam, quæso
« ut mei orando memineris, nec junioris fratris Isidori obliviscaris,
« quem quia sub Dei tuitione et tribus germanis superstitibus
« parentes reliquerunt communes, læti, et de hujus nihil refor-
« midantes infantia, ad Dominum migraverunt. »

traces de ceux qui s'y enfoncèrent avant lui. Il résume donc en vingt livres les principes des sept arts libéraux, ceux de la médecine, de la jurisprudence, de la théologie, de l'histoire naturelle, de l'agriculture et des arts mécaniques. Les citations des écrivains grecs et latins sont innombrables ; et l'ouvrage, annoncé comme un dictionnaire, devient une encyclopédie, le sommaire d'une lecture immense, et pour ainsi dire le dépouillement d'une bibliothèque dont la moitié aurait péri pour nous, si l'évêque de Séville n'en avait sauvé les faibles restes. Le moyen âge connut tout le prix de ce travail, et c'est pourquoi il ne se lassa pas de reproduire le livre des *Origines*, comme celui des *Institutions divines et humaines*, comme tous les écrits où il trouvait les sept arts des anciens. Le rude génie de ces temps ne se lassait pas de tant de répétitions ; et, comme l'enfant auprès du puits, il comprenait que la corde devait souvent repasser sur la pierre pour l'entamer. Isidore de Séville compte avec Cassiodore et Boëce parmi les instituteurs de l'Occident : ils forment ensemble comme une chaîne d'hommes qui d'une part touchent à l'antiquité, et, de l'autre, s'avancent jusqu'au plus profond de la barbarie, se passant de main en main le flambeau. Isidore mourut en 636 : ses disciples continuent l'école espagnole pendant que les Anglo-Saxons commencent, et que de loin on voit venir Bède et Alcuin pour soutenir la lumière, et pour attester que le flambeau ne s'éteindra pas (1).

Quand les lettres se maintenaient ainsi aux portes de la Gaule, comment auraient-elles succombé sans résistance dans cette savante province où elles avaient eu tant d'autorité? Comment les écoles restaurées par Gratien, célébrées par Ausone et Sidoine Apollinaire, toutes debout au cinquième siècle, après le premier choc de l'invasion, seraient-elles tombées au sixième, sans laisser un historien de leur chute ?

Les écoles de la Gaule jusqu'au milieu du septième siècle.

J'entends bien Grégoire de Tours s'écrier : « Malheur aux jours où nous sommes, parce que l'étude des lettres a péri ! » Mais je reconnais dans ce cri la plainte accoutumée de tous les temps orageux, et cette tristesse de tant de grands esprits chrétiens, qui ont cru toucher à la fin des siècles. C'est l'histoire même de Grégoire de Tours qui me rassure contre ses alarmes, puisque je le trouve tout pénétré de l'antiquité, familier, non avec Virgile seulement, mais avec Salluste, Pline, Aulu-Gelle. S'il proteste de son dédain pour les artifices de la parole, s'il fait gloire de ne point reculer devant un solécisme, on s'aperçoit qu'il connaît des esprits plus délicats dont il redoute le jugement. Il demande grâce pour la rustique simplicité de son style à ceux qui ont étudié les éléments des sept arts

(1) Nicolas Antonio, *Biblioth. Hisp.* Isidori Hispalensis episcopi *Originum sive etymologiarum* libri XX. Au sixième livre, douze chapitres consacrés à l'histoire de l'écriture, des bibliothèques, des copistes.

à la suite de Martianus Capella ; qui ont appris avec la grammaire à lire les écrivains classiques, avec la dialectique à démêler les propositions contradictoires, avec la rhétorique à discerner les différentes sortes de mètres ; avec la géométrie, l'astronomie, l'arithmétique et la musique, à mesurer la terre, à contempler les révolutions des astres, à combiner les nombres, à marier les modulations du chant au rhythme des vers. C'est tout le cours des études classiques ; et la jurisprudence même n'y manque point, si l'on en juge par l'exemple du sénateur Félix, qui, envoyé aux écoles, y fut nourri des poëmes de Virgile, du code Théodosien et de l'art du calcul. Virgile commenté par Servius et Macrobe, c'était toute la poésie, toute la philosophie, toute la mythologie latine. Le code Théodosien résumait la législation des empereurs chrétiens ; le calcul comprenait toutes les sciences mathématiques. Saint Didier de Cahors, qui achevait ses études vers l'an 613 dans une ville d'Aquitaine, avait passé par les trois degrés d'enseignement que nous trouvions à Rome au temps d'Athalaric et de Cassiodore. Car, « premièrement, il avait appris les lettres latines ; en second lieu, on l'avait exercé à l'éloquence, dont la Gaule conservait le culte ; enfin il s'était appliqué à l'étude des lois, pour tempérer par l'abondance et l'éclat des orateurs gaulois la gravité des Romains. » Vers le même temps, et en Austrasie, saint Paul de Verdun (mort vers 647) était nourri dès le berceau dans les lettres et les arts libéraux qu'on enseignait aux enfants des nobles ; et il y faisait des progrès si rapides, qu'il n'ignora aucune des règles de la grammaire, de la dialectique, de la rhétorique, ni des autres sciences. Plus tard encore, et au milieu du septième siècle, on enseignait à Clermont les principes de la grammaire et le code de Théodose. Sans doute un petit nombre de grandes villes conservèrent seules le privilége d'un enseignement complet ; mais on a lieu de croire que les maîtres élémentaires, non plus que les copistes, ne manquaient point, lorsque, Chilpéric ayant voulu enrichir l'alphabet de quatre lettres, l'histoire ajoute que, par un rescrit adressé à toutes les cités du royaume, il ordonna que les enfants apprissent à lire, et que les livres anciens fussent passées à la pierre ponce, et recopiés selon l'orthographe nouvelle (1).

(1) Gregorius Turonensis, *Hist.* præfatio : « Væ diebus nostris, quia periit studium litterarum ! » Cf. lib. V : « Tempus illud, quod Dominus de dolorum prædixit initio, jam videmus. » Lib X, 31 : « Quod si te, sacerdos Dei, quicumque es, Martianus noster septem disciplinis erudiit, id est si te in grammaticis docuit legere, in dialecticis altercationum propositiones advertere, in rhetoricis genera metrorum agnoscere, in geometricis terrarum linearumque mensuras colligere, in astrologicis cursus siderum contemplari, in arithmeticis numerorum partes colligere, in harmoniis sonorum modulationes suavium accentuum carminibus concrepare... »

On est moins étonné de la popularité de Martianus Capella dans les écoles de la Gaule, quand on se souvient que le rhéteur Mélior Félix, qui enseignait à Clermont, s'étant trouvé à Rome en 534, y corrigea de sa main un exemplaire des *Noces de Mercure et de la Philologie.* Voyez Tillemont, *Empereurs,* t. V, p. 665, et

Les nobles familles gallo-romaines n'avaient garde de renoncer à ce prestige de l'éducation, qui leur conservait le respect des barbares et l'accès du palais des rois. Tous les grands évêques du temps, tous ces hommes de race sénatoriale, Nicétius de Trèves, Agricola de Châlons, Grégoire de Langres, Ferréol d'Uzès, sont loués de leur éloquence, de leurs écrits, de leurs merveilleux progrès dans l'étude des lettres et dans l'art des rhéteurs. J'omets saint Avitus et saint Remi, qui appartiennent à l'âge précédent. Félix de Nantes parlait le grec comme sa langue maternelle. Le successeur de saint Remi au siége de Reims ne le cédait à qui que ce fût pour la

l'Histoire littéraire, par les Bénédictins de Saint-Maur, t. III, p. 193.

Gregor Turon., IV, 47 : « De operibus Virgilii, legis Theodosianæ libris arteque calculi adplene eruditus est. »

Vita S. Desiderii (auctore ut videtur coætaneo), apud D. Bouquet, III, 527 : « Summa parentum cura enutritus, litterarum studiis ad plenum eruditus est : quorum diligentia nactus est post litterarum insignia studia, gallicanamque eloquentiam (quæ vel florentissima sunt, vel eximia, contubernii regalis adductis inde dignitatibus), ac deinde legum romanarum indagationi studuit, ut ubertatem eloquii gallicani nitoremque gravitas sermonis romani temperaret. »

Vita S. Pauli Virodunensis, n° 1 (auctore coævo), apud Mabillon, *A. SS. O. S. B.*, sec. II : « Liberalium studiis litterarum (sicut olim moris erat nobilibus) traditur imbuendus, ut non cum grammaticæ, seu dialecticæ, vel etiam rhetoricæ cæterarumque disciplinarum fugerent ingenia. »

Vita S. Boniti (mort vers 709), Mabillon, *A. SS. O. S. B.*, sec. III, p. 1, p. 90 : « Grammaticorum imbutus initiis, nec non Theodosii edoctus decretis, cæterosque coætanos excellens, a sophistis probus atque prælatus est. »

Gregor. Turonensis, *Hist.*, V. 45 : « Et misit epistolas in universas civitates regni sui, ut sic pueri docerentur, ac libri antiquitus scripti, planati pumice, rescriberentur. »

correction et l'élégance de ses vers. Il ne s'agit point
encore d'une littérature ecclésiastique réfugiée
dans le sanctuaire ; tout annonce la perpétuité de
l'enseignement séculier, dont les portes ne se fermaient à personne. L'esclave Andarchius, en accompagnant aux écoles le sénateur Félix, devint si
savant, qu'il méprisa ses maîtres, voulut épouser
de force la fille d'un homme riche, et finit par se
faire brûler vif. Théodebert comptait parmi ses
courtisans deux lettrés, Asteriolus et Secundinus,
qui se ressentaient assurément de la barbarie de
l'époque, puisqu'ils poussèrent la violence de leurs
querelles jusqu'à se déchirer le visage avec les
ongles : cependant on les vantait comme des maîtres consommés dans l'art de bien dire. Les lettres
vivaient encore, non de secret, mais de publicité,
mais du commerce d'esprit qui continuait de lier
les provinces morcelées de l'empire. Nous avons vu
Nicétius de Trèves appeler d'Italie les ouvriers qui
relèvent les ruines de ses basiliques : Martin de
Dume, évêque de Braga, composait des vers pour
le tombeau de son patron, saint Martin de Tours.
Les rois de France envoyaient en ambassade à Constantinople ce qu'il y avait de plus habile parmi les
courtisans gallo-romains. Reovalis, médecin de
Poitiers, avait étudié en Grèce. Des moines grecs,
comme Égidius, venaient chercher dans les Gaules
un ciel plus sévère et des mœurs moins faciles :
et telle était encore en 585 l'affluence des étran-

gers de toutes les nations, que le roi Gontran faisant son entrée solennelle à Orléans, y fut complimenté en trois langues, par les Latins, les Syriens et les Juifs (1).

Fortunat. — Cette société polie et lettrée du sixième siècle, qui occupe encore les siéges épiscopaux, les sénats des villes, et qui pénètre dans la familiarité des rois barbares, n'a pas de représentant plus fidèle que le poëte Fortunat. Les historiens modernes ont fait revivre avec un rare bonheur la figure de ce disciple des écoles de Ravenne, qui, poussé par la passion des pèlerinages, entreprit en 565 de visiter les sanctuaires des Gaules, passa les Alpes, traversa les provinces des Bavarois, des Alemans, des Francs orientaux, séjourna quelque temps à la cour d'Austrasie, et, après s'être agenouillé au tombeau de saint Martin de Tours, s'arrêta à Poitiers, retenu par l'amitié de sainte Radegonde et d'Agnès, abbesse de Sainte-Croix. On a relevé tout ce qu'il y a d'étrange dans l'intimité irréprochable, et pour ainsi dire platonique, de l'étranger avec les deux nobles religieuses, les noms qu'il leur prodigue,

(1) Gregorius Turon., *Hist.*, X, 29. *Vitæ patrum*, VI, 3; *Hist.*, V, 46; *Vitæ patrum*, VII; *Hist.*, VI, 7.
Gregor. Turon., *Hist.*, IV, 47 : « Hic igitur (Andarchius) Felicis senatoris servus fuit, qui ad obsequium domini deputatus, ad studia litterarum cum eo positus, bene institutus emicuit » de Ill 33 ; X, 15, *Vita S. Ægidii*, Bollandt, 1 *Septemb.*
Gregor. Turon., *Hist*, VIII, 1 : « Et hinc lingua Syrorum, hinc Latinorum, hinc etiam ipsorum Judæorum in diversis laudibus varie concrepabat. »

les appelant non-seulement sa mère et sa sœur, mais sa vie, sa lumière et les délices de son âme ; enfin le retour dont on le paye, les soins charmants qui préviennent ses goûts et ses désirs ; surtout les repas exquis, les tables couronnées de roses, chargées de viandes et de fruits, où Fortunat finissait par s'oublier, s'il faut croire à son aveu, quand il s'excuse de quelques vers improvisés après boire. « Mes yeux demi-fermés, dit-il, croyaient voir la « table nager dans le vin pur, et ma muse trop « égayée n'était pas sûre de sa main. » Une justice un peu rigoureuse a peut-être exagéré les faiblesses du poëte, en prenant au mot ses hyperboles ; on a sévèrement traité ses quatorze livres de poésies, trop atteints, comme il le dit lui-même, de la rouille de leur temps. Sans doute Fortunat ne compte point parmi les grands esprits ; il confesse son ignorance, et qu'il a bu seulement quelques misérables gouttes aux fontaines de la rhétorique et de la grammaire. Toutefois, cet Italien, cet émigré d'une contrée plus polie et d'une civilisation plus délicate, n'est point aussi inutile qu'on le pense à Poitiers, au cœur de l'Aquitaine, auprès du sanctuaire de saint Hilaire sur lequel toute la Gaule tenait les yeux fixés : il y remplit une mission qu'on n'a point assez reconnue, comme gardien des traditions du monde lettré, et comme instituteur des barbares (1).

(1) M. Ampère a consacré deux chapitres (*Histoire littéraire*,

Ce qui frappe d'abord dans les écrits de Fortunat, c'est le spectacle de ce monde romain qui semblait en ruines, et dont on retrouve partout les opinions, les coutumes et les vices. Les désastres de l'invasion se réparent, et dans vingt pièces le poëte célèbre les églises, les palais, les villes que des mains libérales ont relevés. Toutes les vieilles cités de Neustrie rivalisent à ériger sur les tombes de leurs saints patrons des basiliques ornées de colonnades, garnies de vitraux, rehaussées d'or, toutes vivantes de sculptures et de peintures. Les villes austrasiennes de Trèves, de Cologne, de Mayence, imitent cet exemple, et ne se souviennent plus des

t. II, p. 312 et suiv.) à ce poëte, que M. Thierry a fait aussi revivre dans un des plus heureux tableaux de ses *Récits mérovingiens*. Après de tels historiens, il ne restait qu'à traiter le seul point de la vie de Fortunat qu'ils eussent négligé.

Venant. Hon. Fortun. *Carmin.*, lib. IX, 23 :

> Non digitis poteram, calamo neque pingere versus ;
> Fecerat incertas ebria musa manus.
> Nam mihi, vel reliquis sic vina bibentibus apta,
> Ipsa videbatur mensa natare mero.

Idem, lib. II, 10 :

> Scabrida nunc resonat mea lingua rubigine verba,
> Exit et incompto raucus ab ore fragor.

Idem, *de Vita S. Martini*, lib. I, 29 :

> Parvula grammaticæ lambens refluamina guttæ,
> Rhetoricæ exiguum prælibans gurgitis haustum,
> Cote ex juridica cui vix rubigo recessit.

Ces vers montrent que les écoles de Ravenne, où Fortunat avait bien ou mal étudié, conservaient les trois degrés de l'enseignement que nous trouvons à Rome et dans les Gaules : la grammaire, la rhétorique et la jurisprudence.

Vandales. Les évêques unissent au zèle de l'orthodoxie la passion des arts et le goût de la politesse antique ; ils voyagent dans la pesante voiture des nobles gaulois ; ils ne dédaignent point le luxe des jardins ; si leur table est frugale, de riches tapis la couvrent, brodés de feuillages et de vigne ; et le convive charmé y voit verdir la vigne dont il boit le fruit. Ces graves personnages aiment les vers, et Fortunat ne les en laisse point manquer. Il correspond avec tous ; il a des félicitations pour leur avénement, des hymnes pour leurs fêtes, des inscriptions pour leurs églises, des distiques improvisés pour recommander à leur charité un pèlerin qui passe, une jeune fille qui plaide. Les plus saints ne résistent pas toujours à la satisfaction d'être célébrés dans la langue des dieux ; ils finissent par croire à cette immortalité que le poëte leur promet, et qu'il leur assure selon son pouvoir, en dictant l'épitaphe de leurs tombeaux. Je trouve en lui l'interprète, le lien, l'âme de cette société qu'il chante. L'élégance qu'il aime dans les moindres détails de la vie passe dans ses vers, et leur prête des tours heureux qu'un temps meilleur n'eût pas désavoués. Et si je m'indigne de la pauvreté de ses jeux d'esprit, je n'y reconnais rien que je n'aie vu, non-seulement au siècle d'Ausone, mais chez les contemporains de Théocrite et de Callimaque (1).

(1) Sur les basiliques de Bordeaux, de Saintes, de Tours, de Paris,

Il y avait quelque honneur à consoler ainsi les dernières générations du monde ancien, à les encourager au travail d'esprit, à maintenir chez elles le culte des lettres : il y en avait davantage à le populariser chez les Germains. Tandis que Radegonde la Thuringienne rassemble autour d'elle les filles des Francs pour les exercer aux méditations

---

de Mayence, de Nantes, de Metz, de Cologne, de Verdun, *Carmin.*, lib. I, 10, 13 ; II, 4, 9, 10, 11 ; III, 4, 11, 16, 26.

Sur le luxe et l'élégance des mœurs contemporaines, *Carmin.*, III, 10, 19, 14 : *De Pictura vitis in mensa :*

> Vitibus intextis ales sub palmite vernat,
> Et leviter pictas cernit ab ore dapes.
> Multiplices epulas meruit conviva tenere ;
> Aspicit hinc uvas, inde Falerna bibit.

Tout le livre IV est consacré aux épitaphes et aux lettres de recommandation. Il serait trop long d'énumérer tous les évêques célébrés par Fortunat. Ceux dont le nom revient le plus souvent dans ses vers sont Léontius de Bordeaux, Félix de Nantes, Nicétius de Trèves, et Grégoire de Tours. Parmi les laïques gallo-romains, Fortunat célèbre surtout le patrice Dynamius, dont les poëmes allaient, dit-il, aux quatre coins de l'univers. *Carmin.*, V, 10, 11.

On ne peut méconnaître un reste d'élégance et une aimable facilité dans plusieurs compositions de Fortunat : je remarque surtout un poëme sur la croix, dont quelques traits expliquent parfaitement les symboles des vieilles mosaïques chrétiennes. *Carmin.*, lib. II, 3 :

> Crux benedicta nitet Dominus qua carne pependit,
> Atque cruore suo vulnera nostra lavat...
> Hic manus illa fuit clavis confixa cruentis,
> Quæ Paulum eripuit crimine, morte Petrum.
> Fertilitate potens, o dulce et nobile lignum !
> Quando tuis ramis tam nova poma geris !
> Appensa est vitis inter tua brachia, de qua
> Dulcia sanguinea vina rubore fluent.

La mosaïque qui orne l'abside de Saint-Clément à Rome représente le Christ attaché à une croix, du pied de laquelle sort une vigne, image de l'Église universelle.

du christianisme, Fortunat la soutient de ses louanges, il la félicite de lire les Pères grecs et latins ; c'est pour elle qu'il réserve ses plus gracieuses compositions. S'il lui adresse des vers pour déplorer le moment où elle s'enferme dans sa cellule, et d'autres pour célébrer le jour où elle en sort; des vers pour la remercier d'une jatte de lait, des vers en lui envoyant une corbeille de châtaignes, des vers avec des fleurs ; il fallait peut-être ces puérilités, qui ne sont pas toujours sans charme, pour faire entrer les lettres latines dans l'éducation des femmes (1). En même temps, il cherche des disciples plus puissants et moins dociles parmi les gens de cour et les gens de guerre. Assurément lorsque, pour célébrer les noces de Sigebert et de Brunehaut, il fait descendre du ciel Vénus et Cupidon, ou que, pour consoler Frédégonde de la perte de ses fils, il fait l'énumération de tous les hommes illustres qui sont morts, on peut sourire de la gaucherie de cette muse classique, fourvoyée dans le sanglant palais des Mérovingiens. Mais c'était beaucoup de l'y avoir fait entrer, d'avoir triomphé des mépris des vainqueurs,

---

(1) Fortunat, *Carmin.*, lib. VII, 1, 5, 6, 7, 8, 9, 10, *ad Radegundem post reditum :*

> Unde mihi rediit radianti lumine vultus?
> Quæ nimis absentem te tenuere moræ?
> Abstuleras tecum, revocas mea gaudia tecum,
> Paschalemque facis bis celebrare diem.

Carmin., lib. X, *passim.*

et de dire à Chilpéric que, l'égal des rois par la puissance, il pouvait devenir plus qu'eux par le savoir (1). En gagnant le prince, Fortunat assurait aux lettres la faveur des grands. Ses correspondances poétiques vont trouver dans les camps Chrodinus, Bodegisel, Faramond, Bérulf, tous Germains d'origine ; Magnulf, qu'il loue de son grand savoir en jurisprudence ; Gogo, dont il compare l'éloquence à la lyre d'Orphée, et dont tous les discours sont des rayons de miel. A leur tour, les barbares, jaloux de se perfectionner dans les lettres latines, consultent le savant maître qui leur est venu d'Italie. Un évêque franc, nommé Bertramm, lui envoie des vers, et Fortunat lui répond : « La feuille que tu m'adressais m'a porté des vers « sublimes, et des paroles dignes d'un sage qui « chausse le cothurne. Pendant que je parcourais « les lignes retentissantes de tes vers écumants, « j'ai cru livrer mes voiles à une mer agitée. Ton « poème roulait des flots orageux, comme l'Océan « quand il semble soulever les eaux de ses sources,

---

(1) Fortunat, *Carmin.*, lib. V, 1, *de Nuptiis Sigiberti Brunechildisque reginæ* :

> Clarior æthcrea Brunechildis lampade fulgens,
> Altera nata Venus, regno ditata decoris,
> Nullaque Nereidum de gurgite talis Ibero,
> Oceani sub fonte nata non ulla napæa
> Pulchrior : ipsa suas subdunt tibi flumina nymphas.

Ibid., 2, 7 ; VIII, 1, *ad Chilpericum regem* :

> Regibus æqualis, de carmine major haberis.

Ibid., 2, *ad Chilpericum regem et Fredegundem*, Ibid., 3.

« pour les jeter sur ses rivages. Je doute que Rome,
« la ville vénérée, entende des chants si pompeux
« aux lectures qu'applaudit le forum de Trajan.
« Certes, si tu avais récité de si nobles paroles en
« présence du sénat, on eût mis des tapis d'or
« sous tes pieds ; tu verrais tes vers, portés par la
« faveur du peuple, courir sur les places, dans les
« carrefours, et passer de ville en ville. Toutefois,
« seigneur, j'ai noté quelques endroits où la nou-
« veauté s'introduit furtivement à la place de la
« règle antique. Dans un petit nombre de vers,
« une syllabe de trop a rompu la mesure, et la muse
« gémit de se sentir un pied boiteux. » On voit
que Fortunat ménageait ses disciples, mais sans
leur taire la vérité. Au fond de sa retraite, il tenait
école d'éloquence et de poésie, pardonnant à ses
turbulents élèves plus d'une infraction aux règles
de la langue, espérant bien de cet âge violent dont
Grégoire de Tours avait désespéré. Sans doute il
n'eut ni la verve, ni l'élévation, ni la tristesse solennelle de Grégoire de Tours ; mais il n'eut pas à
essuyer les mêmes tempêtes ; il vit l'avenir d'un
lieu plus serein, et se trouva plus juste pour avoir
été plus indulgent (1).

(1) Fortunat, *Carmin.*, VI, 1, 5, 7, 10, 15, 17, 21 ; VII, 11,
12, 16, 20, *ad Bertegrammum episcopum :*

>   Ardua suscepit missis epigrammata chartis.
>   Atque cothurnato verba rotata sopho.
>   Percurrens tumido spumantia carmina versu,

454   CHAPITRE IX.

<small>Les Francs initiés aux lettres latines.</small> En effet, ces Germains, que nous avons vus si longtemps impatients de toute règle, commençaient à se plier aux lois du travail, à souffrir qu'un maître châtiât leur langage, chargeât leur mémoire, disciplinât leur pensée. Quand tout l'effort de la royauté mérovingienne était de rappeler les temps romains, il fallait bien qu'elle en adoptât la langue. Childebert avait appris le latin, s'honorait d'aimer la paix, la justice et les lettres, et se faisait représenter à la porte de l'église de Saint-Vincent en robe longue et tenant un livre. Charibert semait sa prose de toutes les fleurs de l'ancienne rhétorique. Chilpéric s'était élevé jusqu'à la poésie, et avait composé deux livres de vers. Si Grégoire de Tours affirme que les vers du poëte couronné se tenaient mal sur leurs pieds, la postérité, plus complaisante, n'en jugea pas de même, et la statue de Chilpéric fut sculptée au portail de Notre-Dame, un violon à la main, dans l'attitude d'Apollon. Clotaire II avait reçu une éducation savante, qui lui apprit à craindre Dieu et à supporter les hommes (1). L'exemple des rois entraînait

<small>Credidi in undoso me dare vela freto...
Ex quibus in paucis superaddita syllaba fregit,
Et pede læsa suo musica clauda gemit.</small>

<small>*Carmin.*, VIII, 16. Il célèbre ainsi l'évêque Baudgald :</small>

<small>Florens in studiis, et sacra lege fidelis.</small>

<small>(1) Fortunat : « Quum bella odisset (Childebertus), pacem, et</small>

leurs compagnons de guerre. Les chefs les plus belliqueux, aux jours de fête, aimaient à entendre alternativement la harpe du chantre barbare et la lyre du Romain. Dans cette impatience de jouir, qui leur faisait essayer tous les enchantements de la civilisation, plusieurs finissaient par s'attacher aux plaisirs d'esprit. Ce même Gogo, célébré par Fortunat, et devenu plus tard maire du palais d'Austrasie, adresse des vers à un ami, et s'excuse si un trop long séjour chez les Germains, au milieu de tant de nations dont il faut parler les idiomes, lui a fait oublier les leçons du rhéteur Parthénius. Le Franc Ebrulf, honoré depuis sous le nom de saint Évroult, avait été appliqué dès l'enfance aux sciences divines et humaines, et y fit des progrès si rapides, que le roi Childebert l'appela au palais, dont il devint l'ornement par l'éloquence de ses plaidoyers et par la sagesse de ses conseils. Attala, fils d'un seigneur bourguignon, fut nourri dans l'étude des arts libéraux longtemps avant l'âge où

---

litteras ac justitiam amabat, primus enim regum nostrorum latine scivit. »

Idem, *Carmin.*, V, 2, *ad regem Charibertum :*

Quum sis progenitus clara de stirpe, Sicamber,
Floret in eloquio lingua latina tuo.

Idem, *Carmin.*, VIII, *ad regem Chilperic.* Gregor Turon., VI, 46. Aimoin juge moins sévèrement les vers de Chilpéric. Pour les deux statues de Childebert et de Chilpéric, voyez Montfaucon, *Monuments de la monarchie*, t. I.

Fredegar., 42 : « Iste Chlotarius (secundus) fuit patientiæ deditus, litteris eruditus, timens Deum. »

la vocation religieuse le poussa à s'enrôler dans la milice de saint Colomban. La noblesse germanique commence à rivaliser de zèle avec les sénateurs gallo-romains, à faire asseoir ses enfants dans les écoles pour y recevoir une instruction, non pas ecclésiastique seulement, comme on a coutume de le supposer, mais littéraire et capable de les préparer aux fonctions de la cour comme aux dignités de l'Église (1). Les lettres pénètrent dans l'éducation des femmes, et une illustre personne nommée Wilithruda, épouse de Dagulf, est louée, dans son épitaphe, d'avoir été Romaine par la science, quand la naissance la faisait barbare. Le besoin de savoir allait tourmenter jusqu'aux derniers rangs de ces peuples grossiers, qui étaient venus chercher dans les Gaules autre chose que des livres et

---

(1) Fortunat, *Carmin.*, VI, 8, *ad Lupum ducem :*
Romanusque lyra, plaudat tibi barbarus harpa.

Gogonis *Epistola Chamingo duci*, ap. Duchesne, I, 859. Idem *Traserico :* « Barbarum dictatorem, qui potius apud Dorodorum didicit gentium linguas discerpere, quam cum bonæ memoriæ Parthenio obtinuisse rhetorica dictione. » Ce Parthénius est probablement le même qui encouragea le sous-diacre Arator à mettre en vers les Actes des Apôtres. Nouvel indice du commerce littéraire que la Gaule entretenait avec l'Italie.

Vita S. Ebrulfi (auctore perantiquo), apud Mabillon, *A. SS. O. S. B.*, sec. I, 354 : « Qui, mira velocitate, divina et humana diligenter percurrens studia, etiam adhuc puer ipsos magistros dicitur præcessisse doctrina... Oratoris quippe facundia præditus, ad agendas causas inter aulicos residebat doctissimus. »

Vita S. Attalæ, auctore Jona Bobbiensi, Mabillon, sec. II, 125 : « Hic ex Burgundionum genere, nobilis natione fuit... Itaque, quum patris studio nobili liberalibus litteris imbutus fuisset, Arigio cuidam pontifici a genitore commendatus est. »

des maîtres. Un jeune pâtre nommé Walaric, en menant les moutons de son père sur les montagnes d'Auvergne, entendit parler des leçons qu'on donnait aux fils des nobles. La passion d'étudier s'empara de lui, et, s'étant fait une tablette, il alla prier humblement un maître du voisinage de lui tracer un alphabet. Il obtint ce qu'il demandait, et se mit à l'étude avec tant d'ardeur, qu'en peu de temps il sut le psautier d'un bout à l'autre. Tous ces exemples sont du sixième siècle. Ainsi, cent ans après que Clovis avait fait son entrée dans l'Église, les derniers de son peuple faisaient leur entrée dans l'école. Il ne faut pas s'étonner si les souvenirs de l'antiquité latine, descendus jusqu'au fond même de la nation, s'y confondent avec les fables germaniques ; si le nœud se forme entre les deux traditions, et si Frédégaire raconte déjà comment les Francs, échappés à la ruine de Troie, vinrent, sous la conduite de Francion, bâtir une Troie nouvelle au bord du Rhin, et comment les Mérovingiens, issus du même sang qu'Énée, sont les héritiers naturels des Césars (1).

(1) Fortunat, *Carmin.*, IV, 17. *Epitaphium Wilithrudæ :*
Sanguine nobilium generata Parisius urbe
Romana studio, barbara prole fuit.
Ingenium mite torva de gente trahebat :
Vincere naturam gloria major erat.

Vita S. Wallarici (auctore quodam vııı seculi), apud Mabillon, *A. SS. O. S. B.*, II, 77 : « Nam quum esset in Alvernia regione ortus et adhuc puerulus... oviculas patris sui ibidem per pascua læta circumagens, et per amœna vireta eas conservans, audivit in

458 CHAPITRE IX.

Virgilius Maro, grammairien.

Fortunat mourut vers 609. Il était nécessaire de pénétrer avec lui dans les mœurs littéraires de la Gaule, et particulièremeut de l'Aquitaine, afin de savoir si l'on peut trouver place dans la même province, à la même époque, pour un écrivain qui éclairerait d'une lumière bien plus vive l'histoire des écoles et de l'enseignement. Il s'agit du grammairien de Toulouse, Virgilius Maro. Le savant éditeur de ses écrits le place à la fin du sixième siècle. Plusieurs critiques refusent de croire qu'un livre si étrange, mais qui suppose une culture active des lettres, puisse être contemporain de Frédégonde et de Brunehaut. Tout ce qui précède détruit cette objection, et nous permet de laisser, au moins provisoirement, le grammairien Virgile en possession de sa date présumée, sauf à la confirmer plus sûrement par les preuves qui résulteront d'une étude rapide de l'écrivain et de ses ouvrages. Ce que le temps en a sauvé se réduit à huit Épîtres

locis vicinorum propinquis qualiter nobilium parvulorum mos est doctoribus instruere scholas. Exin, tali desiderio provocatus, tabellam sibi faciens, cum summa veneratione, humili prece a præceptore infantium, depoposcit ut sibi alphabetum scriberet... » etc. Cf. Gregor Turon., *Vitæ Patrum*, IX, de S. Patroclo : « Quum decem esset anorum, pastor ovium destinatur, fratre Antonio tradito ad studia litterarum... reliquit oves, et studia puerorum expetivit. » Mais le nom de Patrocle indique un Gaulois plutôt qu'un barbare.

Fredegar., *Hist. Francor. epitomat.* I : « Quod prius Virgilii poetæ narrat historia, Priamum primum habuisse regem, quum fraude Ulyxis caperetur, exindeque fuisse egressos. Postea Frigam habuisse regem... Denuo, bifaria divisione, Europam media ex ipsis pars cum Francione eorum rege ingressa fuit, » etc.

au diacre Germain *sur les parties du discours*, suivies de quinze Lettres à Fabianus sur *divers sujets de grammaire*. Sous des titres si arides on ne s'attend assurément pas à trouver la succession des professeurs aquitains, les traditions mystérieuses qu'ils se transmettaient depuis un siècle, les disputes qu'ils soutenaient jour et nuit, pendant que, sous les murs de leurs villes, les Francs et les Visigoths s'entr'égorgeaient (1).

Voici en quels termes Virgile commence l'histoire de son école, et ce qu'il appelle le Catalogue des grammairiens : « Le premier fut un vieillard « nommé Donatus, qui habitait Troie, et dont on « assure qu'il vécut mille ans. Il vint auprès de « Romulus, le fondateur de Rome, qui le reçut avec « beaucoup d'honneur. Il y passa quatre ans, y « fonda une école, et laissa à sa mort un nombre « infini d'ouvrages, où il proposait des questions « comme celle-ci : « Quelle est la femme, ô mon « fils ! qui allaite d'innombrables enfants, et dont « le sein s'épuise d'autant moins qu'on le presse « davantage ? C'est la science. » Il y eut au même « lieu de Troie un Virgile auditeur du même Do« natus, très-habile à composer des vers, qui « écrivit soixante-dix volumes sur la métrique, et « une lettre d'éclaircissements sur le verbe, à Vir-

L'école de Toulouse.

(1) Virgilii Maronis *Epist. de octo partibus orationis*, ejusdem *Epitome*, apud Mai, *Auctores classici e codicibus Vaticanis*, t. V, p. 1, 97. Editoris præfatio, v-xxxiii.

« gile l'Asiatique. Virgile l'Asiatique fut le disciple
« du premier, homme d'un grand génie, si prompt
« à rendre service, que jamais la parole de celui
« qui l'appelait ne le trouvait assis. Tout enfant
« je l'ai connu, et de sa main il me traçait des le-
« çons. Il était souverainement honoré en Cappa-
« doce, d'un commerce très-doux, versé dans les
« sciences physiques, dans le comput de la lune et
« des mois. Il expliquait à ses écoliers le bruit du
« tonnerre par un vent qui souffle plus haut que
« les autres, et qui se fait entendre à des moments
« marqués. J'ai aussi connu l'Espagnol Histrius,
« qui a porté tout l'éclat de son éloquence dans ses
« livres d'histoire. Grégoire l'Égyptien s'était ap-
« pliqué avec zèle aux lettres grecques ; il avait
« composé une histoire de la Grèce en trois mille
« livres. Balapsitus de Nicomédie, mort il y a peu
« de temps, avait traduit en latin des livres de
« notre loi, que j'avais en grec. Il y eut aussi trois
« Julien, l'un en Arabie, l'autre en Inde, le troi-
« sième en Afrique, qui furent les précepteurs de
« mon maître Énée, et dont il recueillit les livres,
« grâce à l'art qu'il avait d'écrire en notes. Il y
« trouva qu'à peu près au temps du déluge il y eut
« un grand homme du nom de Maro, dont les
« siècles ne suffiront pas à célébrer la sagesse.
« C'est en mémoire de lui qu'Énée a voulu m'ap-
« peler du nom que je porte. Car, remarquant les
« grandes dispositions qui étaient en moi : Celui-ci

« de mes fils, dit-il, se nommera Virgilius Maro,
« car l'âme de l'antique Maro revit en sa per-
« sonne (1). »

Assurément, si de tels récits ne sont pas d'un homme en délire, il faut leur prêter un sens allégorique. En effet, de nombreux détails ne permettent pas de contester la réalité des personnages qui se cachent sous ces noms étrangers ; et nous trouvons la première clef de l'énigme dans le témoignage d'Abbon de Fleury, qui fait vivre notre auteur à Toulouse. Toulouse était donc la Rome des Gaules, de même que Rome était la seconde Troie. En continuant l'interprétation, nous pourrions reconnaître dans le nouveau Romulus le roi Euric, fondateur de la monarchie des Visigoths. Il ne faut point s'étonner de voir au sixième siècle fleurir tant de Virgiles. Les temps barbares aimèrent ce nom : c'était pour eux le nom d'un sage, d'un prophète, qui, dans la quatrième églogue, avait prédit l'avénement du Sauveur; j'allais dire : le nom d'un saint. On connaît un Virgile diacre de

---

(1) Virgilii Epitom. V. *De catalogo grammaticorum*, p. 123 :
« Primus igitur fuit quidam senex Donatus apud Trojam, quem ferunt mille vixisse annos. Ilic quum ad Romulum, a quo condita est Roma urbs, venisset, gratulantissime ab eodem susceptus, quatuor continuos ibi fecit annos, scholam construens et innumerabilia opuscula relinquens, in quibus problemata proponebat, dicens : « Quæ sit mulier illa, o fili, quæ ubera sua innumeris « filiis porrigit?... » etc. Unde Æneas, quum me vidisset ingeniosum hominem, me hoc vocabulo jussit nominari, dicens : « Ilic filius meus Maro vocabitur, quia in eo antiqui Maronis spi-
« ritus redivivit. »

Ravenne, un Virgile archevêque d'Arles, sans parler de Virgile que nous avons vu porté au siége de Salzbourg. Ceux qui se vouaient aux lettres, à l'Église, aux soins de l'État, n'hésitaient point à faire d'autres emprunts à l'antiquité. Et quand notre grammairien cite Homère, Caton, Térence, Varron, Cicéron, Horace, Lucain, gardons-nous de croire qu'il s'agisse des grands écrivains classiques : nous n'avons affaire qu'aux maîtres de grammaire, parés de ces noms pompeux qu'ils mettaient volontiers sur le voile de pourpre suspendu comme une enseigne à la porte de leurs écoles (1).

Il est vrai que ces écoles rivalisaient d'activité, d'opiniâtreté, avec celles qui firent la gloire d'Alexandrie, de Rome et de Milan. Virgile avait assisté, dans sa jeunesse, à une assemblée de trente grammairiens réunis pour traiter des intérêts de l'art. On y décida que rien n'était plus digne d'occuper les méditations des savants que la conjugaison du verbe, dont l'emploi dominait toute la syntaxe latine. Lors de ces délibérations communes qui réunissaient tous les maîtres, ils se divisaient en deux sectes vouées à des disputes éternelles.

---

(1) Maii *Præfatio*, VII, VIII, et sqq. Virgilius, p. 32 : « Gallus noster, » p. 44 : « Multi nostrorum maxime Gallorum in quibusdam Gallorum nostrorum scriptis. » Abbo Florianensis, apud Mai, t. V, 349 : « Licet Virgilius Tolosanus in suis opusculis asserat. » Maii *Præfatio*, XIV : *Auctores apud Virgilium grammaticum memorati;* les auteurs cités sont au nombre de quatre-vingt-sept.

Les deux chefs, Térentius et Galbungus, avaient passé, disait-on, quatorze jours et quatorze nuits à débattre si le pronom *ego* avait un vocatif; et comme ils ne pouvaient s'entendre, la question fut renvoyée au grammairien Énée, qui accorda le vocatif au pronom, pour le cas seulement où on l'emploie dans une phrase interrogative. Mais cette controverse n'égala pas l'éclat de celle qui mit aux prises Régulus de Cappadoce et Sédulius le Romain. Il s'agissait de savoir si tous les verbes ont un fréquentatif : les deux savants, touchés d'une question si grave, restèrent en conférence quinze jours et quinze nuits sans se mettre à table ; et l'affaire en vint presque aux couteaux tirés. Les femmes elles-mêmes cédaient à l'attrait de ces études : elles ne reculaient pas devant la publicité de l'enseignement. On citait les écrits de Sulpicia ; mais cette docte personne n'avait point l'autorité de Fassica, qui avait professé, et dont la gloire devait durer autant que l'univers. Le feu sacré ne s'était pas éteint en arrivant jusqu'à Virgile; le gouvernement des syllabes ne lui laissait pas de repos : il raconte qu'une nuit l'Espagnol Mitterius, qu'il honorait comme un prophète, vint frapper à sa porte, et, en retour de son hospitalité, lui promit de répondre à ses questions. Le grammairien, tiré de son sommeil, ne demanda qu'une chose : le moyen de discerner la valeur d'un terme qui peut offrir deux sens sous les mêmes lettres, et comment savoir quand le mot *hic* est adverbe et quand il est pronom (1).

Si leurs contemporains blâmaient cette passion de disputer, et tant d'ardeur à tourmenter les huit parties du discours, ces savants maîtres prenaient en pitié les profanes qui ne connaissaient pas toute la profondeur de la grammaire latine. « Car, di-« sent-ils, qui croira jamais à la latinité si étroite « et si pauvre, que chaque mot n'ait qu'un sens et « qu'un emploi, quand on compte douze genres « de latinité, et que chacune a plusieurs gram-« maires? » C'est ici, en effet, que le voile de l'école commence à se lever, et nous introduit dans un monde littéraire où tout est nouveau (2).

La doctrine secrète et les douze latinités.

Les bornes étroites dans lesquelles s'étaient ren-

(1) Virgilii *Epitome*, X, p. 140 : « Memini me, quum essem adolescentulus scholaribus studiis deditus, quodam interfuisse die conventui grammaticorum, qui non minus quam triginta in unum positi, in laude artium et decore componendo multa quæsivere, » etc. — *Ibid.*, p. 24 : « Dispute de Galbungus et de Terentius. » — *Ibid.*, p. 45 : « De his formis verborum inter Regulum Cappadocem et Sedulium Romanum non minima quæstio habita est, quæ usque ad gladiorum pene conflictum pervenit. Quindecim namque diebus totidemque noctibus insomnes et indapes permansere. » P. 23 : « Fassica quoque fœmina tam sapiens et scholastica, ut nomen ejus quamdiu orbis erit certissime celebretur. » P. 12, visite nocturne de Mitterius à Virgilius.

(2) Virgilii *Epist.* III, de Verbo : « Respondendum his qui nos profano ac canino ore adlatrant et lacerant, dicentes nos in omnibus artibus contradicos videri nobis invicem, quum id quod alius affirmat alius destruere videatur, nescientes quod latinitas tanta sit et tam profunda, ut multis modis ac fanisfaris (*sic*) sensibus explicare necesse sit, præsertim quum latinitatis ipsius genera duodecim numero habeantur, et unumquodque genus multas in se complectatur artes. »

fermés les anciens grammairiens ne pouvaient plus contenir l'ambition de leurs successeurs. Las de relire et d'interpréter sans fin les écrivains classiques ; ne trouvant plus un vers de l'Énéide qui ne fût chargé de commentaires; poussés d'ailleurs par ce besoin d'innover qui poursuit l'esprit humain, ils en étaient venus à se créer pour eux seuls, et pour leurs disciples favoris, un autre idiome et une autre littérature. Ils en donnaient trois raisons: Ils se proposaient d'abord d'exercer la sagacité des élèves ; ensuite de prêter à l'éloquence un ornement de plus; enfin de ne point livrer aux profanes les connaissances réservées au petit nombre des adeptes, selon cette maxime antique : « Ne « jetez point les perles aux pourceaux. Et en effet, « ajoutaient-ils, si ces sortes de gens éventaient « notre science, non-seulement ils traiteraient sans « pitié le peuple des campagnes, ils n'auraient « pour nous ni honneur ni respect; mais, à la « manière des pourceaux, ils se jetteraient sur « ceux qui auraient voulu les parer. » Voilà pourquoi Virgile l'Asiatique avait distingué douze sortes de latinité. La première était la langue de tous, *vulgaris*. Il avait appelé la seconde *assena*, désignant ainsi le langage abrégé, sténographique des notaires qui faisaient profession de recueillir les actes publics. La troisième, *semedia*, tenait de l'idiome vulgaire et de l'idiome savant. La quatrième, *numeria,* altérait les noms de nombre

Celle qu'on nommait *lumbrosa* allongeait le discours, et employait quatre mots pour un ; celle qu'on appelait *syncolla* abrégeait tout, et par un mot en remplaçait quatre. Les six autres : *metrofia, belsabia, bresina, militena, spela, polema,* faisaient subir au langage des changements dont on ne se rendrait point compte, si Virgile ne prenait la peine de citer les douze noms du feu. Le vulgaire l'appelle *ignis;* mais les sages le nomment *quoquevihabis,* parce qu'il cuit ; *ardon,* parce qu'il s'embrase ; *calax,* parce qu'il chauffe ; *spiridon,* parce qu'il exhale une vapeur ; *rusin,* de la rougeur du charbon ; *fragon,* des fracas de la flamme ; *fumaton,* de la fumée ; *ustrax,* puisque le feu consume ; *seluseus,* à cause du silex d'où on le tire ; *æneon,* du vase d'airain qu'on lui confie. C'est ainsi qu'on arrivait à créer douze signes pour une même pensée, et qu'on se réservait une langue philosophique, mystique, au-dessus de celle qu'on avait l'humiliation de parler avec tout le monde (1).

(1) Virgilius Maro, *Epitom.*, p. 100 : « Ob tres causas phona scinduntur : prima est ut sagacitatem discentium nostrorum in inquirendis atque inveniendis his quæ obscura sunt, adprobemus ; secunda, propter decorem ædificationemque eloquentiæ ; tertia, ne mystica quæ solis gnaris pandi debent passim, ab infimis ac stultis facile reperiantur ; ac, secundum antiquum, sues margaritas calcent. Etenim si illi didicerint hanc sectam, non solum in agris nihil agent pietatis, verum etiam porcorum more ornatores suos laniabunt. » *Epitom.*, p. 124 : « Hic (Virgilius Asianus) scripsit librum nobilem de duodecim latinitatibus quas his nominibus vocavit. Prima latinitas *usitata,* secunda *assena,* tertia *semedia,* etc. — 99. Ut autem duodecim generum experimentum habeas, unius licet

Toute l'école admit les douze latinités de Virgile l'Asiatique, et ne s'occupa désormais que d'y porter de nouveaux raffinements. Le premier soin était de créer des mots : on empruntait à la langue grecque des racines dont on modifiait la dissidence ; on disait *charaxare* pour écrire ; de *thronos*, trône, on faisait *thors*, le roi qui s'y assied. D'autres fois on se contentait de supprimer des lettres ou de les déplacer : le commun des hommes disait *heri*, hier : les savants disaient *rhei*. S'il était permis d'écrire en langue intelligible, il fallait cependant que la main des maîtres se fît sentir par l'emploi des prépositions qui leur étaient particulières : *con* pour *apud*, *salion* pour *ante*, *cyron* pour *contra*. En second lieu, on recourait aux artifices de l'écriture, et à ce qu'on appelait *scinderatio phonorum* : tout se réduisait à rompre les constructions, les mots, les syllabes ; à écrire en chiffres, et, par exemple, à tracer sur les tablettes *rr ss pp mm nt ce oo au ii*. Le correspondant, qui avait le secret du chiffre, lisait : *Spes Romanorum periit*. Troisièmement, on bouleversait la grammaire en donnant aux noms d'autres cas, aux verbes d'autres temps et d'autres modes. Les grammairiens n'a-

---

nominis monstrabimus exemplo. In usitata enim latinitate, 1 *ignis* habetur qui sua omnia ignit natura ; 2 *quoquevihabis*, quod incocta coquendi habeat ditionem ; 3 *ardon* dicitur, quod ardeat ; 4 *calax, calacis*, ex calore. » — Je soupçonne que ces grammairiens se vantaient beaucoup, et je doute qu'ils eussent jamais complété le dictionnaire de leurs douze langues.

vaient garde d'user des déclinaisons qu'ils faisaient répéter aux écoliers ; ils avaient *doctus doctii, sanctus sanctii*. Leurs conjugaisons enrichissaient la grammaire : *Navigare pontum* ne remplissaient pas l'oreille : quand on avait la passion de l'harmonie imitative, on disait à l'infinitif *Navigabere pontum*. Enfin, à la prosodie des poëtes classiques, on substituait une versification nouvelle, dont les dactyles et les spondées semblent mesurés, non par la quantité, mais par l'accent. Au milieu des obscurités de cette étrange poétique, on remarque cependant les compositions que Virgile nomme des proses, et qui rappellent en effet les proses de l'Église, composées de vers de huit syllabes, comme ce chant sur le lever du soleil :

> Phœbus surgit, cœlum scandit,
> Polo claret, cunctis paret.

A ces coupes faciles, à ces rimes, on commence à soupçonner que le grammairien se méprend, et qu'au moment où il promet les règles d'une métrique savante, c'est le secret de la poésie populaire qu'il laisse échapper. A Dieu ne plaise toutefois qu'il ait voulu encourager les poëtes à chanter pour tous, ni se départir de cet art qui tourne tout l'effort de la parole à cacher la pensée ! Il en multiplie les exemples, et finit par une énigme de sa façon, qui atteint si bien le sublime du genre, que nous n'avons assurément pas la présomption de l'expliquer (1).

Arrivée à ce point, il semble que l'école de Toulouse ne soit plus qu'un refuge de gens de lettres en délire ; et on a peine à croire Virgile, quand il cite des ouvrages entiers composés par les Cicérons et les Lucains de son temps, dans ce prodigieux système de grammaire, d'orthographe et de versification. Toutefois, sous tant de puérilités, on finit par découvrir des pensées plus graves, des croyances religieuses, des doctrines philosophiques. Virgile est chrétien : en adressant au diacre Germain ses lettres sur les parties du discours, il lui demande des prières : c'est au service de la loi divine qu'il veut mettre toute l'éloquence et tout le savoir des hommes. Si donc, dans l'étude des choses humaines, quelques difficultés se soulèvent contre les antiques doctrines des Hébreux, il faut que les oracles de la terre se taisent devant ceux du ciel. Car, dit-il, ceux-là font un emploi misérable

<small>Ce qu'il y avait de sérieux dans l'école de Toulouse. — Religion. — Les deux bibliothèques de l'Église.</small>

---

(1) Virgilius, *Epistol.*, p. 9 : « Quod græce dicitur Thronus, unde et qui in eo sedet thors, id est rex, nominatur. » P. 13, Charaxare; p. 94, Anthropeus; p. 97, Catizo; p. 89 : « Quia de usitatis præpositionibus usitatus sermo pene pueris philosophorum est, idcirco et inusitatas præpositiones ex quarto philosophicæ latinitatis sumamus. » Il faudrait citer tout l'Épitome II, *de Scinderatione phonorum*, p. 100 et suivantes, et l'Épitome III, *de Metris*.

Voici le commencement de l'énigme de Virgile. *Epistol.*, p. 94 :
« Vastum personet ponticum ponto : ex natum naturo natum natu-
« ram nataturus : terni terna flumen fontes fronda ex una undatim
« daturi sepna semper atur aspir... »

de leur courage, qui veulent défendre la science des philosophes en attaquant l'autorité de la sagesse hébraïque, parce qu'ils la trouvent vieille et inculte. Pour lui, fidèle aux saines maximes des Pères, il ne juge pas que ce soit trop pour éclairer le monde des deux lumières de la foi et de la raison. Il loue l'Église de la coutume qu'elle garde, selon la tradition apostolique, « de conserver sépa-
« rément les écrits des philosophes païens et ceux
« des chrétiens. Car, voyant que les hommes nour-
« ris dans les études libérales et dans les lettres
« séculières, en se faisant chrétiens, avaient be-
« soin de conserver l'habitude de la science; con-
« sidérant d'ailleurs qu'on ne pouvait les arracher
« à leurs travaux accoutumés ; et qu'enfin des hom-
« mes éloquents rendraient le service de commen-
« ter et de relever les livres de la sagesse divine,
« si, en se convertissant au Seigneur, ils persévé-
« raient dans l'exercice de l'éloquence: les doc-
« teurs de l'Église décidèrent prudemment qu'on
« ferait deux bibliothèques, l'une pour les livres
« des philosophes chrétiens, l'autre pour les écrits
« des gentils, de peur que, si l'on confondait les
« infidèles avec les fidèles, il n'y eût pas de distinc-
« tion entre ce qui est pur et ce qui ne l'est pas. »
Ce témoignage est considérable, comme preuve de la tolérance de l'Église à l'égard des écrivains païens : il éclaire d'un jour nouveau l'époque du grammairien de Toulouse. On assiste aux derniè-

res luttes de la philosophie ancienne avec la nouvelle religion, qui lui dispute encore un petit nombre de cœurs indécis. Fabianus, disciple de Virgile, avait fait profession de paganisme avant d'être purifié par le baptême. Un autre maître du même temps, nommé Don, grammairien et rhéteur, était devenu prêtre de l'Église chrétienne ; Virgile lui-même ne devait pas rester spectateur oisif du combat : il écrivit contre les infidèles un livre *de la Création du Monde* (1).

Mais, en prenant parti pour la révélation, il ne s'était point déclaré l'ennemi de la saine philosophie. Il honorait comme philosophe « quiconque porte à l'étude des choses divines ou terrestres un

Philosophie.

---

(1) Virgilius Maro, *Præfatio*, p. 5. *Epitome* I, p. 99. *Epistol.*, p. 41. Ce passage est de la plus haute importance pour l'histoire de l'Église et des lettres aux temps barbares, puisqu'il établit en quelque sorte la jurisprudence ecclésiastique en matière de livres païens. Il aurait plus de gravité s'il s'agissait expressément de l'Église romaine ; mais, dans le langage de notre Virgile, Rome désigne Toulouse, qui, du reste, devait avoir la tradition commune de l'Occident.

« Hunc namque morem, ex apostolicorum auctoritate virorum, romana tenuit ac servavit Ecclesia, ut christianorum libri philosophorum sepositi a gentilium libris haberentur. Quum enim necesse haberent homines in liberalibus secularis litteraturæ studiis nati educatique, ut sapientiæ ipsius consuetudinem fideles adhuc retinerent... hocce subtilissime statuerunt ut, duobus librariis compositis, una fidelium philosophorum libros, et altera gentilium scripta contineret. »

Præfatio, p. 3 : « Fabianum puerum meum peritissimum ac docillimum, tunc gentilem, nunc fidelem baptismate purificatum. » P. 38 : « Donem prius rhetorem simul et grammaticum, postea fidelem, modo presbyterum. » P. 92 : « Quum librum de Creatione mundi adversus paganos ediderimus. »

cœur pur et une active sollicitude. » Pour lui, la philosophie digne de ce nom était la source et la mère de tout art et de toute science ; elle embrassait la poésie, la rhétorique, la grammaire, la dialectique, la géométrie, c'est-à-dire la connaissance de la terre et des herbes qu'elle produit. « D'où vient, remarque-t-il, que nous rangeons les médecins parmi les géomètres. » Il y ajoute l'astronomie et la physique, qui dispute, dit-il, de la nature des choses. Au milieu de tant de sujets d'étude, la première préoccupation du sage, et le fond même de toute philosophie, c'est la connaissance de l'homme ; et on ne peut s'empêcher de reconnaître un souvenir confus de la doctrine platonicienne, quand Virgile, pour animer ce composé d'éléments arides, liquides et froids qui doivent former l'homme, veut la réunion de trois âmes. La première (*anima*) donne la vie au corps, reçoit les impressions de la nature, et ne distingue pas l'homme du reste des animaux; la seconde (*mens*) recueille les impressions des sens, les retient, les combine, et s'élève aux vérités abstraites ; la troisième (*ratio*) est la raison d'en haut, qui descend dans la pensée ainsi préparée, lui apporte la lumière et le feu, et lui livre les choses célestes. C'est donc avec raison qu'on a considéré l'homme comme un monde en abrégé, puisqu'il contient tout ce qui compose le monde visible : « terre par le corps, feu par l'âme, ses « pensées ont la rapidité de l'air, sa science l'éclat

« du soleil, sa fortune l'instabilité des phases de la
« lune ; sa jeunesse est un printemps fleuri, ses
« vices sont des monstres, et son cœur une tem-
« pête (1). »

De telles doctrines n'étaient pas sans grandeur, et on ne peut d'ailleurs méconnaître ce qu'il y avait de connaissances réelles dans une école où l'on faisait profession d'étudier le latin, le grec et l'hébreu. Toutefois ce qui me touche davantage, c'est que ces esprits égarés finissent par douter de leur science, et par soupçonner la vanité des travaux qui dévoraient leurs veilles. Énée, le maître de Vir-

---

(1) *Epitome* III, p. 113 : « Philosophia est amor quidam et intentio sapientiæ, quia fons et matrix est omnis artis ac disciplinæ... » 115 : « Geometria est ars quæ omnium herbarum graminumque experimentum enuntiat : unde medicos, geometros vocamus, id est, expertos herbarum... » 116 : « Triplex quidem in homine status est : anima quidem naturalia sapit. Mens autem moralia intelligit. Ratio vero superiora et cœlestia perlustrans, intellectum quodammodo ignitum flammosumque possidet... Non immerito itaque præceptores nostri, Sulpicia atque Istius, hominem mundi minoris nomine censuerunt ; quippe qui in se ipso habet omnia, ex quibus mundus constat visibilis : terra enim in corpore, ignis in animo, aqua in frigiditate... mare quoque undosum belluosumque in turbinosa cordis profunditate et in ipsa ratione. » Ce passage rappelle les mythes de la mythologie germanique et scandinave, qui représentent tantôt le monde formé des membres du premier homme, tantôt le premier homme formé de tous les éléments du monde. Cf. les *Germains avant le christianisme*, chap. I et II.

L'*Epitome* IV donne une suite d'étymologies dont plusieurs rappellent celles d'Isidore de Séville, des grammairiens et des jurisconsultes latins. Quelques-unes peuvent servir à faire connaître les idées de l'auteur et de ses contemporains en matière de physique et d'histoire naturelle. Cf *Epitome* V, p. 127 : Comment Virgilius Asianus expliquait le tonnerre.

gile, avait coutume de l'instruire par des comparaisons et des paraboles. Un jour qu'il lui montrait un rocher creusé par les eaux : « Vois, mon fils, « lui dit-il, cette pierre nue que les flots ont ron-« gée : ainsi le sage est rongé par les flots du sa-« voir où il s'enfonce ; et, au milieu de ses plus « chères études, il se sent encore malheureux. » On aime à saisir ces rares accents d'une sagesse véritable, et à retrouver des hommes là où l'on ne croyait plus voir que des vieillards redevenus enfants (1).

Date précise du grammairien Virgile. Et maintenant nous connaissons assez les écrits de Virgile, pour en fixer la date au milieu des conjectures contraires des critiques, qui hésitent entre le cinquième siècle et le huitième, entre le temps de Sidoine Apollinaire et celui de Charlemagne. Premièrement, tout indique une époque où le paganisme vaincu résiste encore, où il se réfugie dans le culte de la philosophie et des lettres, et s'efforce de sauver au moins l'autel des muses. On voit des infidèles, non-seulement parmi les barbares, mais parmi les lettrés ; on se félicite de la conversion des uns, on écrit contre les autres. En second lieu, il faut que l'antiquité n'ait pas péri, qu'elle vive encore, quoique défigurée, dans ces assemblées de grammairiens convoquées pour sau-

---

(1) *Epistol.* 94 : « Dixit mihi (Æneas) : Vide, fili, doceat te lapis hic nudus, quem vides aquis corrosum : sic sapiens aquis suis corroditur ; hoc est, sapientiæ studiis infelix in mundo habetur. »

ver la langue au moment de la ruine des institutions. Il faut enfin que la barbarie soit bien menaçante, puisqu'elle réduit les lettres à se cacher : car des différents motifs par lesquels Virgile justifie l'emploi d'un langage secret, celui qu'il développe davantage est assurément le plus sincère. En présence de ces terribles Germains, hauts de sept pieds, et qui passaient pour anthropophages; quand, du fond de leurs manoirs, ils tenaient les campagnes dans l'épouvante et les villes voisines en respect ; quand déjà la plupart savaient assez de latin pour épier les discours et surprendre les correspondances, il fut pardonnable à de pauvres rhéteurs de se faire un idiome inintelligible à leurs ennemis, de s'écrire en chiffres, et de se constituer en société secrète (1).

(1) Sur l'époque du grammairien Virgile on a proposé trois opinions. Le cardinal Mai, *Introd.*, p. x, indique, comme la date la plus probable, la fin du sixième siècle, et s'appuie surtout du passage où Virgile cite le chant de la reine Rigadis, c'est-à-dire Rigonthe, fille de Chilpéric. M. Orelli (*Lectiones petronian.*, p. 3) adhère à cette conjecture. Au contraire, M. Quicherat, dans un savant travail (*Bibliothèque de l'école des Chartes*, II, 3) fait remonter le grammairien de Toulouse jusqu'à la fin du cinquième siècle ; il en donne pour raison principale qu'au temps de Chilpéric il n'y avait plus ni païens à convertir, ni culture intellectuelle. Nous croyons avoir répondu à ces deux difficultés. Enfin M. Osann (*Beitræge zur gr. und lat. Litteratur Geschichte*, t. II, p. 125, et *Hall. litt. Zeitung*, 1836, *Erganzbl.*, n° 48) fait descendre le faux Virgile jusqu'au temps de Charlemagne. La plus forte raison qu'il en donne est cette mention écrite en marge d'un manuscrit de la bibliothèque de Leyde, contenant des fragments de notre grammairien : « Virgilius fuit Caroli Magni temporibus. » Mais Lindemann a remarqué que les notes marginales de ce manuscrit étaient d'une main plus récente. M. Osann croit reconnaître, dans le Sedulius et l'Etherius

Aucun de ces traits ne convient aux temps carlovingiens, à une époque toute chrétienne, où l'on convertissait encore des Saxons, mais où l'on ne baptisait plus de rhéteurs latins. Comment admettre au huitième siècle, lorsque la France était réduite à recevoir presque toutes ses lumières de l'Italie, de l'Angleterre et de l'Irlande, l'existence d'une école nationale à Toulouse, qui compterait quatre générations et cent vingt ans de durée? Enfin, ce qui fait la grandeur littéraire du règne de Charlemagne, c'est la passion, non de cacher, mais de populariser la science; c'est le besoin, non de fermer les portes de l'école, mais de les ouvrir, et d'y pousser, de gré ou de force, le clergé, la noblesse, et jusqu'aux enfants des serfs ; c'est enfin la pratique sincère de l'enseignement chrétien, qui n'a pas de doctrines ésotériques, qui ne partage pas les hommes en deux classes, l'une d'initiés, l'autre de profanes. Au contraire tout conviendrait

---

du faux Virgile, un grammairien irlandais du neuvième siècle, et un évêque espagnol qui figura dans la controverse de l'Adoptianisme ; enfin il pense retrouver Virgile lui-même dans ce vers d'une épitre d'Alcuin à Charlemagne :

Quid Maro versificus solus peccavit in aula?

Mais, tout en craignant de nous trouver en contradiction avec un philologue d'une si grande autorité, nous aurons lieu de prouver dans la suite de ce travail, que le Virgile dont il s'agit dans ce vers d'Alcuin est le véritable, et que les pseudonymes de la cour de Charlemagne ne sont qu'une imitation tardive de l'école de Toulouse. Les noms de Sedulius, d'Etherius, etc., sont d'ailleurs assez communs aux temps barbares pour avoir pu être portés à trois siècles de distance par des écrivains différents.

au cinquième siècle, si ce n'est que, Virgile supposant toute une suite d'écrivains engagés avant lui au service de la même doctrine secrète, il faudrait le faire remonter plus haut, et jusqu'au temps d'Ausone. Mais le poëte Ausone, si intarissable et si instructif dans ses éloges des rhéteurs aquitains, ne laisse rien pressentir de pareil aux inventions grammaticales de l'école de Toulouse. Tant que l'épée de Théodose et la politique de Stilicon couvrirent les frontières, les lettrés s'occupèrent de célébrer la gloire de l'empire, et non pas de se dérober aux menaces des barbares (1).

Les dernières difficultés s'évanouissent, si l'on

(1) Beugnot, *Histoire de la chute du paganisme en Occident.*
— Le cardinal Mai croit trouver chez le rhéteur Fronto les premières traces du langage mystérieux adopté par les grammairiens de Toulouse. Voici le passage de Fronto, *de Feriis Alsiensibus*, Mai, 1ʳᵉ édit., t. I, p. 177 :

« Ut homo ego multum facundus et Senecæ Annæi sectator, *faustiana* vina de Sullæ Fausti cognomento *felicia* appello ; calicem vero *sine delatoria nota* cum dico, sine puncto dico. Neque enim me decet, qui sim jam homo doctus, volgi verbis falernum vinum aut calicem *acentetum* (Plin., 37, 10) appellare. Nam qua te dicam gratia Alsium maritimum et voluptarium locum, et, ut ait Plautus, locum lubricum delegisse, nisi ut bene haberes genio, utique verbo vetere faceres animo *Volup*? Qua malum *Volup*? Immo si dimidiatis verbis verum dicendum est ubi tu animo faceres *vigil* vigilias dico, aut ut faceres *labo*, aut ut faceres *mole* labores et molestias dico. » Quintilien, I, 7 : « Vesperug, quod vesperuginem accipimus. »

On reconnaît bien ici l'inclination qu'eurent toujours les gens d'école à parler le moins possible la langue du vulgaire. Mais il fallait les dangers de l'invasion pour donner à cette vanité l'appui d'un motif sérieux, pour que ce caprice des anciens grammairiens fût réduit en système, et qu'au lieu de quelques mots entendus à demi par les initiés, on en vint aux douze latinités de Virgile l'Asiatique.

place Virgile à la fin du sixième siècle. Nous savons quels combats se livraient alors la civilisation et la barbarie dans l'Église, dans l'État, dans les lettres; et nous avons assez vu où en étaient les partisans de l'antiquité, pour ne nous étonner ni de leur opiniâtreté ni de leurs terreurs. Il ne faut pas dire que le paganisme n'avait plus de disciples, puisque Théodoric avait dû renouveler les lois des empereurs chrétiens contre ceux qui offraient des sacrifices; et qu'en 545, pendant le siége de Rome par Bélisaire, les païens voulurent rouvrir les portes du temple de Janus. Si la capitale du christianisme tolérait encore des infidèles, on devait les trouver plus nombreux dans les provinces, où la foi répandait moins de lumières. Rien n'empêche donc de faire fleurir l'école de Toulouse vers l'an 600, et des indications décisives y conduisent.

Et d'abord le savant éditeur de Virgile avait déjà reconnu que cet écrivain cite un chant composé en l'honneur de la reine *Rigadis*, probablement la même que Rigonthe, fille de Chilpéric et de Frédégonde. Mais on n'avait peut-être pas assez remarqué tout ce qu'il y avait de poétique, de populaire et d'attachant pour les Aquitains dans les aventures de cette princesse, fiancée, en 584, au roi des Visigoths Reccared, partie avec des trésors prodigieux et une escorte de quatre mille hommes; obligée de séjourner à Toulouse pour ravitailler sa troupe, et surprise dans cette ville par une révolte qui la dépouilla de ses richesses, rompit son mariage, et lui fit reprendre le chemin de Paris, mourant de honte et de douleur. Ceux qui avaient vu la fière Mérovingienne entrer dans leur ville, entourée de gens de guerre, traînant cinquante chariots chargés d'or, d'argent et de vêtements précieux, et, quelques jours après, obligée de chercher un asile dans la basilique de Sainte-Marie, où se réfugiaient les coupables et les accusés en péril de mort, ceux-là durent assurément s'émouvoir d'une si grande infortune ; et le poëte Sarbon, père de Glengus, put y trouver, comme il disait, « le sujet d'un chant digne de l'admiration « des hommes (1). »

Mais le malheur de la fille de Chilpéric se rattache à une suite d'événements qui mirent l'Aqui-

---

(1) Virgilius Maro, *Epist.*, 23 : « Sarbon quoque, pater Glengi, in Rigadis reginæ cantico : « Digna ab ego (*sic*) laudari carmento mirabili. » Cf. Gregor. Turon., VI, 34 : « Legati iterum ab Hispania venerunt, deferentes munera, et placitum accipientes cum Chilperico rege, ut filiam suam (Rigunthem), secundum conniventiam anteriorem (Reccaredo), filio regis Leuvichildi tradere deberet in matrimonium. 45 : Nam tanta fuit multitudo rerum, ut aurum argentumque et reliqua ornamenta quinquaginta plaustra levarent... Sed quoniam suspicio erat regi ne frater aut nepos aliquas insidias puellæ in via pararent, vallatam ab exercitu pergere jussit. VII, 9 : Rigunthis, Chilperici regis filia, cum thesauris suprascriptis usque Tholosam secessit... Mors Chilperici regis in aures Desiderii ducis inlabitur. Ipse quoque, collectis secum viris fortissimis, Tholosam urbem ingreditur, repertosque thesauros abstulit de potestate reginæ... 10 : Rigunthis vero in basilica Sanctæ Mariæ Tholosæ residebat. » Cf. VII, 15, 32, 35, 39 ; IX, 34.

taine en feu, et dont je trouve la trace encore brûlante dans les écrits du grammairien Virgile. Un barbare appelé Gondowald, qui se donnait pour fils du roi Clotaire, après un long séjour à Constantinople, avait débarqué à Marseille ; et, gagnant les montagnes d'Auvergne, il s'y était fait élever sur le pavois par une troupe de nobles à la tête desquels paraissait Bladastes, chargé d'un commandement militaire dans la Gaule méridionale. L'armée du prétendant, grossie par le succès et par l'espoir du pillage, envahit l'Aquitaine par le nord, réduisit en son pouvoir Périgueux, Angoulême, Agen, et, à la fin de 584, vint mettre le siége devant Toulouse. A l'aspect des bandes innombrables qui pressaient les remparts de la cité, deux partis se déclarèrent, l'un pour la résistance, l'autre pour la soumission. Leur division livra les portes à l'ennemi, les trésors de Rigonthe à Gondowald, et la ville entière aux violences d'une armée victorieuse. Le souvenir de cette guerre civile ne pouvait s'effacer ; le maître de Virgile, le grammairien Énée, en avait écrit l'histoire, ou plutôt, disait-il, la déplorable tragédie, dans ce langage emphatique et figuré dont l'école de Toulouse gardait le secret. Il l'avait appelé la seconde guerre de Mithridate, et commençait en ces termes : « En ce temps-là, Blastus, « Phrygien d'origine, vint du Nord, sa patrie; il « entra dans Rome avec une troupe de Germains,

« dont il s'était assuré l'amitié et l'alliance. Il
« causa de grands désordres en divisant la ville en
« sept factions qui en vinrent aux mains, de sorte
« que tout le peuple s'entr'égorgeait. » Il faut se
rappeler que, chez nos grammairiens, Rome désigne Toulouse; que Frédégaire donne aux Francs
le nom de Phrygiens; et l'on ne pourra s'empêcher
de reconnaître sous le nom de Blastus le duc Bladastes, engagé dans la conspiration de Gondowald,
où il entraîna une partie de l'Aquitaine. Or, comme
Énée ajoute qu'il avait vingt-cinq ans à l'époque
des événements qu'il décrit; comme le poëte Sarbon, qui, vers le même temps, composa le chant
de la reine Rigonthe, fut le père de Glengus et
l'aïeul de Maximien, contemporain de Virgile,
on ne saurait guère placer Virgile même que sur
la limite du sixième et du septième siècle; et la
date que la critique cherchait semble désormais
fixée (1).

(1) Virgilius Maro, *Epitome* II, p. 107 : « Ex quibus est illud
Æneæ Mithridatici belli historiam, immo tragœdiam, lacrymabiliter enarrantis. Illo, inquit, enim narrare proponimus (quo metro?
dactylico) quod maximum scimus gestum est bellum ; in illo, inquam, eodemque quo xxv ætatis expleveram annum, tempore,
Blastus quidam genere Pheregus (*sic*) Julius... a septentrione (ex
hac quippe parte oriundus erat) Romam, Germanorum sibi quorum
societatem amicitiamque pariter adquisiverat, satellitibus adjunctis
veniens, ingente urbi, populo, plebique perditione per eumdem
facta, in septem siquidem contra sese dimicaturas civitatem divisit
partes, et intolerabilem inussit plagam, ut pene tota civitas internecioni se daret. » Sur Bladastes et le rôle qu'il joua dans l'entreprise de Gondowald, Gregor. Turon., VI, 12, 31 ; VII, 28, 34,
37 ; VIII, 6. Les passages sont trop longs pour trouver place dans

En effet, les preuves tirées des écrits du grammairien de Toulouse trouvent un nouvel appui dans les témoignages étrangers qu'on leur confronte. Si le rhéteur Ennodius, mort en 516, tourne ses épigrammes contre un poëte de son temps qui se fait appeler Virgile, et qu'il tient pour insensé, je crois reconnaître le premier des faux Virgile, celui qui vivait à Troie, c'est-à-dire à Rome, tellement habile dans l'art des vers, qu'il écrivait soixante-dix livres sur la versification. D'un autre côté, l'Anglo-Saxon Aldhelm, mort en 709, cite un jeu de mots de Glengus, et bientôt après Bède reproduit un texte du faux Horace, déjà allégué par notre grammairien. Enfin l'Irlandais Clemens, contemporain de Charlemagne, compose un traité des parties du discours, où il insère de longs extraits du Virgile de Toulouse. Il y a plus, et l'autorité de l'école d'Aquitaine, qui eut bientôt des disciples et des émules d'un bout à l'autre de l'Occident, nous explique plusieurs passages qui nous arrêtaient d'abord chez les écrivains contemporains. Quand Grégoire de Tours déclare que peu d'hommes comprennent un rhéteur qui s'exprime en philosophe; quand saint Ouen se défend de parler le langage des scolasti-

---

ces notes. Cf. Fauriel, *Histoire de la Gaule méridionale*, t. II. — Si Virgile cherche à expliquer le nom de Blastus en lui donnant le sens d'anthropophage, il ne faut voir là qu'un exemple de plus de ces étymologies arbitraires dont son école était si prodigue.

ques, qu'il accuse les grammairiens de se perdre dans leurs fumées et de détruire plus qu'ils n'édifient; comment ne pas soupçonner quelque allusion à cette latinité philosophique dont le propre était de fuir la clarté, à ces artifices d'une grammaire qui épuisait, dans ses misérables exercices, les dernières forces de l'intelligence? On commence à entrevoir l'origine de tant de plagiats qui ont troublé toute l'histoire littéraire, des faux Caton, et des autres pseudonymes anciens. Ainsi, dans l'énumération générale des auteurs les plus vantés de son temps, saint Ouen cite d'abord Tullius, et plus loin Cicéron : je ne crois plus qu'il ait fait deux écrivains d'un seul, et je soupçonne qu'il s'agit du Cicéron fils de Sarricius, dont on disait : « Qui ne l'a pas lu n'a rien lu. » Et je ne serais pas étonné de retrouver encore quelqu'un des faux Virgile dans celui dont Frédégaire s'autorise pour faire sortir les Francs de l'incendie d'Ilion (1).

---

(1) Ennodius, *Epigramm.*, 118, 122 :

> In tantum prisci defluxit fama Maronis,
> Ut te Virgilium sæcula nostra darent !
> Cur te Virgilium mentiris pessime nostrum ?
> Non potes esse Maro, sed potes esse moro.

Aldhelm, *Epist. ad Eadfridum*, apud Userh, *Hibernicarum epistolarum sylloge* : « Digna fiat faute Glengio, gurgo fugax fambulo. » Cf. Virgilius, *Epistol.*, p. 22 : « Verumtamen ne in illud Glengi incidam, quod cuidam conflictum fugienti dicere fidenter ausus est : « Gurgo, inquit, fugax fabulo dignus est. » Le même Aldhelm, dans son traité de Métrique (apud Mai, *Auct. class.*, t. V, p. 520), cite un Virgile que je crois être celui d'Ennodius et

484   CHAPITRE IX.

La doctrine des grammairiens aquitains se propage.

Ainsi, ce qu'on pouvait prendre pour l'erreur passagère de quelques lettrés devient la tradition de plusieurs siècles. Nous verrons la doctrine secrète des rhéteurs aquitains passer la mer, se propager dans les monastères d'Irlande et d'Angleterre, et, après avoir traversé les temps barbares, venir expirer à la lumière du moyen âge. Ou plutôt, en y regardant de plus près, nous ne verrons jamais finir ce travers de l'esprit humain, ce goût des raf-

---

l'auteur des soixante-dix livres sur la Versification : « Virgilius item libro quem *Pædagogus* prætitulavit, cujus principium est :

> Carmina si fuerint, te judice, digna favore,
> Reddetur titulus purpureusque nitor.

Bède, *de Orthographia* (édit. Putsch, p. 2545 : « Sol in utroque numero declinatur. Sed singulariter *sol* ipsum luminare significat : ut soles ipsos dies nominamus, in quibus sol totum illuminat polum. Nonnuli tamen veterum ipsa carmina *soles* nominavere, sicut Horatius exorsus est, « Soles meos omni ecclesiæ vestræ commendo. » Le même passage se retrouve dans l'*Epitome* VIII, p. 136. Le même faux Horace est cité plusieurs fois par Virgile, p. 62, 80, 133. Je dois ce rapprochement aux obligeantes communications de M. Marty-Laveaux, qui a soutenu à l'École des Chartes une thèse remarquable sur *Virgilius Maro, le grammairien*.

Osann, *Beitræge*, t. II, p. 151, cite un passage considérable du manuscrit de Clemens, conservé à la bibliothèque de Berne, et indiqué dans le catalogue de Sinner, p. 343 : c'est un extrait de Virgile, *Epistol.*, p. 14; plus loin, Clemens nomme Virgile : « Virgilius : multi adverbia de conjunctivis faciunt, ut ergo pro sæpe ponant, » etc. C'est en effet le texte de Virgile, *Epitome*, p. 146.

Cf. Gregor, Turon., *Præfatio* : « Philosophantem rhetorem intelligunt pauci, loquentem rusticum multi. » S. Audoenus, *Præfatio ad vitam S. Eligii*. Cf. Virgil., *Epist.*, p. 14 : « Non legit, qui non legit Ciceronem. »

Frédégaire, *Hist. epitomat.*, 2 : « Quod prius Virgilii poetæ narrat historia. » M. Quicherat, dans la savante dissertation citée plus haut, croit retrouver ici le Virgile de Toulouse.

finements, des fictions, des contrefaçons de l'antiquité, qui s'empare des plus florissantes littératures ; ce plaisir vaniteux, qui tente les sociétés les plus polies, de se dégager de la foule, de se faire une langue inaccessible aux profanes, de s'entendre et de s'admirer à huis clos. Nous serons moins sévères pour les obscurs grammairiens du sixième siècle et du septième, si nous songeons aux jeux d'esprit qui inaugurèrent le règne de Louis XIV, aux Sapphos, aux Anacréons de l'hôtel de Rambouillet, lorsque Paris s'appelait Athènes, que Vincennes se nommait Venouse, Meudon Tibur ; lorsque les précieuses n'avaient plus le déplaisir de parler comme tout le monde, et que les solitaires de Port-Royal exerçaient encore leurs élèves aux formes du syllogisme, à l'aide de ces vers que Galbungus aurait signés :

> Barbara celarent Darii ferio Baralipton.
> Cesare camestres festino Baroco darapti.

Mais ce qu'on ne prévoyait pas, c'est que ce dernier effort de la décadence latine eût prise sur la barbarie ; c'est qu'une littérature tout occupée de dérober ses secrets aux ignorants, aux hommes de l'invasion, les attirât par ses obscurités, les attachât par ses difficultés, et, avec tout ce qu'elle fit pour les repousser, ne réussît qu'à les séduire. On s'en aperçoit déjà aux noms étrangers et tout germaniques de quelques maîtres mêlés aux Vir-

Quels services rendit cette école.

gile et aux Cicéron de Toulouse : je veux dire Glengus, Galbungus, et je ne puis guère m'empêcher de prendre ce dernier pour quelque Visigoth furtivement introduit dans le sanctuaire de l'enseignement. Les Germains retrouvaient chez ces grammairiens l'usage de l'allitération, c'est-à-dire l'ornement accoutumé de leur poésie : ils y voyaient la même passion des termes obscurs et des figures téméraires, la même fidélité à ne rien nommer par son nom, les mêmes traits qui caractérisaient les chants de leurs scaldes, qui nous étonnent encore dans les fragments de l'Edda et dans l'épopée anglo-saxonne de Beowulf. Les bardes gallois du septième siècle aimaient à hérisser leurs compositions de mots latins qu'ils n'entendaient pas. Les Irlandais feront mieux, et produiront des livres entiers dans la plus ténébreuse des douze latinités. Les poëtes anglo-saxons poussent le génie de la périphrase à ce point, que l'un d'eux trouve vingt-six manières de désigner l'arche du déluge. Dans la langue lyrique de ces hommes, dont les pères offraient encore des sacrifices humains, une harpe s'appelait « le bois du plaisir ; » et les larmes, « l'eau du cœur. » La rhétorique n'a plus de secrets pour des imaginations si bien préparées, et le dernier écolier anglais écrira aussi métaphoriquement, aussi inintelligiblement que les docteurs aquitains. Enfin, si ces maîtres habiles avaient pensé sauver la science en l'enveloppant de voiles ; si Donatus, Enée et les autres avaient réduit toute leur philosophie en énigmes qu'ils proposaient à leurs disciples, ils ne pouvaient lui prêter des dehors plus attrayants pour des peuples enfants, ni plus flatteurs pour les habitudes des Germains. Dans le loisir de leurs longues nuits, ils aimaient à se proposer, à résoudre des questions difficiles. Les recueils de poésies anglo-saxonnes sont pleins d'énigmes en vers que les chanteurs ambulants portaient de manoir en manoir ; et nous avons vu les dieux, les géants et les nains de l'Edda s'exercer à ces assauts de l'intelligence, où la mort est la peine du vaincu. Quand le nain Alvis va trouver le dieu Thor, il lui récite les noms des astres et des éléments dans les langues différentes des Ases, des Alfes et des hommes, il faut bien admettre un idiome théologique, une science réservée aux prêtres, transmise avec l'écriture mystérieuse des Runes ; en sorte que cette discipline du secret, que nous regardions comme la dernière ressource d'une civilisation vieillie, est en même temps un des premiers instincts des peuples qui commencent. Tant la nature humaine semble éprise de l'inconnu, insatiable d'apprendre, inconsolable s'il arrivait un moment où elle aurait tout appris ! Comme le jour ne lui vient qu'entre deux nuits, la science ne lui plaît qu'entourée de mystères ; et, si tourmentée qu'elle soit du besoin de connaître, elle l'est encore plus du besoin d'ignorer (1).

Ainsi, au commencement du septième siècle, au moment où l'on a coutume de croire qu'il n'y a plus d'enseignement littéraire, nous en trouvons deux : d'un côté, ce qui reste des lettres classiques, la grammaire, l'éloquence et le droit, professés dans les écoles où s'achève l'éducation des nobles, des évêques, et de toute cette société chantée par le poëte Fortunat; de l'autre côté, la doctrine du faux Virgile et de ses maîtres, qui croit sauver les traditions littéraires en les cachant, qui les étoufferait si elle réussissait dans son dessein, mais qui n'arrive qu'à leur donner la forme la plus propre à fixer le respect, la curiosité, la docilité des peuples nouveaux. Nous avons fixé l'époque de cette école. Nous commençons à pressentir sa mission, la suite achèvera de l'éclaircir, et nous reconnaîtrons que la Providence a traité les lettres aux temps

---

(1) Sur les habitudes poétiques des Scandinaves, voyez *les Germains avant le christianisme*, chap. v. L'allitération, c'est-à-dire la répétition des mêmes initiales, paraît dans l'énigme de Virgile citée ci-dessus : « Natum naturo naturam naturus. » — En ce qui touche les Irlandais et les Anglo-Saxons, on trouvera les textes indiqués et cités dans la suite de ce chapitre. Le premier volume de l'archéologie de Myvyr contient de nombreux fragments poétiques, où l'on voit l'effort des bardes gallois pour s'envelopper d'obscurités.

Si j'appelle l'école du faux Virgile, école de Toulouse, école d'Aquitaine, c'est pour abréger, et sans prétendre qu'elle fût resserrée dans les limites d'une seule province. Au contraire, on a tout lieu de croire qu'elle venait de plus loin, et qu'elle s'étendit dans tout l'Occident.

barbares comme ces semences précieuses qu'elle destine à rouler dans les ronces et les rochers : la plus épineuse des deux n'est pas la moins utile ; elle résiste, et finit par attacher la graine au lieu où elle germera.

LES ÉCOLES BARBARES.

Les écoles séculières se perpétuèrent au septième siècle, mais en déclinant. Le paganisme se retirait, et sa défaite discréditait les muses classiques, dont il avait fait son dernier culte. D'ailleurs, la société romaine s'effaçant chaque jour davantage, il fallait bien que l'invasion barbare achevée dans l'État, commencée dans l'Église, se fît dans l'enseignement. Il fallait que toute éducation littéraire cessât, ou que l'Occident trouvât d'autres maîtres(1).

{Les écoles séculières se perpétuent.}

Dès les premiers temps du christianisme, la foi nouvelle avait ouvert ses écoles aux catacombes ; et c'est ainsi qu'à Rome, dans les souterrains de Sainte-Agnès, à côté des chapelles garnies de tombeaux, couvertes de peintures symboliques, on trouve dès

{Commencement des écoles ecclésiastiques.}

---

(1) Les exemples suivants semblent indiquer la perpétuité des écoles laïques dans la seconde moitié du septième siècle.
Vita S. Hermenlandi (mort en 720) : « Litterarum eruditoribus sui profectus gratia imbuendus... traditus fuit, quibus præ cunctis coævis sodalibus ad plenum eruditus... Ita ut in *scholis* probitate animi sacratus, præfulgens puer admirabilis omnibus haberetur. »
Vita S. Landeberti (mort vers 708) : « A prima ætate tradidit eum (pater) ad viros sapientes et *storicos*.
Vita S. Boniti (mort en 709). Nous avons cité le passage qui atteste l'existence de l'école de Clermont.

salles sans autels, sans ornements, sans autres indices de leur destination que la chaire creusée dans le tuf où s'asseyait le maître, et le banc réservé aux disciples. L'enseignement chrétien sort de son obscurité, quand les leçons de Pantænus, de Clément d'Alexandrie, d'Origène, émeuvent tout l'Orient, et consacrent l'alliance de la doctrine sacrée avec les lettres profanes. L'Italie suivit de loin cet exemple; et si Cassiodore n'y réussit pas à fonder, de concert avec le pape Agapet, un enseignement théologique rival d'Alexandrie, on y avait pourvu aux premières études du clergé, lorsqu'en 529 le concile de Vaison s'exprimait en ces termes : « Il a « paru bon que, selon la coutume salutaire obser-« vée chez les Italiens, les prêtres qui occupent des « paroisses reçoivent dans leurs maisons de jeunes « lecteurs, et, les élevant comme de bons pères, « leur apprennent à étudier les psaumes, à s'atta-« cher aux livres saints, à connaître la loi de Dieu, « afin de se préparer ainsi de dignes successeurs, « et par là de mériter les récompenses éternelles. » Voilà de courtes paroles, et qui promettent peu : il n'y en eut jamais de plus fécondes. Le canon de Vaison, reproduit, commenté par le concile de Tours, en 567, par ceux de Tolède, en 624, de Clif, de Liége, et par le concile général de Constantinople en 680, devait fonder l'éducation publique du moyen âge (1).

(1) Les savantes recherches du père Marchi et les fouilles qu'il

Il s'agit de savoir comment une loi si souvent renouvelée, par conséquent si désobéie, finit par forcer les résistances et par entrer dans les mœurs.

En Italie, c'est saint Grégoire le Grand qu'on accuse sans preuves, d'avoir détesté les lettres, brûlé Tite-Live, Cicéron, et toute la bibliothèque Palatine, et qui s'efforça au contraire de faire entrer les lettres dans l'Église, « ne souffrant rien « de barbare chez ses disciples, voulant qu'autour « de lui tout respirât le génie latin, et que sa cour « devînt le temple de la science, auquel les sept « arts libéraux serviraient [de colonnes. » Sans doute on trouve plus d'une fois ce grand homme en révolte contre l'antiquité, peut-être pour en avoir été trop épris, peut-être parce qu'il sentait le vieux sang patricien bouillonner dans ses veines, parce que ces noms d'empire, de sénat, le touchaient malgré lui. Mais il eut de l'antiquité la passion du beau dans les pompes religieuses, dans les chants sacrés ; ses réformes liturgiques sauvèrent ce qui nous reste de la musique des Grecs.

L'école des chantres à Saint-Jean de Latran.

dirigeait depuis huit ans aux catacombes de Sainte-Agnès ont fixé l'époque, la destination, les règles de ces ouvrages souterrains incomplétement expliqués par les travaux de Bosio, de d'Agincourt, de Boldetti, et que M. Raoul-Rochette, dans un livre excellent, avait recommandés à toute l'attention des archéologues.

Concilium Vasionense, II, c. 1 : « Placuit ut omnes presbyteri, qui sunt in parochiis constituti secundum consuetudinem, quam per totam Italiam satis salubriter teneri cognovimus, juniores lectores... secum in domo ubi ipsi habitare videntur, recipiant, » etc. *Concil. Turonense*, II, c. xii; *Concil. Toletanum*, II, 1 ; *Cloveshovense*, II, 7. *Concil. Constantinop. gener.*, VI, can. 5.

Pour conserver les traditions de cet art savant, saint Grégoire avait fondé une école avec deux résidences, l'une auprès de la basilique de Saint-Pierre, l'autre au palais de Latran : on y montra longtemps le lit où le saint pape, tout brisé de vieillesse et d'infirmités, aimait à se reposer en exerçant lui-même ses élèves, et le fouet dont il menaçait les paresseux. Mais la musique, la dernière des sept sciences profanes, exigeait la connaissance de toutes les autres, le chant supposait l'intelligence des textes sacrés ; en sorte qu'il ne faut pas s'étonner si l'école de saint Grégoire devient le siége d'un enseignement théologique et littéraire qui durait encore au neuvième siècle (1).

(1) Tiraboschi, *Storia della letteratura italiana*, t. V, lib. II, cap. II, a réfuté péremptoirement les accusations portées par Brucker contre la mémoire de S. Grégoire le Grand. Les plus graves et les plus anciennes ne reposent que sur le témoignage de Jean de Salisbury au douzième siècle, et sur une allégation d'un édit de Louis XI. Il est plus juste de s'en rapporter au biographe de S. Grégoire, Jean Diacre, qui du moins écrivait à Rome, et deux cents ans avant Jean de Salisbury.

Johann. Diacon., *in vita Gregorii*, I, cap. II : « Disciplinis vero liberalibus, hoc est grammatica, rhetorica, dialectica, ita a puero est institutus, ut quamvis eo tempore florerent adhuc Romæ studia litterarum, tamen nulli in hac urbe secundus putaretur. » — Id., ibid., 11, 12, 13 : « Nullus pontifici famulantium a minimo usque ad maximum barbarum quolibet in sermone vel habitu præ se ferebat. Sed togata Quiritum more seu trabeata latinitas secum Latium in ipso latiali palatio singulariter obtinebat. Refloruerant ibi diversarum artium studia, » etc.

Quant aux *mathematici* que S. Grégoire bannit de Rome, c'est le nom sous lequel toute l'antiquité désignait les astrologues, et Grégoire ne fit que renouveler contre eux les mesures des empereurs.

Johann. Diac., II, cap. VI : « Scholam quoque cantorum, quæ hactenus eisdem constitutionibus in sancta Romana Ecclesia modu-

LES ÉCOLES. 493

En même temps les études monastiques commençaient au mont Cassin. Il est vrai que la règle de Saint-Benoît ne s'occupe point des écoles claustrales : mais elle en suppose l'existence, puisqu'elle permet de recevoir les enfants conduits au monastère pour y être élevés dans la crainte de Dieu. Une disposition expresse traite de la bibliothèque : « Les jours de carême, y est-il dit, on va-
« quera à la lecture depuis le matin jusqu'à tierce.
« Dans ces jours-là, tous recevront de la bibliothè-
« que des livres qu'ils liront d'un bout à l'autre ;
« car on devra les donner au commencement du
« carême. Et l'on chargera un ou deux des plus
« anciens de parcourir le monastère, et de voir s'il
« n'y a point quelque frère paresseux qui se livre
« au repos ou à la conversation, au lieu de se don-
« ner à la lecture... Le dimanche, tout le monde
« lira. » En honorant le travail d'esprit, en faisant de la lecture l'œuvre du dimanche et des jours saints, la règle bénédictine pourvoyait d'avance aux besoins de l'enseignement. Ces peuples de moines qu'elle faisait pâlir sur les livres devaient bientôt donner des instituteurs à toute la chré-

Les
lettres au
mont
Cassin.

latur, constituit; eique cum nonnullis prædiis duo habitacula, scilicet alterum sub Lateranensis patriarchii domibus fabricavit, ubi
usque hodie lectus ejus in quo recubans modulabatur, et flagellum
ipsius quo pueris minabatur, veneratione congrua, cum authentico
antiphonario reservatur. »
Cf. Anastase Biblioth., *in Sergio I*; id., *in Sergio II* : « Eum
scholæ cantorum ad erudiendum tradidit (Leo III) communibus
litteris. »

tienté. Le cloître venait à peine de s'ouvrir, que déjà les lettres en prenaient possession. Parmi les premiers disciples de saint Benoît, plusieurs s'illustrèrent par leurs écrits ; et l'un d'eux, nommé Marcus, avait célébré la fondation du monastère dans un poëme dont on admirait l'élégance. C'était une tradition ancienne que Varron avait habité le mont Cassin, et qu'il y avait ouvert dans son palais un asile aux études philosophiques. Les bénédictins s'honorèrent de ce souvenir, ils ne redoutèrent pas une comparaison si effrayante ; et Pierre Diacre, leur historien, remercie le Christ d'avoir choisi ce lieu savant pour en faire le gymnase de la sagesse éternelle (1).

Mais derrière les murailles de Rome comme sur les hauteurs du mont Cassin, les lettres défiaient

---

(1) Regula S. Benedicti : « In Quadragesimæ diebus a mane usque ad tertiam lectioni vacent. In quibus diebus accipient omnes singuli codices de bibliotheca, quos per ordinem ex integro legant. » Petri Diaconi *de Ortu et obitu justorum cœnobii Casinensis*, apud Mai, t. VI, Script. vet... *Nova collectio*, p. 246. In vita S. Mauri : « Silentio vero ac lectioni ita vacabat, ut pro hoc ipsi etiam sanctissimo Benedicto mirabilis videretur. » Cf. ibid. *Vita S. Placidi, Vita Speciosi, Vita S. Severi episcopi* : « Casiniensis arcis sublimitas tanto olim culmine viguit, ut romani celsitudo imperii philosophicis studiis illum in ævum dicaret. Hanc M. T. Varro omnium Romanorum doctissimus incoluit, » etc. Idem, *de Viris illustr. Casinens.* : « Marcus, in Scripturis apprime eruditus, de adventu S. Benedicti, situ loci, etc., elegantissimos versus composuit. »

Cf. *Vita S. Fulgentii*, citat. ap. Mabillon, *An. SS.O. S. B.*, I, p. 41 : « Sic laborem et lectionem omnibus commendabat, ut laborantes fratres qui lectionis studium non habebant, minus diligeret, nec magno honore dignos judicaret : contra, studiosos, sed laborare non valentes, summopere amaret. »

les barbares, elles ne les atteignaient pas. Il y avait plus de mérite à les propager dans les provinces lombardes, où l'évêque, entouré d'un petit nombre de clercs, défendait seul contre la tyrannie des ducs les faibles restes de la civilisation chrétienne. Au milieu des périls du septième siècle, l'archevêque de Milan, Benedictus Crispus, avait formé des disciples qu'il instruisait dans les sept arts. Au huitième siècle, Gison de Modène recommandait à ses prêtres de tenir l'école et d'instruire les enfants. En même temps on prouve que l'Église de Lucques avait ses écoles sous le portique même de la cathédrale (1). L'Italie ne laissait pas périr l'enseignement ecclésiastique, dont elle avait donné le premier exemple. C'est en France qu'il faut le suivre dans une lutte de trois cents ans contre le désordre des esprits et la violence des mœurs.

(1) Tiraboschi a cité après Muratori (*Antiquit. Ital.*, II, 487) l'acte de Gison, évêque de Modène, conférant à l'archiprêtre Victor la paroisse de S. Pierre *in Siculo*, en lui enjoignant d'être assidu : « In clericis congregandis, schola habenda, et pueris educandis. » Mais Tiraboschi n'a point connu les témoignages suivants :

S. Benedicti Crispi Mediolanensis *Poematium medicum*, apud Mai, *Aut. class.*, t. V, p. 591, Præfatio ad Maurum Mantuensem : « Quia te, fili carissime Maure, pene ab ipsis cunabulis educavi, et septiformis facundiæ liberalitate ditavi. »

Je dois au savant abbé Barzocchini de Lucques quelques indications tirées des diplômes qui enrichissaient les archives de la cathédrale, et qu'une critique éclairée a récemment mis au jour.

Diplôme de l'an 737 : « Signum manus Tendualdi magistri. »

Id., 748 : « Signa manus Deus dede V. V. presb. magistro sch. testis. »

Id., 767 : « Propter porticalem ejusdem basilicæ ubi est schola. »

Les écoles épiscopales en France.

Le peu de documents qui nous restent de cette époque suffit cependant pour établir l'existence de vingt écoles épiscopales. En Neustrie, Paris, Chartres, Troyes, le Mans, Lisieux, Beauvais; en Aquitaine, Poitiers, Bourges, Clermont; en Bourgogne, Arles, Gap, Vienne, Châlons-sur-Saône; en Austrasie, Utrecht, Maëstricht, Trèves et Yvois au diocèse de Trèves, Cambrai, Metz et Mouson au diocèse de Reims (1).

Dès les premières années du sixième siècle, bien avant que les chaires des grammairiens et des rhéteurs laïques soient abandonnées, on voit les évêques pourvoir à l'instruction du clergé et du peuple. Saint Césaire d'Arles a des disciples qu'il exerce aux premiers éléments des lettres, pendant que ses leçons de théologie ravissent les moines grecs venus pour l'entendre. Saint Remi se plaint des entreprises de l'évêque Fulco de Tongres sur l'école cléricale de Mouson. Saint Didier de Vienne explique à ses disciples les écrits des poëtes, et ne craint pas de profaner, par les louanges de Jupiter, des lèvres consacrées aux louanges du Christ. Cependant saint Germain fait fleurir l'école de Paris. Le poëte Fortunat décrit la riche basilique élevée par

---

(1) Les témoignages se trouvent réunis au tome III de l'*Histoire littéraire de France*, p. 417. Cf. Joly, *Traité historique des écoles épiscopales*, p. 184 et suiv. Pour Clermont, *Vita S. Boniti*; Troyes, *Vita S. Frodoberti*; Chartres, *Vita S. Betharii*; Utrecht, *Vita S. Landeberti*; Poitiers, *Vita S. Leodegarii*; Lisieux, Gregor. Turon., *Hist.*, VI, 36, etc.

Childebert, portée sur des colonnes de marbre, illuminée de vitraux qui retiennent captifs les rayons du soleil. « Au fond de l'abside, saint Germain « siége entouré de ses prêtres et de ses diacres au « blanc vêtement; guidant les deux chœurs qui « répètent les chants de David, gouvernant du « regard et du geste, d'un côté les vieillards, de « l'autre les jeunes gens. » Ces jeunes gens, recrues du sanctuaire, recevaient du pontife les premières leçons des sciences divines et humaines; c'est l'aveu de l'évêque Bertramm, le même que Fortunat félicitait de ses vers pompeux, et qui s'honorait de compter parmi les plus chers élèves du bienheureux Germain. On ne peut se défendre de s'arrêter avec respect à ces humbles origines de l'enseignement public dans une ville qui devait voir, au treizième siècle, des milliers d'étudiants se presser aux pieds de ses docteurs (1).

(1) *Epistola Remigii ad Fulconem ep.*, apud Duchesne. En ce qui concerne S. Césaire, *Vita S. Egidii, Epistola Floriani ad Nicetium :* « Ipse mihi latinis elementis imposuit alphabetum. » *Epistola S. Gregorii ad Desiderium episcopum* (lib. II, 54). Saint Grégoire trouve mauvais que Didier enseigne la grammaire, et que les mêmes lèvres répètent les louanges de Jupiter : « Quia in uno se ore cum Jovis laudibus, Christi laudes non capiunt. » Ce passage prouve que l'enseignement de la grammaire, tel qu'il se continuait dans les écoles épiscopales, comprenait la lecture et l'interprétation des poëtes. Il n'en faut pas conclure que S. Grégoire se déclarait l'ennemi des lettres ; car il pouvait penser qu'en présence des désordres qui déshonoraient l'Église des Gaules, à la fin du sixième siècle, un évêque avait des devoirs plus pressants que d'expliquer Ovide ou Virgile. Ses paroles n'ont rien qu'on ne voie dans une lettre de S. Grégoire de Nazianze, cet élève si savant et si poli des

Les écoles monastiques.

En même temps commençaient les écoles monastiques, et nulle part les monastères n'étaient mieux préparés à devenir l'asile des lettres que dans ce pays des Francs, où l'on avait l'exemple des savantes abbayes de Lérins et de Saint-Victor. Les saines traditions de l'enseignement s'y propageaient avec celles de la vie cénobitique. Augendus, abbé de Condat, enseigne à ses disciples les deux langues grecque et latine; et, quand il meurt en 510, Avitus, de Vienne, s'inquiète du danger qui menace une école si célèbre, et conjure le prêtre Viventiol de la soutenir. Un siècle plus tard, au monastère de Saint-Hilaire de Poitiers, on trouve l'enseignement des arts libéraux poussé à ce point, que le cours des études y dure sept ans; les deux premières années sont consacrées aux exercices qui ouvrent l'intelligence : cinq ans de travail la fécondent, et mettent le disciple en état de s'asseoir parmi les maîtres. L'école de Fontenelle, en Normandie, compte jusqu'à trois cents élèves ; celles de Saint-Médard de Soissons, de Sithiu, d'Issoire, sont louées comme autant de pépinières d'évêques et de moines savants.

écoles d'Athènes, à son ami S. Grégoire de Nysse (Gregorii Nazianzeni *Epist.* 30). Fortunat, *Carmin.*, lib. II, 8 :

In medio Germanus adest, antistes honore,
Qui regit hinc juvenes, subrigit inde senes.

Rapprochez de ce texte le testament de l'évêque Bertramm rapporté par Duboulay, *Hist. universit.*, t. I, 35 : « Ille (Germanus) me dulcissime enutrivit, et in sua sancta oratione ad sacerdotii honorem perduxit. »

La bibliothèque de Ligugé possédait presque tous les Pères grecs et latins. S'il fallait citer tous les monastères où les lettres furent enseignées au septième siècle, on nommerait Jumiéges, Saint-Taurin d'Évreux, Solignac, Saint-Germain d'Auxerre, Moutier-la-Celle au diocèse de Troyes, Mici, Agaune; et dans les provinces du nord, plus rebelles à la culture littéraire, Saint-Vincent de Laon, Saint-Valery, Tholey, Grandval. Les monastères de femmes, fermés à toutes les tentations du dehors, s'ouvraient pour recevoir des maîtres illustres et de précieux manuscrits. Saint Césaire d'Arles avait voulu que ses religieuses donnassent chaque jour deux heures à la lecture, et que plusieurs s'appliquassent à copier des livres. Des moines irlandais venaient enseigner la musique sacrée aux vierges cloîtrées de Nivelles : et, vers 745, deux pieuses Flamandes du monastère de Valenciennes avaient transcrit un psautier, un évangéliaire et plusieurs autres volumes, qu'elles enrichirent d'or et de pierreries (1).

(1) *Histoire littéraire de France*, t. III, p. 428 et suiv. Joly, *Traités historiques des écoles épiscopales*, etc. Mabillon, *A. SS. O. S. B.*, t. 1, p. 25; *ibid.*, p. 480. *Vita S. Aicadri* (mort en 687), ap. Mabillon, *A. SS. O. S. B.*, II, 954 : « Post ablactationem pueri, summa cum diligentia tradiderunt (parentes) illum ad erudiendum cuidam viro sapientia famosissimo, nomine Ansfrido, prædictæ civitatis ex monasterio S. Hilarii cœnobitæ... Erat itaque infans decennalis, quando resedit in scholari primo geniculo. Dein biennio discens ea quæ a magistro petierat, florere jam cœpit... et post, de virtute in virtutem transiens, quinquennio transacto, visum illi fuit magistrum fore, et inter primores conscholasticos

L'École enseignait donc, mais elle enseignait pour tous; et il ne faut pas croire, comme on l'a trop répété, que la science, confinée dans le sanctuaire ou dans le cloître, se refusait aux laïques. L'évêque de Lisieux, Etherius, portait à l'éducation de la jeunesse un intérêt si vif, qu'ayant racheté un clerc condamné à mort, mais qui se disait maître de belles-lettres, il le chargea d'enseigner, lui assura, à cet effet, un revenu en vignes, et lui confia tous les enfants de la cité. D'un autre côté, on voit saint Aicadre, élevé au monastère de Poitiers, rentrer ensuite dans le monde, et attendre plusieurs années avant de s'engager au service des autels (1). Mais la grande école ecclésiastique et séculière des temps mérovingiens, où l'enseignement public paraît dans toute sa pureté et dans toute son étendue, c'est l'école du palais, dont les titres, longtemps oubliés, ont besoin d'être remis en ordre et en lumière.

La chapelle du palais fut le berceau de l'école. Quand les Francs firent leur entrée dans la Gaule et dans l'Église, ils n'y trouvèrent pas de nom plus

residere... » On étudiait aussi à l'école de Poitiers les principes du droit canonique. *Vita S. Aicadri* : « Quia idem vir Aicadrus liberalibus studiis adplene erat eruditus, canones etiam non ignorabat. »

(1) Gregor. Turon., VI, 36 : « Igitur, postquam (clericus) vitæ donatus est, profert se litterarum esse doctorem, promittens sacerdoti, quod, si ei pueros delegaret, perfectos eos in litteris redderet. Gavisus auditu, sacerdos pueros civitatis colligit, ipsique delegat ad docendum, » etc. Cf. *Vita S. Aicadri*, ubi supra. L'écrivain de la vision de S. Baronius se déclare l'élève de Francard, abbé de Lourey, qu'il appelle « nutritor et doctor filiarum nobilium. »

vénéré que celui de saint Martin, dont l'apostolat venait de porter le dernier coup au paganisme. La basilique de Tours, où reposaient ses restes, devint le sanctuaire national ; mais les rois, ne pouvant déplacer le tombeau du saint, voulurent au moins que sa chape, portée à leur suite, fût un signe de bénédiction dans leur palais, de victoire sur le champ de bataille ; et la chape de saint Martin, gardée dans une châsse portative comme l'arche d'alliance des Hébreux, donna le nom de *chapelle* à l'oratoire qui la reçut. Le lieu consacré par un dépôt si auguste devait retentir nuit et jour de chants religieux. Les Mérovingiens, ces hommes si violents, aimaient, comme Saül, à laisser calmer leur colère au bruit des instruments et des voix. Clovis se faisait envoyer d'Italie un joueur de luth ; Thierri avait retenu auprès de lui le jeune clerc Gallus, dont la voix le ravissait ; et Gontran interrompait un festin solennel, en priant les évêques assis à sa table de lui chanter le graduel de la messe. Quand les rois avaient tant de passion pour la musique sacrée, on ne s'étonne plus si les jeunes clercs, attachés au service du palais, furent exercés avec soin ; si la chapelle devint une école de chant ecclésiastique, et si elle finit, comme l'école de Saint-Jean de Latran, par embrasser toutes les études qui complétaient l'éducation du clergé. Voilà pourquoi le titre de chef de la chapelle n'est conféré qu'à des hommes savants, souvent à des étrangers ; comme

Betharius, ce Romain que la faveur des rois alla chercher à Chartres, où il avait porté les traditions savantes de l'Italie. Il fallait de tels maîtres à des disciples destinées aux plus hautes dignités de l'Église, et dès lors on comprend le décret de Clotaire II, qui réserve au prince le droit de choisir des évêques parmi les clercs de sa chapelle, « à cause de leur mérite et de leur science (1). »

Les jeunes nobles recommandés au roi.

Mais cet enseignement religieux, ce noviciat d'évêques n'était pas si sévère, qu'il repoussât la jeunesse laïque attirée au palais par une coutume déjà vieille chez les Germains. Dès le temps de Tacite, les chefs se faisaient gloire de recevoir dans leur cortége les fils des nobles. Plus tard, on voit les rois, les grands, entourés de jeunes gens que leurs pères avaient *recommandés*, c'est le terme légal qui désignait la condition de ces enfants élevés sous les yeux de leur protecteur, destinés à devenir ses leu-

---

(1) C'est au père Pitra, bénédictin (*Histoire de S. Léger*, chapitres II et III), qu'appartient le mérite d'avoir prouvé l'existence de l'école du palais sous les rois mérovingiens, déjà indiquée par les savants auteurs de l'*Histoire littéraire*, t. III. Le seul travail qui me restait à faire était de porter une méthode peut-être plus rigoureuse dans le choix et l'ordonnance des preuves déjà produites, et de produire des preuves nouvelles.

Sur l'origine de la chapelle et l'étymologie du nom, Walafrid Strabo, *de Rebus ecclesiasticis*. Monachus Sangallensis, II, 17. Du Cange, *Glossar*. Dupeyrat, *Antiquités de la chapelle du roi*. — En ce qui touche la passion des rois mérovingiens pour la musique, voyez Cassiodore, *Variarum*, II, 41. Gregor. Turon., *Vitæ patrum*, VI. Idem, *Hist*., lib. VIII, 3. — *Acta S. Betharii*. Bolland., 11 august. Clothacharii *Edictum*, apud Pertz, t. I, *Legum*, p. 14 : « Vel certe si de palatio eligitur, per meritum personæ et doctrinæ ordinetur. »

des, ses compagnons d'armes et ses convives. Le palais des fils de Clovis se peuplait ainsi des rejetons des plus illustres familles franques et gallo-romaines, otages de la fidélité de leurs parents, ornement des fêtes royales, candidats privilégiés à tous les grands offices de la cour. Il fallait bien qu'ils y trouvassent une éducation mesurée à la grandeur de leur destinée. C'était peu de savoir brandir la framée, dompter un cheval et forcer une bête fauve, deux exercices où les Francs n'avaient pas d'égaux. Depuis que les rois parlaient latin, faisaient des vers, s'inspiraient des lois romaines pour la rédaction de leurs capitulaires et la perception de leurs impôts, ils aimaient à s'entourer d'hommes lettrés, ils réservaient leur confiance à ceux qui savaient agiter une question ou plaider une cause avec l'abondance éclatante des anciens orateurs gaulois ; et saint Évroult, saint Didier de Cahors, saint Germer, saint Bonnet, saint Hermeland, méritèrent, par leurs progrès dans les lettres, la faveur qui les appela aux charges de conseiller, de trésorier et d'échanson. Les jeunes compagnons du prince, les nourrissons du palais, comme on les appelait, durent arriver à la fortune par le même chemin ; et s'il convenait de les initier aux lettres divines et humaines, l'école que nous avons vue se former à l'ombre de la chapelle leur donnait des maîtres (1).

(1) Tacite, *Germania*, XIII : « Insignis nobilitas, aut magna

L'enseigne-ment du palais était ecclésiastique et laïque.

Tout s'accorde en effet à prouver l'existence de l'école du palais pendant la période mérovingienne, avec un enseignement qui préparait ses disciples, selon leur vocation, à tous les devoirs de la vie religieuse ou de la vie publique. Au sixième siècle, l'Aquitain Aredius est recommandé au très-excellent roi Théodebert pour recevoir l'éducation du palais, et finit par devenir le fondateur de l'abbaye de Saint-Yrier. Le Franc Gogo fait l'admiration de la cour par son courage à braver un buffle, à le frapper entre les deux cornes, autant que par son éloquence, qui ravit les applaudissements de l'école. Au septième siècle, la famille de saint Lambert le confie à l'évêque d'Utrecht, « pour l'initier aux doctrines saintes et aux règles monastiques parmi les élèves du palais. » En même temps, saint Wandrille, admis auprès du roi Dagobert, est formé « à tous les exercices militaires, à toutes les études qui con-

patrum merita, principis dignationem etiam adolescentulis assignant : cæteris robustioribus ac jampridem probatis aggregantur, ac rubor inter comites adspici. » Sur la coutume de la *Recommandation*, il faut consulter un savant mémoire de M. Naudet, *Mém. de l'Acad. des Inscriptions*, t. VIII, p. 420. Eginhard, *de Vita Caroli M.*, 22 : « Exercebatur assidue equitando ac venando, quod illi gentilitium erat, quia vix ulla in terris natio invenitur, quæ in hac arte Francis possit æquari. » *Vita S. Desiderii Cadurcensis*, *Vita S. Ebrulfi* ubi supra, *Vita S. Chlodulfi*, Mabillon, *A. SS. O. S. B.*, sec. II, p. 1043. *Vita S. Geremari*, ibid., p. 475 : « Hunc siquidem genitores velut unicum filium tenere « diligentes, tradiderunt scholis erudiendum... Audivit famam « sanctitatis ejus atque prudentiæ rex Dagobertus, mittensque « nuntios, accersivit eum in palatio suo. Et videns eum elegantem « et doctum in verbis et sapientem in consiliis, præfecit eum con- « siliis suis. » *Vita S. Boniti*, loco citato.

viennent aux nobles, et à toutes les connnaissances profanes. » Au huitième siècle, au moment où Charles Martel donne les évêchés et les abbayes à ses compagnons d'armes, où il semble qu'il n'y ait place au palais d'Austrasie que pour les gens de guerre, on y voit le jeune Chrodegang s'attacher aux lettres avec tant de succès, qu'il parlait la langue latine comme la sienne, et qu'on vantait l'élégance de ses discours. Cependant il n'aspirait encore qu'aux honneurs temporels, et remplit les fonctions de référendaire avant que la vocation divine l'appelât à l'évêché de Metz. Sous Pépin le Bref, l'école du palais nourrit aussi Adalhard et Wala, tous deux de race royale, appelés aux premières dignités de l'Église et de l'État, et saint Benoît d'Aniane, le réformateur des institutions monastiques. Ce sont les compagnons d'études de Charlemagne, et ce nom nous avertit que l'école, arrivée jusque-là, ne peut plus périr (1).

(1) vi° siècle. Gregor. Turon., *Vitæ patrum* : « Interea præcellentissimo regi Theodeberto commendatur (Aredius), ut eum instrueret eruditione palatina.
Fortunat, *Carmin.*, VI, 4 : *Ad Gogonem*.
Sive palatina residet modo lætus in aula,
Cui schola congrediens plaudit amore sequax.

vii° siècle. *Vita S. Landeberti, Trajectensis episcopi* (auctore, ut videtur, seculi octavi), apud Mabillon, *A. SS..O. S. B,*, sec. III, 69 : « Protinus pater ejus commendavit eum supradicto antistiti, divinis dogmatibus et monasticis disciplinis in aula regia erudiendum. »
Vita S. Wandregesili (auctore coævo), Mabillon, sec. II, p. 534 : « Quumque adolescentiæ polleret ætas in annis, sub præfato rege Dagoberto, militaribus gestis ac aulicis disciplinis, quippe ut nobi-

On voudrait maintenant pénétrer dans l'asile que la politique des rois ouvrait ainsi à l'élite de la jeunesse franque, assister aux leçons des maîtres et savoir jusqu'à quel point elles continuaient la tradition romaine. Si l'insuffisance des témoignages ne permet pas d'étudier de près la vie intellectuelle qui anima la cour de Dagobert, on en peut juger par deux hommes capables de représenter tout ce que le septième siècle, un temps si mauvais, pouvait conserver de lumière dans les esprits et de politesse dans les mœurs.

lissimus, nobiliter educatus est : et crescentibus sanctæ vitæ moribus, cunctisque mundanarum rerum disciplinis imbutus, a præfato rege comes constituitur palatii. »

Cf. *Vita S. Faronis*, Mabillon, sec. II, p. 612 : « A primævo flore teneræ juventutis intra autem regis Theodeberti nobiliter cum doctrina christiana nutriendo lactavit. »

VIII° SIÈCLE. *Paul. Diacon., de episcop. Metensib.*, in Chrodegango : « In palatio majoris Caroli ab ipso enutritus, ejusdemque referendarius exstitit ; fuit autem omnino clarissimus, omnique nobilitate coruscus, forma decorus, eloquio facundissimus, tam patrio quam latino sermone imbutus. »

Vita Wallæ (auctore Ratperto), ap. Mabillon, sec. IV, p. 464 : « Fuit Arsenius (Wala) a puero, inter tirocinia palatii, liberalibus mancipatus studiis »

Vita Adalhardi (auctore ejus discipulo), Mabillon, sec. IV, p. 710 : « Qui, cum esset regali prosapia, Pippini magni regis nepos, Caroli consobrinus Augusti, inter palatii tirocinia, omni mundi prudentia eruditus, una cum terrarum principe magistris adhibitus. »

Vita S. Benedicti Anianensis, Mabillon, sec. IV, p. 194 (auctore Smaragdo) : « Pater pueriles gerentem annos præfatum filium suum, in aula gloriosi Pippini regis, reginæ tradidit inter scholares erudiendum. »

On remarquera que je me borne à des témoignages contemporains, ou du moins antérieurs à une époque où les études étaient devenues si générales, qu'un légendaire se serait fait un devoir de conduire son saint à l'école.

Le premier est Didier de Cahors, disciple des écoles d'Aquitaine, mais appelé de bonne heure au palais, où il porta toute l'élévation d'une intelligence encore émue de la lecture des poëtes, des orateurs, et des jurisconsultes. Les conseils de sa mère Herchenfréda le suivaient au milieu des périls de la cour ; et cette femme barbare trouvait des paroles dignes de sainte Monique pour exhorter par lettres « son fils très-doux et très-aimant » à garder la crainte de Dieu, la fidélité au roi, la charité pour ses égaux, et la haine de tout mal. Il avait lié avec les plus intelligents et les meilleurs de ses compagnons un commerce dont on suit les traces dans sa correspondance, et qui n'est pas sans charme. Élevé successivement au gouvernement de Marseille et à l'évêché de Cahors, Didier n'oublia jamais ces premières joies de l'amitié, où les lettres avaient mêlé leur douceur. Il recevait des vers de Sulpice de Bourges, il rappelait à saint Ouen la tendre affection qui les avait tous deux unis à saint Éloi ; il écrivait à Abbon : « Que de fois je voudrais « si le temps me souriait un peu, aller renouer « avec vous de chers entretiens ! Et, de même que « jadis, sous les livrées du siècle et dans la compa- « gnie du prince, nous aimions à nous communi- « quer nos pensées en échangeant nos tablettes, li- « bres maintenant de toute vanité, nous méditerions « ensemble les doux préceptes du Christ ! » Ces habitudes d'esprit, ce goût du beau, convenaient

Saint Didier de Cahors.

surtout à un homme du Midi, de race gallo-romaine, qui ne se défit jamais d'un reste d'admiration pour l'antiquité, qui rebâtit les murs et les portes de sa ville épiscopale, non pas à la manière barbare, mais, selon la remarque de son biographe, avec des pierres larges et polies, selon la coutume des anciens. Il avait aussi élevé beaucoup d'églises et de monastères, et particulièrement un oratoire d'une architecture si merveilleuse, « qu'en
« entrant dans ce beau lieu on ne pouvait se défen-
« dre de tomber en prières, et de se croire en pos-
« session du paradis (1). »

(1) *Vita S. Desiderii*, ap. D. Bouquet, III, 527. Herchenfredæ *epistola*, ap, *Gallia christiana*, t. II, p. 461. Les auteurs de l'*Histoire littéraire de France* avaient déjà remarqué cette correspondance dont le P. Pitra fait bien sentir le charme (*Hist. de S. Léger*, p. 51). *Epistola Sulpicii Bituricensis ad Desiderium*, apud Duchesne, p. 882. On n'avait pas remarqué que cette lettre finissait par des hexamètres probablement mutilés ; on les a imprimés sans distinction de vers et comme un fragment de prose ; il faut les restituer ainsi : « Auctorem cœli præsumimus postulare. »

> . . . . Ut vestram jubeat prætendere vitam
> Cursibus annorum dignetur tempore longo,
> Cujus nunc locuples servatur nomine mundus,
> Et diu (?) firmantur nutantia culmina rerum
> Vel dilapsa magis... solidata resurgent.

Desiderius Dadoni, ap. Duchesne. p. 878. Idem, Abboni, p. 879 : « Optarem frequenter, si possibilitas arrideret, vestris interesse colloquiis, ut, sicut nos sub seculi habitu, in contubernio serenissimi Frotharii (Clotharii II?) principis, mutuis solebamus revelare tabellis, ita jam nunc illa ad plenum, deposita vanitate, dulcia liceret Christi ruminare præcepta. »

Vita S. Desiderii : « Quadris ac dedolatis lapidibus... non nostro quidem gallicano more, sed sicut antiquorum murorum ambitus magnis quadrisque saxis exstrui solet fundamentis. » ..... « Quo loco, dum mens desiderantis ita ingrediens refovetur, ac si partem paradisi se occupasse gratulatur. »

Un caractère bien différent éclate dans la per- *Saint Ouen.* sonne et les écrits de saint Ouen, de cet ami commun de saint Didier et de saint Éloi, qui avait coulé avec eux les plus beaux jours de sa jeunesse au palais de Neustrie. Il fallait assurément qu'il y eût trouvé des maîtres capables de l'initier à la langue latine et à la théologie chrétienne, puisqu'il passa sans difficulté et sans études, de la charge de référendaire, au siége archiépiscopal de Rouen. Toutefois on reconnaît l'homme du Nord, le noble Franc, le Germain dompté ; mais plus touché de l'austérité sainte du christianisme que des vanités d'une civilisation vieillie, lorsque, se proposant d'écrire la vie de saint Éloi, il s'excuse de la rudesse de son langage, non plus avec l'humilité de Grégoire de Tours, mais en publiant son mépris pour les vains artifices de l'école, et en foulant aux pieds, pour ainsi dire, toute l'antiquité. « Car, dit-il, son récit pouvait être plus brillant ; mais il lui plaît de le tempérer de telle sorte que, sans offenser les maîtres par trop de grossièreté, il ne fatigue point les simples en poursuivant les vaines fumées des grammairiens. » Il veut que l'écrivain religieux s'adresse, non pas au petit nombre d'oisifs qui suivent les philosophes, mais au genre humain tout entier. Il déclare haïssable celui qui parle en sophiste, et demande où est l'utilité de ces docteurs, plus occupés de détruire que d'édifier. Et, dans la chaleur de cette invective contre l'éloquence, qui finit par le rendre éloquent, il cite au tribunal du Christ tous les poëtes, tous les orateurs, les historiens, les philosophes du paganisme, et les défie de rien apprendre à des chrétiens (1).

Pourquoi saint Ouen se déclare contre les anciens. Sans doute, il est dur d'entendre ce barbare injurier Virgile, Tite-Live et Cicéron ; mais il faut se rappeler la dureté des temps, la lutte désespérée qui s'engageait entre les traditions romaines restaurées par la politique des Mérovingiens, et le génie germanique, encore tout vivant dans les mœurs, dans les passions du peuple franc. Les évêques commençaient à comprendre que les efforts de la royauté pour restaurer la société ancienne n'aboutiraient qu'à sa ruine. Voilà pourquoi ils se détachaient de cette antiquité qui avait souvent fait l'admiration et les délices de leurs prédécesseurs ; ils s'en défiaient comme d'une lumière incapable de conduire les nations au milieu des périls nouveaux où la Providence les avait poussées. La violence des événements ne laissait plus de loisir aux études spéculatives, à ce culte du beau qui fait oublier l'utile. Les esprits sérieux ne pou-

(1) *Vita S. Audoeni.* Audoeni *Vita S. Eligii,* ap. d'Achery, *Spicilegium,* prologus : « Ita stylum placet corrigere, ut nec simplicibus quibusque grammaticorum sectando fumos displiceat, nec scholasticos etiam nimia rusticitate offendat. Nam et ecclesiasticum dogma etiam si habeat eloquii venustatem, ita eam dissimulare debet et fugere, ut non otiosis philosophorum sectatoribus, sed universo loquatur hominum generi... Qui sophistice loquitur odibilis est... Quid enim legentibus nobis diversa grammaticorum argumenta proficiunt, quum videantur subvertere potius quam ædificare ? »

vaient chercher dans les lettres qu'un moyen d'agir, non de briller ; d'enlever les convictions, non les applaudissements ; non de servir au plaisir des hommes, mais de les rappeler à leurs devoirs. Le septième siècle, si décrié, écrivit peut-être autant que le sixième ; mais il écrivit surtout des sermons et des légendes, c'est-à-dire des ouvrages corrects, destinés à l'édification des ignorants. On n'y trouve plus que de faibles restes de science et de poésie, et les historiens y marquent le moment où la littérature finit (1).

Cependant la véhémence même avec laquelle saint Ouen attaque l'autorité des anciens montre assez qu'ils ont conservé des partisans. On ne combat pas avec cette passion une cause perdue ; et, lorsque le pieux évêque accable de ses dédains les gens d'écoles, les grammairiens et les sophistes, il proteste au nom du bon sens chrétien contre les vaines controverses, contre l'enseignement mystérieux et la langue philosophique des professeurs de Toulouse. Il n'appartenait pas aux disciples de Virgilius Maro, à des hommes qui poussaient la terreur des barbares jusqu'à se faire tout un idiome nouveau pour n'être point compris, il n'appartenait pas à ces cœurs faibles de garder l'héritage de l'esprit humain. Il fallait des âmes mieux

Commencements d'une littérature nouvelle.

---

(1) M. Guizot (*Histoire de la civilisation*, t. II, leçon 1) a reconnu ce caractère de la littérature ecclésiastique du septième siècle.

trempées, des motifs plus impérieux, qui fissent de la conservation des lettres, non plus une satisfaction de vanité, mais une affaire de conscience. C'est précisément parce que l'étude a cessé d'être un jeu d'esprit pour devenir un devoir d'état, parce que la poursuite du bien fait oublier la recherche du beau ; c'est dans ce triomphe de la pensée sur la forme que je vois, non la fin, mais le commencement d'une littérature véritable. Il est vrai que tous les genres littéraires connus des anciens disparaissent, que tous les moules que l'art classique avait modelés se brisent ; mais l'inspiration qui les animait ne s'évanouira pas, elle saura trouver ailleurs des organes et des types nouveaux. Je m'en assure en lisant le prologue d'une Vie de saint Maximin, abbé de Mici, écrit par un moine anonyme du septième siècle, où je retrouve toute la sévérité, et, si l'on veut, toute l'intolérance de saint Ouen ; mais aussi toute la verve d'un homme qui n'est pas disposé à laisser dormir l'esprit humain, et qui, en réprouvant les philosophes, voudrait sauver au moins le nom de la philosophie.

<small>Prologue de la vie de S. Maximin.</small> « On sait que, parmi les hommes des siècles an« ciens, plusieurs sectes ont fait profession de « sagesse. Mais, entre tous, ceux-là ont paru at« teindre le comble de la sagesse, qui ont pénétré « dans ce *trivium* où est contenue la connaissance « des choses divines et humaines, je veux dire la phy« sique, l'éthique et la logique, ou pour parler

« avec les Latins, la science naturelle, morale et
« rationnelle. Mais c'est la parole de l'Écriture,
« que les sages de ce monde, n'ayant point connu
« la sagesse de Dieu, ont péri par leur folie. Car
« ces esprits bien doués, qui participaient à la rai-
« son divine, et qui, par la vivacité de leur intelli-
« gence, avaient connu le Créateur, ne l'ont point
« glorifié comme tel. Ceux-là ne manquent point
« encore de sectateurs, qui se croient grands en
« paroles, qui se vantent d'approfondir les vérités
« découvertes par leurs devanciers, mais qui se
« montrent enlacés dans les mêmes erreurs.

« Pour nous, qui nous gardons de ces égare-
« ments, nous avons une physique véritable dans
« le récit historique des Écritures, une logique
« véritable dans les contemplations de la foi, de
« l'espérance et de la charité, une éthique véri-
« table dans la pratique des préceptes divins. C'est
« la philosophie que Dieu aima : il en voulut don-
« ner le premier type en la personne de Salomon,
« qui, dans ses trois livres, nous offre de cette philo-
« sophie un triple exemple, faisant connaître la
« nature dans l'Ecclésiaste, réglant les mœurs dans
« les Proverbes, et, par le Cantique des cantiques,
« nous apprenant à chercher sous les voiles de l'al-
« légorie le secret des choses divines...

« Voulant donc instruire notre siècle et le lieu
« où nous vivons, le Tout-Puissant a choisi parmi
« les petits un homme qui ne fût point enflé de la

« sagesse mondaine, mais brillant de l'éclat des
« vertus, et il a fait de Maximin un modèle de sa-
« gesse; car, pendant que les disciples de la philo-
« sophie païenne portent aux nues leurs maîtres,
« louant dans Pythagore la connaissance de la na-
« ture, dans Socrate la pureté des mœurs, dans
« Platon la science des choses divines, il serait in-
« digne de la foi chrétienne de laisser celui qui fut
« notre philosophe dans les ténèbres de l'oubli (1). »

Toutefois la doctrine commune de l'Église ne fut jamais de répudier la tradition des lettres classiques. A chaque époque, on trouve en présence deux écoles : l'une qui rabaisse l'antiquité, comme Hermias dans ses invectives *contre les philosophes du dehors;* l'autre qui la relève, comme Clément d'Alexandrie et saint Basile. La dernière a pour elle le plus grand nombre et les plus grands noms. Saint Jérôme et saint Augustin ne peuvent se défendre de citer Virgile; peu à peu la quatrième églogue fait absoudre le poëte des amours

(1) *Vita S. Maximini, abbatis Miciacensis,* Mabillon, *A. SS. O. S. B.*, 1, 581. Mabillon croit cet écrit du commencement du septième siècle, sauf les dernières pages, qui laissent soupçonner quelques interpolations. *Prologus* : « Plures fuisse sectas quæ sapientiam profiterentur inter eos quos prisca secula pepererunt, manifestum est ; sed inter omnes illi judicati sunt summam sapientiæ attigisse, qui trivium illud terere conati sunt in quo requiritur :

Divinarum humanarumque peritia rerum;

quod constat in physica et ethica et logica, » etc. C'est encore au P. Pitra (*Histoire de S. Léger,* p. 65) que je dois l'indication de ce beau passage.

de Didon, et lui donne rang à la suite des Sibylles et parmi les précurseurs du christianisme. Nous connaissons la pratique de l'Église de Toulouse pour les livres des païens, qu'elle mettait à part, mais qu'elle ne brûlait pas. Si, au septième siècle, la poésie et la science des anciens ne sont pas sans périls pour la Gaule encore travaillée par les souvenirs du paganisme latin, elles ne peuvent rien de malfaisant sur des Irlandais, sur des Anglo-Saxons, à qui elles ne rappellent ni les dieux de leurs pays, ni les mœurs violentes de leurs pères. Et l'Église, qui n'ouvrait que d'une main timide ces pages séduisantes aux enfants des vieilles cités latines, les livrera sans scrupule à ces derniers venus des barbares.

La légende de saint Patrice rapporte qu'après trente ans de prédication, ayant désiré voir le fruit de ses travaux, il fut ravi en esprit, et se crut transporté au sommet d'une montagne d'où l'Irlande lui apparut tout en feu. Ce feu, qu'il avait allumé, était celui de la science autant que de la foi. Disciple de l'abbaye de Marmoutiers, au commencement du cinquième siècle, quand les monastères de la Gaule nourrissaient tant d'hommes savants, Patrice n'avait pas oublié de si grands exemples. En même temps qu'il fondait des églises, il en assurait la perpétuité en ouvrant des écoles : il avait confié celle de Sletty à un barde converti,

Les lettres en Irlande.

appelé Ficch; celle d'Armagh, à son disciple Benignus, probablement Gaulois comme lui. Son esprit devait lui survivre dans les grandes colonies monastiques de Clonard, de Lismore, de Bangor. Quelque part que la religion érigeât ses autels, les lettres dressèrent leur chaire à côté. Cette hardiesse chrétienne des Irlandais, qui n'eut jamais peur de trop savoir, se montre bien dans l'histoire de saint Luan, le fondateur de Clonfert. Le jeune Luan gardait ses troupeaux, quand saint Comgall, le demandant à son père, l'emmena au cloître de Bangor, lui fit tracer un alphabet sur l'ardoise, et commença à l'instruire. Or il arriva qu'un jour Comgall vit son disciple aux pieds d'un ange qui lui enseignait les lettres et l'encourageait à l'étude. Et, ayant attendu que l'ange l'eût quitté, il le prit à part, et lui dit : « Mon fils, tu as demandé au « Seigneur une grâce périlleuse. Car beaucoup ont « été trompés par leur science et par leur passion « pour les arts libéraux, qui ont fait leur perte. » Luan répondit : « Si j'avais la science de Dieu, je « n'offenserais jamais Dieu : car ceux-là lui déso« béissent qui ne le connaissent pas. » Alors Comgall, rassuré, le quitta en disant : « Mon fils, tu es « ferme dans la foi, et la science véritable te met« tra dans le droit chemin du ciel (1). »

(1) Pour la vision de S. Patrice, *Vita S. Patricii* (auctore Joscelino), cap. XVII. En ce qui touche les premières écoles, Moore, *History of Ireland*, chap. XI, XII. *Vita S. Moluæ* sive *Luani*, apud Fleming, *Collectanea sacra*. Je remarque aussi ces derniers avis

L'histoire de saint Luan est celle de toute l'Irlande. Ce peuple de pâtres, resté pendant tant de siècles hors du commerce intellectuel du monde, veut savoir tout ce qu'il a ignoré. Il se jette avec emportement dans toutes les études, qui commencent à devenir trop vastes pour les sociétés dégénérées du continent. Les livres se multiplient : comme les rois ont leurs bardes et leurs généalogistes, chaque monastère a ses scribes, qui propagent les textes sacrés et profanes. Si quelque dispute religieuse s'élève, on y produit non-seulement les traités des Pères latins, de saint Cyprien, de saint Jérôme, de saint Augustin, de saint Grégoire, mais aussi les écrits des Pères grecs, et, par exemple, les lettres de saint Cyrille. Deux récits légendaires font voir quel respect religieux s'attachait à l'humble travail des copistes. On montrait à Kildare un livre enrichi de peintures, et la tradition voulait qu'un ange fût venu chaque nuit conduire la main de l'écrivain qui les avait tracées. On racontait aussi de saint Colomba, qu'averti de sa mort la veille du jour où Dieu le rappela, il avait passé plusieurs heures à copier un psautier, jusqu'à ce qu'arrivé à la fin d'une page où le trente-troisième psaume

Les bibliothèques.

de S. Luan à ses disciples : « Charissimi fratres, bene colite terramet bene laborate, ut habeatis sufficientiam cibi et potus et vestitus. Ubi enim sufficientia erit apud servos Domini, ibi stabilitas erit; et ubi stabilitas, ibi religio. » Cf. *Vita S. Mochoemogi*, apud Fleming, *ibid.* : « Ita in moribus honestis scientiaque litterarum nutrivit eum. » *Vita S. Comgalli, ibid.* : « Et litteras apud quemdam clericum qui habitabat in villa, in rure didicit. »

s'achevait, il s'arrêta, et légua à l'un de ses disciples le soin d'écrire le reste (1).

Les écoles.

Si c'était une œuvre méritoire et qui ouvrait le ciel, de transcrire les livres d'autrui, c'était une mission toute divine, d'enseigner, d'ouvrir les âmes à la vérité ; et le même zèle qui enrichissait les bibliothèques des cloîtres irlandais faisait la prospérité de leurs écoles. On y professait la théologie tout entière, telle qu'elle était sortie des grandes controverses de l'arianisme et du pélagianisme ; et les novices du septième siècle étudiaient l'Écriture sainte comme Pierre Lombard et saint Thomas devaient l'interpréter, en y distinguant les quatre sens, littéral, allégorique, moral et anagogique. On peut même dire qu'ils devancèrent la scolastique, en appliquant la subtilité de la logique grecque à la discussion des dogmes chrétiens. C'est le témoignage de saint Benoît d'Aniane, qui cite le dilemme favori des Théologiens d'Irlande sur le mystère de la Trinité : ou l'interlocuteur admettait trois substances divines, et il était convaincu d'adorer trois dieux ; ou il les niait, et on prétendait lui prouver qu'il supprimait les trois personnes. Cette passion

---

(1) O'Connor, *Rerum hibernic. script.*, *Epistola nuncupatoria*, p. 12. On peut juger des bibliothèques d'Irlande par le nombre des textes que cite Cummian dans une lettre écrite vers 650, apud Usher, *Veterum epistolarum hibernicarum sylloge*, p. 17. Sur le livre de Kildare, Giraldus Cambrensis, *Typographia Hiberniæ*, dist. II, 48, 49.

Vita S. Columbæ (auctore Adamnano), apud Basnage, *Thesaurus monumentorum Canisii*, t. I, p. 668 et suiv.

des disputes religieuses n'arrachait pas les esprits aux sciences profanes. Les sept arts libéraux, l'Encyclopédie de Martianus Capella formaient le cours de l'enseignement. Nulle part les *noces de Mercure et de la Philologie* ne furent célébrées avec plus d'enthousiasme que sur les bords glacés de cette île, où jamais les muses païennes n'avaient posé les pieds. Il n'y a pas d'anachorète si austère qui ne soit loué dans sa légende d'avoir aimé les lettres. Saint Colomban avait pâli dans l'étude de la grammaire, de la rhétorique, de la géométrie; saint Fintan excellait dans la dialectique. Enfin, l'honneur national était intéressé à pousser à la dernière perfection les deux arts qui couronnaient tous les autres, la musique et l'astronomie. D'un côté, les Irlandais se trouvaient engagés avec les Bretons dans la question du comput pascal, et cette discussion épineuse supposait la connaissance des principaux cycles astronomiques. Saint Cummian n'en cite pas moins de dix dans la lettre où, justifiant l'usage de Rome, il porte la lumière d'une saine critique à travers le labyrinthe des calendriers anciens. D'un autre côté, rien n'égalait la renommée des bardes d'Érin, et l'habileté de ses joueurs de harpe. Quand les Anglais descendirent pour la première fois, au onzième siècle, sur cette terre où ils devaient porter l'esclavage, leurs archers s'arrêtaient ravis aux accords que les chanteurs du pays tiraient de leurs instruments. On admirait les combinaisons savantes de leur jeu, et la rapidité avec laquelle leur main promenée sur les cordes en faisait jaillir des torrents d'harmonie. L'Église ne devait pas leur ôter des joies si pures : elle les sanctifiait au contraire en mettant la harpe de David dans le sanctuaire, et les psaumes sur les lèvres des prêtres, qui ne se taisaient ni le jour ni la nuit. Les Irlandais excellèrent dans le chant ecclésiastique ; et c'était parmi eux que les princesses des Francs faisaient chercher des maîtres pour exercer les vierges de leurs monastères à chanter dignement les louanges de Dieu (1).

<small>L'étude du grec chez les Irlandais.</small> Des études déjà si étendues pour des barbares ne suffisaient pourtant pas à l'essor de leurs imaginations. La littérature latine leur laissait apercevoir derrière elle l'antiquité grecque, comme une région plus vaste et plus merveilleuse, où ils brûlaient de s'aventurer. Non qu'il faille répéter que la science

---

(1) Sur l'enseignement de la théologie en Irlande, *Epist. Aldhelmi ad Eadfridum*, apud Usher, *Sylloge*, p. 27 : « Quin imo allegoricæ potiora atque tropologicæ disputationis bipartita bis oracula. » Cf. S. Thomas, *Summa theologiæ*, p. 1, q. 1. Benedict. Anianensis Epist. : « Apud modernos scholasticos, maxime apud Scotos, est syllogismus delusionis, ut dicunt, Trinitatem, sicut personarum, ita esse substantiarum. » — Sur la culture des sept arts libéraux dans les monastères irlandais, O'Connor, *Rerum hibernic. script.*, p. 198. *Vita S. Columbani* (auctore Jona Bobbiensi) : « Desudaverat in grammatica, rhetorica, geometrica, vel divinarum Scripturarum serie. » — *Vita S. Columbæ* : « Fintanus studiis dialecticalis sophias deditus. » — *Epistola Aldhelmi* : « Artes grammaticas atque geometricas bis ternas, omissa physicæ artis machina..., siticulose sumentes carpunt. » — *Epistola S. Cummiani, passim.* Sur les joueurs de harpe irlandais, Giraldus Cambrensis, *Typographia*, diss. III, cap. II.

et la foi leur vinrent de l'Orient : trop de témoignages s'accordent à leur faire tirer de Rome toutes leurs lumières. Mais, quand les longues navigations effrayaient si peu ; quand l'Athénien Égidius venait chercher la solitude dans les Gaules, et le Syrien Eusèbe acheter l'évêché de Paris; lorsqu'enfin il y avait à Orléans assez de marchands orientaux pour figurer en corps à l'entrée solennelle du roi Gontran, on n'est point surpris de trouver des Grecs en Irlande, et à Trim, au comté de Meath, une église connue sous le nom d'église des Grecs. D'ailleurs, les traditions des Irlandais les montrent dans des rapports étroits avec l'Espagne, par conséquent avec la Gaule méridionale, dont plusieurs villes gardèrent longtemps l'idiome et les mœurs de la Grèce. C'était plus qu'il ne fallait pour populariser la langue grecque, ses philosophes et ses poëtes, chez les disciples de saint Patrice et de saint Comgall. De là les hellénismes dont ils sèment leurs écrits; de là cette passion qui poussera plus tard Scot Érigène, à la suite des métaphysiciens alexandrins, jusqu'aux limites du panthéisme; de là enfin ces réminiscences d'Homère, qui se confondent avec les traditions nationales. C'est ainsi que le comté d'Ulster se nomme de la sorte, parce qu'Ulysse en toucha les rivages (*Ulyssis terra*). Ainsi encore, quand saint Brendan s'enfonce, sur les mers de l'Ouest, à la découverte de la terre promise des saints, dans cette fabuleuse navigation de sept ans, il rencontre plus

d'une aventure qui rappelle les épisodes de l'Odyssée. Comment oublier, en effet, l'île des Cyclopes, Polyphème, et la pierre lancée sur le vaisseau d'Ulysse? comment ne pas reconnaître tous les traits de la fable grecque dans cette peinture de l'île des Forgerons, que Brendan et ses compagnons découvrent sur la route? « Ils virent une île vilaine et
« très-périlleuse, sans arbres et sans herbe, cou-
« verte d'écume de fer, et pleine d'officines de for-
« ges. Ils ouïrent le son des soufflets soufflants, ainsi
« que des tenailles et des maillets contre le fer et les
« enclumes. Et de l'île sortit un habitant, comme
« pour parfaire quelque œuvre. Il était hérissé et
« tout brûlé, de couleur noire. Comme il vit les
« serviteurs de Dieu passer près du bord, il retourna
« en son officine. L'homme de Dieu cependant
« disait à ses frères : « Mes fils, tendez plus haut
« vos voiles, naviguez tôt, et fuyons cette île. »
« Quand il eut ainsi dit, revint l'homme d'aupara-
« vant au rivage devers eux ; il portait une tenaille
« dans ses mains, et une masse toute vermeille
« d'écume de fer, d'extrême grosseur ; laquelle il
« jeta hâtivement sur les serviteurs de Dieu, et elle
« ne leur nuisit point, car elle les trépassa comme
« de l'espace d'un stade, où elle plongea dans la
« mer ; et la fumée de la mer monta comme la
« fumée d'un fourneau (1). »

(1) Usher (*Veterum epistolarum hibernicarum sylloge*, note XVI) atteste l'existence de l'église de Trim, « quæ græcæ ecclesiæ no-

C'est le mérite des Irlandais d'avoir su populariser l'antiquité, d'avoir, pour ainsi dire, entrelacé le rameau d'or d'Homère dans la couronne légendaire de leurs saints. Leur poésie religieuse s'inspire de tous les souvenirs, et leurs moines, si passionnés pour les lettres classiques, ne peuvent se détacher des chants de leurs bardes. Et pourquoi s'en détacheraient-ils, puisque saint Patrice trouva parmi les bardes ses deux plus fidèles disciples, puisque Ossian même ne résista pas à la prédication du saint, et finit par se convertir? Ainsi l'assurait un vieux récit, selon lequel Ossian, chargé d'années, fatigué de voir Patrice parcourir la contrée avec son cortége psalmodiant, l'aborde un jour, et lui propose de lui conter les actions des anciens rois. Patrice rappelle d'abord le vieillard à de plus sérieuses pensées. Mais enfin, touché de ses larmes, il se rend, et se laisse répéter jusqu'au bout l'histoire de Finn et d'Osgur (1). Les moines faisaient de même : eux aussi se laissaient redire les fables de leurs aïeux; ils en portaient quelquefois les traits dans ces légendes comme celles de saint Brendan et de saint Patrice, que l'Église n'a pas adoptées, mais qui devaient faire le tour de l'Europe.

men adhuc retinet. » — *La Légende latine de S. Brandaine*, publiée par Achille Jubinal. Cf. Odyssée, IX, v. 539.

(1) Brooke, *Reliques of Irish poetry*, p. 73. Voyez le poëme intitulé *la Chasse merveilleuse*; Ossian y porte son nom irlandais d'Oisin.

Les Irlandais imitent les grammairiens de Toulouse.

—

Hisperica famina.

Mais, en même temps que l'école irlandaise a toute une poésie populaire dans ses légendes, elle cherche à se créer une littérature savante, réservée au petit nombre des initiés, imitée de ces écoles d'Aquitaine dont tout l'effort était de cacher la science pour la sauver. En effet, quand on suit les pèlerins d'Irlande sur le continent, on ne peut méconnaître les préférences qui les rapprochent des Aquitains, soit qu'ils trouvent parmi eux leurs plus zélés disciples et les compagnons de leurs travaux, soit qu'ils aillent, comme saint Fridolin, visiter les sanctuaires de cette province, aussi féconde en saints qu'en grammairiens et en rhéteurs. C'est ainsi que la langue mystérieuse du docteur de Toulouse put traverser la mer et pénétrer dans le cloître de Bangor. Parmi les chants composés pour ce monastère, plusieurs hymnes présentent déjà les caractères d'un art savant qui cherche les difficultés et les ténèbres. Les mots grecs s'y mêlent aux latins, et le poëme en l'honneur de saint Comgall pousse le goût de l'allitération jusqu'à ce point que les dix vers de la première strophe commencent par un A, et les dix vers de la quatrième par un D. Vers le même temps, l'Anglo-Saxon Aldhelm félicite un ami revenu des écoles d'Irlande, et lui écrit dans le langage des adeptes. Enfin, les douze latinités de Virgile l'Asiatique reparaissent chez l'auteur inconnu, mais assurément irlandais, d'un écrit intitulé « Paroles de l'Occident » (*Hisperica famina*). On y prend sur le fait l'écolier barbare qui se proposa de produire un modèle achevé du genre, et qui crut se montrer grand comme les dieux des anciens, en marchant comme eux entouré de nuages. Il commence par un hommage à ses maîtres : « Le vin nouveau de la science, s'é- « crie-t-il, réveille mon cœur dans la caverne qu'il « habite. Mes poumons secouent leur tristesse; « mais je contiens dans les artères de ma poitrine « la tempête de ma joie, quand je vois les insignes « gardiens de la philosophie qui offrent aux gosiers « altérés l'onde pure d'un langage élégant, et qui « manient sans crainte les vipères du syllogisme. » Après ce beau début, il invite au combat les athlètes de la palestre littéraire : déjà trois lutteurs sont tombés sous ses coups, et il n'a peur de personne, car il connaît, dit-il, les douze idiomes qui divisent la langue d'Ausonie. C'est l'exorde d'une sorte de poëme en prose, où l'auteur décrit le cours ordinaire du jour, les spectacles de la mer et du ciel, enfin les scènes principales de la vie humaine. Au milieu de ce labyrinthe de périphrases, de métaphores, d'obscurités volontaires, l'homme du Nord se trahit cependant plus d'une fois par la nouveauté des images et par la sauvage vérité des mœurs. On surprend bien la barbarie toute nue dans le récit de ces chasses qui forcent le sanglier au fond de son repaire, de ces festins gigantesques qui font plier les tables sous le poids des viandes arrosées

d'huile d'Irlande, pendant que les convives s'abreuvent, à larges coupes, de bière et de lait. On reconnaît aussi l'habitant des derniers rivages du monde, accoutumé à contempler des mers sans fin, quand il représente les grandes lames de l'Océan, la marée expirant sur les écueils, les monstres des eaux qui se poursuivent et s'entre-dévorent dans l'abîme, et quand, pour exprimer tout ce qu'il y a d'attrayant et de terrible dans cette vue de l'immensité : « Si tous les habitants de l'univers, dit-
« il, pouvaient venir au bord de la mer en consi-
« dérer les profondeurs, un vertige soudain les pré-
« cipiterait dans ce cloître de la mort. » Mais toutes les habitudes de la vie savante reparaissent, et tous les raffinements de la grammaire et de la rhétorique sont mis en œuvre, quand il faut peindre l'école, le réveil du maître et la foule des disciples qui l'entourent : « Considérez la colonie philoso-
« phique, voyez de près les princes des lettres. Les
« uns félicitent le maître qui a goûté un salutaire
« sommeil dans le cloître de sa poitrine, et qui le
« goûterait encore, si l'ardeur du rouge Phébus ne
« fût venue arracher ses paupières aux charmes du
« repos. — Pourquoi, lui crient les écoliers, viens-
« tu nous assourdir du tonnerre de ta parole, et
« troubler de tes discours les cavernes de nos
« oreilles ? Nous avons passé dans la veille et dans
« l'étude tout le temps que la nuit a sillonné de sa
« charrue les plaines du ciel. Cependant, tu livrais

« tes membres aux douceurs du sommeil : voilà
« pourquoi maintenant tes leçons nous trouvent
« endormis. » Il faut mettre un terme à ces citations, qui ne peuvent rendre le texte intelligible
qu'à condition d'en retrancher la moitié ; on
ne supporterait pas longtemps une telle lecture,
si l'on n'était soutenu par un intérêt historique, par le contraste de tant de recherche
avec tant de grossièreté, et par la surprise de
retrouver tous ces artifices de langage dont le
Virgile du septième siècle nous avait livré le secret. Rien n'y manque, ni les constructions renversées, ni les racines grecques défigurées par une
désinence latine, ni les termes forgés de toute
pièce, ni aucun des procédés qu'imaginèrent les
grammairiens effrayés, pour dérober, comme ils
disaient, les perles aux pourceaux (1).

(1) *Antiphonarium Benchorense*, apud Muratori, *Anecdota latina*, t. IV. Cet antiphonaire, trouvé au monastère de Bobbio, peut remonter au septième siècle. S. Colomban, fondateur de Bobbio, avait fait profession à Bangor. *Hymn. S. Comgalli* :

Audite *pantes ta erga,*
Allati ad angelica,
Athletæ Dei abdita,
A juventute florida, etc.

Dans l'hymne des apôtres, je remarque ce vers :

Ille qui *proto* vires adimens chao.

L'hymne des matines a de beaux passages ; mais j'y trouve encore un hellénisme :

Dignos nos fac, rex *Agie.*

Hisperica famina edidit Aug. Mai, *Classici auctores*, t. V, p. 479.
Le savant éditeur, p. xlviii de son introduction, prouve qu'il faut y reconnaître l'ouvrage d'un Irlandais :

« Ampla pectoralem suscitat vernia cavernam : Mœstum extrico

Les Irlandais hors de chez eux.

École de Saint-Gall.

Mais ces pourceaux, ces bêtes farouches, ces barbares, qu'on traitait evec tant de mépris, ne se laissaient pas dérober la perle de la science ; les écoles d'Irlande étaient à peine ouvertes, qu'on y vit accourir tout l'Occident. En 536, cinquante moines du continent débarquaient à Cork. Au septième siècle, c'était une coutume reçue chez les Francs, après avoir épuisé l'enseignement ordinaire des églises et des monastères, de passer en Irlande : saint Vandrille avait résolu de visiter ce savant pays, et, un peu plus tard, l'évêque Angilbert y séjourna plusieurs années pour étudier les Écritures (1). A leur tour, les Irlandais, poussés par la vocation toute-puissante qui les arrachait de leurs cellules pour les jeter sur les côtes de Flandre, dans les déserts du Jura, et jusqu'au delà des Alpes, y portèrent les lettres avec l'Évangile. Saint Colomban, ce prêtre

pulmone tonstrum, sed gaudifluam pectoreis arto procellam arteriis, cum insignes sophiæ speculator arcatores, qui egregiam urbani tenoris propinant faucibus lympham, vipereosque litteraturæ plasmant syllogismos... 5. Bis senos exploro vechros qui ausonicam lacerant palatham... 7 : *Pantes* solitum elaborant agrestes *orgium*. 8. « Sophicam stemicate coloniam, ac litterales speculamini apices. Nonnulli cerimonicant arcatori trophea, si salubrem pectoreo carpserit soporem claustro, ni rutilante Phœbei orientis ardore somniosum evellerit palpebris oblectamentum, tritamque aptaverit lumbis stragulam, lectoralem cudere industriam. Ut quid nos tonitruoso sermonum obruis clangore, et internas loqueloso tumore perturbas aurium cavernas? Totum namque nocturni ligonis lectriceis censuimus stadium excubiis; vos soporea oblectastis pernas tabe : ob hoc nunc somnolentus nos stigat tactus. »

(1) Mabillon, *Annales SS. O. S. B.* — *Vita S. Wandragesili*, ap. Mabillon, *A. SS. O. S. B.*, sec. II, 526. Bède, *Hist. eccles.*, lib. III, cap. VII.

si austère, retrouvait la grâce, l'enjouement, et toute la mythologie des poëtes profanes, pour adresser de petits vers à un ami. Les trois grandes abbayes qui marquèrent le chemin de son apostolat, Luxeuil, Bobbio et Saint-Gall, donnèrent à la science irlandaise autant de chaires, d'où elle se répandit chez les peuples voisins. Nous savons déjà comment le cloître de Luxeuil fut une pépinière de grands évêques ; les leçons qu'ils reçurent nous sont connues par la biographie de saint Agile, qui, formé aux arts libéraux dans ce monastère, y enseigna l'éloquence et la théologie. Bobbio devint le flambeau de l'Italie septentrionale. Le moine Jonas, qui en fut l'historiographe vers 645, écrivait les vies de saint Colomban et de ses premiers disciples dans une langue élégante, poétique, et ne faisait pas difficulté d'entremêler aux citations des livres saints les réminiscences de Tite-Live et de Virgile. Mais rien ne devait égaler la gloire littéraire de Saint-Gall. Les Irlandais, comme parle un contemporain, ne cessèrent de peupler ce nid d'aigles que leur intrépide compatriote leur avait fait dans la montagne. Des moines de la même nation secondent les efforts d'Othmar, qui, au temps de Charles Martel, relève l'abbaye de sa passagère décadence. La bibliothèque conserva longtemps les livres copiés de leurs mains : on y remarquait Virgile et son commentaire, les poésies sacrées de Juvencus et de Sedulius, la métrique de

Bède et l'arithmétique de Boëce. Plus tard, un évêque d'Irlande, appelé Marx, et son neveu Moengall, revenant de visiter les saints lieux de Rome, s'arrêtent aux portes de Saint-Gall, congédient leurs serviteurs avec leur chevaux, et, ne gardant que les vases sacrés et les livres, font vœu d'achever leurs jours dans la solitude. Moengall, chargé de l'école du cloître, y porte les habitudes savantes de sa patrie ; la langue grecque s'introduit dans l'enseignement ; les hymnes de Saint-Gall, comme celles de Bangor, se hérissent d'hellénismes ; les discussions grammaticales sont poussées à un degré de subtilité que les docteurs aquitains ne désavoueraient pas. Mais, en même temps, la passion des études saines, et l'inspiration véritable, se font jour chez les disciples de Moengall. C'est Ratpert le poëte, si fidèle à ses livres, qu'il n'usait qu'une paire de chaussures chaque année, et si épris des anciens, qu'il opinait au chapitre en vers de Virgile. C'est le théologien Notker, auteur d'un traité sur les commentateurs de la Bible, qui atteste une lecture immense, et rival d'Horace, au jugement des contemporains, pour la beauté de ses chants populaires et de ses séquences. C'est Totilo, musicien, peintre, ciseleur, qui ravissait tous les cœurs quand il exécutait sur la harpe des chants de sa composition. Toutes les églises de la France orientale se disputaient ses ouvrages. Tandis qu'il ciselait une Vierge pour la cathédrale de Metz, on raconte que deux pèlerins lui demandèrent l'aumône; et, l'ayant reçue, ils s'adressèrent à un clerc qui les avait introduits : « Est-ce donc sa sœur, « lui dirent-ils, cette noble et belle dame qui se « tient à ses côtés, lui présentant le compas, et lui « montrant ce qu'il doit faire? » Or c'était la mère de Dieu qui venait aider son ouvrier. A cette gracieuse légende, je reconnais bien l'imagination des Irlandais, comme je trouve la trace de leur passage dans ce culte de la musique, dont Saint-Gall conserva la tradition. L'Irlande avait porté là sa harpe, emblème de son génie, que cette nation opprimée garde encore dans l'écusson de ses armes; symbole de la parole chrétienne, qui doit finir par vaincre les barbares de tous les siècles, mais en les charmant (1).

(1) Weidmann, *Geschichte der Stift-Bibliothek von S. Gallen.* On avait fait ces vers sur l'affluence des Irlandais à Saint-Gall :

Scottigenæ pro se (?) nidificant velut ipse.
Tanquam Germani vivunt ibi compatriani.

Sur les livres irlandais de la bibliothèque de Saint-Gall, voyez les anciens catalogues publiés par Weidman. Metzler, *de Viris illustribus monasterii S. Galli.* Eckehard, *Casus S. Galli,* ap. Pertz, t. II. Et plusieurs poëmes des moines de Saint-Gall, apud Basnage, *Thesaurus,* t. II, pars 3, p. 190 et suiv. Je remarque surtout l'ode d'Hartmann à Notker, pour l'encourager à écrire la vie de S. Gall :

Ultima secli generate meta,
Vincis antiquos lyricos poetas,
Pindarum, Flaccum, reliquosque centum,
   Carmine major.
Quid prodest temet studiis librorum
Tam brevis vitæ morulas dicasse,
Corpus ac fractum macerasse tantum,
   Si nihil audes?

Toutefois saint Colomban et ses compatriotes n'avaient pas reçu la mission d'achever seuls l'éducation des barbares : nous connaissons déjà le peuple qui leur donna d'abord des disciples, et plus tard des rivaux.

<small>Les lettres chez les Anglo-Saxons.</small>

<small>Ecole de Cantorbéry.</small>

Les Anglo-Saxons s'étaient instruits à trois écoles : l'Italie, la Gaule et l'Irlande. Vers 636, le roi Sigebert d'Estanglie revenait des Gaules, où il avait cherché un asile contre la haine de son frère Redwald. Rentré en possession du royaume paternel, il y voulut introduire, premièrement le christianisme, et, en second lieu, des écoles à l'exemple de celles qu'il avait admirées chez les Francs. L'archevêque de Cantorbéry, Félix, le soutint dans ce pieux dessein, et lui donna des maîtres selon l'usage en vigueur au pays de Kent. Ainsi, le pays de Kent, évangélisé par des Romains, avait déjà reçu d'eux le bienfait de l'enseignement public, qu'un autre envoyé de Rome devait étendre à toute l'Angleterre. En 668, un Grec de Tarse en Cilicie, nommé Théodore, versé dans les lettres sacrées et profanes, venait d'être élevé par le pape Vitalien au siége de Cantorbéry. Il arriva d'Italie, accompagné du moine Adrien, dont on vantait le savoir. Il parcourut les sept royaumes anglo-saxons, faisant reconnaître son autorité métropolitaine, rétablissant la discipline, et gagnant tous les esprits par l'éloquence de ses discours. Puis, ayant rassemblé dans sa ville archiépiscopale un grand nombre de jeunes clercs, lui-même leur enseignait la métrique, l'astronomie, l'arithmétique, la musique et l'Écriture sainte, avec un tel succès, que, trente ans après, plusieurs de ses disciples parlaient encore le grec et le latin aussi facilement que leur langue maternelle. Cependant l'enseignement de Théodore et d'Adrien ne suffisait pas à l'ardeur de la jeunesse anglo-saxonne ; il fallait des flottes entières pour conduire en Irlande la multitude de ceux qui allaient y chercher des maîtres, bravant les ennuis et les dangers de l'exil. L'hospitalité des monastères leur donnait du pain, des livres, des leçons ; mais les épidémies les enlevaient par centaines, sans décourager leurs compagnons et leurs successeurs. On raconte que le jeune Egbert, voyant mourir ses condisciples, se prit à pleurer, pria Dieu de lui laisser le temps d'expier ses péchés dans ce monde, et fit vœu, s'il échappait au péril, de passer le reste de sa vie sur la terre étrangère, pour s'instruire et pour enseigner (1).

(1) En ce qui touche l'épiscopat de Théodore de Cantorbéry, je reproduis littéralement le récit de Bède, *Hist. eccles.*, IV, 1 et 2. Il finit ainsi : « Congregata discipulorum caterva, scientiæ salutaris quotidie flumina in rigandis eorum cordibus emanabant. Ita ut etiam metricæ artis, astronomicæ, et arithmeticæ ecclesiasticæ disciplinam inter sacrorum apicum volumina suis auditoribus contraderent. Indicio est quod hucusque supersunt de eorum discipulis qui latinam græcamque linguam æque, ut propriam in qua nati sunt, norunt. »
Il faut rapprocher de ces paroles le texte que je citerai plus bas des lettres d'Aldhelm. Sur l'affluence des Anglo-Saxons en Irlande, voyez la même lettre d'Aldhelm ci-dessous, et Bède, *Hist. eccles.*, III, 27.

Une nation bien douée, toute pénétrée du souffle poétique qui lui inspirait des chants capables de rivaliser avec les plus beaux fragments de l'Edda, ne pouvait subir inutilement une culture si opiniâtre et si profonde. Le septième siècle n'est pas fini, et déjà, parmi les disciples d'Adrien, paraît Aldhelm, qui égale ses maîtres en savoir, et les dépasse en hardiesse. Aldhelm a encore tous les traits du génie anglo-saxon. Issu de la maison royale de Wessex, il conserve la fougue du sang barbare, l'amour de son pays, le culte des traditions nationales. Dans sa jeunesse, il excellait à composer des hymnes en langue vulgaire, à la manière des chanteurs ambulants; et, se tenant sur la porte au sortir de l'église, il attroupait la multitude pour l'instruire. Mais il a aussi la docilité de sa nation. Devenu successivement maître de l'école monastique de Malmsbury, abbé, évêque de Sherburn, il ne devait point mourir sans avoir visité Rome ; et, séduit par les muses latines, il nourrissait l'ambition de les introduire et de les fixer dans sa froide patrie. C'est l'objet de son traité de versification, l'un des plus complets qui nous soient parvenus, où il recueille jusqu'aux plus minutieux détails de la prosodie classique. En même temps que le précepte, il donne l'exemple dans son poëme de la Virginité. Les beaux vers n'y manquent point, et la muse chrétienne y trouve des cris éloquents lorsqu'il s'agit de célébrer la chute du paganisme et les dieux impuissants à sauver leurs autels. Mais toutes les habitudes de la poésie du Nord s'y font jour, l'allitération, la témérité des métaphores, le luxe des périphrases. Aldhelm excelle aux jeux d'esprit ; les acrostiches font son triomphe, et l'obscurité de ses énigmes peut défier tous les Œdipes du Nord. Cependant, au moment où l'on croit avoir affaire à la barbarie toute seule, ce sont les raffinements de la décadence qu'on retrouve, et les mots grecs dont le poëte charge ses vers montrent déjà le disciple de ces écoles où l'on faisait profession d'écrire pour le petit nombre des initiés (1). Il achève de se découvrir dans une lettre adressée à son ami Eadfrid, qui vient d'étudier en Irlande, et qu'il félicite de manière à faire voir que l'Angleterre n'a rien à envier aux savants maîtres de l'île voisine. L'épître, écrite en style philosophique, comme on disait, semée d'hellénismes, débute par

(1) Th. Wright, *Biographia Britannica*, Anglo-Saxon. period., p. 209, et les deux. Vies d'Aldhelm, l'une par Guillaume de Malmsbury, l'autre par le moine Faricius, du douzième siècle. Ces deux témoignages s'accordent à lui faire étudier la langue grecque. — W. Malmsb. : « Pusio græcis et latinis eruditus litteris. » Faricius : « Miro denique modo gratiæ facundiæ. omnia idiomata sciebat, et quasi Græcus natione scriptis et verbis pronuntiabat. » Aldhelmi *De septenario et de re grammatica et metrica ad Acircium regem*, apud Mai, *Auctores classici*, t. V, p. 501. Aldhelm (*ibid.*, p. 597) s'applique ces vers de Virgile :

Primus ego in patriam mecum, modo vita supersit,
Aonio rediens deducam vertice musas.

Aldhelmi *De laude Virginum* liber metricus, *Ænigmata*, etc. Parmi les mots grecs dont son style est hérissé, je remarque ceux-ci : *salpix, strophosus, orama, cephale.*

une phrase dont le mérite échappe à la traduction : les quinze premiers mots commencent par un P. « Avant tout, et selon l'honneur qui est dû aux « princes et à ceux qui gouvernent, Aldhelm célè- « bre d'abord le Créateur de l'univers, lui dédiant « ses poëmes et ses discours. » Il lui rend grâces d'avoir ramené Eadfrid de la brumeuse Irlande, où ce savant jeune homme passa trois fois deux ans, suspendu aux mamelles de la Philosophie. « Car, « dit-il, telle est la renommée des Irlandais; et « l'opinion qu'on a de leur science s'est répandue « à ce point, qu'on voit passer et repasser sans cesse « ceux qui vont visiter ce pays, ou en reviennent. « Pareils à des essaims d'abeilles qui composent « leur nectar, et qui, au moment où l'ombre de la « nuit se retire, vont se poser sur les fleurs des « tilleuls, pour revenir à la ruche chargées de leur « fardeau jaunissant; ainsi la foule des lecteurs « avides va recueillir, non-seulement les six arts de « la grammaire et de la géométrie, sans compter la « science physique, mais aussi les quatre sens de « l'Écriture, avec l'interprétation allégorique et « tropologique de ses oracles. » Il s'étonne de ce concours d'écoliers qui mettent en mer des flottes entières : « comme si, sur cette terre verte et féconde « d'Angleterre, les maîtres grecs et romains nous « manquaient pour expliquer, à ceux qui veulent « savoir, les obscures questions de l'Écriture « divine. Car, bien que le ciel d'Irlande ait de bril-

« lantes étoiles, la Bretagne, aux extrémités de
« l'Occident, a son soleil aussi en la personne de
« Théodore, honoré des bandelettes de l'épiscopat,
« nourri dès l'enfance de la fleur de la philosophie;
« et sa lune bienfaisante, en la personne d'Adrien,
« doué de tous les agréments d'une urbanité inex-
« primable... Il faut voir comment le bienheureux
« pontife Théodore, entouré d'une troupe de disci-
« ples irlandais, tel qu'un sanglier furieux enve-
« loppé d'une meute de chiens qui montrent les
« dents, les repousse comme à coups de boutoir,
« par son habileté dans la grammaire et par la
« pluie serrée de ses syllogismes (1). » Il finit en

(1) Je donnerai, de cette lettre d'Aldhelm et de plusieurs autres, des fragments de quelque étendue, afin que, les comparant aux passages cités du Virgile de Toulouse, des *Hisperica famina* d'Atton de Vernil, on s'assure qu'il ne s'agit point d'un accident littéraire, mais d'une école et d'une tradition.

Usher, *Veterum epistolarum hibernic. sylloge*, p. 26.

Aldhelmus Eadfrido : « Primitus (pantorum procerum prætorumque pia potissimum, paternoque, præsertim privilegio) panegyricum poemataque, passim prosatori sub polo promulgantes; stridula verum symphonia ac melodia, cantilenæque carmine modulatori hymnizemus...

« Illud æque almitati Beatitudinis vestræ, ex penetralibus præcordii nequaquam promens, dissimulo propalare (ad augmentum, mystisque ut reor tripudium imo ad *doxan onomatis Cyrii*) magnopere inolevisse, quod præconio citra modum rumoris Scottico in solo degentium ceu tonitruali quodam boatu fragore nimboso emergenti, auditus nostri quatiuntur...

« Cur, inquam, Hibernia quo catervatim istinc lectores classibus advecti confluunt, ineffabili quodam privilegio efferatur : ac si istic facundo Britanniæ in cespite didascali Argivi Romanive Quirites reperiri minime queant, qui cœlestis tetrica enodantes bibliothecæ problemata sciolis reservare se sciscitantibus valeant? Quamvis enim prædictum Hiberniæ rus discentium opulans ver-

priant son ami de ne pas croire que, pour louer ses compatriotes, il ait voulu dénigrer les savants irlandais. Mais il lui jette un dernier défi dans une phrase inintelligible, et ces mots obscurs répandent précisément une lumière inattendue sur l'histoire littéraire des Anglo-Saxons. J'y reconnais une citation de Glengus, contemporain du faux Virgile, de même que, parmi les écrivains nommés dans la métrique d'Aldhelm, je retrouve quelques-uns des maîtres qui faisaient autorité chez les grammairiens aquitains. Ainsi la doctrine secrète des écoles de Toulouse avait passé deux fois la mer. Les Irlandais la communiquaient aux Anglo-Saxons ; elle

nansque, ut ita dixerim, pascuosa numerositate lectorum, quemadmodum poli cardines astriferis micantium ornentur vibraminibus siderum : ast tamen climatis Britannia occidui in extremo ferme orbis margine sita, verbi gratia, ceu solis flammigeri et luculento lunæ specimine potiatur, id est, Theodoro infula pontificatus fungente, ab ipso tyrocinio rudimentorum in flore philosophicæ artis adulto ; nec non et ejusdem sodalitatis cliente Adriano duntaxat urbanitate enucleata ineffabiliter prædito...

« ... Si vero quippiam, inscitia suppeditante, garrula frontose convincitur pagina prompsisse, ut versidicus ait :

« Digna fiat fante Glengio gurgo fugax fambulo. »

Cf. Virgilius Maro, apud Mai, *Auct. classici*, t. V, p. 22 : « In illud Glengi incidam, quod cuidam conflictum fugienti dicere fidenter ausus est : Gurgo, inquit, fugax fabulo dignus est. » Aldhelm cite deux fois (*De arte metrica*, p. 520, 546) le Virgile auteur d'un poëme en vers intitulé *Pædagogus*, p. 521, l'orateur Andreas, cité par Virgilius Maro, p. 92, et dont on a un petit poëme dans le *Corpus poetarum* de Pesaro, t. VI, p. 276. Enfin, p. 521, Aldhelm nomme Paul le Persan, qui me paraît de la même famille que les Indiens, les Égyptiens et les Cappadociens du faux Virgile : « Junilius instituta regalia quæ a *Paulo Persa*, Syrorum scholis naviter instructa didicerat... scribens. »

plaisait à ces esprits mal dégagés des brouillards du Nord. Édelwald, disciple favori d'Aldhelm, ne croit pouvoir mieux témoigner de sa docilité qu'en remerciant, dans cette langue des initiés, le maître qui lui ouvrit les plus secrètes profondeurs de l'étude, et lui dévoila des mystères réservés au petit nombre. Saint Boniface même ne se défiait pas de cette faiblesse; et, lorsque, dans les premières années de son apostolat, il écrit à ses amis d'Angleterre, l'ancien maître de grammaire se fait reconnaître aux hellénismes dont il croit enrichir son style. Des exemples si beaux ne laisseront pas dormir en repos les générations suivantes, et, les élèves surpassant leurs maîtres, nous trouverons des poëmes écrits en trois langues entremêlées : grec, latin et anglo-saxon (1).

(1) Voici la lettre d'Édelwald, disciple favori d'Aldhelm, et qu'on a tout lieu de prendre pour un laïque, si l'on en juge par les conseils qu'Aldhelm lui adresse, de ne point s'abandonner sans réserve aux joies des fêtes et des banquets. Apud. *Bonifacii epistolas*, édition de Würdtwein, *epist.* 149.

« ... Æstivi igitur temporis cursu, quo immensis feralium passim congressionum expeditionibus hæc misera patria lugubriter invidia vastatrice defanatur, tecum legendi studio conversatus demorabar. Tum mihi, licet indigno, tuæ Beatitudinis sacrosancta sagacitas... arcana liberalium litterarum studia; opacis duntaxat mysteriorum secretis, ignarisque mentibus obtrusa, abrepto propere spissæ intelligentiæ, faucibus avide absumptis, meam ad me patientem hebetudinis maciem largissimæ blandæ sponsionis *epimenia* affluenter refocillabat... Trina cantati modulaminis carmina binis generibus digesta subdidimus, quorum primus dactylico heroici poematis hexametro, ac pedestri, ut autumo, regula enucleat, ut in LXX coæquantium versuum formulas... divisum tertium quoque non pedum mensura elucubratum, sed octonis syllabis in unoquoque versu compositis una eademque littera comparibus

Bède.

540   CHAPITRE IX.

Mais, sous ces misérables enveloppes dont on avait couvert la science comme une momie au tombeau, la chaleur se ranime, et les premiers signes d'une nouvelle vie se font reconnaître au moment où paraît le vénérable Bède. Lorsque Aldhelm mou-

linearum tramitibus aptata, cursim calamo perarante *charaxatum medium*... simillimis ibidem versuum et syllabarum lineis confectum. »

On voit qu'Édelwald avait médité la poétique de son maître, et lui envoyait deux sortes de vers, les uns métriques, les autres syllabiques, formant des acrostiches compliqués, et tous les autres jeux d'esprit qui plaisaient aux Anglo-Saxons.

La lettre suivante se trouve dans la correspondance de S. Boniface (Giles, t. I, *epist*. 133). Elle est d'un auteur inconnu, mais d'un Anglo-Saxon. On y voit ce qu'embrassait le cours des études dans les écoles d'Angleterre : le droit romain, la métrique, avec ses raffinements, le calcul et l'astronomie.

« Neque enim parva illorum temporum intervalla in hoc studio protelanda sunt ei duntaxat, qui solerti sagacitate legendi succensus, legum Romanarum jura medullitus rimabitur, et cuncta jurisconsultorum decreta ex intimis præcordiis scrutabitur, et (quod his multo arctius et perplexius est) centena scilicet metrorum genera pedestri regula discerneret, et admissa cantilenæ modulamina recto syllabarum tramite lustraret. De ratione vero calculationis quid commemorandum ? Cum tanta supputationis imminens disputatio colla mentis compresserit, ut omnem præteritum lectionis laborem parvipenderem, cujus me pridem secreta cubicula nosse credideram, et ut sententiam beati Hieronymi depromam, qui mihi videbar sciolus, rursus cœpi esse discipulus. Porro de zodiaco XII signorum circulo, quæ vertigine cœli volvantur, ideo tacendum arbitror, ne res opaca et profunda, si vili explanationis textu promulgata fuerit, infametur et vilescat, præsertim cum astrologiæ artis peritia et difficillima horoscopii computatio, elucubrata doctoris indagatione, egeat. »

Comparez à ces lettres celle de Boniface à Nidhard son ami (Giles *Bonifacii epist*. IV). Il parle de la vanité des biens terrestres.

« Et hac de re aurilegi Ambrones *appo ton grammaton agiis* frustratis afflicti inservire excubiis et fragilia aranearum incassum cui flatum tenuem, sive pulverem captantia tetendisse retia dignoscuntur : quia *cata* psalmistam, thesaurisant et ignorant cui congregent illa : et dum exactrix invisi Plutonis, Mors videlicet,

rut en 709, Bède était en âge de lui succéder. Consacré à Dieu dès l'enfance, il avait grandi dans le cloître de Jarrow, succursale de l'abbaye de Wearmouth, sous la conduite de Benoît Biscop, de ce voyageur infatigable qui fit cinq fois le pèlerinage de Rome, et en revint avec un nombre infini de livres, des images pour décorer les églises de son pays, et des chantres pour y introduire la liturgie de saint Grégoire. Toute l'antiquité ecclésiastique respirait dans cette savante abbaye, dans cette église revêtue de peintures symboliques, à la manière des basiliques romaines. C'est là que Bède ensevelit sa vie, « trouvant, dit-il, une grande dou-
« ceur à ne jamais cesser d'apprendre, d'enseigner
« et d'écrire. » Sans sortir de sa cellule, il avait parcouru le cercle entier des connaissances de son temps : comment aurait-il ignoré les travaux des grammairiens aquitains? Il cite en effet le faux Horace, et emprunte un passage au faux Virgile. Mais, avec la supériorité du bon sens, qui est le maître des études comme des affaires, il avait dédai-

---

cruentatis crudeliter frendens dentibus in limina latrat... teterrima subeunt claustra erebia, æterna luituri supplicia. »
Voici quelques vers d'un poëme anglo-saxon polyglotte :

> Ac he ealue sceal
> *Boethia* biddan georne,
> Thurh his modes gemind
> *Micro in cosmo*
> Thæt him Drihtten gyfe
> *Dinamis* en earthan
> *Fortis factor*
> Thæt he forth simle.

gné les subtiles distinctions des douze latinités, et, écartant la foule de ces modernes parés de noms classiques, c'était aux anciens qu'il avait demandé des leçons. Il avait appris des Pères de l'Église à porter la lumière dans les obscurités de la Bible, dont il composa un commentaire complet. En même temps, il ne se contentait pas d'écrire des traités d'Orthographe, de Métrique, de Comput, où il faisait preuve d'une lecture immense et d'une excellente critique; il sortait des limites ordinaires de l'enseignement, il dépassait les anciens, et portait dans la science une nouveauté de vues qui est déjà d'un moderne. C'est ainsi que son traité *de la Nature des choses,* en résumant la cosmographie de Pline et de Ptolémée, écarte les rêveries des astrologues, et que ses conjectures sur la cause des marées semblent devancer Newton. C'est ainsi que, dans ses deux livres *des Figures et des Tropes de l'Écriture sainte,* il trace l'ébauche d'une rhétorique sacrée, et retrouve chez les prophètes tous ces ornements du langage dont les Grecs s'étaient dits les inventeurs. Mais c'est surtout le caractère de son *Histoire ecclésiastique de la nation anglaise.* En ne promettant que l'histoire de l'Église, il fait celle des rois et des peuples. Au scrupule qu'il porte dans le choix des témoignages et des documents, il ne semble chercher que la vérité ; et cependant il trouve la poésie dans ces récits naïfs, où respire tout le génie d'une nation jeune, guerrière et chrétienne. Cet écrivain fécond était aussi un maître infatigable. Au fond de sa solitude de Jarrow, on le voit entouré de disciples ; il les instruisait avec tant de persévérance, que les douleurs de sa dernière maladie n'interrompirent pas ses leçons de chaque jour. Je ne sais rien de plus attachant, ni qui fasse mieux revivre les mœurs littéraires des cloîtres anglo-saxons, que les derniers moments de Bède racontés par son élève Cuthbert ?

« Dans ces jours-là, Bède commença deux ouvrages : une traduction de l'Évangile selon saint Jean dans notre langue, pour l'utilité de l'Église de Dieu, et quelques extraits d'Isidore, évêque de Séville ; « car, disait-il, je ne veux pas que mes « enfants lisent des erreurs, ni qu'après ma mort « ils se livrent à des travaux sans fruits. » Le troisième jour avant l'Ascension, il se trouva beaucoup plus mal. Il continua néanmoins de dicter gaiement, et quelquefois il ajoutait : « Hâtez-vous « d'apprendre, car je ne sais combien de temps je « resterai avec vous, ni si mon Créateur ne m'ap- « pellera pas bientôt. » Le jour de la fête, aux premières lueurs du matin, il ordonna qu'on se hâtât d'écrire ce qu'on avait commencé, et nous travaillâmes jusqu'à l'heure de tierce. Depuis tierce, nous fûmes avec les autres religieux, comme l'exigeait la solennité. Mais un d'entre nous resta auprès de lui, et lui dit alors : « Il manque « un chapitre au livre que vous avez dicté ; et il

« me semble difficile de vous faire parler davan-
« tage. » Bède répondit : « Je le puis encore ;
« prends ta plume, taille-la, et écris prompte-
« ment. » Et l'autre obéit. A l'heure de none, il
envoya chercher les prêtres du monastère, et leur
distribua quelques objets de prix, de l'encens, des
épices, qu'il avait dans sa cassette, et il leur fit ses
adieux, suppliant chacun d'eux de prier pour lui.
Il passa ainsi le dernier jour jusqu'au soir. Et le
disciple dont j'ai parlé lui dit encore : « Mon maî-
« tre bien-aimé, il reste un verset qui n'est point
« écrit. — Écris-le donc promptement, » répondit-il. Et le jeune homme ayant fini en quelques
minutes, s'écria : « Tout est consommé. » Et lui :
« Tu l'as dit, répliqua-t-il, tout est consommé.
« Prends ma tête dans tes mains, et tourne-moi ;
« car j'ai beaucoup de consolation à me tourner
« vers le lieu saint où je priais ! » Et, ainsi posé
sur le pavé de sa cellule, il se mit à dire *Gloria
Patri*, avec ce qui suit ; et, comme il achevait, il
rendit le dernier soupir (1). »

(1) Sur Benoît Biscop, ses voyages et ses fondations, V. Bède, *Vita abbatum Wiremuthensium.* Idem, *Homilia in natal. Benedicti.* Wright, *Biographia*, anglo-saxon. period., p. 185.

On ne sait de Bède que le peu qu'il apprend de lui dans ses écrits, surtout dans l'épilogue de son Histoire ecclésiastique, et ce que son disciple Cuthbert a rapporté de sa mort ; mais la croyance populaire y a beaucoup ajouté. Parmi les traditions qui se rattachaient au grand nom de Bède, je remarque la suivante, où l'on voit que la *Scinderatio phonorum* n'était pas moins en faveur dans les écoles d'Angleterre que dans celle de Toulouse. On disait que Bède avait visité Rome, et que sur une porte il avait lu l'inscription

LES ÉCOLES.

L'enseignement de Bède ne mourut pas avec lui. Ce maître judicieux convenait à un peuple doué surtout du sens pratique. Il fut pour l'Angleterre ce qu'avaient été pour l'Italie et l'Espagne Cassiodore et Isidore de Séville; il recueillit avec discernement l'héritage de la science, et le transmit avec autorité. Ses leçons devaient exercer un prosélytisme facile, non-seulement dans l'Église, qui le rangea parmi ses docteurs, mais dans la société laïque, lorsque les fils des nobles partageaient les études des clercs, lorsque les rois n'arrivaient au trône qu'après avoir sué sang et eau, comme les moines, dans les arides chemins du Trivium et du Quadrivium. Aldhelm avait dédié sa métrique au roi de Northumberland. En lui rappelant les longues années où tous deux étudiaient ensemble sous la conduite du même évêque, il lui faisait un devoir de lire d'un bout à l'autre ce volumineux traité de versification latine, déclarant qu'ayant pris la peine de pétrir le pain, il trouverait mauvais que

L'enseignement des Anglo-Saxons hors de chez eux.
Fulde.

suivante : PPP. SSS. RRR. FFF.; et, un Romain lui ayant demandé : « Que regardes-tu là, bœuf d'Angleterre? — Je lis, répondit-il, ce qui suit : « Pater patriæ perditus. Sapientia secum sublata. Ruet « regnum Romæ. Ferro, flamma, fame. » Cf. Wright, *Biographia*, p. 270.

Nous avons cité plus haut les textes de Bède qui font allusion au faux Horace et au faux Virgile. Tous ces écrits grammaticaux prouvent qu'il étudia le grec. M. Renan, dans un mémoire encore inédit, mais couronné par l'Académie des inscriptions, a parfaitement prouvé que l'étude du grec se perpétua chez les Anglo-Saxons longtemps après Théodore et Adrien.

La lettre de Cuthbert sur la mort de Bède est imprimée à la suite des œuvres de ce dernier.

son ancien condisciple refusât de le manger. Bède adressait son *Histoire ecclésiastique* des Anglais au roi Ceolwulf, pour la lire, la méditer, et la répandre parmi les peuples de son obéissance. Mais ses écrits allèrent plus loin, ils passèrent sur le continent, et les missionnaires anglo-saxons, exilés dans les forêts de la Hesse et de la Thuringe, se faisaient envoyer les livres de Bède pour la consolation de leur pèlerinage. En effet, ces pieux étrangers, qui avaient renoncé à la paix de leurs couvents, qui avaient brisé toutes les attaches de la nature pour aller vivre parmi les barbares, ne s'étaient jamais détachés des plaisirs de l'esprit. Saint Boniface, au milieu de ses fatigues, trouvait le temps de corriger les vers de ses disciples, et de composer son poëme des *Vertus*. En fondant l'abbaye de Fulde au cœur de la Germanie, il voulait que la science y eût place au foyer ; et dans la lettre où, pressentant sa fin prochaine, il demandait la protection de Fulrad, abbé de Saint-Denis, pour ses missionnaires perdus sur la frontière des païens, il lui recommandait aussi ses moines, voués à l'étude dès l'enfance. Les colonies anglo-saxonnes se multiplièrent ; elles poursuivirent au huitième siècle la mission commencée au septième par les pèlerins irlandais ; elles continuèrent la tradition des lettres et l'éducation des Francs. Au bout de cent ans, Fulde était l'école, non de la Germanie seulement, mais de tout l'empire carlovingien. On y professait, comme à Saint-Gal , toutes les sciences, tous les arts, toutes les industries qui font l'ornement de la civilisation. Pendant que les défrichements, poussés avec vigueur, éclaircissaient la forêt vierge, et que les belles fermes de l'abbaye réduisaient en pratique les règles de l'agriculture romaine, il y avait des fonds affectés à tous les ouvrages de pierre, de bois et de métal ; et le trésorier veillait à ce que les ateliers de sculpture, de ciselure, d'orfévrerie, ne fussent jamais vides. Une inscription en vers, tracée sur la porte de la salle où travaillaient les copistes, les exhortait à multiplier les livres, en prenant garde de s'attacher à des textes corrects, et de ne pas les altérer par des interpolations frivoles. L'enseignement littéraire avait pris cet essor vigoureux, cette subtilité philosophique, cette passion de la controverse, qu'on n'attend guère qu'au douzième siècle. Le moine Probus professait pour Virgile et Cicéron un culte si religieux, qu'on l'accusait, en riant, de les ranger au nombre des saint. On étudiait l'introduction de Porphyre aux Catégories d'Aristote avec tant d'acharnement, qu'on disputait si les genres et les espèces dont traitait le philosophe étaient des noms ou des choses; et les controverses de Fulde remuaient déjà le problème qui devait mettre aux prises, pendant trois cents ans, les réalistes et les nominaux. Sans doute l'école anglo-saxonne ne se défit pas tout d'un coup des habitudes qu'Aldhelm et ses contemporains avaient héritées des rhéteurs d'Aquitaine. Ainsi les religieux de Fulde échangèrent leurs noms germaniques contre des noms latins plus doux à leurs oreilles; et comme Willibrod s'était appelé Clémens, et Winfried Boniface, trois moines du neuvième siècle, Hatto, Brunn et Rechi, se font nommer Bonosus, Candidus et Modestus. Ainsi encore Rhabanus Maurus pousse aux derniers raffinements l'art des acrostiches dans son livre des Louanges de la Croix. Cependant cet écrivain laborieux, qui traita de toutes choses, peut être considéré comme la maître de l'Allemagne. En même temps que lui, Fulde nourrissait Loup de Ferrières, qui appartient à la France, dont la vie se passe à débattre des questions de grammaire et de prosodie, à faire venir des livres d'Angleterre et d'Italie, et qu'on prendrait à la lecture de ses écrits pour un bel esprit de la renaissance, venu six siècles trop tôt, si nous ne commencions à soupçonner qu'il n'y eut jamais de renaissance pour les lettres, qui ne moururent jamais (1).

Ce qu'il faut penser des siècles barbares.

Toutefois, en nous engageant dans les recherches dont la nouveauté nous attirait, mais dont nous connaissions le péril, nous n'avons jamais voulu

---

(1) Brower, *Antiquitatum Fuldensium* libri IV. *Versus Alcuini* pro scriptorio Fuldensi. Lupus Ferrariensis, epist. 6. *Vita S. Egili*. Rhabanus Maurus, *de Laudibus sanctæ Crucis*. Cousin, *Ouvrages inédits d'Abélard*, introduction. Kunstmann, *Rhabanus Maurus*.

nier la barbarie du sixième, du septième, du huitième siècle. Tout ce que les historiens rapportent de cet âge violent, des crimes qui l'ensanglantèrent, des désordres qui menacèrent le monde d'une nuit éternelle, il faut le croire : bien plus, il y faut ajouter. Jamais leurs récits ne purent atteindre tout ce qu'il y eut de tyrannies ignorées, de spoliations impunies, de ruines sans vengeurs, d'un bout à l'autre de ces riches provinces de l'empire, livrées à des peuples qui mettaient le droit dans la force. Mais, si l'on doit croire les historiens, quand ils affirment, parce qu'on trouve en eux des témoins graves et compétents, il est permis de douter quand ils nient, et quand ils déclarent que les lettres ne sont plus. Il est permis de douter, parce qu'un témoignage négatif ne prouve point ; parce que ces hommes sincères, mais mal servis, purent beaucoup ignorer ; parce qu'enfin il y a des juges sévères qu'il ne faut jamais prendre au mot lorsqu'ils parlent d'eux-mêmes et de leur temps. En présence de tant de déchirements et de tant de crimes, Grégoire de Tours, Frédégaire et ses continuateurs, avaient autre chose à faire que d'étudier une à une les humbles écoles de la Gaule, de l'Irlande et de l'Angleterre ; excusons-les, lorsque les nuages étaient si sombres, d'avoir désespéré de la lumière, et d'avoir pris la tempête pour la nuit.

LES ÉCOLES CARLOVINGIENNES.

Comment tous les peuples d'Occident concoururent à la restauration des lettres.

L'Italie.

Il est temps de voir comment les traditions littéraires perpétuées en Italie et en Espagne, en Irlande et en Angleterre, se rapprochèrent sur cette terre des Francs qu'elles n'avaient jamais entièrement abandonnée, et comment toutes les provinces de l'Occident concoururent au grand ouvrage des écoles carlovingiennes,

L'Italie y travailla la première. En effet, si les Pères du concile de Rome en 680 s'excusent de ne pouvoir exceller dans l'éloquence profane, « menant « une vie pleine de douleurs et de sollicitudes au « milieu des barbares, » ne nous hâtons pas de conclure que la conquête lombarde eût effacé les dernières traces de culture intellectuelle. Ce concile même témoigne que plusieurs évêques poussaient le goût des plaisirs d'esprit jusqu'à entretenir des joueurs de harpe, et jusqu'à se donner des spectacles de mimes, derniers restes du théâtre ancien. En même temps, la vigueur que porta l'Église d'Italie dans les deux grandes controverses du monothélisme et du culte des images, la délicatesse des questions métaphysiques qui s'agitèrent, les témoignages des Pères qu'on fit intervenir, attestent assez que la science théologique n'était pas éteinte. L'antiquité sacrée n'a peut-être rien de plus éloquent que les deux lettres de Grégoire II à Léon l'Isaurien; et les inscriptions en vers gravées sur les tombeaux des papes du septième siècle, dans les grottes du Vatican, prouvent que les successeurs de saint Grégoire n'avaient pas banni la poésie du sanctuaire. La persécution des iconoclastes avait peuplé Rome de moines grecs : ils venaient y abriter leurs images, leurs livres, et tout ce que le fanatisme des empereurs vouait à la destruction. L'hospitalité des papes leur livra les églises de Sainte-Marie in Cosmedin, de Saint-George au Vélabre, de Saint-Saba, de Saint-Apollinaire, des saints Étienne et Silvestre, Étienne et Cassien. La langue de saint Jean Chrysostome, propagée par tant de colonies, conservait ses droits en présence de la liturgie latine. Le jour de Pâques, après l'office du soir, quand le souverain pontife, sortant de Saint-Jean de Latran, venait se placer sous le portique de Saint-Venance, où les échansons lui versaient le vin d'honneur ainsi qu'à son clergé, pendant que la coupe passait de mains en mains, les chantres entonnaient un chant grec. Les bibliothèques romaines étaient si peu épuisées, qu'elles enrichirent de leurs présents les monastères francs et anglo-saxons; et on a lieu de croire que l'Église de Rome observait la discipline adoptée à Toulouse, en ce qui concernait les écrits des philosophes païens, puisque Paul Ier tirait de ses archives, pour le roi Pépin le Bref, un volume d'Aristote. Et, pour finir par les écoles, outre la jeunesse d'élite qu'on formait aux arts libéraux et au chant ecclésiastique dans le palais de Latran, la foule des écoliers qui étudiaient les lettres était assez nombreuse pour figurer avec honneur au cortége de Charlemagne, lorsque, le jeudi saint de l'an 774, il fit sa première entrée dans la ville éternelle (1).

Ce qui honore Charlemagne, c'est que ce jeune roi du Nord, dans tout l'orgueil de l'âge et de la victoire, ne méprisa pas le cortége d'étudiants que la vieille Rome lui envoyait, et que, fils d'une race qui n'avait connu que l'orgueil des armes, il comprit, il souhaita la gloire pacifique des lettres. En retour de la charte mémorable qu'il déposait sur l'autel de Saint-Pierre, il reçut avec joie les maîtres que le pape Adrien lui donna. Il revint en Italie en 780 et en 787 : toujours il en ramena des hommes capables d'enseigner. La dernière fois, comme il célébrait à Rome les fêtes de Pâques, une querelle s'éleva entre les clercs de sa chapelle et les

---

(1) Tiraboschi, *Storia della letteratura*, t. V, lib. II, cap. I. Ce critique judicieux a cependant trop obscurci le tableau qu'il fait du septième siècle. Voyez les épitaphes des papes restituées dans l'excellent travail de Sarti, qui a corrigé plusieurs erreurs de Gruter, de Baronius et de Pagi. *Appendix ad Ph. Dionysii opus, de Cryptis Vaticanis.* Voyez aussi les indications données par Crescimbeni (*Storia di S. Maria in Cosmedin*) sur les établissements religieux des Grecs. En ce qui touche les bibliothèques, Rasponi, *de Biblioth. Lateranensi.* Le même auteur donne l'antienne grecque qu'on chantait, le jour de Pâques, sous le portique de Saint-Venance. Le canon du concile de 680 est une de ces traces précieuses de la perpétuité des jeux scéniques, si savamment relevées par M. Magnin. J'en trouve trois autres indices dans les lettres d'Alcuin, *epist.* 215, 144 et 230, édition de Froben.

chantres de la chapelle pontificale, qui leur reprochaient d'avoir corrompu les traditions de saint Grégoire. Et, le roi ayant donné tort à ses clercs, « car, disait-il, l'eau est moins pure au bas du « ruisseau qu'à la source, » il obtint du pape Adrien les deux chantres Petrus et Romanus, consommés non-seulement dans la science de la musique, mais dans les sept arts libéraux : il emmena aussi des maîtres de grammaire et de calcul, qu'il chargea de restaurer l'enseignement dans ses États (1). Tous n'étaient pas au-dessous d'une si grande tâche.

En effet, sans nous arrêter à ceux qui s'illustrèrent surtout dans l'Église et dans l'État, comme Théodulfe et Paulin, nous voyons deux Italiens, Pierre de Pise et Paul Diacre, commencer la réforme de l'école. Charlemagne les trouva, pour ainsi dire, dans le butin de Pavie, à la prise de cette ville, où Pierre s'était illustré par ses disputes publiques contre l'Israélite Jules, où Paul avait étudié à la cour même des rois lombards. Tous deux, otages volontaires ou forcés, se laissèrent enchaîner par la reconnaissance auprès du conquérant devenu leur disciple. Pierre, déjà vieux, acheva sa vie dans les honneurs du palais ; il professa la grammaire,

Pierre de Pise et Paul Diacre.

(1) Anastase, *in Hadriano. Chronicon Eugolismense*, ad ann. 787 : « Et dominus rex Carolus iterum a Roma artis grammaticæ et computatoriæ magistros secum adduxit in Franciam ; et ubique studium litterarum expandere jussit. » Cf. Eckehardus, *de Casibus S. Galli* : « Mittuntur secundum regis petitionem Petrus et Romanus, et cantum et liberalium artium paginis admodum imbuti. »

en comprenant sous ce nom l'étude des poëtes. Paul enseigna le grec à la princesse Rotrude, fiancée au jeune empereur Constantin. C'est alors que Pierre de Pise lui écrivait ces vers au nom du prince : « Nous louons le Christ, Fils unique du Père, qui « vous amène, Paul, le plus savant des poëtes, dans « nos terres stériles, pour y jeter de fécondes « semences. En langue grecque, vous nous montrez « un autre Homère; en latin, un Virgile ; en hébreu, « vous égalez le savant Philon. Vous savez que, par « la volonté du Christ, notre fille, sous la conduite « de Michel, va traverser les mers pour prendre le « sceptre d'un grand empire : voilà pourquoi vous « enseignez les lettres grecques à nos clercs, afin « que, restant à son service, ils se montrent savants « devant les princes de Byzance. » Paul Diacre répond avec grâce à tant d'hyperboles ; il ne se laisse point écraser sous les fleurs, et déclare qu'il n'a rien de commun avec Homère et Virgile, et qu'il serait bien fâché d'être dans la mauvaise compagnie de ces païens. « Je ne parle point le grec, « dit-il en finissant ; je ne sais pas plus d'hébreu : « trois ou quatre syllabes apprises dans l'école for- « ment toute la gerbe que je puis porter à vos gre- « niers. » La correspondance de ces deux émigrés éclaire les commencements du siècle littéraire de Charlemagne ; elle précède la fin de l'année 787, qui vit rompre l'union projetée du jeune Constantin et de Rotrude. Cependant on y trouve la langue grecque enseignée, la poésie latine cultivée, les placets rédigés en vers, pour toucher plus sûrement le cœur des princes; les épîtres qui portent une énigme à résoudre; enfin tous les passe-temps d'une cour savante. Tel était déjà le pouvoir de l'Italie, de cette dangereuse et belle contrée où nos pères laissèrent leurs ossements sur tant de champs de bataille, mais où le génie français devait à chaque fois renouveler ses forces, et qui mêla son inspiration à tous les grands siècles de notre littérature (1).

Quelle fut la part de l'Espagne, et que pouvait pour l'instruction de la chrétienté un pays livré à l'épée des musulmans? *L'Espagne. Les adoptianistes.*

La conquête musulmane ébranla moins qu'on ne pense la constitution de l'Église espagnole, à

---

(1) Sur Pierre de Pise, Éginhard : « In discenda grammatica, Petrum Pisanum diaconum senem audivit. »
Alcuin (*Epist.* 15) raconte que, dans un premier voyage en Italie, il connut Pierre de Pise, au moment où celui-ci venait de s'illustrer par sa dispute contre le juif Jules. — Sur la vie de Paul Diacre et l'époque précise de son séjour en France, Tiraboschi, *Storia*, t. V, lib. III, cap. III. La correspondance poétique de Pierre de Pise et de Paul Diacre est donnée par l'abbé Lebœuf, *Dissertations sur l'Histoire ecclésiastique*, t. I, p. 370 et suiv.

> Græca cerneris Homerus,
> Latina Virgilius,
> In hebræa quoque Philo...

Paul répond :

> Græcam nescio *loquelam;*
> Ignoro hebraicam.

Il entend déclarer, non pas qu'il ignore la langue, mais qu'il ne la parle point.

qui les conciles de Tolède avaient donné des fondements si solides. Les écoles épiscopales organisées par le concile de 624 se soutinrent avec tant de persévérance, qu'à la fin du dixième siècle, Gerbert s'instruisit, non, comme on l'a cru, chez les Arabes de Cordoue, mais auprès de l'évêque de Vich en Catalogne. Il y fit dans toutes les sciences humaines ces progrès merveilleux qui ravirent l'admiration des contemporains (1). Ainsi les générations savantes formées par les disciples d'Isidore de Séville n'avaient pas disparu tout d'un coup ; et malgré les persécutions des musulmans, dont on a trop vanté la tolérance, l'Église d'Espagne se trouva assez forte, non-seulement pour se conserver, mais pour se diviser en présence de ses oppresseurs. Il se peut que la doctrine de Mahomet, qui n'est qu'un arianisme plus hardi, ait réveillé les cendres mal éteintes de l'hérésie chez les descendants des Visigoths : du moins la pensée d'Arius et de Nestorius faisait le fond de l'erreur nouvelle professée par Élipand de Tolède et Félix d'Urgel, qui niaient la

---

(1) Concil. Tolet., 624 : « Quicumque in clero puberes aut adolescentes existunt, omnes in uno conclavi atrii commorentur, ut lubricæ ætatis annos, non in luxuria, sed in disciplinis ecclesiasticis agant, deputati probatissimo seniori, quem et magistrum doctrinæ et testem vitæ habeant. » Richer, *Hist.*, lib. III, cap. XLIII : « Gerbertum assumptum duxit (Borellus), atque Hattoni episcopo instruendum commisit. Apud quem etiam in mathesi plurimum et efficaciter studuit. » Il faut voir d'un bout à l'autre ce chapitre, qui n'a été publié que récemment, et qui jette une lumière si nouvelle sur les commencements de Gerbert.

divinité du Christ, en le déclarant fils de Dieu par adoption, non par nature. Les orthodoxes eurent horreur de ces nouveautés, ils en condamnèrent les auteurs sous le nom d'adoptianistes; une dispute ardente s'engagea, et le feu dont elle embrasa l'Espagne passa bientôt les Pyrénées.

Un jour que Charlemagne était assis au milieu des évêques, dans une salle du palais, il fit lire les lettres qu'Élipand de Tolède venait d'adresser au roi et au clergé des Francs, pour les gagner à sa doctrine; puis, se levant de son siége, il parla longuement, et conclut en demandant aux évêques et aux théologiens leur opinion par écrit. Paulin d'Aquilée, Alcuin, plusieurs autres dont les noms ne sont pas arrivés jusqu'à nous, écrivirent contre l'erreur des adoptianistes ; et, en 794, le concile de Francfort la condamna au nom de tout l'Occident. Cette assemblée, présidée par deux légats du pape, où parurent les évêques de Gaule, de Germanie et d'Aquitaine; les députés du clergé d'Italie et d'Angleterre, rappela les controverses de Nicée et d'Éphèse. L'Église des Francs retrouvait une de ces questions de métaphysique religieuse que depuis trois siècles elle n'entendait plus agiter, et qui devaient désormais tenir l'esprit humain en haleine. La théologie avait repris les armes : elle ne les quitta plus. Les disputes de l'Espagne rendaient aux écoles carlovingiennes le service le plus grand qu'on puisse rendre aux puissances naissantes, de

558 CHAPITRE IX.

les contredire, de les provoquer, et de les forcer à vaincre (1).

L'Irlande.
Dungal
et
Clémens.

Quand le Midi tout entier travaillait de gré ou de force à l'œuvre de Charlemagne, il fallait bien que les savantes nations du Nord y missent la main. On raconte, en effet, que deux moines d'Irlande descendirent un jour sur la côte de France avec des marchands étrangers ; et, la foule se pressant autour d'eux : « Si quelqu'un, criaient-ils, veut acheter la sagesse, nous la vendons. » Or, comme ils faisaient l'étonnement de tous, on les conduisit au roi, qui les interrogea, et les trouva très-savants dans les lettres sacrées et profanes, et les retint pour instruire son peuple. Le premier, appelé Clémens, fut établi dans la Gaule : le roi lui confia un grand nombre d'enfants de la plus haute noblesse, des moindres familles et des plus humbles. Le second fut envoyé à Pavie pour enseigner au monastère de Saint-Augustin, et réunir autour de lui tous ceux qui voudraient étudier. C'est le récit du moine de Saint-Gall, où plusieurs critiques n'ont vu qu'une fable, ne retrouvant aucune trace de ces deux vendeurs de sagesse portés, par la faveur du

---

(1) Alchuini, *adversus Felicem Urgellitanum*, lib. VII. Id., *Epistola ad Elipandum*. *Concilium Francofortense*. Fleury a clairement fait voir par quelle méprise le concile de Francfort se prononça contre le deuxième de Nicée, en ce qui touche le culte des images. Les pères de Francfort condamnèrent une proposition de Constantin de Chypre, tout à fait différente de la décision du concile.

prince, aux premiers honneurs de l'école. Mais, d'une part, un édit de Lothaire, rendu en 823, pour le rétablissement des écoles d'Italie, commence par celle de Pavie, où professe le grammairien Dungal ; et tout s'accorde à faire reconnaître sous ce nom le savant Irlandais qui réfuta les erreurs théologiques de Claude de Turin. S'il enseignait en 823, il put occuper une chaire avant 814, c'est-à-dire avant la mort de Charlemagne ; et nous retrouvons celui des deux étrangers qui fut chargé d'instruire la jeunesse italienne. L'autre reparaît en la personne de l'Irlandais Clémens, auteur d'un traité *des Parties du discours* qui nous est parvenu, et qui nous fait pénétrer dans le secret de son enseignement. Il y recueille, en effet, les traditions de cette latinité philosophique dont l'Irlande s'était éprise. Il en emprunte les règles au faux Virgile ; il cite tous les maîtres préférés des docteurs d'Aquitaine, Glengus, Galbungus, Énée, Virgile l'Asiatique. Si, comme on a lieu de le croire, Clémens succéda quelque temps au sage Alcuin dans la direction de l'école du palais, on comprend la mauvaise humeur de celui-ci, lorsqu'à son retour il se plaignait des étrangers qui avaient porté le désordre dans l'enseignement, et qu'il disait : « J'avais laissé des Latins à la cour, je ne sais qui l'a peuplée d'Égyptiens (1). »

(1) Monachus Sangallensis, lib. I, c. i, ii, iii. Le récit du moine de Saint-Gall est rejeté comme une fable par Tiraboschi (*Storia*

Un poëte irlandais à la cour de Charlemagne. La cour murmurait souvent contre ces pèlerins du Nord ; mais l'hospitalité de Charlemagne ne se lassait pas. Il trouvait parmi eux des maîtres plus judicieux que Clémens, des astronomes qui lui expliquaient les éclipses, des poëtes dont les com-

---

della letteratura italiana, t. V, lib. III, cap. 1) et par Launoi, *de Scholis celebrioribus*, cap. 11. — Voici mes autorités contre deux critiques si considérables, *Edictum Lotharii*, apud Muratori, *Script. rer. Italic.*, t. I, p. 2, p. 151 : « Primum in Papia conveniant ad Dungalum de Mediolano, de Brixia, de Laude, etc... » Tiraboschi (*ibid.*) cite l'épigraphe suivante d'un manuscrit offert au monastère de Bobbio :

Sancte Columba, tibi Scotto tuus incola Dungal
Tradidit hunc librum, quo fratrum corda secutus ;

et dans un catalogue de Bobbio : « Item de libris quos Dungalus præcipuus Scottorum obtulit beatissimo Columbano. »

Il faut remarquer enfin que le moine de Saint-Gall semble placer l'arrivée des deux Irlandais après le couronnement de Charlemagne comme empereur, c'est-à-dire après l'an 800 ; et qu'ainsi on est moins surpris de trouver encore Dungal à Pavie en 823. Tiraboschi, en attribuant au professeur de Pavie le livre contre Claude de Turin, penche à reconnaître un autre Dungal en la personne du reclus de ce nom qui, en 811, adressa une lettre à Charlemagne sur deux éclipses de l'année précédente (d'Achery, *Spicileg.*, t. III, p. 324).

Sinner, *Catalogus codicum mss. bibliothecæ Bernensis*, n° 123. Cod. membran. olim S. Benedicti Floriacensis. Clementis Scoti *liber de Partibus orationis*. Voici un passage de Clémens qui se retrouve textuellement dans Virgile. p. 14 : « Est etiam sensus hujus adverbii *esto*, hoc est *recte*, secundum illud Galbungi : « *Esto*, inquit, quærunt, » etc. Et plus loin : « Virgilius : multi adverbia de conjunctivis faciunt ut *ergo* pro *sæpe* ponant, » etc. Cf. Virgile, p. 146.

Alchuini, *Epist. IX ad Carolum* : « Ego imperitus, ego ignarus nesciens ægyptiacam scholam in palatio Davidicæ versari gloriæ. Ego abiens Latinos, ibi dimisi. Nescio quis subintroduxit Ægyptios. » La qualification d'Égyptiens rappelait aux Irlandais qu'ils avaient longtemps prétendu soutenir le cycle pascal d'Alexandrie, contre l'usage de Rome et de tout l'Occident.

positions le ravissaient. Au jour solennel où le roi recevait les hommages des grands, quand la foule des seigneurs se pressaient autour du trône pour y déposer les présents de la nouvelle année, les uns pliant sous le poids de l'or et de l'argent, les autres portant des tissus de pourpre ou des monceaux de pierreries dans des bassins de précieux métal, d'autres conduisant des chevaux superbes qui blanchissaient d'écume leurs freins dorés, un moine irlandais fendait la presse, déroulait un parchemin aux lettres enluminées, et voulait aussi, disait-il, présenter son offrande. Sur un signe du prince, le silence se faisait ; l'étranger invoquait sa muse, « celle qui, seule entre toutes, se laissa « captiver par la douceur des chants, et qui préféra « le charme des vers aux richesses du monde. » C'était d'elle qu'il attendait des accents dignes d'un si grand roi, et il entreprenait de chanter la première discorde qui troubla la paix des princes : Tassillon, duc des Bavarois, prêtant l'oreille au même tentateur qui trompa les premiers époux ; Charles couvrant le Rhin de ses flottes, et la Germanie ébranlée sous les pas de ses armées ; enfin le rebelle dompté, et venant embrasser les genoux du vainqueur. A la coupe de ces hexamètres, à la chute des périodes harmonieuses qui rappelaient quelquefois la manière des anciens, les grammairiens du palais devaient se reconnaître surpassés. Et les guerriers même ne pouvaient se défendre d'applaudir, s'ils comprenaient ou si quelqu'un leur traduisait le passage où l'étranger les appelait « un peuple de rois sortis des murs d'Ilion, « que Dieu, le maître du monde, choisit pour leur « livrer les terres, les villes et les nations cap- « tives. » Comment Charlemagne aurait-il résisté à de si beaux vers ? En retour, il donnait aux exilés d'Irlande ce qu'ils estimaient plus que l'or et l'argent, ce qu'ils venaient chercher de si loin : un lieu paisible pour étudier, et des disciples à instruire. Un exil entouré de tant d'honneurs finit par devenir souhaitable ; et, au milieu du neuvième siècle, Héric d'Auxerre représentait « l'Hibernie entière passant les mers au mépris des tempêtes, et venant, avec ses troupeaux de philosophes, se jeter sur nos rivages (1). »

L'Angleterre. Mais déjà la gloire de l'Irlande avait pâli devant

(1) *Versus hibernici exulis*, apud Mai, *Script.*, t. V, p. 405, mais déjà publiés par Durand et Martène, *Amplissima collectio*, t. VI.

Dum proceres mundi regem venerare videntur,
Ponderibus vastis ingentia dona ferentes,
Immensum argenti pondus fulgentis et auri,
Gemmarum cumulos sacro stipante metallo...
Spumantes et equos flavo stringente capistro...
Dic mihi quæ pariter reddemus, garrula musa ?...
O sola ante alias cantus dulcedine capta,
Divitiis orbis prævertens carmina musa !...
« O gens regalis, profecta a mœnibus altis
Trojæ ! nam patres nostros his appulit oris,
Tradidit atque illis hos agros, arbiter orbis...
Hos fines amplos, capiendas funditus urbes... »

Hericus monachus, *Epist. ad Carolum Calvum*, apud Bolland., A. SS. Jul., t. VII, p. 222 : « Quid Hiberniam memorem, contempto pelagi discrimine, pene totam cum grege philosophorum ad littora nostra migrantem ? »

les clartés naissantes du génie anglo-saxon. Pendant que le vénérable Bède recueille dans sa cellule de Jarrow toutes les sciences de l'antiquité, l'archevêque Egbert, son ami, les introduit dans l'école épiscopale d'York, pour leur donner tout l'éclat de l'enseignement public. L'école d'York, enrichie des dépouilles de Rome, rangeait dans sa bibliothèque, non-seulement les écrits des Pères et des docteurs, mais ceux des philosophes et des poëtes païens ; on y trouvait Aristote, Cicéron, Pline, Virgile, Stace et Lucain ; les manuscrits grecs et hébreux n'y manquaient pas. Dans cette ville d'argile et de bois, perdue aux dernières extrémités du Nord, on retrouvait tout l'enseignement romain avec ses trois degrés, la grammaire, l'éloquence et le droit. On y ajoutait le comput, l'astronomie, et ce que les anciens avaient su d'histoire naturelle. Au terme de ces longues études, s'ouvrait le sanctuaire de la théologie, et les deux Testaments laissaient pénétrer le sens de leurs oracles. Voilà pourquoi ceux qui aspiraient à la perfection dans les lettres sacrées et profanes accouraient à York, non-seulement de toute l'Angleterre, mais des côtes de Flandre et de Frise ; et c'est là que saint Liudger, dans sa jeunesse, entendit les leçons d'Alcuin. Mais il fallait qu'un enseignement si estimé trouvât une chaire plus digne de lui, et que la lumière fût mise sur le chandelier (1).

(1) *Vita Alchuini*, auctore anonymo. Dans l'édition d'Alcuin par

Alcuin. En 781, Alcuin, qui avait une première fois visité Rome, y retourna pour solliciter le pallium en faveur de l'archevêque Eanbald, et vit Charlemagne à Parme. Charles, avec ce regard d'aigle qui savait juger du génie des hommes comme des chances d'une bataille, comprit que l'instrument principal de ses desseins était trouvé ; et Alcuin se souvint peut-être que son maître Egbert lui avait prédit une glorieuse destinée au pays des Francs. Il s'engagea donc à passer en France après avoir accompli sa mission, et il y vint en 782. Huit ans plus tard, il retourna dans la Grande-Bretagne, chargé d'un message pour le roi Offa, et revint en 792, toujours partagé entre l'honneur de servir un grand homme, et la douceur de vieillir dans sa cellule. Charlemagne fut le plus fort, et, pour l'amour de lui, Alcuin consentit à mourir sur une

---

Froben, Alchuini *Carmen de pontificibus ecclesiæ Eboracensis*, il représente ainsi l'enseignement d'Aelbert, successeur d'Egbert, à l'école d'York :

> His dans grammaticæ rationis gnaviter artes,
> Illis rhetoricæ infundens refluamina guttæ,
> Istos juridica curavit cote polire...
> Ast alios fecit prædictus nosse magistro
> Harmoniam cœli, solis lunæque labores...
> Aerios motus pelagi, terræque tremorem,
> Naturas hominum, pecudum, volucrumque ferarum...

Les vers suivants contiennent le catalogue de la bibliothèque.

Que l'école d'York fût à la fois laïque et ecclésiastique, c'est ce qui résulte du passage suivant de la vie d'Alcuin : « Erat quidam ei (Egberto) ex nobilium filiis grex scholasticorum, quorum quidam artis grammaticæ rudimentis, alii disciplinis erudiebantur artium jam liberalium, nonnulli divinarum Scripturarum. »

terre étrangère, à condition qu'il lui fût permis d'y vivre dans la solitude, et qu'on lui fît venir au moins « quelques-unes de ses fleurs d'Angleterre : » c'est ainsi qu'il nommait ses livres. Le roi l'établit donc dans l'abbaye de Saint-Martin de Tours ; il l'environna de tous les dehors d'une opulence que son caractère de simple prêtre, non de moine, ne réprouvait pas : les domaines qu'il lui donna complèrent jusqu'à vingt mille serfs. Mais le savant vieillard, humilié de cette abondance terrestre, n'avait d'ardeur que pour l'avancement spirituel de ses disciples. Ce n'était pas assez de se multiplier lui-même, et de leur donner, comme il dit, « le miel des Écritures, le vin de la science antique, les premiers fruits de la grammaire, les flambeaux de l'astronomie ; » il avait appelé les plus habiles de ses élèves d'York à partager ses fatigues. Le nombre des pèlerins anglo-saxons qui venaient grossir l'école de Tours avait fini par fatiguer l'hospitalité des Francs. On raconte qu'un jour, quatre d'entre eux se tenaient sur la porte, quand le prêtre Aigulf entra pour visiter Alcuin ; et l'un d'eux s'écria, dans la langue maternelle : « Grand Dieu, quand délivrerez-vous ce logis des « Bretons, qui viennent, comme autant d'abeil-« les, tourbillonner autour de ce vieux Bre-« ton ? » Mais le voyageur avait tout compris ; et, un moment après, Alcuin, envoyant chercher les moqueurs, exigea pour leur châtiment qu'ils bussent à la santé des Anglo-Saxons une coupe de son meilleur vin (1).

Deux caractères de son enseignement. — Les Francs devaient cette reconnaissance à un peuple qui leur donnait le plus illustre de ses maîtres. Si Alcuin fut inférieur à Bède comme écrivain, s'il eut moins de nouveauté et moins de charme, il le surpassa peut-être comme instituteur des barbares dans l'exercice de cette grande fonction, dont nous ne comprenons assez ni les difficultés ni les services. Il eut les deux passions que voulait une tâche si difficile : la passion des livres et celle de l'enseignement. Il honorait l'antiquité d'un culte patient et scrupuleux, s'attachant à la correction des manuscrits, ne croyant pas son temps perdu, s'il l'employait à rétablir l'orthographe et la ponctuation d'un texte altéré. Au moment où il apprenait le couronnement de Charlemagne à Rome, il ne trouvait pas de présent plus digne du successeur des Césars qu'une Bible exactement corrigée de sa main. Ses avertissements pressaient l'ardeur des copistes, propageaient les règles de la saine critique, et peuplaient les bibliothèques. En même temps, cet homme infatigable, qui professa jusqu'au dernier soupir, ne

---

(1) *Vita Alchuini;* Wright, *Biographia Anglosaxon period;* Lingard, *History and antiquities of the Anglosaxon Church,* t. II, p. 203; Ampère, *Hist. littéraire,* t. III, chap. IV. M. Ampère a relevé avec beaucoup de force et de justice le caractère de tolérance qu'Alcuin porte dans sa controverse avec Elipand, et dans ses belles lettres sur les conversions forcées des Saxons.

pouvait contenir son ardeur dans les murs d'une école. Il se proposait de les éclairer toutes, en recueillant dans un court traité, à l'exemple d'Isidore de Séville, non-seulement les éléments des sept arts libéraux, mais les pensées capables de soutenir l'esprit contre les premiers dégoûts de l'étude. C'est le caractère de son introduction au *Livre des sept arts*. On y trouve toute l'élévation d'un esprit qui voit dans la science autre chose qu'une joie terrestre, qui la considère comme une éducation des âmes, comme un noviciat des contemplations éternelles. Ce passage a la forme d'un dialogue : les disciples interrogent, et le maître répond.

Les disciples : « Souvent nous t'avons entendu
« répéter, ô notre savant maître ! que la philoso-
« phie était la science qui enseignait toutes les ver-
« tus, et la seule des richesses d'ici-bas qui ne
« laissât jamais dans la misère celui qui la possède.
« Ces discours, nous l'avouons, nous ont excités
« à la recherche d'une si grande félicité. Nous
« voulons savoir où aboutit l'enseignement de
« la philosophie, et par quels degrés on y monte.
« Mais notre âge est faible ; et, si tu ne nous don-
« nes la main, il nous sera difficile de nous lever
« seuls. »

Le maitre : « Il est facile de vous montrer le
« chemin de la sagesse, si vous la cherchez seule-
« ment pour Dieu, pour conserver la pureté de

« l'âme, pour l'amour de la vérité, si vous l'aimez
« pour elle-même, et si vous ne poursuivez ni la
« gloire du monde ni les honneurs du siècle, encore
« moins la richesse et le plaisir... »

Les disciples : « Maître, lève-nous de terre, où
« notre ignorance nous retient; conduis-nous sur
« ces hauteurs où la science, dit-on, t'a mené dès
« ton premier âge. Car, s'il est permis de prêter
« l'oreille aux fables des poëtes, il nous semble
« qu'ils ont droit de dire que les sciences sont les
« festins des dieux. »

Le maitre : « Nous lisons de la Sagesse, qui a
« parlé par la bouche de Salomon, qu'elle s'est
« bâti une demeure, et qu'elle s'est taillé sept colon-
« nes. Et, bien que ces colonnes représentent les
« sept dons du Saint-Esprit et les sept sacrements
« de l'Église, on y peut reconnaître aussi les sept
« arts, qui sont la grammaire, la rhétorique, la
« dialectique, l'arithmétique, la géométrie, la
« musique et l'astronomie : autant de degrés sur
« lesquels les philosophes ont usé leurs loisirs et
« leurs travaux. C'est par les sept arts qu'ils sont
« devenus plus nobles que les consuls, plus fameux
« que les rois ; c'est par là qu'ils ont obtenu l'hon-
« neur d'un souvenir éternel ; c'est encore par là
« que les saints docteurs et défenseurs de notre foi
« ont vaincu tous les hérétiques dans les disputes
« publiques (1). »

(1) Alchuini *Epistolæ, passim.* Idem, *de Septem artibus,* præ-

Il y a ici plus qu'une misérable répétition des anciens, il y a l'enthousiasme sérieux d'un maître qui connaît les joies austères de l'étude, qui veut les communiquer, et qui, s'il aime les livres, aime encore plus les hommes. N'attendons pas de lui la mauvaise pensée de cacher la science, d'en faire une doctrine secrète, réservée au petit nombre. Il prodiguera, non pas aux clercs seulement, mais aux laïques, mais aux gens de cour et aux femmes, tout ce qu'il sait des lettres divines et humaines. Ses écrits propagent la saine tradition des anciens, non seulement des Latins, mais des Grecs. Cependant n'attendons pas non plus qu'il dépouille tout d'un coup le génie, le goût, les habitudes de son pays et de son temps. Il faudra lui pardonner ces raffinements qui tiennent de la barbarie comme de l'extrême civilisation. Les rhéteurs aquitains lui ont appris à couper en deux un mot trop long pour la mesure de ses vers. Il poussera aussi loin que ses devanciers l'art des anagrammes et des logogriphes. Un de ses amis lui donne un peigne d'ivoire : il est bien moins ravi de la valeur du présent que d'un si beau sujet d'énigme : « de cet animal à deux « têtes armé de soixante dents, qui tient de l'élé- « phant, mais n'en a pas la taille. » Il y a autant de subtilité avec plus de grandeur dans un dialo-

---

fatio. Les écrits d'Alcuin attestent qu'il sut le grec : mais je remarque surtout une lettre à Angilbert, où il lui conseille de corriger un exemplaire du psautier su le texte des Septante.

gue souvent cité, où l'on a reconnu la trace de la poésie anglo-saxonne, mais où je crois trouver aussi le souvenir de l'école de Toulouse. Donatus le Troyen, Énée, Galbungus, avaient pratiqué cette méthode de provoquer l'imagination de leurs disciples par des questions, par des allégories dont il fallait soulever les voiles. « Qu'est-ce, disait Énée, « que le cheval qui, après avoir fourni sa carrière, « rentre à l'étable pour laisser le champ libre à la « jument et aux poulains? — C'est le soleil qui se « couche, laissant le firmament à la lune et aux « étoiles. » — « Qui donc, demandait Galbungus, « parcourt en une heure toutes les sphères du « ciel? — C'est l'esprit de l'homme. » Alcuin ne procède pas autrement, lorsque, se mettant lui-même en scène avec Pépin, fils de Charlemagne, il interroge et répond tour à tour.

« Pépin. Qu'est-ce que l'écriture? — Alcuin. La « gardienne de l'histoire. — P. Qu'est-ce que la « parole? — A. La trahison de la pensée. — P. Qui « engendre la parole? — A. La langue. — P. « Qu'est-ce que la langue? — A. Le fléau de l'air. « — P. Qu'est-ce que l'air? — A. La garde de la « vie. — P. Qu'est-ce que la vie? — A. La joie des « heureux, la douleur des malheureux, l'attente de « la mort. — P. Qu'est-ce que l'homme? — A. « L'esclave de la mort, l'hôte d'un lieu, un voyageur « qui passe. »

Les questions suivantes sont bien d'un fils des

pirates qui avaient fait la terreur du Nord :
« Qu'est-ce que la mer? — Le chemin de l'au-
« dace. — Qu'est-ce qu'un navire? — Une mai-
« son qui marche, une halte où l'on veut, un
« voyageur qui ne laisse jamais de trace, l'ami
« du sable. — J'ai vu une femme qui volait avec
« une tête de fer, un corps de bois, une queue
« empennée, et qui portait la mort. — Cette
« femme est la flèche, compagne du soldat. —
« Qu'est-ce qui ne lasse jamais l'homme? — C'est
« le gain. »

D'autres passages rappellent les jeux de l'école :
« Qu'est-ce que l'année? — Un char à quatre che-
« vaux. — Quels chevaux le mènent? — La nuit
« et le jour, le chaud et le froid. — Quel cocher
« le gouverne? — Le soleil et la lune. — Combien
« a-t-il de palais? — Douze. — Quels en sont les
« gardiens? — Les douze signes du zodiaque. —
« Un inconnu est venu me parler sans langue.
« Avant, il n'était point; après, il ne sera plus; je
« ne l'entendais pas, et je ne le connus jamais. —
« Maître, un songe vous a fatigué. — Qu'est-ce que
« le rêve de ceux qui veillent? — L'espoir. —
« Qu'est-ce que l'amitié? — L'égalité de deux
« âmes. — Qu'est-ce que la liberté? — C'est
« l'innocence (1). »

(1) Alchuini *Opp. Disputatio regalis, et nobilissimi juvenis Pippini cum Albino scholastico.* M. Ampère, *Hist. litt.*, t. III, chap. IV, a remarqué ce qu'il y a de vraiment germanique dans

Assurément tout n'était pas méprisable dans une tradition qui, sous la pompe de ses formules et de ses symboles, cachait de telles pensées. Quand le monde barbare ne connaissait de liberté que celle de mépriser toutes les lois, il était beau de mettre la liberté dans l'accomplissement de la loi, dans le calme d'une conscience sans reproche, dans l'essor de l'âme, que rien ne sépare de Dieu. Cette liberté, entrevue par le génie chrétien, ne s'effaça plus de son souvenir ; et lorsque au moyen âge les sculpteurs de la cathédrale de Chartres en peuplèrent les porches de cette multitude de statues qui figuraient toute l'encyclopédie du temps, ils représentèrent une jeune fille d'une pureté parfaite, les yeux levés au ciel, les pieds détachés de la terre, et au-dessous ils écrivirent le nom qu'ils lui donnaient, LIBERTAS.

<small>Déclin des lettres chez les Francs au huitième siècle.</small>

Il ne fallait pas moins que ce concours de toutes les écoles et de toutes les nations, pour sauver les lettres chez les Francs. En effet, si nous ne trouvons pas au septième siècle les ténèbres universelles que les historiens ont déplorées, il faut avouer que le huitième commence par des années bien sombres.

quelques traits de ce petit ouvrage. — Cf. Virgilius Maro p. 94 et 123.

Dans une épître à son disciple, Alcuin hasarde cette coupe, conforme aux règles de la *Scinderatio phonorum*.

Te cupiens appel — peregrinis — lare Camœnis.

LES ÉCOLES. 573

Quand les Sarrasins brûlaient les villes du Midi, et que les Saxons forçaient la frontière du Nord ; quand Charles Martel, entouré de prêtres concubinaires et simoniaques, leur abandonnait les dépouilles de l'Église; quand, selon l'expression d'Hincmar, le christianisme semblait aboli, comment tant de désordres n'auraient-ils pas troublé le recueillement de l'étude? En même temps qu'un soldat tout couvert de sang prenait possession du siége épiscopal de Mayence, les revenus de l'abbaye de Fontenelle servaient à équiper des hommes d'armes. Ces grands monastères, accoutumés au murmure studieux des écoliers qui se pressaient autrefois sous leurs cloîtres, n'entendaient plus que les hennissements des chevaux, les aboiement des meutes et le sifflet des dresseurs de faucons. En plusieurs lieux, le déclin de l'enseignement ecclésiastique en vint à ce point, que, le prêtre ne comprenant plus les paroles sacramentelles, on doutait de la validité des baptêmes (1).

(1) Ci-dessus, chap. v, et l'*Histoire littéraire* des Bénédictins, t. IV, p. 1 et suiv. Je regrette d'avoir connu trop tard le savant travail où M. Beugnot réduit de beaucoup les accusations dont on a chargé la mémoire de Charles Martel. Cependant la correspondance de S. Boniface atteste le déplorable état de l'Église de France, et surtout la corruption du clergé dont Charles Martel s'entourait. Voyez surtout la lettre 12 de S. Boniface (édition de Giles). Les réglements du concile de Leptines semblent prouver aussi que le pouvoir temporel avait mis la main sur les biens de l'Église, pour subvenir aux frais de la guerre : « Statuimus quoque, cum con-
« silio servorum Dei et populi christiani, propter imminentia bella
« et persecutiones ceterarum gentium quæ in circuitu nostro sunt,

L'École sous Pépin.

Cependant la guerre et les abus n'avaient pas tellement profané tous les sanctuaires, que plusieurs ne cachassent encore un petit nombre d'hommes courageux, poursuivant dans l'ombre et dans le péril un travail sans récompense terrestre. Cette époque, où il semble qu'on n'écrive plus, voit s'ouvrir au contraire les chroniques de Saint-Amand, de Lobes, de Murbach, de Saint-Emmeran. Ce ne sont d'abord que les notes fugitives dont on enrichit le calendrier du monastère; mais ces notes, multipliées, animées bientôt par la grandeur des événements, deviendront des pages d'histoire. Si déchue que soit l'Église des Francs, trois noms attestent que tout savoir n'y est pas étouffé : Chrodegang, qui composa la règle des chanoines; Angelramn, auteur d'une collection de décrétales ; et Ambroise Autpert, qui étudia le grec pour porter une main plus sûre dans les difficultés de l'Écriture sainte. Les torts de Charles Martel, exagérés d'ailleurs par la postérité, finirent avec lui. Les premières lueurs d'un temps plus heureux commencèrent au règne de Pépin le Bref, trop effacé par l'astre éclatant de Charlemagne. Tandis que Pépin protégeait les colonies savantes que saint Boniface avait tirées des cloîtres anglo-saxons pour la réforme du clergé et pour l'éducation des barbares, il recevait de Rome

« ut sub precario et censu aliquam partem ecclesiasticæ pecuniæ in
« adjutorium exercitus nostri, cum indulgentia Dei, aliquanto tem-
« pore retineamus. »

des livres de grammaire, de géométrie, de liturgie. Des chantres, envoyés par le pape Grégoire III, avaient enseigné aux Francs les éléments de la musique sacrée. Par les soins de Pépin, des moines choisis allèrent étudier le chant ecclésiastique à Saint-Jean de Latran. L'école du palais, que la main violente de Charles Martel n'avait pas fermée, retrouva son ancienne prospérité : les familles gallo-romaines d'Aquitaine briguaient la faveur d'y faire élever leurs fils avec ceux des Austrasiens. Charlemagne se forma au milieu d'eux, et ce grand homme, dont on a dit qu'il ne savait pas écrire, eut toute l'éducation que les nobles Francs recevaient au palais des rois (1).

(1) Pertz, *Monument. germ.*, t. I, *præfat*. Les annales de Saint-Amand s'ouvrent en 686, celles de Lobes en 687, celles de Murbach en 703, celles de Saint-Emmerand en 752.
Paul. Diacon., *de Episcopis Metensibus*. *Histoire littéraire*, t. IV.
Epist. XIII Pauli papæ ad Pippinum : « Direximus etiam excellentissimæ Præcellentiæ vestræ et libros quantos reperire potuimus, id est, antiphonæ et responsale, insimul artem grammaticam (sic) Aristotelis, Dionysii Areopagitæ libros, geometricam, orthographiam, omnes græco eloquio scriptores. »
Eckehardus, *de Casibus S. Galli :* « Carolus... rogat papam tunc quidem Adrianum, quum defuncti essent quos antea Gregorius miserat, ut iterum mittat Romanos cantores. » *Epist.* XXX Pauli papæ ad Pippinum : « Quod præsentes... monachos Simeoni scholæ cantorum priori contradere deberemus, ad instruendum eos in psalmodiæ modulatione. » Sur l'école du palais au temps de Pépin, voyez ci-dessus les textes cités des Vies de S. Benoît d'Aniane et d'Adalhard. Le pape Adrien, dans sa réponse aux livres Carolins, rappelle qu'Angilbert a été nourri dans le palais dès la première jeunesse. La vie de Wala atteste que Charlemagne avait les mêmes maîtres que les jeunes nobles : « Inter palatii tirocinia, omni mundi prudentia eruditus, uno cum terrarum principe magistris adhibitus. »

Ce qui fit la gloire de Charlemagne.

Ainsi, dans l'école, comme dans les affaires de l'État et de l'Église, nous trouvons Charlemagne préparé, servi par les événements ; mais nous ne trouvons pas que sa gloire en souffre. Nous regrettons peu pour lui cette majesté solitaire qu'on lui prêtait en le représentant comme une grande figure que rien n'annonce et rien ne suit, au milieu des temps barbares. Au contraire, il n'y a pas de destinée plus glorieuse que d'être le dernier effort d'un long travail de la Providence et de l'humanité, que d'arriver prédit et attendu. Dieu, qui ne crée rien de solitaire dans la nature, n'agit pas autrement dans l'histoire : comme il s'y prend deux cents ans d'avance, et qu'il remue toute la Grèce pour susciter Alexandre ; comme il fouille jusqu'au fond des entrailles de Rome, par les discordes, par les guerres civiles, pour en faire sortir César ; de même il ne juge pas que ce soit trop des convulsions de la barbarie, des résistances désespérées de la civilisation pendant trois siècles, quand il s'agit de produire Charlemagne. C'est l'honneur de ce grand homme que tout aboutisse à lui dans ce qui le précède, qu'on ne puisse l'éviter, et qu'on arrive à lui par quelque chemin qu'on marche, par les lettres comme par la religion et par le gouvernement. Au lieu d'une colonne isolée dans le désert, c'est le beffroi qui couronne une ville, au pied duquel on arrive de toutes les portes, dont l'inévitable perspective se représente au détour de chaque rue, et dont la cloche règle le sommeil et le réveil d'un peuple.

Ne croyons pas non plus qu'on humilie Charlemagne en lui donnant des maîtres, en le montrant docile aux leçons des clercs comme aux conseils des papes. Pour un Germain, pour un descendant de cette race indomptable, le caractère du génie n'était pas l'indépendance, mais la docilité : c'était de croire, d'étudier, d'obéir ; c'était de mettre pendant quarante-six ans le plus grand pouvoir de la terre aux ordres de la foi, de la justice, de la science. Dans ce long règne de Charlemagne, il faut admirer bien moins la force de son épée que celle de ses convictions. De même que les scrupules d'une conscience chrétienne l'avaient jeté dans toutes les difficultés de la réforme ecclésiastique, de même qu'un juste sentiment des besoins de son siècle et de son pays l'inspira dans la grande affaire du rétablissement de l'empire ; ainsi c'est la passion de savoir qui le pousse à la restauration des écoles. Ce conquérant, ce législateur, ce souverain de vingt peuples mal unis, est possédé de la curiosité qui trouble le sommeil des savants. Au moment où il émeut tout l'Occident du bruit de ses premières victoires, il reprend en sous-œuvre ses études incomplètes ; il relit avec Pierre de Pise les textes classiques : sous la conduite d'Alcuin, il achève de s'instruire dans les arts libéraux. Ses lettres ne laissent pas de repos à ce docte maître ;

il lui propose des difficultés de grammaire, d'arithmétique, d'astronomie. Il parle le latin aussi éloquemment que sa langue maternelle ; il entend assez le grec pour corriger la version latine des Évangiles sur l'original. Il intervient dans la controverse de l'adoptianisme, et demande à ses évêques des traités théologiques, qu'il fait recommencer s'ils ne le satisfont pas. Ce sont les occupations, non d'un sophiste couronné, inaccessible aux affaires comme les empereurs de Constantinople, mais du plus actif des hommes, qui mit fin à cinquante-trois expéditions militaires, et qui chaque année tenait en personne ses plaids généraux. Ne nous étonnons plus s'il dispute les heures avec opiniâtreté, si, pendant le repas, il se fait lire l'histoire ancienne, ou la Cité de Dieu de saint Augustin, s'il se réveille la nuit pour s'exercer à tracer de beaux caractères. Et cependant, après tant d'efforts, au milieu des Italiens, des Irlandais, des Anglo-Saxons dont il a rempli son palais, l'idéal d'une science plus parfaite le poursuit, le désole, et lui arrache ce cri de naïve impatience : « Plût « à Dieu que j'eusse seulement douze clers comme « saint Augustin et saint Jérôme (1) ! »

(1) Éginhard, 24, 25 (*Hist. litt.*, t. III, chap. II). Monachus Sangallensis, I, 9. M. Ampère a parfaitement établi que les paroles d'Éginhard : « Tentabat et scribere, » signifient, non que Charles ne sût point écrire, mais qu'il s'exerçait à l'art des calligraphes, alors si cultivé dans les monastères. Nous n'avons pas parlé des poésies latines de Charlemagne, parce qu'elles peuvent avoir été composées en son nom par les lettrés de sa cour.

Le chroniqueur ajoute qu'Alcuin répondit tout indigné : « Le créateur du ciel et de la terre n'en « a eu que deux, et tu en veux douze ! » Mais si Charlemagne n'obtint pas les douze docteurs qu'il demandait, il avait reçu le don de suppléer à l'insuffisance des hommes par les institutions. Quand ce grand esprit, qui n'embrassait rien à demi, fut épris des lettres, il fallut qu'il les propageât. Il se mit à l'œuvre, non pas avec le caprice et la violence de Chilpéric, imposant aux écoles son alphabet enrichi de quatre lettres, mais avec le bon sens, la mesure, la persévérance qui font triompher les desseins bienfaisants. Dès son premier voyage à Rome, il en avait ramené des maîtres. En même temps, il se souvenait des savants disciples que saint Boniface avait laissés, et il écrivait à Lull, archevêque de Mayence : « Au bienheureux
« évêque son père, Charles, se confiant aux secours
« du Christ. Tandis que vous veillez avec l'aide
« de Dieu à la conquête des âmes, nous trou-
« vons très-surprenant que vous ne montriez au-
« cun zèle à instruire votre clergé dans les let-
« tres. Car vous voyez de toutes parts les ténèbres
« de l'ignorance se répandre parmi vos peuples ;
« et lorsque vous pourriez les éclairer du rayon de
« la science, vous souffrez qu'ils languissent dans
« la nuit. Il y a cependant deux clercs, l'un attaché
« à un évêque, l'autre à un abbé, que vous avez
« exercés aux arts libéraux, de telle sorte qu'il ne

<small>Lettres à Lull, archevêque de Mayence.</small>

580 CHAPITRE IX.

« leur manque presque rien pour atteindre le com-
« ble de la perfection. Ayez donc soin d'appliquer
« les vôtres à l'étude autant qu'il est en vous, les
« pressant tantôt par d'affectueux conseils, tantôt
« par de sévères reproches ; et, s'il en est de pau-
« vres dans le nombre, excitez-les en les aidant de
« vos secours. Si vous ne pouvez en attirer d'autres,
« du moins, parmi ceux qui sont attachés au ser-
« vice de votre église, vous pouvez instruire ceux
« que vous jugerez capables. Et qui croira en
« effet que, dans une si grande multitude sou-
« mise à votre gouvernement, on ne puisse trouver
« personne à instruire ?... Tous ceux qui vous
« connaissent pour disciple du martyr saint Boni-
« face attendent de vos efforts le plus grand fruit.
« Préparez-vous donc désormais, aimable père, à
« redoubler de soin pour nourrir vos fils dans les
« arts libéraux, afin de satisfaire ainsi à notre plus
« ardent désir, et de mériter la récompense éter-
« nelle (1). »

Circulaire pour la restauration des écoles.

Il ne faut pas mépriser ce premier acte de
Charlemagne. On y reconnaît déjà le coup d'œil du
génie à qui rien n'échappe ; qui sait dans quel coin
du royaume et sous quel maître deux clercs ont
étudié. On aime la respectueuse hardiesse de ce
jeune roi, rappelant au vieil évêque une partie de

(1) Cette lettre de Charlemagne, tirée d'un manuscrit de l'abbaye de Saint-Martial, a été publiée par l'abbé Lebœuf dans le
supplément à sa Dissertation sur l'état des sciences sous Charlemagne, *Dissertations sur l'hist. ecclésiast.*, p. 370 et suiv.

ses devoirs. Ce langage n'est pas d'un prince qui regarde les lettres comme une vaine décoration de son règne ; qui entretient des savants dans le palais, comme il a des bêtes curieuses dans ses jardins. Le rétablissement de l'étude est, à ses yeux, plus qu'un bienfait politique ; il en fait une affaire de religion. Chaque fois qu'il visite Rome, il en rapporte, avec un zèle plus ardent pour le christianisme, je ne sais quel impérieux besoin de presser le réveil des esprits. Sa pensée éclate enfin dans la mémorable lettre qu'il adresse aux évêques et aux abbés en 787, au retour de son troisième pèlerinage. On y surprend bien, sous l'embarras du discours, l'effort d'un grand dessein qui se débat contre un reste de barbarie, et qui en triomphera.

« Charles, par la grâce de Dieu, roi des Francs et
« des Lombards, patrice des Romains, au nom du
« Dieu tout-puissant, salut. Sache votre Dévotion
« agréable à Dieu, qu'après en avoir délibéré
« avec nos fidèles, nous avons estimé que les évê-
« chés et les monastères qui, par la grâce du
« Christ, ont été rangés sous notre gouvernement,
« outre l'ordre d'une vie régulière et la pratique
« de la sainte religion, doivent aussi mettre leur
« zèle à l'étude des lettres, et les enseigner à ceux
« qui, Dieu aidant, peuvent apprendre, chacun
« selon sa capacité. Ainsi, pendant que la règle
« bien observée soutient l'honnêteté des mœurs, le
« soin d'apprendre et d'enseigner mettra l'ordre

« dans le langage, afin que ceux qui veulent plaire
« à Dieu en vivant, bien ne négligent pas de lui
« plaire en parlant bien. Il est écrit : Tu seras jus-
« tifié ou condamné par tes paroles. Quoique, en
« effet, il soit bien mieux de bien agir que de sa-
« voir, cependant il faut savoir avant d'agir. Cha-
« cun donc doit apprendre la loi qu'il veut accom-
« plir, de façon que l'âme comprenne d'autant
« plus l'étendue de ses devoirs, que la langue se
« sera acquittée sans erreur des louanges de Dieu.
« Car si tous les hommes doivent éviter l'erreur
« volontaire, combien plus doivent s'en garder,
« selon leur pouvoir, ceux qui ne sont appelés
« qu'au service de la vérité ! Or, dans ces derniè-
« res années, comme on nous écrivait de plusieurs
« monastères, nous faisant savoir que les frères
« qui les habitent multipliaient à l'envi leurs
« saintes prières pour nous, dans la plupart de ces
« écrits nous avons reconnu un sens droit et un
« discours inculte. Ce qu'une sincère dévotion dic-
« tait fidèlement à la pensée, un langage inexpéri-
« menté ne pouvait l'exprimer au dehors, à cause
« de la négligence qu'on porte aux études. C'est
« pourquoi nous avons commencé à craindre que
« si la science manquait dans la manière d'é-
« crire, de même il y eût beaucoup moins d'in-
« telligence qu'il ne faut dans l'interprétation
« des saintes Écritures. Bien que les erreurs de
« mots soient dangereuses, nous savons tous que

« les erreurs de sens le sont beaucoup plus.
« C'est pourquoi nous vous exhortons, non-seu-
« lement à ne pas négliger l'étude des lettres,
« mais encore, avec une humble intention bénie
« de Dieu, à rivaliser de zèle pour apprendre,
« afin que vous puissiez pénétrer plus facilement
« et plus sûrement les mystères des saintes Écri-
« tures. Or, comme il y a dans les livres sacrés des
« figures, des tropes et d'autres ornements sem-
« blables, il n'est douteux pour personne que
« chacun, en les lisant, ne saisisse d'autant plus
« vite le sens spirituel, qu'il s'y trouve mieux
« préparé par l'enseignement des lettres. Il faut
« choisir pour ce ministère des hommes qui aient
« la volonté, le pouvoir d'apprendre, et le désir
« d'instruire les autres : et que cela soit fait seule-
« ment dans l'intention pieuse qui inspire nos
« ordres. Car nous désirons que vous soyez,
« comme il convient à des soldats de l'Église, pieux
« au dedans, doctes au dehors, réunissant la chas-
« teté d'une sainte vie et la science d'un bon lan-
« gage, afin que tout homme qui vous visitera
« pour l'amour de Dieu et pour voir de près la
« sainteté de vos mœurs, en même temps qu'il
« sera édifié de votre esprit, s'éclaire de votre sa-
« gesse, la reconnaisse soit à vos leçons, soit à vos
« chants sacrés, et revienne joyeux, rendant grâce
« au Seigneur tout-puissant. Ne négligez point
« d'envoyer des copies de cette lettre à tous les évê-

« ques vos suffragants, et dans tous les monastè-
« res, si vous voulez jouir de nos bonnes grâces.
« Au lecteur salut (1). »

Cette autorité des livres saints invoquée pour animer le prêtre à l'étude, ces considérations théologiques tirées de si loin, n'ont rien qui nous surprenne. Nous retrouvons la tradition familière des écoles ecclésiastiques, la pensée commune de Cassiodore, de Bède, d'Alcuin : le seul motif assez fort pour sauver les lettres pendant trois cents ans est encore le seul qui puisse les restaurer. Un capitulaire de l'an 789 ordonne au clergé « de for-
« mer des écoles d'enfants, et d'y appeler non-
« seulement les fils des serfs, mais ceux des hom-
« mes libres. Chaque monastère, chaque évêché,
« aura des psautiers, des livres de chant, de com-
« put, de grammaire, et des exemplaires corrects
« de l'Écriture sainte ; car souvent les hommes
« voulant bien prier Dieu le prient mal, à cause des
« livres incorrects qu'ils ont dans les mains. Et ne
« laissez point vos enfants altérer les textes, soit
« en lisant, soit en écrivant. Mais s'il est néces-

---

(1) *Encyclica de litteris colendis*, apud Sirmond, *Concilia Galliæ*, t. II, p. 124. Pertz, t. I *Legum*, p. 52, traduite pour la première fois par M. Ampère, *Histoire littéraire*, t. III, p. 25. Le texte latin n'est pas élégant, mais il est correct. L'exemplaire qui nous a été conservé s'adressait à Baugulf, abbé de Fulde : « Karolus, gratia Dei, rex Francorum et Longobardorum, ac patricius Romanorum, Brugulfo abbati et omni congregationi, tibi etiam commissis fidelibus oratoribus nostris, in omnipotentis Dei nomine, amabilem direximus salutem. »

« saire de faire écrire un psautier ou un missel,
« qu'on y emploie des hommes faits, et qu'ils y
« mettent toute leur application. » L'Église de
France se rend enfin à des sollicitations si justes ;
et le concile de Châlons, en 813, rappelant les ordres du seigneur empereur, décrète que les évêques établiront des écoles, où l'enseignement des lettres sera donné en même temps que l'interprétation de l'Écriture sainte. Ces règlements souvent désobéis, toujours rappelés, restaurèrent les écoles déchues, en suscitèrent de nouvelles, et en formèrent comme un réseau lumineux qui, avant la fin du neuvième siècle, couvrait la France, la Lombardie, la Germanie, jusqu'au bord du Weser. Pendant que les chaires des monastères et des églises épiscopales réunissaient la jeunesse lettrée, et l'initiaient aux sept arts, les canons avaient fondé l'enseignement primaire ; ils l'avaient fondé universel et gratuit, en exigeant que le prêtre de chaque paroisse apprît à lire aux petits enfants sans distinction de naissance, et sans autre rétribution que cette promesse des livres saints : « Ceux
« qui auront instruit leurs frères brilleront comme
« des étoiles dans l'éternité (1). »

---

(1) Pertz, p. 65 : « Et non solum servilis conditionis infantes, sed etiam ingenuorum filios adgregent, sibique socient ; et ut scholæ legentium puerorum fiant... » etc. *Concilium Cabilonense*, ann. 813 : « Episcopi scholas constituant, in quibus et litterariæ solertia disciplinæ, et sacræ Scripturæ documenta discantur. » Cf. *Concilium Parisiense*, VI, ann. 829 ; *Concilium Aquisgra-*

L'école du palais sous Charlemagne.

Ainsi la volonté de Charlemagne forçait toutes les résistances : l'ignorance et le déréglement ne pouvaient rien contre l'opiniâtreté d'un dessein poursuivi pendant quarante ans de règne par un homme qui, après avoir vaincu la barbarie sur les champs de bataille, n'était pas d'humeur à la laisser maîtresse des cloîtres. Avec l'ordre, il donnait l'exemple, et commençait dans le palais cette réforme de l'école, qu'il voulait pousser jusqu'aux dernières frontières de l'empire.

L'école du palais.

L'école du palais, oubliée sous les Mérovingiens, devait occuper les historiens de Charlemagne : plusieurs y reconnaissent le commencement d'un enseignement public d'où sortira toute l'Université ; les autres n'y aperçoivent qu'une réunion fortuite et mobile d'hommes lettrés, et beaucoup moins une école qu'une académie. Cependant les témoignages qui prouvent la perpétuité de l'école palatine d'un

---

nense, ann. 816 ; *Meldense*, 815 ; *Saponariense*, 859 : « Constituantur undique scholæ publicæ, scilicet ut utriusque eruditionis, et divinæ scilicet et humanæ, in Ecclesia Dei fructus valeat accrescere. » Theodulfi Aurelianensis *Capitul.* 20 (ante ann. 800) : « Presbyteri per villas et vicos scholas habeant; et si quilibet fidelium suos parvulos ad discendas litteras eis commendare vult, eos suscipere ac docere non renuant. Attendente, illud quod scriptum est : « Qui ad justitiam erudiunt multos, fulgebunt quasi stellæ in « perpetuas æternitates. » Cum ergo eos docent, nihil ab eis pretii pro hac re exigant. » Launoy (*de Scholis*) établit, dès le neuvième siècle, l'existence des écoles de Paris, Orléans, Fontenelle, Auxerre, Lyon, Reims, Mayence, Liége, Hirschan, la Nouvelle-Corbie. L'édit de Lothaire, en date de 853, institue neuf écoles pour l'Italie : Pavie, Ivrie, Turin, Crémone, Florence, Vérone, Fermo, Vicence, Cividal-del-Friuli.

bout à l'autre de la première race, qui la montrent florissante sous Pépin le Bref, ne la laissent pas périr sous ses successeurs. Ansegise, abbé de Fontenelle, est recommandé dès l'enfance au glorieux Charles, conduit à la cour, « et instruit de toute la science divine comme de toute la philosophie humaine. » Aldric, évêque de Sens, avait étudié les arts libéraux et la doctrine sainte avec tant de succès, qu'ayant un jour défendu la foi chrétienne contre quelques incrédules en présence de Louis le Débonnaire, son éloquence ravit l'empereur, qui l'établit précepteur du palais. Mais pourquoi relever un à un ces indices qui prouvent sans éclairer, quand nous avons l'image toute vivante et l'âme même de l'école dans les récits du moine de Saint-Gall, et dans la correspondance d'Alcuin (1) ?

On a trop dédaigné le moine de Saint-Gall. Il écrit à la fin du neuvième siècle, au moment où la puissante abbaye, bien loin d'être plongée dans ces

(1) Duboulay voit dans l'école du palais le commencement de l'Université. Cette opinion, combattue par les auteurs de l'*Histoire littéraire*, ne pouvait se soutenir. Mais les auteurs de l'*Histoire littéraire* (t. IV, p. 10) reconnaissent l'existence de l'école palatine, et les textes suivants la prouvent déjà.
Vita S. Ansegisi Fontanellensis, Mabillon, *A. SS. O. S. B.*, sec. IV, p. 634 : « Non multo post ad palatium eum perducens, in manus gloriosissimi regis Caroli commendare studuit. » Il y acquit une grande instruction : « Omni scientia divinæ scilicet atque humanæ philosophiæ sufficienter instructus. »
Vita S. Aldrici Senonensis, ibid., p. 568 : « A parentibus traditus in liberalibus studiis erudiendus, mirabiliter cœpit proficere... imperator Augustus eum præceptorem palatinum instituit. »

ténèbres où les traditions historiques ne pénètrent que sous la forme de fables populaires, brille au contraire de tout l'éclat des études renaissantes. Assurément, quand le chroniqueur, du fond de ses montagnes et de ses neiges, raconte les conquêtes de Charlemagne sur la foi des vieux guerriers qui le suivirent, on peut croire que l'imagination prête bien des traits au tableau, et que la poésie fait irruption dans l'histoire. Mais, lorsqu'il suit le grand empereur dans la chapelle, et qu'il rapporte ses entretiens familiers avec les clercs, le chroniqueur est pour ainsi dire sur son terrain : il reproduit les récits qui ont fait le tour des monastères, et qui, exagérés sans doute, mais toujours reconnaissables, sont arrivés à Saint-Gall avec les pèlerins, avec les moines voyageurs, avec les laïques dégoûtés de la cour. S'il représente le docte Charles au milieu des chantres, marquant la mesure avec son bâton, gourmandant les uns, louant les autres, on reconnaît la passion favorite des rois francs pour le chant ecclésiastique, et cet ordre de la chapelle, qui tient de si près à l'enseignement de l'école. Aussi le moine n'a-t-il garde d'oublier comment, au retour de ses guerres, Charles faisait appeler les enfants qui étudiaient au palais, et corrigeait lui-même leurs compositions en prose et en vers. « Or il arriva qu'un jour les enfants des moindres familles lui présentèrent des écrits où le savoir passait toute espérance, tandis que les nobles n'offrirent que de misérables essais, tout pénétrés de fatuité. Alors le très-sage Charles, imitant la justice du Juge éternel, fit passer à sa droite ceux qui avaient bien fait, en les encourageant, et leur promettant, s'ils persévéraient, de les honorer, de leur réserver les évêchés et les riches abbayes. Puis, se retournant vers les autres qu'il avait à sa gauche, avec un regard foudroyant et une voix de tonnerre : « Par le Dieu du « ciel, s'écria-t-il, je fais peu de cas de votre « noblesse et de votre beauté, quoique d'autres vous « admirent. Et tenez pour certain que si, par une « application vigilante, vous ne réparez prompte- « ment votre négligence première, vous n'obtien- « drez rien de moi ! » On a refusé toute créance à ces récits, qui font de Charlemagne un pédagogue et un chantre au lutrin. On ne s'est pas souvenu que rien n'est petit dans les grands hommes ; le génie ne fait jamais mieux paraître sa force qu'en embrassant jusqu'au dernier de ces détails, méprisés des esprits médiocres. Et, quand il s'agissait du salut des lettres, il n'y avait pas moins de mérite à s'assurer par soi-même de la justesse d'une note et de la correction d'un vers, que, la veille d'une bataille, à visiter les selles des chevaux, et à goûter la soupe des soldats (1).

Mais les derniers doutes se dissipent si l'on par-

(1) Monachus Sangallensis, *de Cura ecclesiastica Caroli Magni*. Le moine de Saint-Gall est contemporain de l'Irlandais Moengall et de ses plus illustres élèves, Notker, Hartmann et Totilo.

court la correspondance d'Alcuin : c'est là qu'il faut se donner le spectacle du palais de Charlemagne, avec ses trois lumières qui l'éclairent : l'académie, ou plutôt la réunion d'hommes lettrés que le prince appelle à discuter des questions de tout genre ; la bibliothèque, richement pourvue de livres sacrés et profanes ; enfin l'école, où les jeunes gens sont instruits. C'est là que Pierre de Pise enseigne, et qu'après lui s'introduisent ces Irlandais qu'on insulte du nom d'Égyptiens ; c'est là qu'espérant tout du grand roi qu'il sert, Alcuin rêve une nouvelle Athènes. Un ouvrage si beau veut le concours d'une main toute-puissante. Il faut que Charles veille à l'éducation de la jeunesse du palais, exhortant les disciples au culte de la science, qui fera la fortune de leur âge mûr et l'honneur de leurs cheveux blancs. Ces intelligences grossières et encore rouillées ont besoin d'être polies ; c'est ce que le prince obtiendra, s'il exige qu'on reproduise avec élégance les pensées éloquentes qu'il aura dictées. Ces textes ne souffrent pas d'équivoque : on y voit tout ce qui forme une école, des maîtres, des élèves, un enseignement soutenu. Mais la scène achève de s'animer, et tout l'intérieur de cette cour savante se découvre dans une épître en vers où l'on se perdrait aisément, si l'on ne savait d'avance que sous les noms de David, de Flaccus, d'Homère, et tant d'autres tirés de l'Écriture ou de l'antiquité, on retrouve Charlemagne, Alcuin lui-même,

Angilbert, et tous ceux qui faisaient l'ornement du palais (1).

Le poëte n'écrit d'abord que pour accuser réception d'une lettre. Mais, au souvenir du prince dont elle lui portait les amicales paroles, son cœur s'émeut et son style s'élève : « Vous êtes la gloire
« et l'espérance de vos peuples; vous êtes la joie
« d'un grand empire; vous êtes l'honneur de l'É-
« glise, vous en avez la garde, vous en avez
« l'amour. Vous avez rempli de dignes ministres
« tous les rangs de la hiérarchie qui peuple la cha-
« pelle. Un prêtre saint, le cœur inspiré, marche
« devant les prêtres, qu'il gouverne de la voix

(1) Alchuini *Epistol.*, edit. Duchesne; *epist.* 25, ad Homerum suum : « Miror cur Flaccinæ pigritiæ socordiam septiplicis sapientiæ decus, meus dulcissimus David interrogare voluisset de quæstionibus palatinis... dum sæcularis litteraturæ libri et ecclesiasticæ soliditatis sapientia, sicut justum est, apud vos inveniuntur... »

Epist. 10 *ad Carolum* : « Idem Petrus fuit qui in palatio vestro grammaticam docens, claruit. »

Epist. 9 : « Nesciens ægyptiacam scholam in palatio Davidicæ versari gloriæ. »

Epist. 1 : « Ad sapientiam omni studio discendam et quotidiano exercitio possidendam exhortare, domine rex, juvenes quoscumque in palatio excellentiæ vestræ quatenus in ea proficiant ætate florida, ut ad honorem canitiem suam perducere digni habeantur. »

Epist. 106 : « Et juvenum mentes quadam inertiæ rubigine obductas, ad acumen ingenii per vestram sanctissimam solertiam elimandas. »

Epist. 15 : « Vestra ergo auctoritas palatinos erudiat pueros, ut elegantissime proferant quidquid vestri sensus lucidissima dictaverit eloquentia. »

J'écarte tous les textes dont le sens pourrait être équivoque, et où le mot *schola* peut être pris dans le sens de corporation, de règle, de discipline, comme dans la lettre des évêques à Louis le Germanique : « Domus regis schola dicitur, id est disciplina. »

« et de l'exemple. L'ordre des diacres vous a pour
« guide, ô Jessé! Votre parole retentit, semblable
« au mugissement du taureau, ainsi qu'il convient
« au ministre qui, du haut de l'ambon, lit au peuple
« la parole sainte. Ensuite Sulpicius conduit la
« blanche troupe des lecteurs : c'est son devoir de
« les guider, et de leur apprendre à ne point dépla-
« cer les accents. Idithun forme les enfants aux
« chants sacrés ; et pour que leur voix harmo-
« nieuse fasse entendre de doux accords, ils appren-
« nent comment la musique repose sur la combi-
« naison des pieds, des nombres et des mesures.
« Bientôt les médecins se pressent dans l'atelier
« d'Hippocrate : l'un fait couler le sang, l'autre
« remue les simples dans la chaudière; un troi-
« sième présente le breuvage bienfaisant. Et toute-
« fois, ô médecins ! donnez gratuitement, pour que
« la bénédiction du Christ accompagne vos mains !
« Cet empressement me plaît, et cet ordre est loua-
« ble. Mais quel crime a commis l'harmonieux
« Virgile? Ce père des poëtes n'était-il pas digne
« de trouver un maître qui fît admirer sa muse
« charmante aux enfants du palais? Que fait Bese-
« leel (Éginhard), savant dans l'art des vers?
« Pourquoi n'a-t-il pas pris le gouvernement de
« l'école sous les auspices du vieux Drancès, tout
« chargé, tout blanchi d'années? Zachée le petit se
« hausse de son mieux pour considérer la troupe
« des scribes. Chaque maître est à sa place. Que ma

« noble fille (Gisla) contemple les étoiles du ciel
« dans le silence des nuits, et qu'elle apprenne à
« louer sans cesse le Dieu puissant qui orna le fir-
« mament de constellations, la terre de verdure!
« Les pipeaux de Flaccus (Alcuin) auront un chant
« pour vous, Homère (Angilbert), quand vous serez
« revenu au sacré palais. Puissent vivre heureux
« Tyrsis et Ménalcas! Que Ménalcas continue de
« châtier les cuisiniers, pour que le poëte voie fumer
« devant lui les plats chauds ; que l'échanson Néhé-
« mie lui verse de larges coupes de vin grec, puis-
« qu'il a coutume de ne point marcher sans une
« tonne à sa suite. Salut aux fils et aux filles de la
« royale lignée! Que le Christ leur donne de vivre
« heureux de longues années, et leur accorde les
« joies du royaume éternel! O Christ! salut du
« monde, notre gloire, notre vie et notre rédemp-
« teur, en tout temps, en toute année, à toute
« heure, conservez notre bien-aimé David (Charle-
« magne); donnez-lui la joie d'une heureuse vie et
« d'un règne béni ; et qu'à cette prière le peuple
« entier, d'une seule voix, réponde : Amen (1). »

(1) Alchuini *Versus*, apud Froben, t. II, p. 228 :

Venerunt apices vestræ Pietatis ab aula,
O dilecte Deo, David dulcissime Flacco...
Tu dignos equidem misisti sorte ministros
Ordinibus sacris jam per loca nota capellæ...
Accurrunt medici mox Hippocratica tecta...
Quid Maro versificus solus peccavit in aula?
Non fuit ille pater jam dignus habere magistrum
Qui daret egregias pueris per tecta camœnas?

CHAPITRE IX.

Destinée des écoles carlovingiennes.

Cette épître a bien l'accent d'admiration passionnée, de respect et aussi d'aimable enjouement qui convenait aux entretiens familiers d'un homme excellent comme Alcuin, avec un grand homme comme Charlemagne. Toute la cour y paraît : le clergé de la chapelle et les enfants qu'on exerce au chant ecclésiastique, le collége des médecins, les scribes de la bibliothèque, l'école enfin ; et autour du prince tout un cortége d'illustres personnes, vouées au culte des lettres. Le poëte n'oublie ni les absents, ni les officiers de bouche dont il ne dédaigne pas les services, ni surtout les nobles princesses qu'il a droit de nommer ses filles depuis qu'elles ont sollicité ses leçons, lui rappelant que Jérôme, ce grand docteur de l'Église, ne dédaigna pas d'adresser à des femmes ses interprétations des livres saints. Sans doute le pédantisme mêle ses travers au premier enthousiasme des plaisirs d'esprit. Ces Germains, fouillant toute l'antiquité classique et toute la Bible pour y dérober des noms moins rudes que ceux de leurs pères ; les évêques et les guerriers se faisant appeler comme les pasteurs des églogues ; l'opiniâtreté des discussions grammaticales ; le goût des énigmes, où le grand roi lui-même

---

    Quid faciet Beleel Iliacis (?) doctus in odis?
    Cur, rogo, non tenuit scholam sub nomine patris?

Je me suis permis de rapprocher les vers qui traitent de la chapelle, et qui dans le texte forment deux fragments, séparés peut-être par une erreur de copistes.

se pique d'exceller ; tous ces traits rappellent le faux Virgile, et la tradition des rhéteurs aquitains. Longtemps encore, elle se défendra contre les progrès de la raison publique. Au dixième siècle, Atton de Verceil écrira la satire de son temps dans une langue où l'on retrouvera toutes les ténèbres des douze latinités : et le géographe anonyme de Ravenne rivalisera de hardiesse avec l'école de Toulouse, quand il s'agira de citer des philosophes égyptiens, goths, africains, que lui seul a connus. Les poëtes continueront de semer dans leurs vers des acrostiches, des héllénismes ; et l'on composera en l'honneur de Charles le Chauve ce fameux poëme dont chaque mot commence par un C. Enfin, les lettrés s'obstineront à demander aux Romains et aux Grecs un baptême qui efface leur origine : à entendre nommer les docteurs de la réforme Mélanchthon, Osiandre, OEcolampade, on croirait avoir affaire à des gens fraîchement débarqués d'Athènes, si bientôt ils ne se trahissaient par la violence de leurs invectives ; et les académies italiennes emprunteront aux bergers d'Arcadie leur houlette avec leurs noms (1).

(1) Alcuin motive à sa manière l'usage des noms d'emprunt. *Epist.* 183 : « Sæpe familiaritas nominis immutationem solet facere, sicut ipse Dominus Simonem mutavit in Petrum, et filios Zebedæi nominavit tonitrui, quod etiam antiquis vel his novellis diebus probare poteris. »

Attonis *Polypticum*, apud Mai, Scriptor. Vatican., t. VI. Atton a laissé deux rédactions de cette pièce : l'une en langue énigma-

Mais l'enseignement des écoles de la décadence avait achevé sa tâche, en communiquant la science aux barbares sous des formes capables de les attacher. Maintenant la barbarie fuyait : de ces mystères à l'ombre desquels les lettres s'étaient réfugiées, il ne restait plus qu'un appareil inutile, des souvenirs confus, et le goût du faux savoir et des faux brillants, qui durera autant que l'esprit humain. Une école nouvelle s'élevait où le bon sens devenait maître, où la doctrine des anciens se dégageait de toute corruption, où la raison moderne grandissait dans de meilleurs exercices. Ne nous scanda-

---

tique, l'autre plus intelligible, et qui donne la clef de la première. L'obscurité résulte de l'emploi des mots barbares, des mots tirés du grec, comme *exhippitare pascemata*, *logo cyriou*; enfin, des transpositions qui bouleversent la construction de la phrase. Exemple : « Hanc unde congruit Augusti caveat qui potiri censuram ut nomine parat. » Lisez : « Unde congruit ut qui parat potiri nomine Augusti caveat hanc censuram. »

En ce qui touche le géographe de Ravenne, voyez Tiraboschi, t. VI, et les belles recherches de M. Letronne sur Dichuill. Le géographe anonyme cite M. Marpesius, le roi Ptolémée, Lollianus, Castorius et Arbition, philosophes romains ; Aitanarid, Eldebald, Marcomir, philosophes des Goths ; Cincris et Blantasis, Égyptiens ; et les Africains Geon et Risis.

Lebœuf, *Dissert.*, t. II, État des sciences depuis Chárlemagne jusqu'au roi Robert. Abbon de Saint-Germain, dans son poëme du siége de Paris, pratique la *Scinderatio phonorum :*

... Burgun — adiere — diones.

Il aime les mots grecs : *basileos, cosmos, polis, archon*. Tout son troisième livre est dans le même style. Voyez aussi les vers de Valafrid Strabo, les lettres d'Hincmar (*epist.* 8), les écrits de Pascase Ratbert et d'Héric d'Auxerre. On peut suivre longtemps encore la trace de ce style au moyen âge, et, par exemple, dans les églogues latines de Dante et de Giovanni del Virgilio.

lisons pas de trouver qu'un temps fût où l'on n'expliquait pas Virgile aux élèves du palais : Alcuin réclama pour le poëte, et tout donne lieu de croire qu'on lui rendit justice. Virgile eut le privilége de diviser les hommes de ce temps, de faire la passion des uns, le scandale des autres, l'occupation de tous. Rigbod, évêque de Trèves, savait mieux les douze livres de l'Énéide que les quatre Évangiles. Alcuin, dans son enfance, avait préféré les larmes de Didon aux hymnes de David. Il est vrai que, plus tard, il se reproche amèrement ce péché, et que, devenu vieux, il ne veut plus faire admirer à ses écoliers de Tours les dangereuses beautés du poëte païen. Mais son disciple Sigulfe leur lira Virgile en cachette : peu à peu le doux chantre des Géorgiques se fera ouvrir les portes les plus sévères; on le trouve dans les catalogues de toutes les bibliothèques ecclésiastiques du neuvième et du dixième siècle, à Saint-Gall, à Fulde, à Metz, à Reims, ordinairement en compagnie d'Horace et de Térence. On le donnera même en spectacle au peuple dans les drames religieux: Virgile aura la parole après David et Isaïe dans les mystères des Vierges sages et des Vierges folles, et on le mettra parmi les prophètes, plutôt que de le laisser avec les réprouvés (1). On n'a plus d'inquiétude pour les anciens, quand l'éducation de Charles le Chauve

---

(1) *Alchuini Vita*, ap. Froben. Lebœuf, *Dissertations*, t. II, p. 17.

est confiée à Loup de Ferrières, le plus fervent disciple de Cicéron et de Quintilien. Un peu plus tard, Scot Érigène introduit la philosophie au palais. Dernier héritier des spéculations d'Alexandrie, il les lègue à l'ardente curiosité du moyen âge. De ces hardiesses qui le conduiront jusqu'aux limites du panthéisme, il restera deux choses : il nous laissera toutes les sources du mysticisme dans sa traduction de Denys l'Aréopagite, où iront s'inspirer Hugues, Richard de Saint-Victor, saint Bonaventure ; et tout le germe de la scolastique dans sa méthode, qui est déjà l'effort de la foi pour se justifier par la raison, c'est-à-dire la pensée même de saint Anselme et de saint Thomas. Cet Irlandais, ce disputeur téméraire est venu jeter à Paris un brandon qui n'en sortira plus, qu'Abélard relèvera, et qui deviendra un flambeau.

Si Charlemagne fut le fondateur de l'Université. Nous commençons à prévoir que la réforme littéraire de Charlemagne ne périra pas plus après lui que ses desseins politiques et religieux, et nous comprenons pourquoi la tradition, qui n'a jamais complétement tort, a fait de Charlemagne le fondateur de l'Université. Non, Charlemagne ne fonda point l'Université, c'est-à-dire cette libre association de professeurs, consacrée au treizième siècle par les priviléges des papes et par le patronage des rois. Mais on peut dire que Charlemagne avait donné d'avance un esprit à ce corps, qu'il avait commencé la popularité, l'universalité de l'enseignement, quand il appela au rendez-vous de l'étude les hommes savants des quatre coins de la chrétienté. On peut dire qu'en convoquant autour de lui tant d'Italiens, d'Irlandais, d'Anglo-Saxons, il accoutumait tout ce qu'il y avait de docte chez les peuples voisins à prendre le chemin de la France ; qu'elle lui dut de voir tous les grands théologiens du treizième siècle venir d'Italie et d'Allemagne briguer ses chaires, et le bruit de ses disputes retourner aux extrémités de l'Europe avec les quarante mille étudiants qui en étaient venus. On peut dire enfin que Paris reçut de lui ce pouvoir de la parole publique, dont nos pères comprenaient déjà toute la grandeur, lorsque, cherchant à se rendre compte des fonctions que la Providence partageait aux peuples chrétiens, ils voulaient qu'elle eût donné « le sacerdoce aux « Romains, comme aux aînés ; l'empire aux Ger- « mains, comme aux plus jeunes ; et l'école aux « Français comme aux plus intelligents (1). »

Nous nous arrêtons au moment où les destinées de l'esprit humain sont assurées. Des travaux moins ignorés que les nôtres ont fait voir que l'impulsion donnée par Charlemagne se prolongea sans interruption jusqu'à ces beaux siècles du moyen âge, dont on ne conteste plus ni le savoir ni le génie (2).

Conclusion.

Les temps barbares contiennent en germe toute la littérature du moyen âge.

(1) Jordani *Chronicon a creatione mundi ad Henricum VII.*
(2) Ampère, *Histoire littéraire*, t. III. Bæhr, *Geschischte* der romischen Literatur in Karolingischen zeitalter.

Ce qui restait à prouver, c'était la perpétuité des traditions littéraires aux temps barbares, de Clovis à Charlemagne. Cette étude nous a jetés dans des recherches périlleuses, sur des chemins arides, à travers des obscurités que nous n'avons pas toujours éclairées. Cependant nous ne regretterions pas nos efforts, s'ils avaient réussi à rétablir, sur le seul point où elle paraissait suspendue, cette loi divine du travail, qui est celle de la nature comme de l'humanité; qui, après avoir poussé nos pères à toutes les études, nous pousse nous-mêmes à les recommencer avec eux, et, quand la vie est si courte, le présent si orageux, nous fait consacrer les jours et les nuits à rechercher ce qu'apprirent, ce que pensèrent, ce que voulurent des hommes morts depuis douze cents ans.

Lorsqu'on s'enfonce dans les vallées des Vosges et du Jura, au cœur des âpres contrées où les vieilles mœurs germaniques se défendirent si longtemps, on est d'abord frappé de la sauvage majesté de ces lieux. Mais, en y regardant de plus près, on trouve qu'une puissance plus grande que la nature, je veux dire le travail, la poursuit jusque dans ce sanctuaire, la subjugue et la met à son service, sans rien épargner de ce qui semblait créé pour la liberté et pour le repos. Quoi de plus calme que ces grands arbres qu'on croirait nés pour ne rien faire, comme les fils des anciens rois? Il faudra pourtant qu'ils descendent de leurs rochers, pour aller servir le paysan qui leur fera porter le toit de sa maison, ou le navigateur qui en formera les flancs de ses vaisseaux. Quoi de plus libre que le torrent? Et cependant on est venu le chercher dans son lit; on l'emprisonne, on l'attache comme un esclave à la meule. Ne dites pas que ces usines déshonorent la sauvage beauté du désert : le bruit des marteaux et la fumée des forges vous apprennent que la création obéit à l'homme, et l'homme à Dieu.

L'histoire nous a donné un spectacle semblable. Nous avons vu la barbarie dans toute la grandeur que lui prêtent les récits de Tacite et les chants de l'Edda. Nous connaissons ces Germains créés pour la ruine de l'empire et pour la conquête de l'Occident, capables de tout, hormis d'obéir et de travailler. Après la guerre et la chasse, ils passent de longues journées d'hiver dans l'inaction, dans le sommeil de la pensée. Le Christianisme vient; et s'il craignait, comme on l'assure, le réveil de la raison humaine, il n'aurait qu'à laisser dormir ces peuples. Il trouve en eux des hommes qui ne lisent point, n'écrivent point, qui l'aideront, s'il le veut, à brûler ce qui reste de l'antiquité païenne. Mais il en use bien autrement : avec l'Évangile, il leur donne des lois ; au lieu de planter une croix dans la solitude, et d'être satisfait si les tribus converties sont venues prier autour, il leur fait bâtir des villes, il entasse dans les murailles, dans la gêne d'une vie commune, ces barbares qui ne souffraient point de voisins. Il les pousse enfin dans des écoles, pour les faire pâlir pendant sept ans sur les neuf livres de Martianus Capella et sur les dix catégories d'Aristote. Sans doute on peut demander si le christianisme employait bien le temps de ses disciples. On lui a reproché d'avoir flétri ces générations neuves, en les mettant au régime d'une civilisation vieillie; on a regretté pour les Germains la liberté de leurs forêts, où les chênes auraient fini par rendre des oracles, comme à Dodone, et où les muses seraient descendues comme sur les montagnes de la Grèce, si elles n'avaient eu peur des moines et des pédagogues. Nous estimons au contraire que le travail, loin de gâter les peuples modernes, leur donna ce tempérament robuste qui a résisté à tant de révolutions. Nous ne nous repentons point de cette laborieuse éducation de nos aïeux, ni des siècles qu'ils passèrent à lire en latin, à versifier en latin, à parler latin. L'empreinte latine était encore le sceau de l'empire du monde; et les nations qui en furent marquées plus fortement, la France, l'Angleterre et l'Espagne, étaient seules destinées à voir leur épée, leur politique et leurs langues sortir de l'Europe, et remuer toute la terre.

Le travail n'étouffe donc pas l'inspiration, il la féconde; et nous pouvons dire maintenant qu'il n'y a point de siècles laborieux sans un souffle inspiré qui les soutienne. S'il nous était donné de revenir un jour sur les temps obscurs où nous n'avons cherché que la trace de l'étude, nous y suivrions sans peine le sillon lumineux de la poésie et de l'éloquence. Sans doute nous ne trouverions pas la poésie dans les vers de Fortunat et d'Alcuin ; mais elle est déjà tout entière dans cet effort des âmes pour atteindre un idéal meilleur que les tristes réalités de la vie. D'un côté, c'est l'idée de l'empire, d'une monarchie qui échappe aux étroites limites des royautés barbares, qui se rattache à tous les grands souvenirs de l'antiquité : voilà le rêve de la société laïque, et en même temps la première pensée de l'épopée guerrière, de ces poëmes d'Alexandre, de César, de Charlemagne, éternel passe-temps du moyen âge. D'un autre côté, c'est l'idée de Dieu qui conduit les anachorètes au désert, les missionnaires au milieu des hasards de l'apostolat, les pèlerins aux saints lieux de Rome et de Jérusalem. Mais ni le désert, ni les saints lieux, ni les forêts païennes évangélisées, ni aucune des scènes de la terre, ne suffit à ce besoin de l'infini, qui fait le charme et le désespoir de l'imagination humaine. Lasse des beautés qui se voient, elle veut qu'on l'entretienne de l'invisible ; et, pour la satisfaire, il faudra que saint Fursy visite le ciel et l'enfer sous la conduite des anges, que saint Patrice descende au purgatoire. Ces visions rempliront les légendes des saints, elles agrandiront le cycle mobile de l'épopée religieuse, jusqu'au moment où elle se fixera sous les traits immortels de la Divine Comédie.

Les temps que nous avons traversés ne nous rendraient pas les merveilles de l'éloquence classique ; nous ne retrouverions nulle part les tribunes d'Athènes et de Rome, ni même la parole dorée de saint Jean Chrysostome, ni les cris pathétiques de saint Augustin. Cependant saint Jean Chrysostome et saint Augustin, avec toute la beauté de leur génie, ne réussirent qu'à consoler les derniers moments de leurs peuples d'Antioche et d'Hippone ; ils aidèrent la société ancienne à bien mourir, ils honorèrent ses funérailles. Les prédicateurs des temps barbares firent plus : ils créèrent des peuples nouveaux. Les discours de saint Éloi, de saint Gall, de saint Boniface, commencèrent la tradition de cette éloquence simple, populaire, moins curieuse de plaire à l'oreille que de convaincre la raison, et dont il faudra bien avouer la puissance quand elle éclatera sur les lèvres de saint Bernard, et qu'elle fera les croisades. Mais saint Bernard prêche en langue vulgaire : à cette voix qui lève des armées, je reconnais la parole de la France, mise au service de la civilisation chrétienne ; et j'ai confiance qu'elle y restera.

FIN.

TABLE DES MATIÈRES

CHAPITRE PREMIER.

LA GERMANIE CHRÉTIENNE SOUS LES ROMAINS.

Premiers témoignages des Pères.	1
Le christianisme à la suite des armées romaines.	4
Les évêques de Germanie aux conciles.	7
L'Église germanique au quatrième siècle. — Trèves.	10
Nombre des évêchés. — Discipline.	12
Théologie.	14
Inscriptions chrétiennes.	16
Traditions et légendes.	18

CHAPITRE II.

LE CHRISTIANISME DEVANT LES INVASIONS.

Espérances et dangers du christianisme.	21
Le christianisme chez les Germains orientaux. — Les Goths.	22
Ulphilas.	25
Les martyrs des Goths, et leur Église.	27
Les Goths passent à l'arianisme. — Destinée des peuples ariens.	32
Le christianisme au midi de la Germanie. — Les Alemans et les Hérules.	38
Saint Severin, apôtre du Norique.	40
L'arianisme chez les Lombards.	46
Le christianisme chez les Germains occidentaux.	47
Ravages de l'invasion. — Légende de sainte Ursule.	49
L'arianisme des Visigoths et des Vandales.	52
Les Bourguignons.	53
Impuissance apparente du christianisme.	54
Pressentiments de Salvien et de Paul Orose.	55
Vocation des Francs. — Baptême de Clovis.	58

CHAPITRE III.

LES FRANCS.

Jugements des historiens sur la conversion des Francs.	60
Motifs de la conversion de Clovis. — Mission des Francs.	63
Les Francs entrent au service du christianisme.	64
Les Francs succèdent aux Romains.	66
Les Francs arrêtent les invasions.	69
La civilisation chrétienne chez les Francs de Neustrie.	72
Le christianisme dans les lois.	73
Espérances de l'Église.	75
Décadence des Francs neustriens.	78
Paganisme et barbarie des Austrasiens.	81
L'épiscopat d'Austrasie.	84
Nicétius de Trèves.	86
Saint Éloi.	90
Saint Amand.	94
Insuffisance de l'épiscopat.	96
Le monachisme, — ses progrès dans les Gaules et ses services.	97
Quelles résistances le monachisme rencontra chez les Francs.	100

CHAPITRE IV.

LA PRÉDICATION DES IRLANDAIS.

Destinées des peuples celtiques. — Les Irlandais.	103
L'Église d'Irlande. — Ses rapports avec l'Église romaine ; les Culdées.	106
Les missions irlandaises.	109
Apostolat de saint Colomban.	111
Règle de saint Colomban.	117
Ses poésies.	119
Ses rapports avec Rome.	121
Le monastère de Luxeuil. — Les Irlandais en Austrasie.	123
Les Irlandais étendent et régularisent les institutions monastiques.	126
Les missions irlandaises en Alémannie.	129
Les Irlandais en Thuringe.	137
Les missions de Bavière.	139
Saint Rupert. ¹.	140
Saint Virgile de Salzbourg ; s'il fut condamné pour avoir professé l'existence des antipodes.	143
Progrès du christianisme chez les Germains au septième siècle.	145
Le christianisme dans les lois barbares.	147
Quelles causes bornèrent le prosélytisme des Irlandais.	150

CHAPITRE V.

LES ANGLO-SAXONS. — SAINT BONIFACE.

Ce qu'avaient fait les papes pour les Germains.	154
Saint Grégoire le Grand.	156
Saint Grégoire entreprend la conversion des Anglo-Saxons.	158
Saint Augustin de Cantorbéry et les Bretons.	160
Si les Bretons méconnaissaient la suprématie de Rome.	161
Politique de saint Grégoire. — Point de conversions forcées.	166
Conservation des temples et des fêtes nationales.	169
Questions de saint Augustin. — Réponses de saint Grégoire.	172
L'Église d'Angleterre. — Age d'or des Anglo-Saxons.	175
Les missions anglo-saxonnes.	178
Ce qui fit le succès des missions anglo-saxonnes.	180
Comment Rome eut besoin des Germains.	183
Grégoire II et saint Boniface.	184
Commencements de saint Boniface.	185
Boniface en Frise et en Thuringe.	187
Second voyage de Boniface à Rome.	189
Boniface évêque en Germanie.	192
La controverse chrétienne avec les païens.	193
Le chêne de Geismar.	195
Colonies anglo-saxonnes fondées par saint Boniface.	197
Prédications de saint Boniface.	199
Questions de saint Boniface. — Réponses de saint Grégoire.	202
Désordres de l'Église germanique.	205
Troisième voyage de saint Boniface à Rome.	208
Réforme des Églises de Germanie. — Conciles. — S'il est vrai que saint Boniface sacra Pepin.	209
Remontrances de Boniface aux rois, aux évêques et au pape.	215
Fondation de l'abbaye de Fulde.	219
Correspondance littéraire de saint Boniface.	222
Ses poésies.	226
Caractère de saint Boniface.	228
Dernière mission de Frise.	231
Mort de saint Boniface.	232
Quelle place tient saint Boniface dans l'histoire de son temps.	234

CHAPITRE VI.

CHARLEMAGNE ET LES SAXONS.

Les deux Germanies.	237
Les Saxons.	238
Premières guerres des Saxons contre les Francs.	246
La Germanie chrétienne.	247

Charlemagne. 248
A quel titre il intervint dans les affaires du christianisme. . . . 248
Législation ecclésiastique de Charlemagne. 252
Dans quelles limites il se contint. 253
Charlemagne en présence de la Germanie païenne. 258
Préludes de la guerre contre les Saxons. — Saint Liafwin. . . 262
Première période, 772-777. 263
Assemblée de Paderborn, 777. 266
Seconde période de la guerre. Wittikind, 778-785. 268
Massacre de Verden, 782. 270
Troisième période de la guerre, 793-798. 275
L'Église condamne les abus de la victoire. 278
Organisation religieuse de la Saxe. 282
Les Anglo-Saxons apôtres de la Saxe. 285
Saint Liudger. — Ses commencements. 288
Liudger, évêque de Munster. 291
Fondation de la Nouvelle-Corbie. 294
Dernières résistances du paganisme. — Les Scandinaves. . . 297
Saint Anscaire. — Le christianisme en Danemark et en Suède. . . 300
Conversion des Normands. 301
Les Normands au service de la civilisation. 302

CHAPITRE VII.

L'ÉGLISE.

Quelles ressources et quels obstacles l'Église trouvait chez les Germains. 306
Ce que la barbarie avait fait de la société. 308
La papauté. — Origine des fausses décrétales. 310
L'épiscopat. 315
Le clergé. — Le célibat. — Règle de saint Chrodegang. 319
Les moines. 322
La société religieuse reconstitue la société politique. 324
Ce que la barbarie avait fait de la personne humaine. 327
Éducation des esprits par la prédication. 329
Réforme des volontés par la pénitence. 334
La prière et le culte. 341
Le christianisme commence la littérature des nations germaniques 344
Le droit public et la littérature de l'Allemagne ont leurs origines chez les Francs. 346
L'*Harmonie des Évangiles*, par Ottfried. 349

CHAPITRE VIII.

L'ÉTAT.

Les origines de la monarchie. 352
La royauté barbare. 355

La royauté devient une magistrature romaine. 356
Le consulat de Clovis. 358
Ses petits-fils ne reconnaissent plus la souveraineté de l'empire. 360
Les Mérovingiens imitent le gouvernement impérial. 362
Ce qui perdit les Mérovingiens. 366
Commencements de la royauté chrétienne. 368
Origine du sacre des rois. 371
Rituel du sacre. 373
Quelles conditions le christianisme faisait à la royauté. 377
L'idée de l'empire. 381
Pourquoi les chrétiens restèrent fidèles à l'empire. 382
Comment se rompit le lien entre le pape et l'empire grec. . . . 383
Charlemagne à Rome. 385
Translation de l'empire aux Francs. 389
Hésitation de Charlemagne. 392
L'empire tel que Charlemagne le conçut. 394
L'idéal du saint empire et sa réalité. 396
Saint Thomas et Dante. 397
Reali di Francia. 400
Légende de saint Annon. 401
Ce qui resta de l'empire de Charlemagne. 404
Aristocratie militaire. — Origines de la féodalité. 406
La féodalité n'eut rien de chrétien. 408
Quels services elle rendit. 409
L'ordre du palais sous Charlemagne. 410
Ce qu'il y eut de démocratique dans les institutions des Germains. 412
Les municipes romains et les évêques. 413
L'Église affranchit les esclaves et réhabilite les roturiers. — Origine du tiers état. 415

CHAPITRE IX.

LES ÉCOLES.

Les siècles inspirés et les siècles laborieux. 420

LES ÉCOLES ROMAINES.

Les écoles impériales. 422
Caractère de l'enseignement. — Martianus Capella. 423
Les écoles de Rome après la chute de l'empire. 425
Boèce. 430
Cassiodore. 431
Les écoles sous les Lombards. 434
Les écoles en Espagne sous les Visigoths. 436
Isidore de Séville. 438
Les écoles de la Gaule jusqu'au milieu du septième siècle. . . 441
Fortunat. 445

TABLE DES MATIÈRES.

Les Francs initiés aux lettres latines. 454
Virgilius Maro, grammairien. 458
L'école de Toulouse. 459
La doctrine secrète et les douze latinités. 464
Ce qu'il y avait de sérieux dans l'école de Toulouse. — Religion. —
   Les deux bibliothèques de l'Église. 469
Philosophie. 471
Date précise du grammairien Virgile. 474
La doctrine des grammairiens aquitains se propage. 484
Quels services elle rendit. 485

LES ÉCOLES BARBARES.

Les écoles séculières se perpétuent. 489
Commencement des écoles ecclésiastiques. 489
L'école des chantres à Saint-Jean de Latran. 491
Les lettres au mont Cassin. 493
Les écoles épiscopales en France. 496
Les écoles monastiques. 498
Si l'enseignement était donné aux laïques. 500
L'école du palais. — La chapelle. 500
Les jeunes nobles recommandés au roi. 502
L'enseignement du palais était ecclésiastique et laïque. . . . 504
Saint Didier de Cahors. 507
Saint Ouen. 509
Pourquoi saint Ouen se déclare contre les anciens. 510
Commencements d'une littérature nouvelle. 511
Prologue de la vie de saint Maximin de Mici. 512
Les lettres en Irlande. 515
Les bibliothèques. 517
Les écoles. 518
L'étude du grec chez les Irlandais 520
Les moines et les bardes. 523
Les Irlandais imitent les grammairiens de Toulouse. — *Hisperica
   famina*. 524
Les Irlandais hors de chez eux. — École de saint Gall. 528
Les lettres chez les Anglo-Saxons. — Théodore de Cantorbéry. . 532
Aldhelm. — Imitation du faux Virgile dans l'école anglo-saxonne. 534
Bède. 540
L'enseignement des Anglo-Saxons hors de chez eux. — Fulde. . . 545
Ce qu'il faut penser des siècles barbares. 548

LES ÉCOLES CARLOVINGIENNES.

Comment tous les peuples d'Occident concoururent à la restauration des lettres. — L'Italie. 550
Pierre de Pise et Paul Diacre. 553
L'Espagne et les adoptianistes. 555
L'Irlande. — Dungal et Clémens. 558

Un poëte irlandais à la cour de Charlemagne. 560
L'Angleterre. 562
Alcuin. 564
Deux caractères de son enseignement. 566
Déclin des lettres chez les Francs au huitième siècle. 572
L'école sous Pépin. 574
Ce qui fit la gloire de Charlemagne. 576
Ses études. 577
Lettre à Lull, archevêque de Mayence. 579
Circulaire pour la restauration des écoles. 580
Capitulaire de 789. — Canons des conciles. 584
L'école du palais. 586
Destinée des écoles carlovingiennes. 594
Si Charlemagne fonda l'Université. 598
Conclusion. — Le travail et le génie. 599
Les temps barbares contiennent en germe toute la littérature du moyen âge. 599

FIN DE LA TABLE.

PARIS. — IMP. SIMON RAÇON ET COMP., RUE D'ERFURTH, 1.

www.ingramcontent.com/pod-product-compliance
Lightning Source LLC
Chambersburg PA
CBHW060410230426
43663CB00008B/1435